Book / Huke / Klauke / Tietje (Hrsg.)
Alltägliche Grenzziehungen

AkG

Die *Assoziation für kritische Gesellschaftsforschung* (AkG) wurde im Juni 2004 als offener Zusammenschluss von Sozialwissenschaftlerinnen und -wissenschaftlern aus dem deutschsprachigen Raum (Deutschland, Schweiz, Österreich) gegründet. Inhalt der gemeinsamen Arbeit ist die Diskussion gesellschaftskritischer Theorieansätze, deren Reproduktion und Weiterentwicklung in Zeiten ihrer zunehmenden Marginalisierung an den Hochschulen gesichert werden soll.

Schwerpunkte bildeten bisher halbjährige Tagungen, bei denen folgende theoretische und politische Fragen behandelt wurden: „Kritische Gesellschaftstheorie heute", „Feministische Perspektiven", „Organisation, Bewegung und Hegemonie", „Staatstheorie vor neuen Herausforderungen – feministische Kritik, Internationalisierung und Migration", „Internationale Politische Ökonomie", „Subjektivität", „Umkämpfte Arbeit" und „alternative Krisendiagnosen und -politiken". Dieser 9. Band der Publikationsreihe dokumentiert die Themen und Diskussionen einer Tagung der AkG in Kooperation mit der Bundeskoordination Internationalismus (BuKo) und dem Netzwerk kritische Migrations- und Grenzregimeforschung (kritnet), die vom 3. bis 5. November 2017 in Hamburg stattfand.

Carina Book ist Politikwissenschaftlerin und Referentin in der politischen Bildung.

Nikolai Huke ist Mitarbeiter am Arbeitsbereich für Politik und Wirtschaft/Politische Ökonomie des Instituts für Politikwissenschaft der Eberhard Karls Universität Tübingen.

Sebastian Klauke lebt und arbeitet in Kiel und ist Mitglied der Assoziation für Kritische Gesellschaftsforschung.

Olaf Tietje ist wissenschaftlicher Mitarbeiter an der Universität Kassel in der Soziologie der Diversität.

Carina Book / Nikolai Huke / Sebastian Klauke /
Olaf Tietje (Hrsg.)

Alltägliche Grenzziehungen

Das Konzept der „imperialen Lebensweise",
Externalisierung und exklusive Solidarität

im Auftrag der
Assoziation für kritische Gesellschaftsforschung

WESTFÄLISCHES DAMPFBOOT

Bibliografische Information der Deutschen Bibliothek
Die Deutsche Bibliothek verzeichnet diese Publikation in der
Deutschen Nationalbibliografie; detaillierte bibliografische
Daten sind im Internet über http://dnb.ddb.de abrufbar.

1. Auflage Münster 2019
© 2019 Verlag Westfälisches Dampfboot
Alle Rechte vorbehalten
Umschlag: Lütke Fahle Seifert AGD, Münster
Druck: Rosch-Buch Druckerei GmbH, Scheßlitz
Gedruckt auf säurefreiem, alterungsbeständigem Papier
ISBN 978-3-89691-273-2

Inhalt

Vorwort 7

Carina Book / Nikolai Huke / Sebastian Klauke / Olaf Tietje
Einleitung: Alltägliche Grenzziehungen 8

Ulrich Brand / Markus Wissen
Gesellschaftsanalyse im globalen Kapitalismus.
„Imperiale Lebensweise" als Forschungsprogramm 13

Fabian Georgi
Turbulenter Festungskapitalismus: Migration und
Grenzregime zwischen Realität und Dystopie 27

Lukas Oberndorfer
Autoritärer Konsens – von der Hegemoniekrise zu einem
EU-Sicherheitsregime? 44

*Katherine Braun / Anne Lisa Carstensen /
Clemens Reichhold / Helge Schwiertz*
Urban Citizenship und Kämpfe für eine solidarische Stadt:
Neue Netzwerke und Zugehörigkeiten jenseits des
Nationalen 73

Stefanie Hürtgen
Konkurrenz und xenophobe Kulturalisierung
im transnationalen Raum der Lohnarbeit 94

Alke Jenss
Autoritäre Erneuerung? Lateinamerikanische
Konjunkturen des Autoritarismus 108

Corinna Dengler
Alltägliche Grenzziehungen. Die Rolle der
nicht-monetären Versorgungsökonomie in
einer (Post-)Wachstumsgesellschaft 135

Olaf Tietje
Subalternisierende Prozeduren, prekärer Alltag und
Selbstorganisierung. Migrantische Landarbeiter_innen
im Süden der Europäischen Union 153

Judith Vey
Unterbringung von Flüchtenden im autoritären
Festungskapitalismus. Dynamiken, Eigenlogiken,
Widersprüche   168

Johanna Neuhauser
Die Dauerkrise migrantischer Arbeit. Eine
geschlechtertheoretische Analyse von
Krisenwahrnehmungen lateinamerikanischer
Arbeitsmigrant_innen in Spanien   186

Wolfgang Menz / Sarah Nies
Marktautoritarismus und bedrohte Selbstverständnisse
Impulse der arbeitssoziologischen Bewusstseinsforschung
zur Erklärung von Rechtspopulismus   207

Ferdinand Stenglein
Jenseits der Grenzziehungen des Eigentums?
Begründungsaufforderung und die kommunitäre
Ökonomie politischer Kommunen   228

Klaus Dörre
Imperiale Lebensweise – eine hoffentlich konstruktive
Kritik   242

Autor_innen   265

Vorwort

Der vorliegende Sammelband geht zurück auf die Tagung „Alltägliche Grenzziehungen. Externalisierungsgesellschaft, imperiale Lebensweisen und exklusive Solidaritäten als Herausforderungen emanzipatorischer Politik", die vom 3. bis 5. November 2017 in Hamburg stattfand.

Sie wurde von der Assoziation für kritische Gesellschaftsforschung (AkG) in Kooperation mit der Bundeskoordination Internationalismus (BuKo) und dem Netzwerk kritische Migrations- und Grenzregimeforschung (kritnet) durchgeführt.

Auch wenn nicht alle der vielen beindruckend gut durchdachten Beiträge der Tagung einen Platz in diesem Sammelband gefunden haben, dokumentieren die verschiedenen vorgelegten Artikel die enorme Vielfalt der Diskussionsstränge und Workshops. Dies gibt uns an dieser Stelle die Gelegenheit noch einmal allen zu danken, die 2017 in Hamburg zur Tagung und ihrem Gelingen beigetragen haben. In den Workshops und Diskussionen haben die Referent_innen und Teilnehmenden miteinander eine angenehme und anregende Atmosphäre geschaffen, in der es – zumindest unserer Wahrnehmung nach – gelang Utopisches und Strukturierendes parallel zu denken und auf diese Weise zumindest in Teilen die Gegenwartsanalysen mit praktischen Ideen zur Veränderung der Welt zu verbinden.

Wir danken den Autor_innen und freuen uns auf fruchtbare Diskussionen und Auseinandersetzungen.

Carina Book, Nikolai Huke, Sebastian Klauke, Olaf Tietje
Hamburg und Kiel, November 2018

Carina Book / Nikolai Huke / Sebastian Klauke / Olaf Tietje
Einleitung: Alltägliche Grenzziehungen

> „The history of capitalism
> is a history of regimes of control
> being fragmented by escape,
> transformed and being fragmented again"
> *Papadopoulos/Stephenson/Tsianos 2008: 82*

Kapitalistische Macht- und Herrschaftsverhältnisse existieren nicht unabhängig von ihrer alltäglichen (Re)Produktion. Sie werden in alltäglichen Praktiken von den Subjekten selbst hergestellt, aufgegriffen, aber auch verändert und in die Krise getrieben. Alltag ist gekennzeichnet durch eine habitualisierte Lebensweise, die sich praktisch in stetigen periodischen Wiederholungen (z.B. Tages- oder Wochenabläufe) ausdrückt. Auch wenn sich die Abläufe ähneln, bleiben sie jedoch niemals gleich, sondern werden durch die Praktiken selbst kontinuierlich graduell verändert. Subjekte, schreiben Martina Benz und Helen Schwenken, „handeln und bewegen sich nicht unabhängig von der Geschichte, den Strukturen und den damit verbundenen 'eingeübten' Wegen, dennoch entsteht etwas Neues, etwas Eigen-Sinniges" (Benz/Schwenken 2007). In ihrem Alltag gestalten Menschen Räume und Beziehungen, sie verändern materielle und symbolische Ordnungen – wenn auch nicht immer unmittelbar sichtbar (vgl. Bailey et al. 2017, Bayat 2010: 66; Lefebvre 1991: 144; Papadopoulos et al. 2008: xii).

Mit der eigenen Lebensweise verbundene Privilegien und aus dem eigenen Handeln resultierende Konsequenzen sind nur begrenzt im Alltag sinnlich zu erfassen. Kapitalistische Macht- und Herrschaftsverhältnisse sind nur in gebrochener Form erfahrbar (vgl. Negt/Kluge 1993). Grenzregime konstituieren vor diesem Hintergrund nicht nur räumliche Grenzen, sondern auch Grenzen der Möglichkeit von Erfahrung: Ökologische und soziale Krisen, die sich jenseits der Grenzen vollziehen erscheinen nicht oder nur begrenzt als Teil der eigenen Lebensrealität, auch wenn sie im Alltag (z.B. durch globale Wertschöpfungsketten) eng mit dieser verknüpft sein können. Dieser „Habitus der Externalisierung" (Lessenich 2016) stellt eine zentrale Ermöglichungsbedingung dafür dar, dass Formen einer „imperialen Lebensweise" (Brand/Wissen 2017) gesellschaftlich weitgehend unhinterfragt funktionieren. Wie Fabian Georgi skizziert, ermöglicht die alltägliche, habitualisierte Grenzziehung und Externalisierung die partielle Legitimität einer zunehmend polarisierten globalen kapitalistischen Ordnung, die er im Anschluss an den Film Elysium als 'autoritären Festungskapitalismus' beschreibt: „Auf der luxuriösen Raumstation Elysium lebt eine winzige Minderheit von Privilegierten. Die große Mehrheit vegetiert auf der durch Klimawandel, Not und Gewalt zerstörten Erde, niedergehalten durch eine brutale Roboter-Polizei." Die Voraussetzungen und Konsequenzen des eigenen Handelns werden jedoch nicht nur durch (Länder-)Grenzen externalisiert, sondern durch (alltägliche) soziale Grenzziehungen und verlaufen infolgedessen nicht ausschließlich entlang von nationalstaatlichen Grenzen (vgl. Hardt/Negri 2002: 198). Ein Beispiel hierfür sind Momente der „exklusiven Solidarität" (Dörre 2011), durch die im Alltag 'Andere' konstruiert werden, deren Bedürfnisse und Forderungen aus der eigenen Erfahrung ausgegrenzt werden (z.B. prekäre Beschäftigte, die von Festangestellten nicht als Teil des betrieblichen Kollektivs wahrgenommen werden). Die Fragmentierung innerhalb von Bevölkerungen weist über ein antagonistisches Nord-Süd-Verhältnis hinaus und macht die Relevanz intersektionaler Analysen und Reflexionen deutlich (vgl. Klinger/Knapp 2007).

Alltäglichen Grenzziehungen machen damit einen elementaren Grundbestandteil der kapitalistischen Gegenwartsordnung aus und tragen zu ihrer (In)Stabilität entscheidend bei. Imperiale Lebensweisen, exklusive Solidaritäten, Externalisierungsstrategien sowie ihre (alltäglichen) Rechtfertigungspraktiken erweisen sich als zentrale Problemfelder für die Frage emanzipatorischer Politik. Im vorliegenden Sammelband sind anschließend an die Debatten auf der Tagung vom November 2017 vier Strömungen vertreten: *staatstheoretische Perspektiven*, die auf autoritäre Entwicklungen innerhalb liberaler Demokratien verweisen; *alltagszentrierte Ansätze*, die unter anderem eine Erosion gesellschaftlicher Solidarität konstatieren; *Theorien globaler sozialer Ungleichheit*, die imperiale Lebensweisen und eine Externalisierung sozialer Probleme beobachten sowie *Analysen von Migrations- und Grenzregimen*, die Abschottungstechnologien und eigensinnige Praktiken der Migration untersuchen. Vor dem Hintergrund der sich zuspitzenden Vielfachkrise und der diversen, zunehmend autoritärer werdenden politisch-gesellschaftlichen Krisenreaktionen gewinnen die analysierten Prozesse und Zustände an Brisanz und ihr Zusammenhang tritt deutlicher zutage. So wird in einzelnen Beiträgen des Buches auch die subjektive Dimension der Vielfachkrise deutlich, die sich in den alltäglichen Erfahrungen und Reflektionen gerade der Grenzziehungen niederschlägt. Die individuelle Betroffenheit *und* die Art und Weise, in der Individuen direkt in die kapitalistischen Machtverhältnisse eingebunden sind, werden immer wieder vor Augen geführt.

Ulrich Brand und *Markus Wissen* stellen mit ihren weiterentwickelten Überlegungen zum Konzept der imperialen Lebensweise ein Forschungsprogramm vor, das es ermöglicht, Gesellschaftsanalyse im globalen Kapitalismus zu betreiben. Die Fortentwicklung eines kritischen Konzepts des Festungskapitalismus in Europa ist das Anliegen des Beitrags von *Fabian Georgi*. Er gibt Einblick in die Debatten und zeigt das kritisch-analytische Potential dieses Ansatzes auf. *Lukas Oberndorfer* aktualisiert in seinem Beitrag seine Analyse des an Nicos Poulantzas anschließenden autoritären Wettbewerbsetatismus und zeichnet empirisch unterfüttert die Entwicklung des Europäischen Sicherheitsregimes nach, um dieses dann staatstheoretisch einzuordnen. Die Autorengruppe *Katherine Braun*, *Anne Lisa Carstensen*, *Clemens Reichhold* und *Helge Schwiertz* stellt das Konzept Urban Citizenship in das Zentrum ihres Beitrags und loten dessen Fallstricke und Potentiale aus.

Die Analyse und Kritik von Konkurrenzdenken und der Prozesse 'xenophober' Kulturalisierungen im Rahmen von Lohnarbeit werden von *Stefanie Hürtgen* geleistet. Der Beitrag von *Alke Jenss* untersucht die Konjunkturen des Autoritarismus in Lateinamerika anhand beispielhafter Länderanalysen von Brasilien und Mexiko. *Corinna Dengler* schließt mit ihren Überlegungen an die Frage nach der Rolle der nicht-monetären Versorgungsökonomie in einer (Post-)Wachstumsgesellschaft an.

Der Alltag migrantischer Landarbeiter_innen im Süden der EU und ihre Möglichkeiten Prozesse der Subalternisierung eigensinnig zu unterbrechen werden von *Olaf Tietje* thematisiert. *Judith Vey* untersucht am Beispiel der Unterbringung von Flüchtenden die Dynamiken, Eigenlogiken und Widersprüche des autoritären Festungskapitalismus. Die Dauerkrise migrantischer Arbeit wird von *Johanna Neuhauser* anhand des Beispiels von lateinamerikanischen Arbeitsmigrant_innen in Spanien dargestellt. *Wolfgang Menz* und *Sarah Nies* greifen auf arbeitssoziologische Bewusstseinsforschung zurück und leisten so einen wichtigen Beitrag zur Erklärung des Rechtspopulismus. Die Politische Kommune in ihrer empirischen Realität ist Gegenstand der Untersuchung von *Ferdinand Stenglein*, er fokussiert hierbei vor allem darauf, wie Eigentum gesellschaftlich begründet wird. Und *Klaus Dörre* unterzieht abschließend den Ansatz der emprischen Lebensweisen einer Kritik.

Als roter Faden durch die verschiedenen Artikel zieht sich daher ein analytischer Fokus auf *alltägliche Grenzziehungen* und mit diesen verbundene Formen sozialer Ungleichheit sowie über solche hinausweisende Perspektiven und Handlungsmöglichkeiten. Die hierbei thematisierten Kräfteverhältnisse lassen auf der einen Seite jene die Handlungsmöglichkeiten strukturierenden Bedingungen sichtbar werden, verweisen aber zugleich auch auf die Möglichkeiten in diese zu intervenieren und so die materiellen und symbolischen Ordnungen zu verändern.

Literatur

Bailey, David J./Clua-Losada, Mònica/Huke, Nikolai/Ribera Almandoz, Olatz (2017): Beyond Defeat and Austerity: Disrupting (the Critical Political Economy of) Neoliberal Europe. London.

Bayat, Asef (2010): Life as politics. How ordinary people change the Middle East. Amsterdam.

Benz, Martina/Schwenken, Helen (2005): Jenseits von Autonomie und Kontrolle: Migration als eigensinnige Praxis. In: PROKLA 35 (3), 363-378.

Brand, Ulrich/Wissen, Markus (2017): Imperiale Lebensweise. Zur Ausbeutung von Mensch und Natur im globalen Kapitalismus. München.

Dörre, Klaus (2011): Funktionswandel der Gewerkschaften. Von der intermediären zur fraktalen Organisation. In: Thomas Haipeter und Klaus Dörre (Hg.): Gewerkschaftliche Modernisierung. Wiesbaden, 267-301.

Hardt, Michael/Negri, Antonio (2002): Empire. Die neue Weltordnung. Frankfurt a.M.

Klinger, Cornelia/Knapp, Gudrun-Axeli/Sauer, Birgit (Hg.) (2007): Achsen der Ungleichheit. Zum Verhältnis von Klasse, Geschlecht und Ethnizität. Frankfurt a.M.

Lefebvre, Henri (1991): Critique of Everyday Life. Volumne 1. Introduction. London.

Lessenich, Stephan (2016): Neben uns die Sintflut. Die Externalisierungsgesellschaft und ihr Preis. Bonn.

Negt, Oskar/Kluge, Alexander (1993): Geschichte und Eigensinn. Frankfurt a.M.

Papadopoulos, Dimitris/Stephenson, Niamh/Tsianos, Vassilis (2008): Escape Routes. Control and Subversion in the Twenty-first Century. London.

Ulrich Brand / Markus Wissen[1]

Gesellschaftsanalyse im globalen Kapitalismus
„Imperiale Lebensweise" als Forschungsprogramm

Die ungleichzeitige Dynamik des globalen Kapitalismus wird in diesen Zeiten besonders deutlich. In Ländern wie Deutschland, Österreich oder der Schweiz gilt die Wirtschafts- und Finanzkrise als überwunden. Die Export-„Motoren" laufen auf Hochtouren, die Wettbewerbsfähigkeit ist gegeben, und die herrschenden Verhältnisse scheinen kaum angreifbar zu sein. Die Anpassung der Sozialdemokratie in Deutschland und in Österreich an die neoliberalen Verhältnisse sowie die damit einhergehende Rat- und Perspektivlosigkeit sind nur ein Ausdruck dieser Konstellation. Die Sozialdemokrat_innen tragen alles mit, fordern allenfalls – und in Deutschland wenig glaubwürdig nach der Einführung der Hartz-Gesetze durch eine SPD-geführte Regierung – mehr Umverteilung.

Krisen finden gleichwohl weiterhin statt. Die zunehmende soziale Polarisierung und Prekarisierung impliziert für immer mehr Menschen ein Leben am Existenzminimum, wir erleben insbesondere im Sorge- und Pflegebereich eine Krise der sozialen Reproduktion. Die ökologische Krise wird zwar von den meisten Menschen in den kapitalistischen Zentren nicht unmittelbar erfahren, aber andernorts eben doch. Unzählige wissenschaftliche Studien weisen darauf hin, dass die aktuelle Produktions- und Lebensweise schon heute im Zugriff auf Ressourcen und in der Verursachung von Emissionen höchst ungleich und mittelfristig nicht tragfähig ist. Flucht und erzwungene Migration stürzen viele Menschen in existenzielle Krisen und sind doch häufig verbunden mit dem Wunsch nach einem gesicherten und auskömmlichen Leben.

Die Ungleichzeitigkeit von Krise und relativer Stabilität manifestiert sich auch in der Schwierigkeit, die kapitalistischen Akkumu-

---

[1] Wir danken den Herausgebern des Bandes für wichtige Anregungen.

lationsdynamiken und die damit verbundenen Kräfteverhältnisse von links infrage zu stellen. Progressive gesellschaftspolitische Akteure scheinen keine Antwort jenseits von Abwehrkämpfen auf die aktuellen Entwicklungen zu haben. „Zukunft" wird vermeintlich von rechts und rechtsaußen besetzt mit einem klaren Angebot: Gesellschaftspolitisch sollen die meisten Probleme gelöst werden, wenn Flüchtlinge und MigrantInnen nicht mehr oder in deutlich geringerer Anzahl hier sind; wirtschaftspolitisch sollen die Folgen der kapitalistischen Globalisierung standortnationalistisch im Interesse der Zentren (und hier vor allem der Vermögenden) bearbeitet werden. Soziale Gegensätze werden dadurch in einen Konflikt zwischen einem Innen und einem Außen transformiert und herrschaftsförmig bearbeitet.

Zum Begriff „imperiale Lebensweise"

Diese Konstellation war ein Ausgangspunkt unserer Überlegungen zur „imperialen Lebensweise", die immer auch eine Produktionsweise ist. Die „Vielfachkrise" hat eben auch stabilisierende Momente, die aus kritisch-analytischer wie auch aus politisch emanzipatorischer Perspektive nicht unterschätzt werden sollten (erstmals Brand/Wissen 2011). Der Begriff soll dieses komplexe Verhältnis von Krise und Stabilisierung benennen und den Zusammenhang von sich globalisierenden Strukturen, damit verbundenen Kräfteverhältnissen sowie institutionellen und individuellen Alltagspraxen aufzeigen (zum Folgenden Brand/Wissen 2017a). Wir möchten damit sichtbar machen, dass die Gesellschaften des globalen Nordens systematisch und strukturell gewaltförmig auf ein Äußeres zurückgreifen. Die imperiale Lebensweise schreibt sich zudem in die Gesellschaften des globalen Südens ein – insbesondere in jene der dynamischen kapitalistischen 'Schwellenländern'. Sie wirkt in allen Ländern hierarchisierend über Statuskonsum sowie über die Stabilisierung bestehender Klassen-, Geschlechter und rassifizierter Verhältnisse. Rassismus und (Neo-)Kolonialismus rechtfertigen die Überausbeutung von Arbeitskraft. Ein wesentliches Element ist, dass imperialistische Herrschaftsverhältnisse über die imperiale Lebensweise normalisiert und weitgehend unsichtbar gemacht werden.

Für diejenigen, die von ihr profitieren, bedeutet die imperiale Lebensweise Handlungsfähigkeit und materiellen Wohlstand, aber auch – so politisch erkämpft und gewollt – eine funktionierende öffentliche Infrastruktur und Daseinsvorsorge. Grundlegende gesellschaftliche Alternativen liegen für die meisten Menschen meist jenseits des Vorstell- oder Wünschbaren. Ihre Realisierbarkeit wird auch dadurch in Frage gestellt, dass es für die Individuen als Lohnabhängige und Konsument_innen kaum möglich ist, sich der imperialen Lebensweise zu entziehen. Wir sehen darin deren „Doppelcharakter [...] als struktureller Zwang *und* Erweiterung von Handlungsmöglichkeiten" (ebd.: 18). Michael Brie weist in jüngeren Überlegungen in Anschluss an Karl Polanyi darauf hin, dass Menschen unter kapitalistischen Bedingungen nicht „verantwortlich frei" sein können, da sie eben die Voraussetzungen ihrer Freiheit nicht beeinflussen oder gar kontrollieren können (Brie 2015: 39-45). Dieser Umstand wird durch den Begriff der imperialen Lebensweise auf den Punkt gebracht.

Dadurch, dass die imperiale Lebensweise fortbesteht und sich vertieft, werden die Lebensgrundlagen vieler Menschen fortschreitend zerstört, ihre Abhängigkeitsverhältnisse verfestigen sich. Kapitalistische Globalisierung und die globale Ausweitung der imperialen Lebensweise erhöhen nochmals den Bedarf an natürlichen Ressourcen der Länder im globalen Süden. Die Konkurrenz um Land, etwa in Afrika, nimmt zu. Damit verstärken sich 'öko-imperiale Spannungen', und in dem Maße, wie sich die imperiale Lebensweise ausbreitet und das Außen, auf das sie angewiesen ist, schrumpft, droht sie sich zu Tode zu siegen. Dennoch bleibt sie für viele Menschen erstrebenswert und ist in diesem Sinne hegemonial.

Analysen um den Begriff der imperialen Lebensweise unterstreichen eine Problemstellung, die trotz ihrer Dringlichkeit in weiten Teilen kritischer Globalisierungsforschung und der (internationalistischen) Linken immer noch nicht angekommen ist: die globale, aber oft gleichzeitig sehr lokale und konfliktive ökologische Dimension und ihre Verknüpfung mit Herrschaftsfragen.

Mit dem Begriff imperiale Lebensweise lassen sich auch die in der Einleitung angedeuteten rechtskonservativen und rechtsextremen Politiken in Europa und den USA besser verstehen. In Zeiten sozialer Spaltung und Verunsicherung versprechen sie, durch eine restriktive Migrations-, Handels- und Außenpolitik zuvorderst die Interessen derer zu verteidigen, die in den kapitalistischen Zentren leben. Den bürgerlichen Wohlstandschauvinisten, wie sie sich etwa im Umfeld der „Erklärung 2018" sammeln, stellen sie eine

Verteidigung des Privilegs in Aussicht, den eigenen Wohlstand auch in Zeiten sich verschärfender globaler Krisen auf Kosten anderer erhalten und mehren zu können; und den auch im globalen Norden zahlenmäßig zunehmenden Deprivilegierten, als deren politische Repräsentation die Sozialdemokratie abgedankt hat, suggerieren sie, dass sich ein weiterer sozialer Abstieg verhindern ließe, wenn andere Weltregionen in ihrer Rolle als Zulieferer von billigen Waren kleingehalten und Hilfe suchende Menschen abgewiesen werden.

Der Strukturzwang, die Ermöglichung und Restriktion von Handeln sowie die Widersprüchlichkeit der imperialen Lebensweise sind auch Ausgangspunkt jeglicher Suche nach Alternativen, d.h. nach Konturen einer solidarischen Lebensweise (vgl. auch Decker 2018). Dabei identifizieren wir als 'falsche' Alternativen' *erstens* technologiefixierte Vorschläge, denen zufolge mit vagen 'Effizienzrevolutionen' und Großinvestitionen in Technologien die ökologischen Probleme gelöst werden sollen. *Zweitens* ist die Fokussierung 'grüner KonsumentInnen' fraglich, weil damit der Zusammenhang von machtvoll gesetzten Produktions- und Konsummustern unterschlagen wird. Und *drittens* sind die Versprechen einer grünen Ökonomie zu hinterfragen bzw. kritisch als Elemente eines möglichen 'grünen Kapitalismus' zu entschlüsseln, der grundlegende Macht- und Herrschaftsverhältnisse nicht aufhebt und auch die ökologische Krise nicht angemessen bearbeitet (Brand/Wissen 2017a: 147ff.). Es geht viel umfassender um strukturelle gesellschaftliche Veränderungen, um die kapitalistischen Produktionsverhältnisse in ihren vielfältigen sozio-ökonomischen, politischen und kulturellen Ausprägungen, um die damit verbundenen Kräfteverhältnisse und Diskurse bis hin zu den herrschenden Sozialisations- und Subjektivierungsprozessen (Brand/Wissen 2017a: 165ff.).

Imperiale Lebensweise als *Erklärungsstrategie*

Das Konzept der imperialen Lebensweise ist eine Heuristik, um aktuelle Dynamiken und Strukturmuster besser verstehen zu können, die ansonsten in kritischen wissenschaftlichen und politisch emanzipatorischen Debatten und Strategiebildungen kaum oder gar keine Rolle spielen. Die bisherigen Reaktionen auf unser Buch wie auch auf jenes von Stephan Lessenich (2016) sowie auf die Broschüre des I.L.A.-Kollektivs (2017) zeigen, dass wir offensichtlich einen Nerv in der Debatte getroffen haben.² Dabei wird richtigerweise mit Kritik nicht gespart. Unschärfen und Auslassungen sind einem Ansatz immanent, der bei aller Differenziertheit das große Ganze in den Blick nehmen möchte.

Ein nächster Schritt besteht deshalb darin, ein Forschungsprogramm für die kommenden Jahre zu entwickeln. Ein solches Programm ist nichts Fixes, sondern *work in progress* und, wichtiger noch, seine Realisierung muss ein kollektives Unterfangen sein. Es bedarf der begrifflich-theoretischen Schärfung wie auch der Teilanalysen, in denen konkrete Problemstellungen genauer untersucht werden (die umfassendste Kritik mit einer Fülle von wichtigen Anregungen kommt von Klaus Dörre 2018). Wir erheben hier nicht den Anspruch, ein fertiges Programm zu entwerfen, sondern präsentieren einige Ideen, die sich als Untersuchungslinien aus unseren eigenen Interessen heraus wie auch aus den vielen Anregungen ergeben, die wir erhalten haben.

Das Konzept der imperialen Lebensweise begreifen wir dabei als *Erklärungsstrategie*. Ihr Ziel ist es *erstens*, die strukturellen, insbesondere sozial-ökologischen Voraussetzungen unterschiedlichster Alltagspraxen in ihren Nord-Süd-Dimensionen, aber auch im Hinblick auf Klassenfragen, Geschlechterverhältnisse und rassistische Diskriminierungen im globalen Norden sichtbar zu machen. Das, was durch alltägliches Handeln normalisiert wird, soll in seiner Herrschaftsförmigkeit begreifbar werden, ohne dass daraus moralische Schuldzuweisungen und Appelle an die Handelnden resultieren. Individuen handeln verantwortlich, sie treffen bewusste Entscheidungen, aber in letztere gehen viele unbewusste Voraussetzungen ein, deren Begreifen und Überwinden einer herrschaftskritischen Perspektive bedarf. Insbesondere geht es uns um fossilistische, d.h. auf dem Einsatz von fossilen Energieträgern beruhende Praxen. Die ökologischen Zerstörungen, die die Extraktion und die Verbrennung der Rohstoffe verursachen, und die Arbeitsbedingungen, die in den extrahierenden und weiterverarbeitenden Industrien vorherrschen, begründen die Herrschaftsförmigkeit und Nicht-Verallgemeinerbarkeit fossilistischer Praxen, die in deren alltäglicher Ausübung gleichwohl zum Verschwinden gebracht werden.

Zweitens ist es das Ziel der imperialen Lebensweise als Erklärungsstrategie, die Grenzen von Nachhaltigkeitskonzepten und

---

2 Für eine Übersicht siehe www.facebook.com/ImperialeLebensweise/

-politiken aufzuzeigen, die auf eine bloße Modernisierung des Bestehenden setzen, die also, wie Elmar Altvater das schon früh in einer Kritik an der Studie *Zukunftsfähiges Deutschland* des Wuppertal-Instituts für Klima, Umwelt, Energie formuliert hat, in die Falle tappen, „von ökologischer Nachhaltigkeit zu sprechen und vom Kapitalismus zu schweigen, eine ökologische Revolution […] einzufordern und politisch, ökonomisch, sozial fast alles beim Alten zu belassen" (Altvater 1996: 84). Damit sollen nicht alle Ansätze einer ökologischen Modernisierung abgetan werden. Vielmehr wollen wir deutlich machen, dass auch positive technologische Errungenschaften unzureichend sind oder gar ins Negative umschlagen können, wenn nicht gleichzeitig auch die kapitalistische Formbestimmtheit des Wirtschaftens überwunden wird: Auch die Hersteller von umweltfreundlichen Technologien müssen sich am Markt behaupten, sie unterliegen Konkurrenz- und Wachstumszwängen, aus denen letztendlich neue soziale und ökologische Kosten resultieren, die der Externalisierung bedürfen (siehe etwa die Metalle, die in den Infrastrukturen erneuerbarer Energien verbaut sind: Blume et al. 2011, Exner et al. 2016). Die imperiale Lebensweise schlägt ein komplexeres Verständnis dessen vor, was es zu transformieren gilt: nicht nur die stoffliche und energetische Basis des Kapitalismus, sondern auch seine politische Ökonomie (vgl. Rilling 2011), nicht nur Produkte, Technologien und individuelle Konsumentscheidungen, sondern Produktions- und Konsum*muster*, wie sie in Alltagspraxen, Kräfteverhältnissen und Strukturen verankert sind. Und wo andere Ansätze auf den Staat als Problemlöser rekurrieren und dabei immer wieder enttäuscht werden, macht die imperiale Lebensweise als Erklärungsstrategie darauf aufmerksam, dass die zu überwindenden Verhältnisse ihre Dauerhaftigkeit und Widerstandsfähigkeit nicht zuletzt durch ihre staatlich-institutionelle Absicherung gewinnen.

Daraus resultiert *drittens* ein anderes Verständnis transformatorischer Konzepte und Kräfte. Diese sind dort zu suchen, in ihren Voraussetzungen zu begreifen und kritisch zu begleiten, wo die vorherrschenden Produktions- und Konsummuster gleichzeitig radikal, also an die Wurzel gehend, und konkret in Frage gestellt werden. Joachim Hirsch (1990) hat dies als „radikalen Reformismus" bezeichnet (vgl. auch Roth 2018). Dieter Klein (2013) spricht von „Einstiegsprojekten", die im Konkreten die nötigen grundlegenden Veränderungen vorwegnehmen und erfahrbar machen und für die es bereits heute weltweit unzählige Beispiele gibt. Staatliche Politi-

Forschungsfelder

Zunächst bedarf die imperiale Lebensweise als Forschungsprogramm konkreter Untersuchungen von *Strategien und Praxen, Institutionalisierungsprozessen und umfassenden Strukturen*. Untersucht werden müssen staatliche Politiken, Unternehmensstrategien und soziale Bewegungen in der Reproduktion und Infragestellung der imperialen Lebensweise. Der Vorteil einer solchen Analyse liegt darin, sich empirisch mit einzelnen Bereichen vertraut zu machen, Verbindungen zwischen diesen herzustellen (zum Beispiel zwischen Mobilitäts- und Stadtentwicklung sowie der Automobilindustrie) und sie im Lichte von grundlegenderen gesellschaftlichen Dynamiken zu betrachten (vgl. die eindrucksvollen Analysen des I.L.A.-Kollektivs 2017). Auch die 'systemische' Brüchigkeit der imperialen Lebensweise, also die immanenten und kaum bearbeitbaren Widersprüche – wie etwa das Versprechen, allen Menschen ein gutes, *de facto* aber ausbeuterisches und ressourcenintensives Leben zu ermöglichen – bedarf der sogfältigen Analyse.

Hinsichtlich der alltagspraktischen Ebene bedeutet dies etwa, die „alltägliche Lebensführung" (zu diesem Begriff siehe Diezinger 2008) der Subjekte in ihren widersprüchlichen Anforderungen genauer zu verstehen. Die alltägliche Lebensführung ist gekoppelt mit den vielfältigen Strategien, die problematischen bis zerstörerischen Voraussetzungen des eigenen Lebens unsichtbar zu machen bzw. ignorieren zu können, die Lebensbedingungen zu normalisieren, aber auch diffuses oder explizites Unbehagen zu erkennen. Eine zentrale Dimension der alltäglichen Lebensführung ist das, was Christa Wichterich (2016) als „Sorgeextraktivismus" bezeichnet. Dieser Begriff nimmt aus einer feministischen Perspektive die Veränderungen der internationalen Arbeitsteilung in den Blick. Er thematisiert, dass und wie „die globalen Mittelschichten ihre eigene Reproduktion durch Aneignung von Sorgekapazitäten aus anderen, ärmeren Regionen sichern, diese enteignen und damit die eigene Reproduktionskrise in sie verschieben" (ebd.: 60). Insofern handelt es sich beim transnationalen Sorgeextraktivismus um einen zentralen Teil der imperialen Lebensweise.

Auf der politisch-institutionellen Ebene können Forschungen an die Überlegung von Nicos Poulantzas (2002) anknüpfen, dass der Staat ein heterogenes, mitunter widersprüchliches Feld ist, auf dem sich je spezifische Kräfteverhältnisse verdichten (dasselbe gilt für gesellschaftliche Diskurse, die Poulantzas nicht so sehr berücksichtigte). Was bedeutet es konkret, wenn die wirtschaftspolitischen Apparate primär auf kapitalistisches Wachstum setzen, die sozialpolitischen auf Umverteilung und die umweltpolitischen sich den Zerstörungen der imperialen Lebensweise stellen müssen? Was sind die konkreten Mechanismen und die mit ihnen verbundenen gesellschaftlichen Strategien und Kräfte? Empirische Forschungen hätten wiederum Rückwirkungen auf die Begriffs- und Theoriebildung sowie auf die Methodologie.

Die konkreten Analysen von Strategien, Praxen, Institutionen und Strukturen könnten hegemonietheoretisch um die Frage erweitert werden, inwieweit sich neue *gesellschaftspolitische Projekte* identifizieren lassen. Im Unterschied zu konkurrierenden „Strategien" beinhalten „Projekte" das Moment der diskursiven und institutionellen Verallgemeinerung:[3] Soziale Kräfte organisieren sich um eine bestimmte Strategie, die dann zum hegemonialen Projekt wird, wenn es gelingt, konkurrierende Strategien zu marginalisieren bzw. die sie verfolgenden Kräfte diskursiv und/oder über Zugeständnisse einzubinden.

Die Analyse von Strategien und Projekten hat bisher vor allem die Formen der Krisenbearbeitung seit 2008 in den Blick genommen. Die ambivalente Rolle der imperialen Lebensweise spielt dabei in der Regel keine Rolle. Doch aus unserer Sicht sollte sie ein wesentliches Kriterium sein, um die Konturen und die Gangbarkeit von Strategien und Projekten einschätzen zu können. In autoritär-konservativen und liberalen Strategien werden sozial-ökologische Fragen dethematisiert. Die Krisenbearbeitung gelingt gerade über die Externalisierung von Kosten in Zeit und Raum. Hierin liegen die hegemonialen Potenziale dieser Strategien, ihre Möglichkeit, sich zu Projekten zu verdichten, wie es sich vielerorts in den gesellschaftlichen und politischen Rechtsverschiebungen andeutet. In

---

* 3 Die Forschungsgruppe „Staatsprojekt Europa" unterscheidet zwischen (konkurrierenden) „Hegemonieprojekten" und (verallgemeinerten) „hegemonialen Projekten" (siehe etwa Georgi/Kannankulam 2015). Vgl. auch Institut für Gesellschaftsanalyse (2009).

grün-modernistischen Strategien wie solchen der grünen Ökonomie werden die fossilistische Ressourcen- und Energiebasis und deren klimapolitische Implikationen zwar problematisiert, aber nicht mit gesellschaftlichen Machtverhältnissen und kapitalistischen Expansionslogiken in Verbindung gebracht. Die hegemonialen Potenziale hier liegen weniger in der (autoritären) Stabilisierung zerstörerischer Praxen, sondern in deren ökologischer Modernisierung sowie den damit verbundenen Akkumulations- und Wachstumsversprechen. Das korrespondierende Projekt wäre das eines 'grünen Kapitalismus', in dem sich Strategien der ökologischen Modernisierung in die Staatsapparate einschreiben und gegenüber fossilistischen Strategien die Oberhand gewinnen, ohne dass diese dabei notwendigerweise ganz verschwinden (Brand/Wissen 2013).

Besonderen Forschungsbedarf sehen wir im Hinblick auf Alternativen zum autoritär-fossilistischen und zum grünen Kapitalismus. Wir haben ein entsprechendes gesellschaftliches Projekt in unserem Buch (Brand/Wissen 2017a) als „solidarische Lebensweise" bezeichnet. Es deutet sich bislang vor allem an den gesellschaftlichen Rändern an, also dort, wo ausgehend von einer Kritik an den herrschenden Formen der Energieversorgung, der Ernährung und Lebensmittelherstellung oder der Fortbewegung grundlegende Alternativen entwickelt und praktiziert werden. Konzeptionell sind die einschlägigen Ansätze allerdings alles andere als randständig, zielen sie doch häufig auf einen Problemkern, nämlich die kapitalistischen Eigentums- und Konkurrenzverhältnisse, die sie zugunsten von solidarischen, demokratischen und ökologischen Formen der Organisation der genannten (und weiterer) Bereiche zu überwinden versuchen. Damit sie perspektivisch die derzeit vorherrschenden autoritären bzw. grün-kapitalistischen Projekte in Frage stellen können, bedarf es nicht zuletzt der Arbeit an einer gemeinsamen Erzählung. Eine solche ermöglicht es den vielfältigen Ansätzen, sich als Teil einer gemeinsamen Strategie zu begreifen. Ihre Attraktivität strahlt idealerweise auch auf solche gesellschaftlichen Kräfte aus, die bisher oft noch den alten Mustern folgen (etwa Gewerkschaften). Das ist keine einfache Aufgabe, weil wir es mit ungleichzeitigen Entwicklungen, konfliktiven Erfahrungshorizonten und Interessenlagen zu tun haben. Offen ist auch, ob es hierfür eines gesellschaftlichen Antagonismus bedarf, der emanzipatorische gesellschaftliche Veränderungen herbeizuführen vermag (Dörre 2018: 71). Die Aufgabe kritischer Wissenschaft wäre es, die Bedingungen hierfür zu identifizieren (siehe beispielhaft Thie 2013, Klein 2013, Wright 2017).

Zu und mit dem Konzept der imperialen Lebensweise zu forschen, bedeutet auch, dieses selbst zu schärfen. Vieles ist bislang notwendigerweise unscharf geblieben. Dazu gehört etwa die *Begrifflichkeit vom globalen Norden und globalen Süden*.[4] Stefan Schoppengerd fragt in seiner Rezension in der Betriebs- und Gewerkschaftszeitung *express*:

> „Lassen sich die Grenzen zwischen Innen und Außen eigentlich noch geographisch angeben, oder gibt es in allen Ländern dieser Welt eine herrschende Klasse, die von der imperialen Weltordnung profitiert und also dem exklusiven 'Innen' angehört? Wie verhalten sich die verschiedenen Funktionen der Außenwelt für die Stabilisierung der imperialen Produktions- und Konsumweise zueinander – Lieferung von Rohstoffen und Arbeitskräften, Absorption überschüssigen Kapitals und überschüssiger Produkte, 'Frontier' von Expansionsgelüsten? Zu solchen Fragen bleibt das Buch im Ungefähren." (Schoppengerd 2017: 16)

Wir halten zunächst heuristisch an der Unterscheidung zwischen globalem Norden und globalem Süden fest, argumentieren aber – das ist eine wichtige Differenz zum Buch von Stephan Lessenich (2016) zur „Externalisierungsgesellschaft" –, dass sich in vielen Ländern des globalen Südens die imperiale Lebensweise rasch ausbreitet, für viele Menschen attraktiv ist – und viele andere ausschließt – und gleichzeitig mit enormer Naturbeherrschung und sozialer Herrschaft einhergeht. Das heißt nicht notwendigerweise, dass es in allen Ländern eine von der imperialen Lebensweise profitierende herrschende Klasse gibt – es ist aus unserer Sicht viel komplizierter. Wir wollen eher auf Ambivalenzen hinweisen: Es kommt zu materiellen Wohlstandgewinnen und wachsenden Mittelschichten, bei gleichzeitiger Stärkung der Eliten, keiner oder geringer Zunahme politischer Partizipation der Bevölkerungsmehrheiten und zunehmender Naturzerstörung. Die Abhängigkeit vom Wohl und Wehe der Weltmarktentwicklung bleibt bestehen.

Weitere Untersuchungen zur immer gebrochenen und regional-lokal spezifischen Verankerung und Ausweitung der imperialen Lebensweise in anderen Weltregionen wären wichtig – zumal daraus

---

4   Siehe hierzu auch die Kritik von Dieter Boris (2017) und unsere Replik darauf (Brand/Wissen 2017b).

politisch gemeinsame Perspektiven entwickelt werden können, die gleichzeitig internationalistisch sind und die jeweiligen konkreten Problemlagen aufnehmen. Die verschiedenen Bereiche genauer ins Verhältnis zu setzen, das ist ein lohnenswertes und wichtiges empirisches und methodisches Unterfangen.

Eine Anregung könnte weiter diskutiert werden: Die Bewegung der Geflüchteten, restriktive Migrationspolitiken und rassistische Diskurse sind Bestandteil der imperialen Lebensweise, was sich daran zeigt, dass staatliche Politik mit Zustimmung großer Bevölkerungsteile immer stärker und notfalls brutaler die imperiale Lebensweise verteidigt. Gleichwohl ist es zutreffend, dass wir, wie von Daniel Bendix bei der Hamburger AkG-Tagung 2017 kritisiert, zu wenig die Erfahrungen und Handlungen der Geflüchteten selbst berücksichtigen. Werden Geflüchtete zu Subjekten und Teil der Auseinandersetzungen um eine sich global durchsetzende solidarische Lebensweise, dann könnte das auch eine Willkommenskultur in einen breiteren Kontext stellen.

Zu klären wäre schließlich der *Klassenbegriff* im Kontext der imperialen Lebensweise. In verschiedenen Beiträgen sind wir dafür kritisiert worden, gegenüber dem Nord-Süd-Verhältnis die Klassenstruktur der Gesellschaften des globalen Nordens zu vernachlässigen. Diese werde zwar erwähnt, aber nicht analytisch ausgeführt, sondern nachträglich in das Konzept integriert: als *Stratifizierung* der imperialen Lebensweise, für deren *Konstituierung* sie jedoch bedeutungslos sei. Es bliebe dann nur mehr die moralische Kritik (vgl. etwa Thien 2018, Sablowski 2018, Dörre 2018; eine Auseinandersetzung unsererseits mit den Kritiken in Brand/Wissen 2018).

Der Vorwurf geht uns zu weit, denn es sollen tief verankerte Macht- und Herrschaftsverhältnisse entlang unterschiedlicher Spaltungslinien in den Blick genommen werden, die zur imperialen Lebensweise führen und von dieser reproduziert werden. Wir wollen gerade zeigen, dass die imperiale Lebensweise konstitutiv mit ausdifferenzierten Klassen-, Geschlechter- und rassisifizierten Verhältnissen verbunden ist. Es ist das Eingebundensein in eine von unterschiedlichen Herrschaftsverhältnissen durchzogene Gesellschaft, die die Individuen gleichsam in die imperiale Lebensweise hinein zwingt oder die diese zumindest begünstigt: Als Produzent_innen verarbeiten sie Rohstoffe und Vorprodukte, ohne die sozial und ökologisch oft verheerenden Bedingungen von deren Extraktion bzw. Herstellung unmittelbar verändern zu können; als Konsument_innen kaufen sie

Güter, die über ebenso intransparente wie Ungleichheit festschreibende Wertschöpfungsketten in die Supermärkte gelangen, auf die sie aber nichtsdestotrotz angewiesen sind; und um die Zumutungen eines neoliberal flexibilisierten Alltags zu bewältigen, greifen sie auf die Sorgeleistungen von Arbeitsmigrant_innen zurück.

Dennoch, und hier könnten weitere Forschungen ansetzen, betonen wir, dass der in die kapitalistische Gesellschaft eingelassene Zwang zur imperialen Lebensweise nicht immer und notwendigerweise als solcher empfunden wird. Denn er geht durchaus einher etwa mit Arbeitserleichterungen, mehr Komfort und einer größeren Mobilität. Vor allem die mit dem fordistischen Klassenkompromiss durchgesetzte erdölbasierte Konsumnorm verhalf den Lohnabhängigen zu einem bis dahin unbekannten Lebensstandard. Welche Bezüge bestehen heute noch zu den nivellierenden Tendenzen der fordistischen Entwicklungsweise, die zugleich eine hierarchisierende war? Wie werden Klassenverhältnisse materiell und auch symbolisch über Status- und Luxuskonsum konkret reproduziert? – Diese und weitere Fragen gilt es aus unserer Sicht sowohl empirisch als auch theoretisch-konzeptionell zu bearbeiten.

Ausblick

Der Begriff der imperialen Lebensweise soll neue Perspektiven öffnen auf die umfassenden Krisendynamiken, aber auch auf Kontinuitäten sowie Prozesse und Strategien der Stabilisierung sozialer Verhältnisse. Dabei interessieren uns insbesondere sozialökologische und internationale Dimensionen, doch diese können nicht getrennt werden von Hierarchisierungen, Macht- und Herrschaftsverhältnissen, Unterwerfung und den bestehenden Formen und Vorstellungen guten Lebens innerhalb einzelner Gesellschaften. Darüber hinaus schlagen wir vor, den Begriff als Erklärungsstrategie zu verwenden, um unterschiedliche soziale Phänomene wie etwa die sich weiterhin ausbreitenden nicht-nachhaltigen Produktions- und Konsummuster, die politischen Rechtsverschiebungen oder unmenschliche Flüchtlings- und Migrationspolitiken genauer verstehen zu können. Und schließlich handelt es sich um ein Forschungsprogramm, das nur kollektiv ausformuliert und dann bearbeitet werden kann. Hier sind Kontexte wie die Assoziation für kritische Gesellschaftsforschung im deutschsprachigen Raum für uns von unschätzbarem Nutzen. Denn über solche Kontexte können klärende Diskussionen, gegebenenfalls auch scharfe Kontroversen, vorangetrieben sowie Probleme und offene Fragen präzisiert werden, die mitunter sogar in umfassendere verbindliche Forschungszusammenhänge münden.

Literatur

Altvater, Elmar (1996): Der Traum vom Umweltraum. Zur Studie des Wuppertal Instituts über ein „zukunftsfähiges Deutschland". In: Blätter für deutsche und internationale Politik, Nr. 1, 82-91.

Blume, Jutta/Greger, Nika/Pomrehn, Wolfgang (2011): Oben hui, unten pfui? Rohstoffe für die „grüne" Wirtschaft. Bedarfe – Probleme – Handlungsoptionen für Wirtschaft, Politik & Zivilgesellschaft, hrsg. von PowerShift und Forum Umwelt & Entwicklung, Berlin.

Boris, Dieter (2017): Imperiale Lebensweise? Ein Kommentar. In: Sozialismus, Nr. 7-8, 63-65.

Brand, Ulrich/Wissen, Markus (2011): Sozial-ökologische Krise und imperiale Lebensweise. Zu Krise und Kontinuität kapitalistischer Naturverhältnisse. In: Demirović, Alex/Dück, Julia/Becker, Florian/Bader, Pauline (Hg.): VielfachKrise. Im finanzdominierten Kapitalismus, Hamburg, 79-94.

– (2013): Strategien einer Green Economy, Konturen eines grünen Kapitalismus: zeitdiagnostische und forschungsprogrammatische Überlegungen. In: Atzmüller, Roland/Becker, Joachim/Brand, Ulrich/Oberndorfer, Lukas/Redak, Vanessa/Sablowski, Thomas (Hg.): Fit für die Krise? Perspektiven der Regulationstheorie: Münster, 132-148.

– (2017a): Imperiale Lebensweise. Zur Ausbeutung von Mensch und Natur im globalen Kapitalismus, München.

– (2017b): Imperiale Lebensweise! Modernisierung oder Überwindung von Herrschaft? Replik auf Dieter Boris und Eröffnung einer Debatte. In: Sozialismus, Nr. 12/2017, 63-67.

– (2018): „Nichts zu verlieren als ihre Ketten?" Neue Klassenpolitik und imperiale Lebensweise. In: LuXemburg 1/2018, 104-111.

Brie, Michael (2015): Polanyi neu entdecken. Das hellblaue Bändchen zu einem möglichen Dialog von Nancy Fraser und Karl Polanyi, Hamburg.

Decker, Samuel (2018): Deglobalisierung als Chance. Wie die Linke aus der Defensive kommt. In: LuXemburg 1/2018, 112-119.

Diezinger, Angelika (2008). Alltägliche Lebensführung: Die Eigenlogik alltäglichen Handelns. In: Kortendiek, Beate/Becker, Ruth (Hg.): Handbuch Frauen- und Geschlechterforschung, Wiesbaden, 221-226.

Dörre, Klaus (2018): Imperiale Lebensweise – eine hoffentlich konstruktive Kritik. Teil 2: Uneingelöste Versprechen und theoretische Schwierigkeiten. In: Sozialismus 7-8/2018, 65-71.

Exner, Andreas/Held, Martin/Kümmerer, Klaus (Hg., 2016): Kritische Metalle in der großen Transformation, Heidelberg.

Georgi, Fabian/Kannankulam, John (2015): Kräfteverhältnisse in der Eurokrise. Die Konfliktdynamiken im bundesdeutschen „Block an der Macht". In: Prokla, 45. Jg, Nr. 3, 349-369.

Hirsch, Joachim (1990): Kapitalismus ohne Alternative? Materialistische Gesellschaftstheorie und Möglichkeiten einer sozialistischen Politik heute, Hamburg.

I.L.A. Kollektiv (2017): Auf Kosten anderer. Wie die imperiale Lebensweise ein gutes Leben für alle verhindert, München.

Institut für Gesellschaftsanalyse der Rosa Luxemburg Stiftung (2009): Die Krise des Finanzmarkt-Kapitalismus – Herausforderung für die Linke. In: Kontrovers 1/09, Berlin.

Klein, Dieter (2013): Das Morgen tanzt im heute. Transformation im Kapitalismus und darüber hinaus, Hamburg.

Lessenich, Stephan (2016): Neben uns die Sintflut. Die Externalisierungsgesellschaft und ihr Preis, Berlin.

Poulantzas, Nicos (2002): Staatstheorie. Politischer Überbau, Ideologie, autoritärer Etatismus, Hamburg.

Rilling, Rainer (2011): Wenn die Hütte brennt … „Energiewende", green new deal und grüner Sozialismus. In: Forum Wissenschaft, 28. Jg., Nr. 4, 14-18.

Roth, Roland (2018): Radikaler Reformismus. Geschichte und Aktualität einer politischen Denkfigur. In: Brand, Ulrich/Görg, Christoph (Hg.): Zur Aktualität der Staatsform. Die materialistische Staatstheorie von Joachim Hirsch, Baden-Baden, 219-240.

Sablowski, Thomas (2018): Warum die imperiale Lebensweise die Klassenfrage ausblenden muss. In: LuXemburg Online Mai 2018; https://www.zeitschrift-luxemburg.de/warum-die-imperiale-lebensweise-die-klassenfrage-ausblenden-muss/

Schoppengerd, Stefan (2017): „Und man sieht nur die im Lichte" – Ulrich Brand und Markus Wissen leuchten die Schattenseite der „imperialen Lebensweise". In: express – Zeitschrift für sozialistische Betriebs- und Gewerkschaftsarbeit 8/2017, 16.

Thie, Hans (2013): Rotes Grün. Pioniere und Prinzipien einer ökologischen Gesellschaft, Hamburg.

Thien, Hans-Günter (2018): Die verlorene Klasse – ArbeiterInnen in Deutschland, Münster.

Wichterich, Christa (2016): Feministische internationale politische Ökonomie und Sorgeextraktivismus. In: Brand, Ulrich, Schwenken, Helen, Wullweber, Joscha (Hg.): Globalisierung analysieren, kritisieren und verändern. Das Projekt Kritische Wissenschaft, Hamburg, 54-71.

Wright, Erik O. (2017): Reale Utopien. Wege aus dem Kapitalismus, Berlin.

Fabian Georgi
Turbulenter Festungskapitalismus: Migration und Grenzregime zwischen Realität und Dystopie

1. Einleitung

Der Begriff des 'Festungskapitalismus' umschreibt zentrale Elemente der aktuellen historischen Situation und ihrer Tendenzen. Er skizziert eine Formation, in der in wachsenden Teilen des Globalen Südens soziale Strukturen und staatliche Institutionen unter dem Druck ökonomischer, sozialer, politischer und ökologischer Krisen zerfallen. Viele Menschen in diesen Räumen können oder wollen die oft gewaltsamen Folgen dieser Vielfachkrisen nicht länger akzeptieren und wenden deshalb in zunehmender Zahl 'Escape-Strategien' (Papadopoulos/Stephenson/Tsianos 2008) an, d.h. sie versuchen, durch Migration und Flucht in andere Regionen, Länder oder Kontinente, ihre Situation zu verbessern. In diesem Szenario haben sich in den Gesellschaften des Globalen Norden, im Zuge heftiger gesellschaftlicher Konflikte, festungskapitalistische Projekte durchgesetzt, d.h. die Gesellschaften des Nordens reagieren mit repressiven Grenzregimen und äußerster Gewaltsamkeit auf die eigensinnigen Versuche durch Flucht und Migration Anteil an ihrer imperialen Lebensweise (Brand/Wissen 2017) zu nehmen. Sie sind bemüht, die Privilegien und die kulturelle Dominanz ethno-rassistisch und klassenbasierter *In-Groups* durch den Ausbau von Polizei, Militär und Grenzregimen nach außen und nach innen autoritär und chauvinistisch zu verteidigen.

Ob dieses Szenario als dystopische Zukunftsvision gelesen wird oder als Beschreibung der aktuellen Realität, hängt auch vom gesellschaftlichen Standpunkt ab. Für Menschen etwa, die sich heute in Reaktion auf die 'katastrophische Konvergenz' (Parenti 2012) von Klimawandel, Armut und Gewalt illegalisiert durch das nördliche Afrika auf den Weg in die EU machen, mag der Begriff des Festungskapitalismus seit dem 'kurzen Sommer der Migration' im Jahr 2015 an Plausibilität gewonnen haben: In der Sahel-Region (Mauretanien, Mali, Burkina Faso, Niger, Chad) werden diese Menschen und ihre kommerziellen Fluchthelfer_innen von westlich finanzierten Militäreinsätzen gejagt (Cooke/Toucas 2017). In Libyen werden sie durch EU-finanzierte Milizen unter Bedingungen interniert, die das deutsche Außenministerium mit Konzentrationslagern vergleicht (Netzpolitik.org 2017). Auf dem Mittelmeer werden sie durch die EU-finanzierte 'libysche Küstenwache' gewaltsam abgefangen (The Intercept 2017). Falls sie es ins Innere der Festung schaffen, werden viele von ihnen in Lagern interniert (Globaldetentionproject.org 2018) oder unter sklavenähnlichen Bedingungen überausgebeutet, als Reservearmee für Bau, Landwirtschaft und Service-Sektor (The Guardian 2016). Viele Geflüchtete und Wanderarbeiter_innen leben bereits in einer festungskapitalistischen Dystopie:

> „Migrants fleeing war zones, seeking asylum or simply a better means of survival in the affluent West are indeed living a different history, in a different world, [...] barely surviving in the wastelands of temporary shelters no sooner established than they are bulldozed down, as experienced by those struggling to survive in the Calais Jungle" (Segal 2017: 199).

Mit dem Begriff des Festungskapitalismus verbinde ich drei theoriepolitische Einsätze: Erstens richtet der Begriff analytische und politische Aufmerksamkeit auf den gegenwärtig eskalierten Ausbau restriktiver Migrationskontrollen und Grenzregime sowie ihre massiven Auswirkungen – ohne die Turbulenz eigensinniger Migrationspraktiken zu ignorieren. Zweitens argumentiert er, dass Grenzregime in ihrer Entstehung, Dynamik, Formen und Effekten aufs engste mit den intersektionalen Dynamiken eines globalen Kapitalismus verbunden sind – und sich angemessen nur verstehen lassen, wenn sie analytisch in diesem größeren Rahmen verortet werden. Drittens interveniert der Begriff in kapitalismusanalytische Debatten und legt dar, dass die heutige kapitalistische Formation weder angemessen begriffen noch emanzipatorisch verändert werden kann, wenn man die konstitutive Rolle übersieht, die autoritäre Grenzregime heute für ihre Regulation und Reproduktion spielen.

Der Begriff des Festungskapitalismus mag für einige Autor_innen aus der kritischen Migrationsforschung und den *critical border studies* eine Provokation darstellen – ist hier doch die Festungs-Metapher u.a. von Vertreter_innen foucault'ianischer und postoperaistischer Perspektiven heftig kritisiert worden (vgl. u.a. Favell/

Hansen 2002; Walters 2004: 240; Karakayali/Tsianos 2007: 12f.; Mezzadra/Neilson 2013: 165). Entsprechend hat meine bisherige Verwendung des Begriffs (Georgi 2017) bereits Kritik auf sich gezogen. Stephan Scheel (2018) nennt sie als Beispiel für ein Revival der Festungs-Metapher, die er als hochproblematisch empfindet: „[It] is based on a control biased analysis that overrates the coherence and efficiency of border regimes. It is also politically counterproductive because it facilitates paternalistic proxy policies and defensive antiracist politics" (ebd.: 283). Zentrale Kritik ist also, dass die Festungs-Metapher die kämpferische *Agency* der Bewegungen der Migration unterschätze – also jene turbulenten, eigensinnigen, relativ autonomen Praktiken der Migration ignoriert, die staatliche Kontrollen ständig umgehen und überwinden. Migrant_innen würden fälschlicherweise als passive Objekte verstanden, als Opfer von Kontrollen und Empfänger_innen von Hilfe. Als Folge überschätze die Metapher die die Effektivität von Grenzregimen, die in ihrem ständigen Scheitern alles andere seien als funktionierende Festungen.

Vor dem Hintergrund solcher Kritik zielt der vorliegende Artikel darauf, einen Begriff von Festungskapitalismus zu entwickeln, der die Radikalisierung repressiver Migrationskontrollen und ihre Verbindung zu kapitalistischen Dynamiken fassbar macht und zugleich auf die ambivalenten Aspekte der Festungs-Metapher reagiert. Zu diesem Zweck gibt der zweite Abschnitt des Artikels einen Überblick zu bisherigen Verwendungen des Konzepts Festungskapitalismus sowie eng verwandter Begriffe. Der dritte Abschnitt diskutiert die Kritik an der Festungs-Metapher. Aufbauend hierauf skizziert der vierte Abschnitt eine vorläufige Definition des Begriffs und erläutert die mit ihm verbundenen Argumente.

2. Festungskapitalismus: Bisherige Verwendung

Der Begriff des Festungskapitalismus ist bislang nur vereinzelt benutzt worden. Die anscheinend erste Verwendung findet sich bei den links- bzw. post-keynesianischen Ökonomen Hyman Minsky und Charles Whalen (1996). Sie argumentieren, dass die neoliberale Politik der 1980er und 1990er Jahre in den USA (Handel und Kapitalverkehr wurden liberalisiert, Arbeitsschutz und Umweltauflagen dereguliert, Löhne gesenkt usw.) Ähnlichkeiten mit der 'laissez-faire' Politik der Zwischenkriegszeit habe, die in die Große

Depression der 1930er Jahre mündete. Sollte eine solche Politik zu Beginn des 21. Jahrhundert erneut dominieren, sei ein festungskapitalistisches Szenario *innerhalb* der USA wahrscheinlich: „[A] hostile and uncivilized 'fortress' capitalism [...] – a system with declining fortunes for all but a minority who seek protection behind walled and gated communities – would be the unavoidable product of a return to laissez-faire." (Ebd.: 161) Ähnlich wie Minsky/Whalen benutzt der Journalist und Autor Christian Parenti (1999) den Begriff, um die Folgen wachsender Ungleichheit vor allem innerhalb des Globalen Nordens zu benennen. Nach Parenti bringt die neoliberale Transformation des Kapitalismus – „driving down wages, breaking unions, decimating cities in the name of austerity and profits" (ebd.) – ökonomisch 'überflüssige' Bevölkerungsteile hervor, die aus Sicht herrschender Klassenfraktionen diszipliniert werden müssten, in den USA u.a. durch drakonische Haftstrafen und ein halb-privatisiertes Gefängnissystem. Gefängnisse würden so zum Jobmotor für verarmte ländliche Regionen, in denen eine mehrheitlich *weiße* Bevölkerung willfährig und zum eigenen ökonomischen Vorteil bei der graumsamen Internierung von People of Colour und Schwarzen Menschen aus den Großstädten und dem Globalen Süden kollaboriere:

> „The business of disciplining the surplus populations of the postindustrial landscape becomes a way of reincorporating the enraged remnants of middle America. Small cities from Bedford Falls to Peoria must become the Vichy regimes of fortress capitalism [...]. Today, Middletown's 'comparative advantages' are the fury that receding prosperity has engendered and a cruelty sufficient to process the social wreckage of capital's great march forward." (Ebd.)

Im Vergleich zu Minsky/Whalen und Parenti entwirft Michael Mann (2013) aus der Perspektive der Historischen Soziologie ein eher optimistisches Szenario. Er hält es für wahrscheinlich, dass sich der globale Kapitalismus erneut stabilisiert – basierend auf einem multipolaren Staatensystem und einer schrittweisen Verbesserung der Lebensbedingungen in großen Teilen der Welt, gestützt auf niedriges aber kontinuierliches Wirtschaftswachstum (ebd.: 90f.). Wenn es allerdings den Regierungen der Welt nicht gelänge, sich auf weitreichende Maßnahmen gegen den drohenden Klimawandel zu einigen, seien 'diverse Katastrophenszenarien' möglich: „of relatively favored states, richer ones in the North of the world, erecting great barriers of 'fortress capitalism,' 'fortress socialism,' or 'ecofascism' against the rest of the world; of mass refugee starvation; of resource wars" (ebd.: 96).

In deutscher Sprache wurde der Begriff des Festungskapitalismus bislang vor allem von Mitarbeiter_innen des Instituts für Gesellschaftsanalyse (IfG) der Rosa-Luxemburg-Stiftung verwendet. Aus neo-gramscianischer Perspektive benennen sie hiermit ein politisches Schlüsselprojekt jener rechts-nationalen Kräfte, die sich seit der Weltwirtschaftskrise von 2008 und ihrer autoritär-neoliberalen Bearbeitung in der Offensive befinden, von Ungarns *Fidesz*-Regierung über *Front National*, AfD und *Lega Nord* bis zu Donald Trump. Als Reaktion auf die ökonomischen wie politischen Krisen der neoliberalen Formation hätten diese Akteur_innen neurechte Hegemonieprojekte etabliert, deren zentrale Strategien darin bestehen, Wohlstand und kulturelle Dominanz ihrer sozialen Basen dadurch abzusichern oder zu (re-)etablieren, dass sie ihre Territorien immer gewaltsamer gegen Flucht und illegalisierte Migration abschotten und zugleich Ausbeutungsbedingungen, politische und soziale Rechte sowie gesellschaftliche Anerkennung im Inneren auf repressive Weise, durch Ausländerrecht und Alltagsrassismus, neu hierarchisieren. Sie zielen auf einen „sozial-nationalen und autoritären ethnorassistischen Festungskapitalismus" (Brie/Candeias 2016; vgl. IfG 2011: 13f., 32).

Ein weiteres Indiz dafür, dass das Konzept des Festungskapitalismus einem Bedürfnis entspricht, Tendenzen der gegenwärtigen Formation auf den Begriff zu bringen, ist die häufige Verwendung ähnlicher Begriffe, darunter „imperiale Apartheid" bzw. „Ausgrenzungsimperialismus" von Robert Kurz (2003: 154ff.), „Enclave Society" von Bryan S. Turner (2007), „Gated Capitalism" von Rainer Rilling (2014) und „Bordered Capitalism" von Dae-oup Chang (2017). Bisher am differenziertesten hat Peter Frase, Redakteur des US-Magazins *Jacobin*, ein festungskapitalistisches Szenario zusammengefasst. Er argumentiert, dass die katastrophische Konvergenz von ökologischen Zerstörungen, ökonomischen Krisen und dem chaotischen Zerfall staatlicher Strukturen als Resultat von Krieg und endemischer Gewalt widerständige, aus Herrschaftsperspektive gefährliche Praktiken hervorbringe, auf die von machtvollen Akteur_innen festungsgleich reagiert werde:

> „In the wake of colonialism and neoliberalism, the rich countries, along with the elites of the poorer ones, have facilitated a disintegration into anarchic violence, as various tribal and political factions fight

over the diminishing bounty of damaged eco-systems. Faced with this bleak reality, many of the rich – which, in global terms, includes many workers in the rich countries – have resigned themselves to barricading themselves into their fortresses, to be protected by unmanned drones and private military contractors." (Frase 2016: 129)

Es sind jedoch nicht nur wissenschaftliche Texte, die die analytische Produktivität des Begriffs andeuten. Auch die große Zahl dystopischer Filme (z.B. *Elysium*, USA, 2013), TV-Serien (z.B. *3%*, Netflix, 2017ff.) und Romane (z.B. *On Such a Full Sea*, Chang-Rae Lee, 2014), die festungskapitalistische Szenarien popkulturell und literarisch umsetzen, können als Indizien gelesen werden: „[T]heir consistent portrayals of a narrow, endlessly privileged few, who live in highly policed and segregated seclusion from the poor, excluded, disdained and fear-provoking masses on the outside – always trying to break in – can indeed be presented as a mirror of how we live now." (Segal 2017: 198) Die prägnanteste Erläuterung lieferte bislang Thomas Konicz (2016), der die absehbare Parallelität von Räumen zerfallender und autoritärer Staatlichkeit auf eine knappe Formal brachte: „Mad Max" plus „1984" (ebd.: 241).

An (pop-)kulturellen Referenzen mangelt es dem Begriff Festungskapitalismus nicht. Dies allein belegt jedoch nicht seinen kritischen Charakter. In einem nächsten Schritt ist deshalb die eingangs erwähnte Kritik an der Festungs-Metapher genauer zu betrachten, die maßgeblich von Vertreter_innen des Konzepts der Autonomie der Migration geäußert wurde.

3. Autonomie der Migration und/oder Festungs-Metapher

3.1 Kritik am Begriff 'Festung Europa'

Obwohl der Begriff des Festungs*kapitalismus* wie dargestellt bislang nur vereinzelt genutzt wurde, ist die Metapher 'Festung *Europa*' ab Mitte der 1990er Jahre breit verwendet worden. Linke und liberale Texte beschrieben so die zunehmend restriktive Abschottung der EU gegenüber Flucht und Migration (vgl. u.a. Saasen 1997). Nach Scheel (2018), der die Kritik an der migrationspolitischen Verwendung der Metapher rekonstruiert hat[1], lassen

---

1 Ausgehend von dieser Rekonstruktion schlägt Scheel vor, das europäische Grenzregime nicht als Festung zu verstehen, sondern als einen

sich vier zentrale Kritikpunkte unterscheiden, die vor allem aus foucault'ianischen und postoperaistischen Perspektiven geäußert wurden: *Erstens* ignoriere die Metapher die Autonomie der Migration, die Grenzregime und Kontrollpraktiken vielfach umgehe und sich Rechte aneignen würde. Die Metapher überschätze deshalb die Effektivität ständig scheiternder Abschottungsversuche. In diesem Sinne kritisieren etwa Autor_innen der Transit Migration Forschungsgruppe (2007), die Metapher reduziere die Europäisierung der Migrationspolitik auf schärfere und externalisierte Kontrollen der EU-Außengrenze. Ein „derartig 'strukturalistischer' Repressions-Ansatz" entnenne „die transnationalen Praktiken der Migration" (Karakayali/Tsianos 2007: 12). Ähnlich argumentieren Sandro Mezzadra und Brett Neilson (2013), die Metapher fokussiere zu viel auf Kontrollen und zu wenig auf migrantische Praktiken: „[It] drives the political imagination in a too unilateral way onto mechanisms of control and domination. There is a risk of obscuring how the external borders of the European Union are challenged by migrants along the multiple geographical scales of their stretching." (Ebd.: 165; vgl. Scheel 2018: 271)

Zweitens ignoriere der Begriff die Produktivität von Grenzregimen, ihre Funktionen für die 'differenzielle Inklusion' bzw. abgestufte Hierarchisierung und Ausbeutung migrantischer Arbeitskräfte. Grenzen funktionierten heute nicht wie mittelalterliche Festungen, die alle Bewegung stoppen sollen, sondern wie Filter oder Firewalls, die Bewegungen selektiv erlauben: „[The] metaphor of a hermetically sealed 'Fortress Europe' is erroneous as the European Union is in fact open to strategically selected immigrants" (van Houtum/Pijpers 2007: 292; vgl. Scheel 2018: 271f.). William Walters weist darauf hin, dass Grenzregime darauf zielten, beides

---

'parasitären Apparat der Vereinnahmung migrantischer Aneignungspraktiken', ein Apparat also, der diese Praktiken als Legitimiation und Triebkraft für die eigene Weiterentwicklung und Expansion nutzt (vgl. Scheel 2018: 277ff.). Obwohl Scheel hier m.E. auf eine relevante Dynamik verweist, und an anderer Stelle zahlreiche andere Logiken nennt, darunter „securitization, economization, marketization, humanitarization" (ebd.: 282), bin ich nicht überzeugt davon, die 'parasitäre' Eigendynamik der Grenzregime analytisch derart in den Mittelpunkt zu stellen. Das Eigeninteresse von Regime-Akteuren ist, wie auch Scheel erwähnt, nur ein relevanter Strukturwiderspruch unter mehreren.

zu produzieren, Mobilität und Immobilität: „Perhaps it is not so much a question of walls vs markets and porosity but of systems that aspire, albeit frequently with mixed results, to produce and distribute both mobility and immobility." (Walters 2006: 152; vgl. Mezzadra/Neilson 2013: *viii*) Von einer Festung Europa zu sprechen, sei somit analytisch falsch oder mindestens einseitig. Die selektive Offenheit gegenüber 'ökonomisch nützlicher' Migration und die ökonomisch entscheidende Funktion der differenziellen Inklusion 'migrantisierter' Arbeiter_innen gerate dadurch aus dem Blick.

Drittens, so Scheel (2018), werde dem Festungsbegriff vorgeworfen, dass er eine systemische Logik und Kohärenz von Migrations- und Grenzregimen impliziere, die gar nicht existiere: „Migration policy constitutes, however, a contested policy arena in which a multiplicity of actors compete over influence, budgets and agendas." (Ebd.: 272) Migrationspolitik und Grenzen sollten deshalb nicht *top-down*, als festgefügte Herrschaftssysteme konzeptionalisiert werden, sondern als dynamische Regime, als „Aushandlungsräume, in denen die Widersprüche und Paradoxien dieser Institution [Grenze] ausgetragen werden." (Karakayali/Tsianos 2007: 13; vgl. Mezzadra/Neilson 2013: 177ff.) Das Bild einer Festung, einer zinnenbewehrten Burg auf dem Hügel, sei zu statisch und unbeweglich, um solche Dynamiken zu fassen.

Viertens schließlich sei die Festungs-Metapher nicht nur analytisch fehlgehend, sondern politisch kontraproduktiv, geradezu reaktionär. Sie erzeuge, so Scheel mit Verweis auf Mezzadra, ein hochproblematisches Akteur_innenpanorama: 'Schwache Migrant_innen', die Hilfe bedürften, 'böse Grenzwachen' als Protagonist_innen der Festung, humanitäre Helfer_innen als die 'good guys' sowie 'heroische Antira-Aktivist_innen' im Kampf gegen die allmächtige Grenze (Scheel 2018: 272). „In this way the imagination of the European border regime as a well-guarded fortress facilitates paternalistic proxy policies as pursued by many humanitarian organisations as well as some antiracist groups" (ebd.). Schlimmer noch, die durch die Festungs-Metapher erzeugte politische Imagination führe zu 'defensiven, reformistischen und reaktiven' (ebd.: 273) Kampagnen und Forderungen: „[T]hey appeal to governments on moral grounds to attenuate the restrictive effects of allegedly omnipotent border regimes." (Ebd.)

3.2 Stärken und Probleme des Festungsbegriffs

Die ersten beiden von Scheel genannten Kritikpunkte weisen meines Erachtens auf reale Lücken hin, auf die es konzeptionell zu reagieren gilt. Kritikpunkt 3 und Kritikpunkt 4 halte ich für weniger überzeugend.

Zunächst ist es sicher richtig, dass eine isolierte Verwendung des Festungsbegriffs fehlgeht. Die Metapher ist keine Master-Kategorie kritischer Grenzregimeforschung. Sie kann weder die eigensinnigen, kämpferischen Escape-Praktiken der Migration fassen (Kritikpunkt 1), noch die Funktionalität von Grenzregimen für eine abgestufte Entrechtung und hierarchisierte Ausbeutung 'migrantisierter' Arbeitskräfte (Kritikpunkt 2). Die Konsequenz hieraus sollte jedoch nicht sein, die Metapher aufzugeben. Ein einzelnes Wort wird nie in der Lage sein, alle Aspekte komplexer sozialer Realitäten auf den Begriff zu bringen. Stattdessen sollte die Metapher in einer spezifischen Weise verstanden und im Zusammenhang mit anderen kritischen Begriffen benutzt werden. Auch Scheel (2018: 283) argumentiert mit Verweis auf Wiliam Walters, dass für die kritische Analyse von Grenzen eine Vielzahl von Begriffen nötig ist: „If borders are multiplicities then we need a plurality of concepts to think their different dimensions and changing functions." (Walters 2006: 145)

Tatsächlich weisen mehrere Kritiker_innen des Festungsbegriff auch auf dessen Stärken hin. So argumentieren Mezzadra und Neilson (2013), Grenzen seien „zugleich Räume der Kontrolle *und* Räume des Exzesses, zugleich Orte der Restriktion von Mobilität *und* Orte des Kampfes" (ebd.: 183, Übersetz. & Hervorh. F.G.). In diesem Spannungsfeld pointiert der Festungsbegriff den Aspekt der Kontrolle und Restriktion. Wenn also Grenzregime beide Aspekte umfassen (und mehr), die Eigensinnigkeit von Escape-Praktiken *und* ihr repressives Management, die Autonomie der Migration *und* die Heteronomie von Grenzen, dann kann es nicht die Lösung sein, den analytischen Blick allein auf die Turbulenz migrantischer Praktiken zu lenken, indem kontroll-fokussierte Begriffe, wie der der Festung, aus dem analytischen Vokabular gestrichen werden. Genau dies, ein einseitiger Fokus auf erfolgreiche Praktiken der Migration unter Absehung von Elend, Zwang und durchaus effektiven Kontrollen bezeichnete der Aktivist Sunny Omwenyeke bereits 2004 als „Ausdruck der Lausigkeit der europäischen Linken", die „das Leben von MigrantInnen und Flüchtlingen [...] romantisieren" (Alabi et al. 2004). Dem stellte er die Forderung entgegen, die „Linke in Europa sollte wirklich mal über ihren Tellerrand hinausschauen und zur Kenntnis nehmen, was im Leben der Menschen, die in der so genannten Dritten Welt leben, tatsächlich passiert." (Ebd.; vgl. Lang 2017; Bendix 2018)

Analytisch fehlgehend ist auch das Argument (Kritikpunkt 3), der Festungsbegriff impliziere eine Kohärenz oder systemische Logik von Migrationspolitiken und Grenzkontrollen, die gar nicht existiere (vgl. Karakayali/Tsianos 2007: 14; Hess/Tsianos 2010: 253). Richtig hieran ist, dass die Begriffe Festung Europa oder Festungskapitalismus nicht als starre Herrschafts*systeme* verstanden werden dürfen. Stattdessen bezeichnen sie politische Projekte in bzw. spezifische Formationen von Migrations- und Grenz*regimen*. In anderen Worten: Die Festungs-Metapher kann und sollte mit einem kritischen Regimebegriff kombiniert werden. Hinter der Klage, die Festungs-Metapher impliziere eine nicht-existierende Kohärenz, steckt jedoch mehr. Die hier aufscheinende Überzeugung, strukturelle Bedingungen und systemische Dynamiken seien für die Dynamik von Grenzregime ohne große Relevanz, ist m.E. ein post-strukturalistischer Reflex, der aus der Dominanz solcher Ansätze in der kritischen Migrations- und Grenzforschung entsteht.[2] Diese haben den Versuch einer gesellschaftstheoretischen Einordnung von Grenzen tendenziell aufgegeben. Stattdessen zelebrieren viele ihrer Texte die Turbulenz und Kontingenz von Migration und 'Mobilitäten' und betonen bis zum Überdruss, wie enorm fluide, vielschichtig, instabil, widersprüchlich, relational, überkomplex usw. Migrations- und Grenzregime seien. Analytische Versuche, Grenzregime in den „gesellschaftlichen Gesamtprozess" (Adorno 1997: 183) einzuordnen, halten sie für unnötig oder unmöglich und möchten sie tendenziell durch situative Analysen von institutionellen, diskursiven oder performativen Mikropraktiken eines Doing Border ersetzen (siehe hierzu Georgi 2016: 185ff.). Im Gegensatz zu diesem Desinteresse an der Relevanz struktureller

---

2 Vergleiche etwa den Anspruch der ethnographischen Grenzregimeanalyse „die Dichotomie von Struktur und Handlung zugunsten einer detaillierten und daher praxeografisch zu erbringenden Analyse von Aushandlungsprozessen aufzulösen, um die 'transversalen, mikrosozialen und 'porösen' Praktiken der Migration genauso in den Blick zu bekommen wie die Produktivität des Regierens der Migration'" (Hess/Kasparek/Schwertl 2018: 271).

Bedingungen weisen selbst kritische Autor_innen wie Mezzadra/ Neilson (2013), die den Festungsbegriff skeptisch sehen, darauf hin, dass Grenzregime durch spezifische Logiken und eine entsprechende Kohärenz charakterisiert sein können. Diese seien lediglich nicht gegeben, sondern das Resultat von Kämpfen: „[T]he unity of the border regime is not a given a priori. Rather, such unity emerges through the ability to react effectively to questions and problems raised by dynamic processes" (ebd.: 179).

Viertens schließlich ist die Behauptung, der Festungsbegriff sei politisch kontraproduktiv und führe notwendig zu einer reformistischen und paternalistischen politischen Praxis, m.E. wenig überzeugend (Kritikpunkt 4). Stattdessen kommt es darauf an, wie der Begriff gefüllt und mit welchen anderen Begriffen er gemeinsam verwendet wird. Auch Mezzadra und Neilson (2013) betonen seine politischen Stärken: „The notion of Fortress Europe [...] has played an important role in drawing attention to the warlike operations against migrants along the external borders of the European Union." (Ebd.: 165) Gerade die These von Scheel (2018: 273), der Begriff Festung Europa führe zu 'reformistischen' Strategien überrascht. Tatsächlich wurde und wird der Begriff oft von Aktivist_innen verwendet, die alles andere als reformistisch sind. Gegenwärtig richtet sich etwa die *Nationalismus ist keine Alternative*-Kampagne des linksradikalen Ums Ganze-Netzwerks „gegen die Festung Europa und ihre Fans" (NIKA 2018).

4. Festungskapitalismus als kritischer Begriff

Vor dem Hintergrund der bisherigen Reflexion kann der Begriff Festungskapitalismus vorläufig definiert werden: Festungskapitalismus beschreibt ein politisches Projekt und eine globale Formation des 21. Jahrhunderts, in der restriktiv-gewaltvolle Migrations- und Grenzregime darauf zielen, den strukturellen Widerspruch zwischen den negativen Folgen einer kapitalistischen Überakkumulations- und Vielfachkrise einerseits und der Eigensinnigkeit und relationalen Autonomie von Migration andererseits zu *regulieren*. Dies geschieht, indem Rechte auf Mobilität und soziale und politische Teilhabe u.a. durch Grenz- und Migrationskontrollen, Ausländerrecht und Alltagsrassismus repressiv hierarchisiert werden, mit dem Ziel, eine globale Akkumulations- und Regulationsweise zu verteidigen bzw. zu (re-)etablieren, die die Privilegien und die kulturelle Dominanz ethno-rassistisch selektiver Klassenfraktionen garantiert.

Zunächst basiert der hier formulierte Begriff auf einem regulationstheoretischen Verständnis von Migrations- und Grenzregimen (vgl. Georgi 2016: 188f.). Dieses geht von der Einsicht aus, dass aus kapitalistischen Strukturwidersprüchen *und weiteren Dynamiken* 'migrationsbezogene' Probleme, Konflikte und Krisen hervorgehen, die die Reproduktion kapitalistischer Verhältnisse tendenziell untergraben und die nur dann nicht zu einem Zusammenbruch dieser Verhältnisse führen, wenn sie im Rahmen von Migrations- und Grenzregimen erfolgreich reguliert werden, d.h. in Prozesse überführt, die eine Fortsetzung kapitalistischer Reproduktion ermöglichen. Der Strukturwiderspruch, den rechts-autoritäre Kräfte heute mit Projekten des Festungskapitalismus zu regulieren versuchen, besteht auf der einen Seite aus den negativen Folgen einer globalen Überakkumulations- und Vielfachkrise, die sich in Anlehnung an Parenti (2012) als katastrophische Konvergenz beschreiben lässt, eine Situation, in der die Lebensbedingungen eines Großteils der Menschheit negativ bestimmt werden durch ökologische Zerstörung und Klimawandel, ökonomische Krisen und Armut sowie die daraus entstehende gewaltsamen Konflikte, (Bürger-)Kriege und Situationen endemischer Gewalt. Die andere Seite des Widerspruchs wird konstituiert durch die grundlegende Eigensinnigkeit von Menschen, durch ihre Fähigkeit, ihre eigene Geschichte selbst zu machen. Menschen unterwerfen sich den Folgen der kapitalistischen Vielfachkrise nicht passiv. Stattdessen leisten sie auf vielfältige Art Widerstand bzw. versuchen, das eigene Leben und das ihrer Familien und Communities auf Arten zu reproduzieren, die den Interessen herrschender Gruppen zuwiderlaufen können. Dazu gehören die Exit- oder Escape-Strategien von Flucht und Migration, die Voice-Optionen von Protest, Streiks und Rebellion sowie illegalisierte Aneignungs- und Survival-Strategien wie Besetzungen, Diebstahl und 'organisierte Kriminalität'.

In dieser Situation zielen festungskapitalistische Strategien der Regulation nicht länger darauf, die Lebensbedingungen breiter Massen zu verbessern, um Rebellion, Flucht und 'Kriminalität' im Entstehen zu verhindern. Festungskapitalismus ist das Resultat historisch gescheiterter Regulation und fokussiert auf die Repression und Gewalt eines 'globalen Polizeistaats' (Robinson 2018) sowie auf die Abschottung herrschender und privilegierter (Klassen-)Fraktionen gegenüber subalternen und abgestuft entrechteten Gruppen. In vielen Ländern des Globalen Südens haben herrschende Klassenfraktionen alle substantiellen Versuche, die Lebensbedingungen der breiten Mehrheit nachhaltig zu verbessern, aufgegeben. Stattdessen schotten sie sich in 'Gated Communities' von dieser Mehrheit ab (vgl. The Guardian 2014). Festungskapitalismus beschreibt somit nicht allein ein Verhältnis von globalen Norden und Süden, sondern auch eine Strategie innerhalb nationalstaatlicher Räume.

Abschließend lassen sich die drei theoriepolitischen Einsätze des Begriffs Festungskapitalismus erläutern. *Erstens* liegt ihm die These zugrunde, dass sich in den Migrations- und Grenzregimen des Globalen Nordens seit Mitte der 2010er Jahre ein neues Niveau gewaltvoller, festungsgleicher Kontroll- und Hierarchisierungsprojekte durchsetzt und dass diese neue Phase begrifflich gefasst werden muss. Verbunden hiermit ist die Annahme, dass es theoriepolitisch fehlgeht, die Erfolge einer Autonomie der Migration forschungsstrategisch überzubetonen. Stattdessen ist es für eine Überwindung der in Grenzregimen (re-)produzierten Herrschaftsverhältnisse und des aus ihnen entstehenden Leids nötig, diese in ihrer tatsächlichen Komplexität zu analysieren. Aus einer kritisch-materialistischen Perspektive sind Migrations- und Grenzregime durch die turbulente Eigensinnigkeit und relationale Autonomie einer *Vielzahl* gesellschaftlicher Kräfte gekennzeichnet, darunter u.a. Bewegungen der Migration, links-solidarische Akteur_innen, verschiedene Kapitalfraktionen, selbstinteressierte Staatsapparate sowie national-sozial und rassistisch privilegierte Gruppen. Zudem zeichnen sich Migrationsregime durch die Heteronomie überaus folgenreicher, oft erschreckend effektiver Kontrollen, Grenzen und Hierarchisierungen aus. Innerhalb dieser Spannungsverhältnisse betont der Begriff des Festungskapitalismus den Aspekt der Kontrolle – *ohne* damit die Relevanz anderer Aspekte, die durch andere Begriffe zu fassen sind, zu leugnen.

Zweitens impliziert der Begriff, dass Migrations- und Grenzregime in ihrer Entstehung, Dynamik, Form und Wirkung auf engste mit den Strukturwidersprüchen und sozialen Kämpfen eines intersektionalen Kapitalismus verbunden sind. Sie können angemessen nur verstanden werden, wenn kritische Migrations- und Grenzforschungen ihren Blick über den Tellerrand isolierter Mikro- und Mesoanalysen weiten und die breiteren Dynamiken der historischen Formationen einbeziehen, in denen diese Regime verortet sind. Kritische Migrations- und Grenzforschung sollte sich also weiterentwickeln, weg von immanenten und isolierten Analysen bestimmter Regime, hin zu Untersuchungen der festungskapitalistischen Formation insgesamt. Der Begriff nimmt so die jüngst an die kritische Migrations- und Grenzforschung gerichteten Forderungen auf, diese solle „Den globalen Süden mitdenken!" (Lang 2017) und die Analysen von Refugee-Aktivist_innen und migrantischen Selbstorganisationen einzubeziehen (Bendix 2018). Entscheidend ist, dass eine solche Art von Analysen klarmacht, dass es um die Aufhebung von globalen (Re-)Produktionsverhältnissen geht, die einerseits notwendig Situationen hervorbringen, in denen große Zahlen von Menschen zu Flucht und Migration gezwungen sind, und anderseits chauvinistische Bemühungen, diese Mobilität zu bekämpfen, mehr als wahrscheinlich machen. Festungskapitalismus impliziert eine Politik globaler Bewegungsfreiheit, die das Recht zu gehen genauso umfasst, wie das Recht zu bleiben, die reale, materielle Möglichkeit, nicht weggehen zu müssen.

Drittens charakterisiert der Begriff den globalen Kapitalismus insgesamt. Er argumentiert, dass restriktive Kontroll- und Abschottungsregime heute zu einem zentralen Regulations-Vehikel geworden sind, mit dem rechts-konservative Kräfte die Folgen einer kapitalistischen Vielfachkrise und mit ihr verbundener sozialer (Klassen-) Konflikte autoritär (und potenziell faschistisch) bearbeiten, mit dem Ziel, eine kapitalistische Formation zu (re-)etablieren, die eigene rassistische und klassenbasierte Privilegien gewaltsam absichert. Der Begriff des Festungskapitalismus ist somit auf Konzepte wie imperiale Lebensweise (Brand/Wissen 2017) und Externalisierungsgesellschaft (Lessenich 2016) bezogen. Mit ihnen teilt er das Anliegen, emanzipatorische Kämpfe und Strategien auf eine globale und transnationale Analyse von sozialen (Klassen-)Verhältnissen zu stützen. Er fokussiert hierbei auf die migrations- und grenzpolitischen Implikationen einer imperialen Produktions- und Lebensweise. Politisch entscheidend ist, dass eine solche Art von Analyse den Rationalisierungen 'nationalsozialer Hegemonieprojekte' entgegensteht, die behaupten, um mehr soziale Gerechtigkeit zu erreichen, sei es alternativlos, auf nationale Wohlfahrtsstaaten zu setzen, die durch restriktive Migrationspolitiken abgesichert werden müssten (vgl. Georgi 2018).

Aus zeithistorischer Perspektive ist mit dem Begriff des Festungskapitalismus schließlich die These verbunden, dass das bislang hegemoniale Projekt eines neoliberalen Migrationsmanagements nach dem Sommer der Migration 2015 und dem darauf folgenden rechts-konservativen Backlash in eine tiefe Krise geraten ist (vgl. Georgi 2016: 191f.). Im Kontext der (Wahl-)Erfolge der globalen Rechten sowie der zunehmend national-sozialen Ausrichtung relevanter Teile der globalen Linken, scheint der Übergang zu einem voll ausgebildeten, aber turbulenten Festungskapitalismus wahrscheinlicher als je zuvor.

Literatur

Adorno, Theodor W. (1997): Anmerkungen zum sozialen Konflikt heute [1968], in: Gesammelte Schriften. Frankfurt a.M., 177-195.

Alabi, Ade/Omwenyeke, Sunny/Pech, Martina/Samsa, Gregor (2004): Keine Romantisierung, bitte. 'Autonomie der Migration' im Streitgespräch, in: http:\\www.thecaravan.org/node/19 [15.6.2018].

Bendix, Daniel (2018): Der globale Süden ist hier! Wie Refugee-Aktivismus den Zusammenhang von Flucht und 'Entwicklung' aufzeigt, in: movements 4(1), 157-165.

Brand, Ulrich/Wissen, Markus (2017): Imperiale Lebensweise. Zur Ausbeutung von Mensch und Natur im globalen Kapitalismus, München.

Brie, Michael/Candeias, Mario (2016): Rückkehr der Hoffnung. Für eine offensive Doppelstrategie, in: LuXemburg Online November 2016, https://www.zeitschrift-luxemburg.de/rueckkehr-der-hoffnung-fuer-eine-offensive-doppelstrategie/ [28.5.2018].

Chang, Dae-oup (2017): Subversive Migration, Citizenship from below and Democracy against Bordered Capitalism, in: Ishikura, Masao/Jeong, Seongin/Li, Minqi (Hg.): Return of Marxian macro-dynamics in East Asia. Bingley, U.K., 253-283.

Cooke, Jennifer G./Toucas, Boris (2017): Understanding the G5 Sahel Joint Force: Fighting Terror, Building Regional Security? November 15, 2017, in: https://www.csis.org/analysis/understanding-g5-sahel-joint-force-fighting-terror-building-regional-security [5.9.2018].

Favell, Adrian/Hansen, Randall (2002): Markets against politics: Migration, EU enlargement and the idea of Europe, in: Journal of Ethnic and Migration Studies 28(4), 581-601.

Frase, Peter (2016): Four Futures. Life After Capitalism, London/New York.

Georgi, Fabian (2016): Widersprüche im Sommer der Migration. Ansätze einer materialistischen Grenzregimeanalyse, in: Prokla Nr. 183, 46(2), 183-203.

– (2017): Autoritärer Festungskapitalismus. Fünf Thesen zur Migrationspolitik in Europa und den USA, in: Prager Frühling 27, April 2017, https://www.prager-fruehling-magazin.de/de/article/1343.autorit%C3%A4rer-festungskapitalismus.html [25.4.2018].

– (2018): Marx hätte das nicht gefallen. Kritik eines Thesenpapiers, das (k)eine 'linke Einwanderungspolitik' entwirft, in: LuXemburg Online, Mai 2018, https://www.zeitschrift-luxemburg.de/marx-haette-das-nicht-gefallen/[15.06.2018].

Globaldetentionproject.org (2018): European Union. Organization & Alliances Countries Grid, https://www.globaldetentionproject.org/organisations-alliances/european-union-eu [6.6.2018].

Hess, Sabine/Kasparek, Bernd/Schwertl, Maria (2018): Regime ist nicht Regime ist nicht Regime. Zum theoriepolitischen Einsatz der ethnografischen (Grenz-)Regimeanalyse, in: Pott, Andreas/Rass, Christoph/Wolff, Frank (Hg.): Was ist ein Migrationsregime? What Is a Migration Regime?, Wiesbaden, 257-283.

IfG (2011): Organische Krise des Finanzmarktkapitalismus: Szenarien, Konflikte, konkurrierende Projekte. Thesen, August 2011, in: https://www.rosalux.de/fileadmin/rls_uploads/pdfs/rls_papers/Papers_Organische_Krise_web.pdf [28.5.2018].

Karakayali, Serhat/Tsianos, Vassilis (2007): Movements that matter. Eine Einleitung, in: Transit Migration Forschungsgruppe (Hg.): Turbulente Ränder. Neue Perspektiven auf Migration an den Grenzen Europas, Bielefeld, 7-17.

Konicz. Thomas (2016): Kapitalkollaps. Die finale Krise der Weltwirtschaft, Hamburg.

Kurz, Robert (2003): Weltordnungskrieg. Das Ende der Souveränität und die Wandlungen des Imperialismus im Zeitalter der Globalisierung, Bad Honnef.

Lang, Miriam (2017): Den globalen Süden mitdenken! Was Migration mit imperialer Lebensweise, Degrowth und neuem Internationalismus zu tun hat, in: movements 3(1), 179-190.

Lessenich, Stephan (2016): Neben uns die Sintflut. Die Externalisierungsgesellschaft und ihr Preis, München.

Mann, Michael (2013): 'The End may be Nigh, but for Whom?', in: Immanuel Wallerstein, Randall Collins, Michael Mann, Georgi Derluguian, Craig Calhoun: Does capitalism have a future?, Oxford/New York, 71-97.

Mezzadra, Sandro, Neilson, Brett (2013): Border as Method, or, the Multiplication of Labor, Durham.

Minsky, Hyman P./Whalen, Charles J. (1996): Economic Insecurity and the Institutional Prerequisites for Successful Capitalism, in: Journal of Post Keynesian Economics 19(2), 155-170.

Netzpolitik.org (2017): Auswärtiges Amt: Bericht zu 'KZ-ähnlichen Zuständen' in libyschen Lagern bleibt geheim. 09.10.2017, in: https://netzpolitik.org/2017/auswaertiges-amt-bericht-zu-kz-aehnlichen-zustaenden-in-libyschen-lagern-bleibt-geheim/ [28.5.2018].

NIKA (2018): Nationalismus ist keine Alternative. Bundesweite Kampagne gegen die Festung Europa und ihre Fans, in: https://nationalismusistkeinealternative.net/ [28.5.2018].

Papadopoulos, Dimitris/Stephenson, Niamh/Tsianos, Vassilis (2008): Escape Routes. Control and Subversion in the 21st Century, London.

Parenti, Christian (1999): Bring Us Your Chained and Huddled Masses, in: The Baffler 12/March 1999, https://thebaffler.com/salvos/bring-us-your-chained-and-huddled-masses [28.5.2018].

– (2012): Tropic of Chaos. Climate Change and the New Geography of Violence, New York.

Rilling, Rainer (2014): Pikettys big Data, in: LuXemburg 2/2014, 126-131.

Robinson, William I. (2018): The next economic crisis: digital capitalism and global police state, in: Race & Class, May 2018.

Saasen, Saskia (1997): Migranten, Siedler, Flüchtlinge. Von der Massenauswanderung zur Festung Europa, Frankfurt a.M.

Scheel, Stephan (2018): Recuperation through Crisis Talk. Apprehending the European Border Regime as a Parasitic Apparatus of Capture, in: South Atlantic Quarterly 117(2), 267-289.

Segal, Lynne (2017): Radical Happiness. Moments of Collective Joy, London/New York.

The Guardian (2014): „For your protection": gated cities around the world – in pictures, 5.5.2014, in: https://www.theguardian.com/cities/gallery/2014/may/05/for-your-protection-gated-cities-around-the-world-in-pictures [29.5.2018].

– (2016): 'Ours are the hands and faces of slavery': the exploitation of migrants in Sicily, 25.11.2016, in: https://www.theguardian.com/global-development/2016/nov/24/hands-faces-slavery-exploitation-sicily-migrant-community [15.6.2018].

The Intercept (2017): Europe's Plan to Close Its Sea Borders Relies on Libya's Coast Guard Doing Its Dirty Work, Abusing Migrants. November 25 2017, in: https://theintercept.com/2017/11/25/libya-coast-guard-europe-refugees/ [28.5.2018].

Transit Migration Forschungsgruppe (Hg.) (2007): Turbulente Ränder. Neue Perspektiven auf Migration an den Grenzen Europas, Bielefeld.

Turner, Bryan S. (2007): The Enclave Society: Towards a Sociology of Immobility, in: European Journal of Social Theory 10(2), 287-304.

van Houtum, Henk/Pijpers, Roos (2007): The European Union as a Gated Community: The Two-faced Border and Immigration Regime of the EU, in: Antipode 39(2), 291-309.

Walters, William (2004): Secure Borders, Safe haven, Domopolitics, in: Citizenship Studies 8(3), 237-260.

– (2006): Rethinking Borders Beyond the State, in: Comparative European Politics 4(2-3), 141-159.

Lukas Oberndorfer

Autoritärer Konsens – von der Hegemoniekrise zu einem EU-Sicherheitsregime?[1]

Die neoliberale Gesellschaftsformation steckt in einer Krise, die zunehmend autoritär bearbeitet wird. Während die These einer Hegemoniekrise (Candeias 2010; Oberndorfer 2011/2012; Baumann 2012) in den ersten Jahren nach dem Einbruch der Weltwirtschaft 2008 auch im Rahmen kritischer Gesellschaftsforschung noch umstritten war (Demirović/Sablowski 2012: 25), scheint sich in letzter Zeit vermehrt ein gemeinsamer Analyserahmen durchzusetzen: In den kapitalistischen Zentren lässt sich eine Krise der Hegemonie (Fraser 2017; Robinson 2018; weitgehend nun auch Demirović 2018) beobachten, die dadurch gekennzeichnet ist, „dass das Alte stirbt und das Neue nicht zur Welt kommen kann: in diesem Interregnum kommt es zu den unterschiedlichsten Krankheitserscheinungen" (Gramsci 1991: 354f.).

Dass zu diesem Schluss nun selbst Intellektuelle kommen (Streeck 2016: 35ff. und 2017: 265), die einst neoliberale Politikberatung betrieben (Heinze/Streeck 1999), ist ein klares Zeichen für die Krise der einst führenden Weltanschauung.[2] Die Bindekraft der bisherigen Ideologie wird brüchig, weil die führenden Klassen

---

1   Für bereichernde Anregungen und Diskussionen danke ich Sonja Buckel, Fabian Georgi, Etienne Schneider und Felix Syrovatka.

2   So erfreulich es ist, dass gescheiterte Theorien auch aufgegeben werden, so problematisch erscheint es, dass Wolfgang Streeck seine Abkehr nie explizit gemacht hat. Wissenschaftlich kritikwürdig ist dabei auch die teilweise Aneignung kritischer Theorie ohne Nennung der damit verbundenen Autor_innen. Als ein Beispiel sei hier angeführt, dass Streeck 2017 entgegen dem oben dargelegten Stand der Forschung bzw. der Literatur zur Einordnung der Krise meint: „Für diese habe ich [2016] Antonio Gramscis Begriff des Interregnums vorgeschlagen."

bzw. Klassenfraktionen in einer „großen politischen Unternehmung gescheitert [sind], oder weil breite Massen [...] urplötzlich von der politischen Passivität zu einer gewissen Aktivität übergegangen sind" (Gramsci 1996: 1578). Etablierte Intellektuelle und Medien verlieren an Boden und die „traditionellen Parteien in ihrer bisherigen Form" stürzen in eine Krise, da sie von der sie bisher tragenden „Klasse oder Klassenfraktion nicht mehr als ihr Ausdruck" anerkannt werden (ebd.).

In einer Reihe von europäischen Ländern (Huke 2017; Candeias/ Völpel 2014; Engelhardt 2017), insbesondere in jenen mit einem schuldengetriebenen Entwicklungsmodell, entstand, einsetzend mit 2011, ein gesellschaftlicher Aufbruch gegen die Krisenpolitik, in dem die *neoliberale* Europäisierung[3] als Projekt einer kleinen Elite herausgefordert wurde. Allein in Spanien nahm in der einen oder anderen Form *ein Viertel* der erwachsenen Bevölkerung an den Protesten gegen die Krisenpolitik teil und zu ihrem Höhepunkt unterstützen 76 % die Forderungen der Bewegung.[4]

Wie sehr diese Prozesse der politischen Re-Organisierung als Herausforderung der neoliberalen bzw. wettbewerbsstaatlichen Integrationsweise der Europäischen Union (Ziltner 1999: 85) wahrgenommen wurden, lässt sich anhand des Präsidenten des Europäischen Rates Donald Tusk verdeutlichen, der angesichts der griechischen Bewegungen und der Syriza-Regierung 2015 vor dem „Einstieg in eine Revolution" warnte.[5]

Dass die in Krisen der Führung entstehenden bzw. aufkeimenden Ideologien, Bewegungen und Parteien ausschließlich links geprägt sind, so ein gängiges Missverständnis des Begriffs der Hegemoniekrise, ist gerade in Deutschland und Österreich in den letzten Jahren durch die politischen Erfolge von AfD, FPÖ und rechten Bewegungen wie Pegida anschaulich widerlegt worden.

Gerade dort, wo eine Re-Politisierung von links nicht gelang, waren rechtspopulistische und neo-nationalistische Bewegungen und Parteien in der Lage, die Krise chauvinistisch umzudeuten

---

3 Regulationstheoretisch präziser ist der Begriff der „wettbewerbsstaatlichen Integrationsweise" der Europäischen Union (Ziltner 1999: 85).
4 https://politica.elpais.com/politica/2011/08/03/actualidad/131238 8649_737959.html
5 Financial Times v. 16.7.2015 (Übersetzung L.O.).

und sich – obwohl zumeist selbst neoliberal orientiert – als Alternative zum „gescheiterten Establishment" zu inszenieren. Entsprechende Ereignisse (Eurokrise, Serie terroristischer Anschläge und der Sommer der Migration 2015) nutzten sie erfolgreich für ihre Hetze gegen „faule Südeuropäer", Muslim_innen und Geflüchtete. Schuld an der gegenwärtigen Situation sei eine „links-liberale Elite", die in Anschluss an 1968 Nation, Grenzschutz und Sicherheit sträflich vernachlässigt habe, um ihren Kosmopolitismus in Form der „Brüsseler Vorherrschaft" zu realisieren.

Der Effekt dieser erfolgreich in den Mittelpunkt der öffentlichen Wahrnehmung gerückten Erzählung ist, dass dabei in den Hintergrund gerät, dass die *gesamte* neoliberale Entwicklungsweise, die sich in den unterschiedlichsten Feldern (Profitraten, Ökologie, Reproduktion, Weltordnung ...) zunehmend erschöpft bzw. an ihre Grenzen stößt, in der Krise steckt. Das Erbe der Kämpfe von 1968ff. war darin nie hegemonial, sondern wurde *selektiv* angeeignet und unterworfen inkorporiert.[6] Im Kern dieser Entwicklungsweise steht die auf den Wettbewerb in allen Lebensbereiche zielende Finanzialisierung und Transnationalisierung von Kapital, Arbeit und Staat, die einsetzend mit den 1990er Jahren unter dem Begriff der Globalisierung Eingang in die öffentliche Debatte fand (Röttger 1997: 24ff.).

Es ist diese *räumliche Maßstäblichkeit* der neoliberalen Gesellschaftsformation, die nun in Anschluss an die Finanzkrise 2008ff. am stärksten in den USA und Europa in die Krise geraten ist. Nicht zuletzt aufgrund der früheren System- und der andauernden Triade-Konkurrenz[7] ist der Prozess der Transnationalisierung nirgendwo soweit fortgeschritten wie in Europa. In einem Wechselspiel der Entgrenzung von Kapital, Produktion und Staatlichkeit hat sich ein Europäisches Staatsapparate-Ensemble herausgebildet, in dem sich

---

6 Wie erfolgreich diese Erzählung ist, lässt sich daran bemessen, dass sie selbst von manchen gesellschaftskritischen Akteur_innen punktuell übernommen wird. So spricht etwa Fraser „nur" von der Hegemoniekrise des *progressiven* Neoliberalismus, den sie als Bündnis der sozialen Bewegungen und Akteur_innen von 1968ff. mit dem Finanzkapital definiert. Dabei wird aber gerade übersehen, dass „1968" nie „führend" bzw. gleichberechtigt, sondern unterworfen in die neoliberale Gesellschaftsformation integriert wurde.

7 USA, EU und China, welches mittlerweile Japan in der Triade abgelöst hat.

die nationalen und supranationalen Institutionen trotz fortdauernder Widersprüche und Konflikte weitgehend ineinandergeschoben und miteinander verzahnt haben (Buckel et al. 2014: 37ff.).

Dementsprechend wird das Europäische Staatsapparate-Ensemble seit der Krise verstärkt herausgefordert – von links, indem es punktuell gelang, es als wenig demokratisches und neoliberales Klassenprojekt kenntlich zu machen; von rechts, indem es unter Abstraktion von seinem politik-ökonomischen Charakter als ein gegen die Nation gerichtetes Projekt eines bigotten, links-liberalen Establishments gerahmt wurde.

Markant unterschiedlich ist allerdings, *wie* das Europäische Staatsapparate-Ensemble auf die Herausforderung von links und rechts reagiert. Die erste Phase seiner repressiven Verhärtung, zu deren Einordnung ich 2011 auf einer Tagung der Assoziation für kritische Gesellschaftsforschung (AkG) in Anschluss an Nicos Poulantzas den Begriff des autoritären Wettbewerbsetatismus vorgeschlagen habe (Oberndorfer 2011), war darauf gerichtet, dass sich im Moment der Hegemoniekrise im Feld der Ökonomie weder neue nationale Entwicklungsmodelle noch eine neue europäische Integrationsweise durchsetzen. Soziale Bewegungen, linke Regierungsprojekte (allen voran in Griechenland) und heterodoxe Ansätze erfuhren eine repressive Bearbeitung bzw. Isolation – ohne, dass es dabei zu einer Integration ihrer Positionen kam (Oberndorfer 2017).

Anderes lässt sich beim Versuch der Errichtung eines Europäischen Sicherheitsregimes[8] beobachten, das sich seit 2015 weitgehend unbemerkt Bahn bricht: Im europäischen Herrschaftsgefüge materialisiert sich zunehmend ein Projekt, so die hier vertretene These,

---

8 Den Begriff des Sicherheitsregimes verwende ich in Anschluss an Aldo Legnaro (1997: 271) und Anna Kern (2016: 116ff.) als intermediären Begriff, mit dem die zeitlich-räumliche Fixierung von Normen, Prinzipen und Apparaten zu einem relativ kohärenten Arrangement beschrieben werden kann, das als zur Struktur verdichtete Handlung strategischer Akteur_innen entscheidend dafür ist, was als „unsicher" gelabelt wird und welche Bearbeitungsweisen der damit verbundenen „Gefahren" als zweckmäßig erscheinen und dabei den Anspruch erhebt, „Sicherheit" zu gewährleisten. Regulationstheoretisch gesprochen lassen sich damit alle auf „Sicherheit" bezogenen Momente der Regulationsweise zusammenfassen. Wie diese Momente räumlich angeordnet werden, urban, national, global oder eben europäisch, ist dabei offen und Gegenstand gesellschaftlicher Auseinandersetzungen.

das im Wege einer passiven Revolution die Hegemoniekrise der neoliberalen Globalisierung bzw. Europäisierung bearbeiten will, indem die „Sicherheit der Bürger" und des Gebietes der Union in den Mittelpunkt gerückt wird.

Um seine „existenzielle Krise" (Juncker 2016) zu überwinden, nimmt das Europäische Staatsapparate-Ensemble dafür rechtspopulistische und neo-nationalistische Diskurse auf und wendet diese gleichzeitig gegen diese selbst: Der Kampf gegen Migration, islamistischen Terror und eine zunehmend unsichere Welt wird zur zentralen Aufgabe, die aber, wie ständig betont wird, *nur* auf der europäischen Maßstabsebene gelöst werden kann.

Während eine weitere Integration im Bereich Soziales und Ökonomie nicht wünschenswert oder blockiert sei, so der damalige Bundesfinanzminister Wolfgang Schäuble, müsse die „Handlungsfähigkeit der EU [...] heute in Problemfeldern verbessert werden, in denen auch in den Augen europaskeptischer Bevölkerungsteile keine allein nationalstaatlichen Lösungen möglich sind" (Schäuble 2017). Daher brauche es die Schaffung einer „europäischen Armee", eines „einheitlichen Regimes für die Außengrenzen" und „europäische Lösungen in der Sicherheitspolitik" (ebd.).

Aus Perspektive der Emanzipation schafft dieser Prozess einer passiven Revolution, die sich auf der nationalen und supranationalen Ebene des Europäischen Staatsapparate-Ensembles vollzieht, eine gefährliche Situation, weil die verschiedenen Kräfte „nicht dieselbe Fähigkeit besitzen sich rasch zu [...] reorganisieren. Die traditionell führende Klasse, die über ein zahlenmäßig starkes geübtes Personal verfügt, wechselt Menschen und Programme aus und gewinnt die Kontrolle wieder, die ihr mit größerer Geschwindigkeit zu entgleiten im Begriff war, als das bei den subalternen Klassen geschieht; sie bringt womöglich Opfer, setzt sich mit demagogischen Versprechungen einer ungewissen Zukunft aus, behält aber die Macht [...]" (Gramsci 1996: 1578).

Die Gefährlichkeit der Situation liegt vor allem darin, dass das Europäische Staatsapparate-Ensemble und die bürgerlichen Kräfte in ihm durch die selektive Integration rechtspopulistischer Diskurse im Rahmen der Errichtung eines Europäischen Sicherheitsregimes sich in der Tat einer „ungewissen Zukunft" aussetzen: Denn sie verleihen entsprechenden Erzählungen staatliche Legitimität und liefern damit eine entscheidende Ressource für den rechten Kampf um Hegemonie – und zwar auf nationaler und europäischer Ebene.

Im Folgenden werde ich in einem ersten Schritt den Diskurs für die Errichtung eines Europäischen Sicherheitsregimes – bestehend aus den Achsen innere Sicherheit, Militarisierung und Grenzregime – nachzeichnen, der in großer Dichte und Kohärenz an den einzelnen Knotenpunkten des Europäischen Staatsapparate-Ensembles zu Tage tritt (1.). Daran schließt ein empirischer Teil an, in dem ich die rasche Errichtung des Europäischen Sicherheitsregimes anhand der Entwicklungen in der Achse des Grenzregimes veranschauliche (2). Abschließend erfolgt der Versuch einer (staats-)theoretischen Einordnung (3.).

1. Der Diskurs für ein Europäisches Sicherheitsregime

Während die erste Phase der Bearbeitung der Hegemoniekrise des Neoliberalismus in Europa darin bestand zu unterbinden, dass die Krise durch Überwindung des Alten gelöst wird bzw. zumindest sicherzustellen, dass die „neue Konstruktion [nicht] von unten" entspringt (Gramsci 1992: 828), lässt sich nun zunehmend eine *zweite Phase* des autoritären Wettbewerbsetatismus beobachten: Darin werden die Ereignisse Ukraine-Krise, Brexit, Sommer der Migration (Hess et al. 2017) und die Serie islamistischer Terrorattentate diskursiv miteinander verknüpft, um ein Europäisches Sicherheitsregime zu errichten, dessen Achsen eine militarisierte Union, Sicherheit im Binnenraum und ein qualitativ vertieftes Grenzregime sind. Das Leitmotiv des neuen hegemonialen Projektes, das damit *versucht* wird, bildet die Überschrift der Rede zur Lage der Union 2016 von EU-Kommissionspräsident Juncker: „Hin zu einem besseren Europa – Einem Europa, das schützt, stärkt und verteidigt."

Die genannten Ereignisse haben Möglichkeitsfenster eröffnet, um auf *europäischer* Ebene einen Prozess qualitativer Versicherheitlichung einzuleiten, der bisher blockiert war. So stemmte sich etwa Großbritannien bis zur Entscheidung für einen Brexit erfolgreich gegen jegliches Voranschreiten im Bereich der „Europäischen Verteidigung", da es darin langfristig NATO-Strukturen und damit sein transatlantisches Bündnis mit den USA gefährdet sah.

Ein „Europa der Sicherheit" soll die zentrale Rolle spielen, um die für das neoliberale Projekt entscheidende Transnationalisierung bzw. Europäisierung gegen ihre Infragestellung abzusichern und einen neuen Konsens „für Europa" zu schmieden. So meinte etwa der französische Präsident Emmanuel Macron in seiner Europarede an der

Sorbonne, dass der Erfolg der Rechtspopulisten sich daraus erkläre, dass sie den Menschen Schutz versprechen (Macron 2017). Doch vor den zentralen Herausforderungen der Zeit (Migration, Terror und eine durch Klimawandel und Digitalisierung unberechenbar werdende Welt) könne *nur Europa* schützen. Allein die Union könne „tatsächliche Souveränität gewährleisten, das heißt, die Fähigkeit, in der heutigen Welt zu bestehen, um unsere Werte und unsere Interessen zu verteidigen" (ebd.). Da die Grundlage jeder politischen Gemeinschaft die Sicherheit sei, brauche es ein Europa, das bereit sein muss, militärisch zu intervenieren, ein Europa als „Schutzschild" gegen den Terror, denn „[ü]berall in Europa sickern sie ein" und ein Europa, dass seine Grenzen strikt bewache und deren Beachtung durchsetze (ebd.).

Nachdem das Europäische Staatsapparate-Ensemble durch seine autoritäre Verhärtung erfolgreich die Durchsetzung einer Krisenlösung von unten desorganisieren konnte, (Poulantzas 2002: 171f.) scheint nun der Versuch einer Revolution von oben einzusetzen. In gramscianischen Begrifflichkeiten lassen sich erste Umrisse einer passiven Revolution ausmachen, in der Diskurse und Überzeugungen, die unter anderen rechtspopulistische Parteien und Bewegungen verschärft seit der Weltwirtschaftskrise herstellten, selektiv aufgenommen werden, in dem die darin entwickelten „Problemlagen" nun europäisch bearbeitet werden sollen.

Auch eine Analyse der Schlussfolgerungen des Europäischen Rates zeigt, dass seit spätestens 2016 die Themen Migration, Militarisierung und Sicherheit im Binnenraum im Mittelpunkt der Tagungen der Staats- und Regierungschefs stehen, während die ehemals zentralen Themen des Binnenmarktes und der Wirtschafts- und Währungsunion in den Hintergrund treten. Um die Krise des europäischen Projektes zu überwinden brauche es eine Sicherheitsunion, welche die Ängste im Zusammenhang mit Migration, Terrorismus und Kontrollverlust mit Vorrang bearbeite. Darin läge die „Vision einer attraktiven EU", der die Bürger_innen vertrauen würden. Dazu müsse nun klargestellt werden, dass „*nur*" die europäische Ebene „die Sicherheit unser Bürger gewährleisten [kann]" (Europäischer Rat 2016).

Diese Linien werden im Weißbuch zur Zukunft Europas aufgenommen und vertieft (Europäische Kommission 2017). Dessen Schilderung der Ausgangslage erinnert an die oben dargestellte Beschreibung von Hegemoniekrisen: Die Weltwirtschaftskrise habe, so die Kommission, Europa „in seinen Grundfesten erschüttert." Die ökonomische Krise und ihre Folgen, aber auch die „vielfältigen

Veränderungen in der Welt und das Gefühl der Unsicherheit" hätten eine wachsende „Unzufriedenheit mit der etablierten Politik und den Institutionen auf allen Ebene" nach sich gezogen, welche „gern von Populisten und mit nationalistischer Rhetorik gefüllt wird." Die „größte Flüchtlingskrise seit dem zweiten Weltkrieg", „Terroranschläge", das Entstehen „neuer Weltmächte" und der „Aufmarsch von Truppen an unseren östlichen Grenzen" würden bedeuten, dass Europa nicht länger naiv sein dürfe, „sondern seine Sicherheit selbst in die Hand nehmen muss" (ebd.: 9).

Dass die Planungsstäbe der Europäischen Kommission die Errichtung des Europäischen Sicherheitsregimes zielstrebig verfolgen wollen, lässt sich auch anhand der fünf Zukunfts-Szenarien zeigen, die im Weißbuch zur Diskussion gestellt werden. Bis auf ein Szenario, das die ausschließliche Re-Orientierung auf den Binnenmarkt vorsieht, sehen alle Szenarien, selbst jenes, in dem ein teilweiser Rückbau der Union („Weniger, aber effizienter") vorgeschlagen wird, einen *Ausbau* in allen drei Achsen des Europäischen Sicherheitsregimes vor (ebd.: 16-25).

Die bisher dargestellten Positionen zeigen, dass der *Diskurs* für ein Europäisches Sicherheitsregime in großer Übereinstimmung die Europäische Kommission, den Europäischen Rat und die französischen und deutschen Staatsapparate und damit die zentralen Knotenpunkte des Europäischen Staatsapparate-Ensembles durchzieht. Während die Vertiefung im Feld der Ökonomie blockiert (Schneider/Syrovatka 2017) und im Bereich des Sozialen nicht gewünscht ist, scheint sich ein „Europa das schützt" als hegemoniales Projekt anzubieten.

Durch die qualitative Vertiefung und Beschleunigung der Europäisierung und der transnationalen Überdachung der repressiven Apparate könnte sich nach dem Feld der Ökonomie so nun auch im Bereich der Sicherheit ein Verschränkungsgrad einstellen, der eine Re-Nationalisierung nahezu verunmöglicht bzw. als unverantwortlich erscheinen lässt.

Dass es sich dabei längst nicht mehr allein um einen Diskurs handelt, lässt sich an dem atemberaubenden Tempo veranschaulichen, mit dem in den drei Achsen des Sicherheitsregimes zuletzt an der Umsetzung dieses neuen Projektes gearbeitet wurde.

Obwohl auch im Bereich innerer Sicherheit (etwa mit der Schaffung eines Anti-Terrorzentrums bei Europol und eines European Travel Information and Authorization System, *das den Einstieg in* ein „EU-weites biometrisches Identitätsmanagement" (Schumann/Simantke 2016) befürchten lässt), als auch im Bereich der Militärunion (z.b. durch Verabschiedung des europäischen Verteidigungsfonds für militärische Rüstung und Forschung sowie PESCO (Permanent Structured Cooperation) mit dem ein „militärisches Schengen" (Gebauer/Müller 2017) beschlossen wurde) qualitativ neue und weitreichende Durchbrüche erzielt werden konnten, werde ich mich im folgenden empirischen Teil aus Platzgründen allein auf die dritte Achse des Europäischen Sicherheitsregimes fokussieren: Die qualitative Vertiefung und erweiterte Vorverlagerung der europäischen Grenze.

2. Die qualitative Vertiefung und erweiterte Vorverlagerung des europäischen Grenzregimes

Das Ereignis, das ein weites Möglichkeitsfenster dazu öffnete, war der „Sommer der Migration" 2015 (Hess et al. 2017), in dem im Vergleich zum Vorjahr viermal so viele Menschen, die vor den Verwüstungen der imperialen Lebensweise (Brand/Wissen 2017) flohen, die Reise über das Mittelmeer wagten und das Grenzregime zeitweise zum erliegen brachten. Doch bereits „wenige Monate später", stellt Sonja Buckel fest, „waren die Exekutiven Europas damit beschäftigt, auf den Ruinen dieser Politik ein neues Grenzregime zu errichten" (Buckel 2018: 437).

Als zentrale Faktoren für das Offenhalten der Binnengrenzen macht Fabian Georgi neben den widerständigen Praktiken der Flüchtenden und der Mobilisierung linker und linksliberaler Kräfte arbeitskraftpolitische und demografische Erwägungen sowie die Sorge um die freie Zirkulation von Waren und Arbeitskräften im Binnenmarkt aus (Georgi 2016: 192). Entsprechend scharf kritisierte der Präsident der Bundesvereinigung der Deutschen Arbeitgeberverbände (BDA) Kramer die Grenzschließungen durch einzelne Nationalstaaten innerhalb des Binnenmarktes: „Was da an Kollateralschäden akzeptiert wird, um den Stammtisch zu befriedigen, ist abenteuerlich." (Büschemann/Hagelüken/Kuntz/Öchsner 2016). Die Bertelsmann-Stiftung assistierte, dass das Ende von Schengen in der gesamten EU Kosten von jährlich rund 52 Milliarden verursachen würde.[9]

---

9 https://www.bertelsmann-stiftung.de/de/themen/aktuelle-meldungen/2016/februar/ende-von-schengen-koennte-europa-erhebliche-wachstumsverluste-bescheren/

Das Offenhalten der Binnengrenzen erscheint vor diesem Hintergrund vor allem als Versuch, Zeit zu gewinnen, um die *europäische* Außengrenze durch eine *erneuerte* und *verschärfte* Vorverlagerung des Grenzregimes zu entlasten und wieder unter Kontrolle zu bekommen. Das zeigt sich unter anderem darin, dass, wie mittlerweile bekannt wurde, die Europäische Kommission bereits seit dem Herbst 2015 Verhandlungen mit der Türkei führte, um diese als neo-koloniale Grenzwächterin einzusetzen (Wölfl 2016). Vor allem die deutschen Staatsapparate drängten dabei darauf, dass es zu einer völligen Grenzschließung kommt – Geflüchtete aus Griechenland sollten auch ohne jegliches Asylverfahren zurück in die Türkei abgeschoben werden (ebd.).

Die EU-Türkei-Erklärung: Gewalt, Ausnahmezustand und Rechtsbruch

In der letztlich im März 2016 verabschiedeten „EU-Türkei-Erklärung", die in ihrer Formulierung Anleihe bei der Figur des Ausnahmezustandes nimmt (Oberndorfer 2016) und aus flüchtlingsrechtlicher Perspektive als rechtswidrig bewertet wird (Hofmann/Schmidt 2016: 6ff.), verpflichtet sich die Türkei alle erforderlichen Maßnahmen zu ergreifen, um *jegliche* Migration aus der Türkei in die EU zu unterbinden. Alle Flüchtenden, die „keinen internationalen Schutz benötigen", werden in die Türkei zurückgeschoben. Als Anreiz, die Flucht nach Europa nicht zu unternehmen, wird für „jeden rückgeführten Syrer ein anderer Syrer aus der Türkei in der EU neu angesiedelt [...]. Vorrang erhalten Migranten, die vorher noch nicht irregulär in die EU eingereist sind [...]."[10] Im Gegenzug erhielt die Türkei zusätzliche drei Milliarden Euro als Unterstützung für die Versorgung der Geflüchteten sowie Zusagen für Visaliberalisierungen, eine Beschleunigung der Beitrittsverhandlungen und einen Ausbau der Zollunion mit der EU.[11]

Die Konsequenz aus der „EU-Türkei-Erklärung" ist eine massive Verschärfung der Repression gegen Geflüchtete. Die Türkei hat seither Push-Backs und Abschiebungen von Geflüchteten ohne Asylverfahren verstärkt. An der Grenze zu Syrien stellte sie 2017 eine mehr

---

10 http://www.consilium.europa.eu/de/press/press-releases/2016/03/18/eu-turkey-statement/
11 ebd.

als 500 Kilometer lange und drei Meter hohe Mauer fertig, die mit Stacheldraht und Drohnen bewehrt ist und an der scharf geschossen wird[12], um Flüchtende am Grenzübertritt zu hindern. Allein 2016 erschossen Grenzer mehr als hundertsechzig Menschen.[13] Dass die Türkei trotz aller diplomatischen Spannungen und ihres Umbaus in eine autoritäre Republik ihren Verpflichtungen aus dem Abkommen genauestens nachkommt, verweist auf ihre ausgeprägte ökonomische Abhängigkeit von der EU (Gehring 2018: 137).

Auch vor den durch die Krise 2008ff. ausgelösten arabischen Revolutionen (Alnasseri 2017: 33; El-Mahdi 2017: 83-86) übernahmen im Auftrag *einzelner* europäischer *Mitgliedstaaten* nordafrikanische Staaten vergleichbare Aufgaben (Buckel 2013: 186ff.). Neu ist allerdings, dass nun der Europäische Rat selbst die Erklärung mit der Türkei verabschiedete und die Europäische Kommission deren Einhaltung überwacht – statt nationalstaatlichen handeln nun *supranationale* Apparate. Umso bedenklicher ist es, dass der Versuch unternommen wurde, dieses Handeln der Union rechtlich als eines der Mitgliedstaaten erscheinen zu lassen.

Denn um sich den verfahrensrechtlichen Bindungen und der gerichtlichen Kontrolle zu entziehen, die das Europarecht vorsieht, wurde die Erklärung nach ihrer Verabschiedung als eine zwischen dem im Europäischen Rat vereinigten *Mitgliedstaaten* und der Türkei dargestellt (Bast 2017). Eine europarechtliche Prüfung kommt allerdings zu dem Ergebnis, dass aufgrund des Grades der Vergemeinschaftung des Flüchtlings- und Einwanderungsrechtes ein entsprechendes Übereinkommen nur durch die Union hätte geschlossen werden können, was das Erfordernis einer Zustimmung des Europäischen Parlaments nach sich gezogen hätte (ebd.). Dass das Gericht der EU nach Klage dreier Asylwerber gegen die EU-Türkei-Erklärung entgegen der ständigen Rechtsprechung, die genau diese Flucht aus dem Unionsrecht und seinen Bindungen verhindern will, in erster Instanz dennoch zum Ergebnis kam, dass hier nur die Mitgliedstaaten, nicht aber die Union, gehandelt hätten,

---

12 http://www.handelsblatt.com/politik/international/human-rights-watch-tuerkische-grenzer-schiessen-auf-syrische-fluechtlinge/20924414.html?ticket=ST-275373-w9XWe0icVwpehIVspMzg-ap1

13 https://www.proasyl.de/news/schuesse-an-der-grenze-wie-die-tuerkei-im-sinne-europas-fluechtlinge-abwehrt/

bewertet Jürgen Bast entspechend drastisch als „schwarzer Tag für die Rule of Law in der Europäischen Union" (ebd.).

Dass es sich in Wirklichkeit um ein völkerrechtliches Übereinkommen *der EU* handelt (so auch Hofmann/Schmidt 2016: 6), wird nicht nur durch den Umstand deutlich, dass die Gegenleistungen zur Migrationsverhinderung von der Union kommen (Geldtransfers ebenso wie Kosten für die Rückführungen werden aus dem EU-Haushalt bestritten, dazu kommen die zugesagten Visaerleichterungen der Union und der Ausbau der Zollunion), sondern auch dadurch, dass die Umsetzung durch Agenturen und Kommission der EU ermöglicht und überwacht wird (ebd.: 2).

Dementsprechend stellt die Kommission auch fest, dass die EU-Türkei-Erklärung „ein bisher bespielloses Maß an Zusammenarbeit *zwischen der EU* und einem externen Partner" darstellt (Europäische Kommission 2016b: 4). Die Vorverlagerung der Grenze und der Einsatz brutaler Gewalt abseits der europäischen Öffentlichkeit liefert in den Worten der Kommission „beständig greifbare Ergebnisse": Seit Abschluss des Abkommens sei die Zahl der Ankünfte in Griechenland um 97 % gesunken und rund 12.000 Syrer_innen seien bereits in die Türkei abgeschoben worden.[14]

Migrationspakte: Projektion der ökonomischen und politischen Macht zur Vorverlagerung der Grenze

Die EU-Türkei-Erklärung ist „best practice" und zentraler Referenzpunkt für die Vorverlagerung des Europäischen Grenzregimes bis in die Sahel-Zone und zum Horn von Afrika, die seit 2016 nun *von der Kommission bzw. vom Europäischen Auswärtige Dienst (EAD)* in Form von Migrationspakten mit Nachdruck verfolgt wird. Schließlich sei „Europa mit beispiellosen Migrationsströmen konfrontiert, deren Auslöser geopolitische und wirtschaftliche Faktoren sind, die in den kommenden Jahren [...] möglicherweise noch stärker zum Tragen kommen werden" (Europäische Kommission 2016b: 2).

Erreicht werden soll diese Vorverlagerung, indem die Kapazität zur Verhinderung von Migration in das Zentrum der Politik gegenüber den europäischen Ex-Kolonien gerückt wird: Die *gesamten*

---

14 https://ec.europa.eu/home-affairs/sites/homeaffairs/files/what-we-do/policies/european-agenda-migration/20180314_eu-turkey-two-years-on_en.pdf

Beziehungen zwischen der EU und dem betreffenden Land, heißt es dazu in der zentralen „Mitteilung über einen neuen Partnerschaftsrahmen mit Drittländern im Kontext der Europäischen Migrationsagenda", sollen in Zukunft „vor allem von der Fähigkeit und Bereitschaft des Landes zur Zusammenarbeit bei der Migrationssteuerung" und „Rückübernahme irregulärer Migranten" abhängen (Europäische Kommission 2016b: 20).

Wer nicht kooperiert, erhält nicht nur keine finanzielle Unterstützung, sondern soll durch Nachteile in den Bereichen Handels-, Entwicklungs- und Visapolitik zum Einlenken gezwungen werden. Um „Ordnung in die Migrationsströme zu bringen" (Europäische Kommission 2016b: 2), will das Europäische Staatsapparate-Ensemble so seine ganze ökonomische und politische Macht projizieren, um folgende Ziele bzw. Maßnahmen hinsichtlich der zentralen „Herkunfts- und Transitländer" durchzusetzen: 1) die Versorgung der Geflüchteten „in der Nähe ihrer Heimat" und den „Versuch [sie davon] abzuhalten, auf gefährlichem Weg nach Europa zu gelangen" (ebd.: 6) 2) den lokalen „Kapazitätsaufbau im Bereich Grenz- und Migrationsmanagement" durch supranationale Missionen und Gelder (ebd.: 7) 3) die beschleunigte Abschiebung aus Europa, auch ohne „Abschluss förmlicher Rückübernahmeabkommen" (ebd.: 8) 4) die Verpflichtung „irreguläre Migranten, die ihr Hoheitsgebiet durchquert haben, zurückzunehmen" (ebd.: 8) und 5) positive Anreize bei Kooperation durch den „EU-Notfall-Treuhandfonds für Afrika" (ebd.: 4).

Um diese Ziele möglichst schnell umzusetzen, hat die Union darüber mit sechzehn zentralen Herkunfts- und Transitstaaten[15] Gespräche geführt. In diesen seien die „verschiedenen Interessen [...] und die Instrumente" zu ihrer Durchsetzung dargelegt worden. Denn die neue Strategie der Union, hält die Kommission in einer Sprache fest, die eher an koloniale als an diplomatische Beziehungen erinnert, müsse „den Drittländern bekannt sein, genauso wie die Chancen, aber auch die möglichen Folgen", die bei mangelnder Kooperation drohen (ebd.: 9).

Dies soll nun schrittweise mit den einzelnen Ländern in Migrationspakten umgesetzt werden, die konkrete Bedingungen und

---

15 Äthiopien, Eritrea, Mali, Niger, Nigeria, Senegal, Somalia, Sudan, Côte d'Ivoire, Ghana, Marokko, Tunesien, Algerien, Afghanistan, Bangladesch und Pakistan

"geeignete Maßnahmenpakete [...] zur Migrationssteuerung" umfassen sollen. Zur Umsetzung werden bis 2020 zusätzlich 8 Milliarden Euro mobilisiert werden. Allein für den „EU-Notfall-Treuhandfonds für Afrika" wird die Kommission dazu 2,3 Milliarden aus den bisherigen EU-Haushaltsmitteln für Afrika zu Verfügung stellen (ebd.: 20). Die Friedrich Ebert Stiftung sieht darin einen Missbrauch von Entwicklungsgeldern für Migrationsabwehr.[16]

Libyen: Folter und Ausbeutung als europäische Kapazität zur Migrationssteuerung

Auf was die Migrationspakte letztlich hinauslaufen, lässt sich anhand von Libyen verdeutlichen: Anfang 2017 kam ein Bericht des deutschen Auswärtigen Amtes über die libyschen Lager für Geflüchtete an die Öffentlichkeit: „Exekutionen nicht zahlungsfähiger Migranten, Folter, Vergewaltigungen, Erpressungen sowie Aussetzungen in der Wüste sind dort an der Tagesordnung", hieß es darin.[17] Weniger als ein Jahr zuvor hatte Bundeskanzlerin Merkel nach der EU-Türkei-Erklärung auch eine entsprechende Vereinbarung mit Libyen gefordert, während die Hohe Vertreterin der EU für Außen- und Sicherheitspolitik zeitgleich in einem internen Papier bereits festhielt, dass es bei einem solchen Deal mit Libyen u.a. darum gehen müsse „vorübergehende Auffanglager für Flüchtlinge" einzurichten. Dabei müsse man auch „über Inhaftierungseinrichtungen nachdenken" (Becker/Gebauer 2016). Ein Bericht der Vereinten Nationen zeigt, dass die Zustände in den libyschen Lagern bereits damals bekannt waren (Simon 2017: 66).

Einen weiteren Aspekt des Aufbaues von „Kapazitäten zur Migrationssteuerung" bildet die libysche Grenz- und Küstenwache, deren Ausbildung, Gerät und Aufrechterhaltung durch EU-Mittel finanziert wird. Es ist diese aus Milizen zusammengesetzte „Behörde", welche die oft unter Einsatz von Schusswaffen aufgehaltenen und aufgegriffenen Menschen in die libyschen Lager verbringt. Amnesty International hat die Akteure des Europäischen Staatsapparate-Ensembles daher äußert scharf als „wissende Mitschuldige in der Folter und Ausbeutung von Geflüchteten" kritisiert (Boffey 2017).

---

16 https://www.fes.de/e/entwicklungsgelder-fuer-migrationsabwehr/
17 http://www.spiegel.de/politik/ausland/libyen-kz-aehnliche-verhaeltnisse-fuer-fluechtlinge-laut-bericht-beklagt-a-1132184.html

In der Politik gegenüber dem afrikanischen Kontinent, folgert daher Johannes Simon, zeichnet sich „die Zukunft der europäischen Flüchtlingsabwehr [ab] – und in Libyen wird etabliert, welche Maßnahmen dabei als 'akzeptabel' angesehen werden" (Simon 2017: 67).

Europäische Lager in Afrika

Dass das Europäische Staatsapparate-Ensemble nun auch selbst Asyl-Lager errichten will, darauf einigten sich die Staats- und Regierungschefs am Europäischen Rat im Juni 2018. Die Europäische Kommission solle das „Konzept regionaler Ausschiffungsplattformen in enger Zusammenarbeit mit dem UNHCR und der IOM zügig ausloten" (Europäischer Rat 2018: 2). In diese Lager sollen jene Menschen überstellt werden, die bei „Such- und Rettungseinsätzen" im Mittelmeer aufgegriffen werden (ebd.: 2). Dort solle dann der Anspruch auf Asyl geprüft werden, allerdings ohne dass dabei „eine Sogwirkung entsteht" (ebd.), was bedeuten dürfte, dass daran gedacht ist, nur vereinzelt das Asylrecht *innerhalb* der Union zu gewähren.

Während diese Festlegung medial weithin als ein Durchbruch rechter bzw. rechtspopulistischer Kräfte gewertet wurde, war einer der ersten, der eine vergleichbare Maßnahme in den letzten Jahren vorschlug, der liberale französische Präsident Emmanuel Macron. Im Sommer 2017 forderte er die Errichtung von entsprechenden „Hotspots" zuerst in Libyen (Saeed 2017) und dann im Tschad und in Niger (Nielsen 2017). Der in enger Verbindung zu Macron stehende damalige sozialdemokratische Bundeskanzler Österreichs, Christian Kern und sein Verteidigungsminister sekundierten und führten aus, dass „[j]eder Mensch, der illegal nach Europa kommt, [...] in eines dieser Verfahrenszentren zurückgestellt werden [müsse]."[18]

Die Idee von Lagern außerhalb der Europäischen Union (insbesondere in Afrika), die von EU-Agenturen bzw. durch den UNHCR betrieben werden und in die alle Asylwerber rückgeschoben werden sollen, die den Boden der Union erreichen, erlebte bereits vor fünfzehn Jahren eine erste Konjunktur. 2003 schlug Tony Blair diese als neues Projekt der EU vor[19] und ein Jahr später präsentierte

---

18 derstandard.at/2000061198179/Kern-und-Doskozil-wollen-EU-Asylsystem-mit-Verfahrenszentrum-im-Niger

19 https://www.theguardian.com/society/2003/feb/05/asylum.immigrationasylumandrefugees

der deutsche Innenminister Schily einen ähnlichen Vorschlag (Bundesministerium des Inneren 2004). Damals stießen die Vorschläge aber noch auf eine breite Ablehnung im Rat (Thym 2006: 189). Grund dafür war, dass sich einerseits kein Drittstaat bereit erklärte, solche Lager der EU auf seinem Boden zu errichten und andererseits entsprechende Lager als unvereinbar mit der Genfer Flüchtlingskonvention und der Europäischen Menschenrechtskonvention bewertet wurden (ebd.). Aus dem Umkreis des deutschen Bundeskanzlers hieß es darüber hinaus, dass sich Deutschland aufgrund seiner Geschichte nicht daran beteiligen könne, „Menschen in Lager zu stecken".[20]

Auch wenn weiterhin fraglich ist, ob sich ein Drittstaat für die Errichtung von „Ausschiffungsplattformen" finden wird, zeigt der Umstand, dass im Gegensatz zu damals nun im Europäischen Rat Einstimmigkeit für die Maßnahme erzielt werden konnte, wie sehr sich die Kräfteverhältnisse seither verschoben haben. Ähnliches lässt sich aus der Art und Weise ableiten, wie über diese Dispositive der Migrationsverhinderung gesprochen wird: Während vor fünfzehn Jahren entsprechende Konzepte aufgrund ihres menschenrechtlich bedenklichen Inhalts großteils in geheimen Papieren, die später geleakt wurden, entwickelt und hinter verschlossen Türen besprochen wurden[21], erklärt der Europäische Rat die Ausschiffungsplattformen in seinen öffentlichen Schlussfolgerungen im Juni 2018 zu einem wichtigen weiteren Schritt in seiner erfolgreichen Politik des Schutzes der EU-Außengrenzen (Europäischer Rat 2018: 2).

Kontrollierte Zentren – Lager innerhalb der Union

Wer es in die Hoheitsgewässer der Union schafft und dort gerettet wird, heißt es weiters in den Schlussfolgerungen des Europäischen Rates vom Juni 2018, solle in „kontrollierte Zentren" (sic!), die in den südlichen Mitgliedstaaten verstärkt errichtet werden sollen, verbracht werden. Was darunter zu verstehen ist, lässt sich anhand des Lagers Moria auf der griechischen Insel Lesbos veranschaulichen: Das auf Druck der Europäischen Kommission und mit Unterstützung durch Frontex-Beamte 2015 errichtete Lager, das auf

---

20 https://www.telegraph.co.uk/news/worldnews/europe/1433589/Blair-suffers-second-defeat-on-EU-asylum-policy.html
21 https://www.theguardian.com/society/2003/feb/05/asylum.immigrationasylumandrefugees

2.500 Personen ausgerichtet ist, hat derzeit 7.500 Insassen. Die Überbelegung und die darin stattfindenden Eilverfahren führen laut Menschenrechtsorganisationen zu willkürlichen Entscheidungen, Misshandlungen und fahrlässigen Tötungen, welche die Lagerleitung zu verantworten hat (Wiedemann 2018). 2018 kritisierte eine von Ärzten ohne Grenzen dort stationierte Psychotherapeutin, dass sie trotz Einsätzen in Pakistan, dem Nordirak und dem Libanon noch nie so großes psychisches Elend wie in Moria gesehen habe (ebd.).

Europäische Grenz- und Küstenwache

Das verweist darauf, dass nicht nur an der vorverlagerten Grenze, die Sonja Buckel als „zweiten Ring der Externalisierung des Grenzregimes" bezeichnet hat, sondern auch am ersten Ring, der an der Außengrenze der südlichen Mitgliedstaaten verläuft, eine repressive Europäisierung und Vertiefung stattfindet (Buckel 2018). In einem „Turbogesetzgebungsprozess", so Buckel, gelang es der Europäischen Kommission, die Verordnung über die neue Europäische Grenz- und Küstenwache durchzusetzen (ebd.). Zwar werden weiterhin nationalstaatliche Grenzschutzbehörden existieren, allerdings sind diese jetzt der „Europäischen Agentur für die Grenz- und Küstenwache" (Frontex) hierarchisch untergeordnet, da diese nun die operationelle Strategie festlegt, der die mitgliedstaatlichen Grenzbehörden zu folgen haben. Der Agentur kommt darüberhinaus eine Überwachungsrolle zu: Werden ihre Empfehlungen nicht befolgt oder ist der Schengen-Raum aufgrund „unverhältnismäßiger Herausforderungen an den Außengrenzen" (Abs. 1 lit. b) in Gefahr, kann der Rat mit qualifizierter Mehrheit von einem neuen Interventionsrecht Gebrauch machen und Grenzwacheteams aus dem Soforteinsatzpool in den entsprechenden Staat entsenden (ebd.: 449.). Um dies auch durchsetzten zu können, kann andernfalls ein zweijähriger Ausschluss aus dem Schengen-Raum (Schexit) beschlossen werden (ebd.: 446.).

Nicht zuletzt dafür ist ein ständig verfügbares Kontingent von 1.500 Europäischen Grenzschutzpolizist_innen eingerichtet worden, die von den Mitgliedstaaten abgeordnet werden müssen und das ab 2021 auf 10.000 Beamt_innen aufgestockt werden soll (ebd.: 454). Erstmals kommt es daher zur Einrichtung einer stehenden Truppe, die nun auch auf der Grundlage von Arbeitsvereinbarungen in Staaten außerhalb der Union operativ eingesetzt werden kann. Auch gelang der Kommission die Verdoppelung von Haushalt und Personal der Agentur. Bis 2020 soll ihre finanzielle Ausstattung nochmals auf 322 Millionen pro Jahr erhöht werden.

Militarisierung des Grenzregimes

Dass die Grenzen zwischen den verschiedenen Achsen des Europäischen Sicherheitsregimes fließend verlaufen und sich innere Sicherheit, Militarisierung und die Migrationsabwehr in ihm überlagern und miteinander verschränken, lässt sich besonders deutlich anhand der Neuzusammensetzung des Grenzregimes veranschaulichen.

Die European Union Naval Force Operation SOPHIA ist eine *militärische* Krisenbewältigungsoperation zur Bekämpfung des Menschenschmuggels. Seit Mai 2016 bildet sie dazu u.a. die libysche Küstenwache aus (Simon 2017: 66). Da die zweite Phase der Mission den *bewaffneten* Kampf gegen Schleuser_innen umfasst, musste für die deutsche Beteiligung die Zustimmung des Deutschen Bundestages eingeholt werden, da es sich um einen Kriegseinsatz handelt. Diesen bewerteten Menschenrechtsorganisationen vor allem aufgrund der Vermischung von militärischen und polizeilichen Tätigkeiten als völkerrechts- und verfassungswidrig.[22]

Darüberhinaus einigten sich auf Betreiben Frankreichs und Deutschlands die ehemaligen französischen Kolonien Mauretanien, Mali, Niger, Burkina Faso und Tschad 2017 auf die Einrichtung der G5-Sahel-Eingreiftruppe, die mit 5.000 Soldat_innen unter Beteiligung französischer Kräfte „Terrorismus" und „illegale Migration" in der Sahelzone bekämpfen soll.[23] 50 Millionen zur Ausrüstung der Truppe kommen aus EU-Mitteln. Ebenfalls 2017 beschloss der Rat die Einrichtung einer EU Capacity Building Mission (EUCAP) Sahel.[24] In einem Fortschrittsbericht zur Europäischen Migrationsagenda heißt es dazu, dass bereits mit der Entsendung von „Experten

---

22 https://www.proasyl.de/news/krieg-gegen-schlepper-bundestag-beschliesst-verfassungs-und-voelkerrechtswidrigen-militaereinsatz/

23 https://www.bmvg.de/de/aktuelles/europa-unterstuetzt-g5-eingreiftruppe-18316

24 http://www.consilium.europa.eu/de/press/press-releases/2017/06/20/mali-sahel/

für innere Sicherheit und Verteidigung" begonnen wurde, um die Zusammenarbeit im Bereich des *Grenzmanagements* zu fördern (Europäische Kommission 2017c: 4f.).

Bewertung: Neues Niveau gewaltvoller und festungsgleicher Projekte

Aus ihrer Untersuchung zur Europäische Grenz- und Küstenwache folgert Sonja Buckel, „dass im Ausnahmezustand" entscheidende Durchbrüche für die Europäisierung der Grenze und zur Entwicklung eines diese überwachenden *supranationalen* Staatsapparates gelungen sind (ebd.: 454f.). Und Fabian Georgi bilanziert mit Blick auf die Neuzusammensetzung des Europäischen Grenzregimes seit 2015, dass ein „neues Niveau gewaltvoller, festungsgleicher Kontroll- und Hierarchisierungsprojekte" durchgesetzt wurde und schlägt vor, diese neue Phase in der Migrationsverhinderung begrifflich als autoritären Festungskapitalismus zu fassen (siehe dazu Georgi in diesem Band).

3. Die Errichtung eines Europäischen Sicherheitsregimes als passive Revolution

Blickt man von heute aus auf die 2011 einsetzende erste Phase des autoritären Wettbewerbsetatismus zurück, zeigt sich, dass die damit verbunden Entwicklungen entscheidend dafür waren, dass der Bewegungszyklus ab- bzw. unterbrochen wurde, „gefährliche" Regierungsprojekte verhindert, zu Fall gebracht oder herrschaftskonform eingepasst werden konnten (Oberndorfer 2017) und in den meisten Mitgliedstaaten, wenn auch auf ungleiche Art und Weise, eine Verschärfung von Austerität und Wettbewerb durch innere Abwertung zu beobachten ist.

Dies korreliert anschaulich mit Gramscis Beschreibung der ersten Phase einer Hegemoniekrise: „Was die Situation verschlimmert, ist, daß es sich um eine Krise handelt, bei der verhindert wird, daß die Elemente der Lösung sich mit der nötigen Geschwindigkeit entwickeln; wer herrscht, kann die Krise nicht lösen, hat aber die Macht [zu verhindern], daß andere sie lösen, das heißt hat nur die Macht, die Krise selbst zu verlängern" (Gramsci 1996: 1682)

Damit ist das strukturelle Spannungsverhältnis von Demokratie und Kapitalismus (Buckel 2017; Oberndorfer 2017) angesprochen, das sich vor allem dadurch äußert, dass die Bourgeoisie einerseits auf die formale Demokratie angewiesen ist, um ihre Partikularinteressen zu universalisieren, andererseits in Zeiten der Krise auch bereit ist, sie teilweise oder ganz aufzugeben, um ihre gesellschaftliche Stellung zu erhalten. Damit verhindert sie aber auch ganz *oder teilweise*, dass die Universalisierungsstrukturen der Demokratie (z.B. Parlamente, Parteien, durch Grundrechte ermöglichte Kritik) dazu genutzt werden, dass neue Entwicklungsmodelle entstehen, die mitunter die Widersprüche des Kapitalismus besser prozessieren könnten als die „alte Ordnung".

Genau das stellen unter anderen Stephen Gill und Ingar Solty seit der großen Krise 2008ff mit Hinblick auf die USA und Europa fest. Die *Krise der Demokratie* sei zentral dafür gewesen, dass sich keine tragfähige Exitstrategie etablieren konnte. Zwar gab es die Intellektuellen und Bewegungen, die auf ein (kapitalistisches) Erneuerungsprojekt drängten (z.B. einen Green New Deal), doch waren die demokratischen Kanäle blockiert, die es ermöglicht hätten, ein solches Projekt auch durchzusetzen. Die Konsequenz: Die Wiederherstellung des Alten (Gill/Solty 2013).

Es ist diese Verlängerung der Hegemoniekrise durch den autoritären Wettbewerbsetatismus, die dazu geführt hat, dass sich auch die Krankheitserscheinungen immer bedrohlicher vor uns auftürmen. Die blockierte Demokratie und die repressive Verhärtung haben das Gefühl der Ohnmacht und der Unbeherrschbarkeit der gesellschaftlichen Entwicklung in der Bevölkerung verschärft und einen noch fruchtbareren Boden für autoritäre, neo-nationalistische und rechtspopulistische Kräfte geschaffen.

Doch Herrschaft ist im imperialen Zentrum nicht auf Dauer ohne den Konsens der Subalternen aufrechterhaltbar (Oberndorfer 2012: 69). Die Suche nach neuen Ressourcen populärer Zustimmung (ebd.) für das in einer Hegemoniekrise steckende Europäische Staatsapparate-Ensemble und die mit ihm verbundene wettbewerbsstaatliche Integrationsweise scheinen ab 2015 mit dem Thema der Sicherheit auf eine glückliche Fundsache gestoßen zu sein. Damit tritt der autoritäre Wettbewerbsetatismus in eine neue, zweite Phase.

Indem unterschiedliche Ereignisse (Brexit, Wahl von Donald Trump, Sommer der Migration, Zunahme imperialer Konflikte ...), die selbst Ausdruck der globalen Krisen der neoliberalen Gesellschaftsformation und der mit ihr verbundenen Weltordnung sind (Alnasseri 2017: 33; El-Mahdi 2017: 83-86), diskursiv miteinander verknüpft werden, wird der *Versuch* unternommen, die Errichtung eines Europäischen Sicherheitsregimes, als die „im Allgemeininteresse" stehende Lösung drängender politischer und gesellschaftlicher Probleme (Bieling/Steinhilber 2000: 106) in Szene zusetzen – die Voraussetzung für ein neues hegemoniales Projekt.

Auch wenn in allen drei Achsen des Europäischen Sicherheitsregimes (innere Sicherheit, Grenzregime und Militärunion) bereits vor 2015 eine unterschiedlich weitgehende Europäisierung erfolgte, kommt es nun zum Versuch einer qualitativen Vertiefung, die das mit der Hegemoniekrise verschärfte Gefühl der Unsicherheit für den Ausbau und die Europäisierung der repressiven Apparate nutzen möchte. Nach dem Feld der Ökonomie soll so auch im Bereich der Sicherheit ein Verschränkungsgrad der nationalen und supranationalen Apparate erreicht werden, der eine Re-Nationalisierung nahezu verunmöglicht bzw. als unverantwortlich erscheinen lässt.

Allerdings erfolgt dieser Versuch, die Existenzkrise der Union zu überwinden, zum Preis, dass die durch hartnäckige Hegemoniearbeit vorbereiteten Erzählungen der neuen Rechten, die im Moment der Krise der alten Ordnung äußert erfolgreich verallgemeinert werden konnten, partiell in das Europäische Staatsapparate-Ensemble aufgenommen werden. Denn die Gefährdung der Sicherheit und des Wohlstandes einer weißen und christlichen Mehrheitsgesellschaft durch Migration und islamistischen Terrorismus, die nur durch Militarisierung, ein verschärftes Grenzregime, den Ausbau der Repressionsapparate und den Abbau von Grundrechten bearbeitet werden kann, ist jener vom Rechtspopulismus gezimmerte Rahmen, auf den das Europäische Sicherheitsregime nun aufgespannt wird.

Die dominanten politischen Akteur_innen, das zeigt der Diskurs zum Europäischen Sicherheitsregime, wagen es, diese Erzählung zu übernehmen, da sie meinen, diese selbst gegen die „Nationalisten" richten zu können. Die globalen „Ströme der Migration", der Verlust verlässlicher militärischer Bündnispartner und der „grenzüberschreitende Terrorismus" ließen sich *nur* europäisch unter Kontrolle bringen. Wer Sicherheit wolle, müsse sich mit Europa abfinden. Denn der Rückzug ins Nationale in einer immer instabiler werdenden Welt sei nicht nur mit Wohlstandverlusten, sondern auch mit einem massiven Verlust an Sicherheit verbunden.

Genau darin sah Gramsci den Kern passiver Revolutionen, in denen die herrschenden Klassen zur Bearbeitung einer Krise in einer „Revolution ohne Revolution" (Gramsci 1991: 102) bzw. in einer Revolution-Restauration (Gramsci 1993: 961), so die alternativ von Gramsci verwendeten Begriffe, Teile der Forderungen von widergelagerten Gruppen bzw. Bewegungen in ihr Staatsprojekt aufnehmen und diese darüber enthaupten (ebd.). Die „Führenden" stellen in diesem Wege sicher, dass die Kräfteverhältnisse und ihre Macht *im Kern* unangetastet bleiben und retten so ihr „Partikulares" (Gramsci 1994: 1330).

Im Gegensatz zu emanzipativen Bewegungen stellen rechtspopulistische bzw. neo-nationalistische Kräfte und Diskurse ganz überwiegend nicht den Neoliberalismus als solches, sondern „nur" seine Maßstäblichkeit in Frage. Gelingt ihre *selektive* Integration in das Europäische Staatsapparate-Ensemble ist damit nicht die Gefahr verbunden, dass die auf Wettbewerb geeichten Pfadabhängigkeiten aufgeben werden müssen: In passiven Revolutionen gelingt es dem Herrschaftsgefüge sich „einen Teil der Antithese selbst einzuverleiben [...], um sich nicht „aufheben" zu lassen, das heißt beim dialektischen Gegensatz entwickelt in Wirklichkeit nur die These alle ihre Kampfmöglichkeiten, bis dahin, die angeblichen Repräsentanten der Antithese einzuheimsen: genau darin besteht die passive Revolution" (Gramsci 1996: 1728).

Wenig verdeutlicht anschaulicher, wie ein solches Einheimsen der Repräsentant_innen der Antithese im Rahmen des Europäischen Sicherheitsregimes vor sich geht, als ein geleaktes Diskussionspapier[25], das im Rahmen des österreichischen Ratsvorsitzes zum EU-Außengrenzschutz vorgelegt wurde. Die Vorbereitung des Papieres erfolgte durch FPÖ-Innenminister Herbert Kickl, der, obwohl bisher neo-nationalistischer Kritiker des Schengen-Raumes, bei der Präsentation meinte, es gehe ihm darum den „Schengen-Raum zu retten."[26] Dazu fordert das Papier u.a. einen weiter verschärften Ausbau der *europäischen* Grenz- und Küstenwache und deren Ausstattung mit „eigenen operativen Ressourcen (personell und technisch)" – eine Forderung mit der die Europäische Kommission sich bisher bei den nationalen Staatsapparaten nicht durchsetzen konnte. Ein Repräsentant der „nationalen" Antithese argumentiert nun also

---

25 https://de.scribd.com/document/383428170/Asylabschaffung-Rat-Reimon

26 https://kurier.at/politik/inland/kickl-nach-innenminister-treffen-wollen-schengen-raum-retten/400065659

für die Vervollkommnung der *europäischen* „Staatsmaschinerie" (Marx 1852/1975ff: 116, 179; Buckel 2018: 454).

Verschärft wird der Prozess der passiven Revolution zur Errichtung eines Europäischen Sicherheitsregimes durch den Umstand, dass auf der nationalstaatlichen Ebene des Europäischen Staatsapparate-Ensembles auch bürgerliche Parteien, die einst abseits der extremen Rechten standen (die ungarische FIDEZ unter Viktor Orbán, die CSU und Teile der CDU unter Horst Seehofer und Jens Spahn sowie die österreichische ÖVP unter Sebastian Kurz) zunehmend auf die Hegemoniekrise des Neoliberalismus reagieren. Obwohl selbst zentrale Akteure der Finanzialisierung und Transnationalisierung, die sich in der neoliberalen Europäisierung ausdrückt, greifen sie in der nationalen Dimension der passiven Revolution auf rechtspopulistische und neo-nationalistische Diskurse zurück, um sicherzustellen, dass die Kräfteverhältnisse im Kern unangetastet bleiben: Damit von den Verwüstungen des neoliberalen Kapitalismus als Ursache der gegenwärtigen Krisenprozesse nicht gesprochen wird, verleihen sie den Erzählungen der neuen Rechten in diesem Wege bürgerliche Legitimität und befeuern im Feld der Ideologie eine konservative Revolution.

Die dadurch mitunter martialisch vorgetragenen Forderungen – so meinte etwa Sebastian Kurz, dass der Ausbau des Grenzschutzes „nicht ohne hässliche Bilder gehen" werde (Mülherr 2016) – welche vermeintlich gegen ein „europäisches Establishment", dessen Teil man in Wirklichkeit selbst ist, durchgesetzt werden müssen, verdecken, dass der Konsens für ein Europäisches Sicherheitsregime beträchtlich ist und seit 2015 an den Projekten zu seiner Umsetzung mit äußert hohem Tempo gearbeitet wird.

Die Notwendigkeit von massiver Repression als Bestandteil des Europäischen Sicherheitsregimes ziehen, das konnte im empirischen Teil u.a. anhand der Frage des EU-Türkei-Deals und seiner Ausweitung durch Migrationspakte sowie anhand der Asyl-Lager außerhalb Europas gezeigt werden, auch sozial-liberale, liberal-bürgerliche und sozialdemokratische Akteur_innen nicht in Zweifel.

Während Militarisierung und eine europäische Politik der inneren Sicherheit weitgehend außer Streit stehen, drehen sich die Konflikte in der Achse des Grenzregimes abseits der Frage von positiven Anreizen durch Aufnahme bzw. Verteilung von Asylberechtigten vor allem darum, inwieweit nationale Alleingänge riskiert werden sollen, um den Druck auf „europäische Lösungen" zu erhöhen.

Unter anderem an dieser Bruchlinie werden die *Widersprüche der passiven Revolution* für ein Europäisches Sicherheitsregime deutlich, denn die selektive Aufnahme neo-nationalistischer und rechts-populistischer Diskurse droht ständig zu *entgleiten bzw. sich zu verselbstständigen* und damit das eigentliche Projekt zu gefährden: die Stabilisierung der Maßstäblichkeit des europäischen Neoliberalismus. Die Szenen dieses Spannungsverhältnisses lassen sich seit 2015 beobachten. Während die supranationalen und vor allem die deutschen Staatsapparate unter der Führung von Angela Merkel darum bemüht sind, einen Zusammenbruch des Schengen-Raumes und damit eine erhebliche Gefährdung des Binnenmarktes mit allen Mitteln zu verhindern, wird dieser durch Forderungen und nationale Alleingängen insbesondere jener bürgerlichen Kräfte (vor allem FIDESZ, CSU, ÖVP), die rechtspopulistische Strategien in sich aufgenommen haben, immer wieder herausgefordert.

Neben der Gefahr des Scheiterns der Re-Stabilisierung der Maßstäblichkeit des europäischen Neoliberalismus durch eine Verselbstständigung bzw. unkontrollierte nationale Kettenreaktion (etwa durch anhaltende Wiedereinführung flächendeckender Grenzkontrollen) verdichtet sich in der zweiten Phase des autoritären Wettbewerbsetatismus auch das Gefahrenpotential des Ausnahmestaates weiter. Jene Muster, die sich zwischen 2011 und 2015 im Rahmen der Verhinderung einer alternativen Krisenlösung beobachten ließen: Einschränkung von Grundrechten und Demokratie, eine brüchig werdende Rechtsform, Aufwertung der nationalen und supranationalen Exekutiven und Schaffung neuer Repressionsapparate (siehe dazu detailliert Oberndorfer 2017), schreiben sich, wie im empirischen Abschnitt gezeigt wurde, in der Aufrichtung des Europäischen Sicherheitsregimes fort.

Das hat zur Konsequenz, dass der Bruch zum Ausnahmestaat, sei es auf nationaler oder supranationaler Ebene, nicht von außen vollzogen werden muss, sondern sich „im Inneren des Staates entlang von Nahtlinien [vollziehen könnte], die in seiner gegenwärtigen Konfiguration längst vorgezeichnet sind" (Poulantzas 2002: 239). Diese Gefahr nimmt durch den Einbau rechtspopulistischer Diskurse in das Europäische Staatsapparate-Ensemble im Rahmen der passiven Revolution stark zu, da diese dadurch normalisiert und mit staatlicher Legitimität versehen werden.

Ganz unabhängig davon ist die Frage, ob der Versuch der Schaffung eines neuen Konsenses durch Sicherheit und rassistischen Ausschluss erfolgreich sein kann, mehr als fraglich. Denn das vorangebrachte Projekt verfügt über eine nur relativ schwache ökonomische Komponente, die nur bedingt in der Lage sein wird, die Spielräume für materielle Zugeständnisse an die Subalternen zu vergrößern: Auch wenn im Rahmen von Business Europe, dem größten europäischen Industrieverband, das Europäische Sicherheitsregime bereits als neues „man on the moon project" gefeiert wird[27], das über die dafür notwendigen Investitionen zahlreiche Arbeitsplätze schaffen könnte, ist mehr als fraglich, ob die dahinter liegende Strategie – von William I. Robinson treffend als militarisierte Akkumulation bzw. als Akkumulation durch Repression beschrieben (Robinson 2018: 2) – allein ausreichend sein kann, den Schwelbrand, zu dem sich die ökonomische Krise mittlerweile entwickelt hat, zu löschen.

Das gilt umso mehr als es sich nicht „nur" um eine ökonomische, sondern um eine Hegemoniekrise handelt: Die Krise der *gesamten* neoliberalen Entwicklungsweise und ihre Erschöpfungstendenzen in den unterschiedlichsten Feldern (Profitraten, Ökologie, Reproduktion, Weltordnung...) sowie die Kämpfe der Fliehenden um ein menschenwürdiges Leben, werden trotz massiver Repression immer wieder aufs Neue die Versuche der Abschottung und des Zeitkaufens durchbrechen. Es sind diese immer weniger prozessierbaren Widersprüche der jetzigen Entwicklungs- und Integrationsweise, die auch den Ansatzpunkt für emanzipative Politisierung vergrößern.

Dass es dabei keineswegs nur um die soziale Frage gehen darf, sondern diese mit einer anti-rassistischen und transnationalen Perspektive verbunden werden muss, die gerade darauf zielte die Ideologie der Abschottung von den Folgen der imperialen Lebensweise (Brand/Wissen 2017) herauszufordern, darauf verweist uns Gramsci.

Denn ob eine passive Revolution wirklich erfolgreich ist, ob es also trotz aller Widersprüche *wirklich gelingt* über den Diskurs und entsprechende Einstiegsprojekte hinaus ein *Europäisches* Sicherheitsregime zu errichten, ist aus Perspektive der Herrschaft nicht entscheidend: „Politisch und ideologisch kommt es darauf an, daß [sie eine] Wirkungskraft [...] hat, die geeignet ist, eine Zeit der Erwartungen und der Hoffnungen zu schaffen, [...] und folglich die hegemonischen und die militärischen und zivilen Zwangskräfte,

---

27 https://euobserver.com/migration/132545

die den traditionellen führenden Klassen zur Verfügung stehen, aufrechtzuerhalten." (Gramsci: 1243, GH6).

Es wird daher auch darauf ankommen, die ideologische Wirkungskraft des Europäischen Sicherheitsregimes zu durchbrechen: Es kann die Krisen, vor denen wir stehen, nicht lösen. Die Zeit, die es mit ständig mehr Gewalt für die alte Ordnung zu kaufen sucht, türmt diese nur immer höher vor uns auf.

Literatur

Alnasseri, Sabah (2017): Westliche Interventionen in die arabische Epochenwende. In: Krieger, Helmut/Seewald, Magda (Hg.) Krise, Revolte und Krieg in der arabischen Welt. Münster: 32-43.

Bast, Jürgen (2017): Scharade im kontrollfreien Raum: Hat die EU gar keinen Türkei-Deal geschlossen?, https://verfassungsblog.de/scharade-im-kontrollfreien-raum-hat-die-eu-gar-keinen-tuerkei-deal-geschlossen [letzter Zugriff 1.9.2018].

Bauman, Zygmunt (2012): Times of interregnum. In: Ethics & Global Politics, Vol. 5, No. 1: 49-56.

Becker, Markus/Gebauer, Matthias (2016): EU erwägt Migrantengefängnisse in Libyen. In: Spiegel v. 29.4.2016.

Bieling, Hans-Jürgen/Steinhilber, Jochen (2000): Hegemoniale Projekte im Prozeß der europäischen Integration. In: (dies.) Die Konfiguration Europas. Dimensionen einer kritischen Integrationstheorie. Münster: 102-130.

Boffey, Daniel (2017): EU leaders complicit in torture of refugees and migrants, Amnesty says. In: The Guardian v. 12.12.2017.

Bundesministerium des Innern (2004): Effektiver Schutz für Flüchtlinge, wirkungsvolle Bekämpfung illegaler Migration – Überlegungen des Bundesministers des Innern zur Errichtung einer EU-Aufnahmeeinrichtung in Nordafrika.

Buckel, Sonja (2013): 'Welcome to Europe' – juridische Kämpfe um das Staatsprojekt Europa. Die Grenzen des europäischen Migrationsrechts. Bielefeld.

– (2017): Dialektik von Demokratie und Kapitalismus heute. In: Eberl, Oliver/Salomon, David (Hg.) Perspektiven der sozialen Demokratie in der Post-Demokratie. Wiesbaden.

– (2018): Winter is coming. Der Wiederaufbau des europäischen Grenzregimes nach dem „Sommer der Migration". In: PROKLA 192: 437-457.

Buckel, Sonja/Georgi, Fabian/Kannankulam, John/Wissel, Jens (2014): Theorien, Methoden und Analysen kritischer Europaforschung. In: Forschungsgruppe 'Staatsprojekt Europa' (Hg.): 15-84.

Brand, Ulrich/Wissen, Markus (2017): Imperiale Lebensweise: Zur Ausbeutung von Mensch und Natur in Zeiten des globalen Kapitalismus, München.

Büschemann, Karl-Heinz/Hagelüken, Alexander/Kuntz, Michael/Öchsner, Thomas (2016): Was Grenzkontrollen für die Wirtschaft bedeuten. In: Süddeutsche Zeitung v. 22.1.2016.

Candeias, Mario (2010): Interregnum – Molekulare Verdichtung und organische Krise. In: Alex Demirović u.a. (Hg.) Vielfachkrise, Hamburg, 45-62.

Candeias, Mario/Völpel Eva (2014): Plätze sichern! Re-Organisierung der Linken in der Krise. Hamburg.

Demirović, Alex/Sablowski, Thomas (2012): Finanzdominierte Akkumulation und die Krise in Europa. In: RLS (Hrsg.) Analysen, https://www.rosalux.de/fileadmin/rls_uploads/pdfs/Analysen/Analyse_Finanzdominierte_Akkumulation.pdf [letzter Zugriff 1.5.2018].

– (2018): Autoritärer Populismus als neoliberale Krisenbearbeitung. In: Prokla 190: 27-42.

El-Mahdi, Rabab (2017): Ägypten: Die fortwährende Transformation. In: Krieger, Helmut/Seewald, Magda (Hg.) Krise, Revolte und Krieg in der arabischen Welt. Münster: 82-93.

Engelhardt, Anne (2017): Know your rights: Portugal zwischen Verfassungsaktivismus und sozialen Bewegungen – Die Staatskrise 2013 aus der Sicht materialistischer Bewegungsforschung. In: Kritische Justiz: 417-433.

Europäische Kommission (2016): Mitteilung der Europäischen Kommission, Europäischer Verteidigungs-Aktionsplan v. 30.11.2016, COM (2016) 950 final.

– (2016b): Mitteilung der Europäischen Kommission über einen neuen Partnerschaftsrahmen für die Zusammenarbeit mit Drittländern im Kontext der Europäischen Migrationsagenda v. 7.6.2016, COM (2016) 385.

– (2017a): Weißbuch zur Zukunft Europas, https://ec.europa.eu/commission/sites/beta-political/files/weissbuch_zur_zukunft_europas_de.pdf [letzter Zugriff 1.5.2018].

– (2017c): Fünfter Fortschrittsbericht über den Partnerschaftsrahmen für die Zusammenarbeit mit Drittländern im Kontext der Europäischen Migrationsagenda, https://eur-lex.europa.eu/legal-content/DE/TXT/PDF/?uri=CELEX:52017DC0471&from=DE [letzter Zugriff 1.05.2018].

Europäischer Rat (2016): Erklärung von Bratislava v. 16.9.2016, http://www.consilium.europa.eu/media/21232/160916-bratislava-declaration-and-roadmap-de.pdf [letzter Zugriff 1.5.2018].

– (2018): Schlussfolgerungen des Europäischen Rates v. 28.6.2018, http://data.consilium.europa.eu/doc/document/ST-9-2018-INIT/de/pdf [letzter Zugriff 1.5.2018].

Fraser, Nancy (2017): Form Progressive Neoliberalism to Trump – and Beyond. In: American Affairs, Volume I, Number 4 (Winter 2017): 46-64.

Gehring, Axel (2018): Auf den Schultern des EU-Projektes gegen den „Status Quo" –Autoritären Populismus in der Türkei und seine Krise. In: Prokla 190: 137-154.

Georgi, Fabian (2016): Widersprüche im langen Sommer der Migration Ansätze einer materialistischen Grenzregimeanalyse. In: Prokla 183: 182-203.

Gill, Stephen/Solty, Ingar (2013): Die organischen Krisen des Kapitalismus und die Demokratiefrage. In: juridikum 1/2013: 51-65.

Gramsci, Antonio (1991f., 1994, 1996): Gefängnishefte, Band 1, 3, 6, 7, Hamburg.

Hess, Sabine/Kasparek, Bernd/Kron, Stefanie/Rodatz, Mathias/Schwertl, Maria/Sontowski, Simon (Hg.) (2016): Der lange Sommer der Migration. Grenzregime III. Berlin.

Hofmann, Rainer/Schmidt, Adela (2016): Die Erklärung EU-Türkei vom 18.3.2016 aus rechtlicher Perspektive. In: Neue Zeitschrift für Verwaltungsrecht, 11/2016: 1-9.

Huke, Nikolai (2017): „Sie repräsentieren uns nicht" – Soziale Bewegungen und Krisen der Demokratie in Spanien. Münster.

Juncker, Jean-Claude (2016): Rede zur Lage der Union: Hin zu einem besseren Europa – Einem Europa, das schützt, stärkt und verteidigt, http://europa.eu/rapid/press-release_SPEECH-16-3043_de.htm [letzter Zugriff 1.5.2018].

Kern, Anna (2016): Produktion von (Un-)Sicherheit – Urbane Sicherheitsregime im Neoliberalismus. Münster.

Legnaro, Aldo (1997): Konturen der Sicherheitsgesellschaft: Eine polemisch-futorologische Skizze. In: Leviathan. Zeitschrift für Sozialwissenschaft: 271-284.

Macron, Emmanuel (2017): Initiative für Europa – Rede von Staatspräsident Macron an der Sorbonne, https://de.ambafrance.org/Initiative-fur-Europa-Die-Rede-von-Staatsprasident-Macron-im-Wortlaut [letzter Zugriff 1.5.2018].

Marx, Karl (1852/1975ff.): Der achtzehnte Brumaire des Louis Bonaparte, Marx-Engels-Gesamtausgabe (MEGA), Abt. I., Bd. 11. Berlin: 96-189.

Mülherr, Silke (2016): „Es wird nicht ohne hässliche Bilder gehen" In: Die Welt v. 13.1.2016.

Nielsen, Nikolaj (2017): Macron wants asylum claims to start in Africa, https://euobserver.com/migration/138816 [letzter Zugriff 1.5.2018].

Oberndorfer, Lukas (2011): Economic Governance – Autoritäre statt hegemoniale Integrationsweise, Vortrag AkG-Tagung, Kämpfe um die institutionelle Struktur der EU in der Krise, 29.9.–2.10.2011, Frankfurt. http://akg-online.org/sites/default/files/tagungsprogramm_eu.pdf [letzter Zugriff 1.5.2018].

– (2012): Hegemoniekrise in Europa – Auf dem Weg zu einem autoritären Wettbewerbsetatismus? In: Forschungsgruppe 'Staatsprojekt Europa' (Hg.) Die EU in der Krise. Münster: 49-71.

– (2016): Europa und Frankreich im Ausnahmezustand? Die autoritäre Durchsetzung des Wettbewerbes. In: Prokla 185: 561-581.

– (2017): Demokratie in der Krise – Der autoritäre Wettbewerbsetatismus und das linke Regierungsprojekt in Griechenland, Boos, Tobias/Lichtenberger, Hanna/Puller, Armin (Hg.) Mit Poulantzas arbeiten, um aktuelle Macht- und Herrschaftsverhältnisse zu verstehen. Hamburg.

Orbán, Viktor (2016): Bist du gegen den Frieden? In: FAZ v. 15.7.2016.

Poulantzas, Nicos (2002): Staatstheorie – Politischer Überbau, Ideologie, autoritärer Etatismus, Hamburg.

Röttger, Bernd (1997): Neoliberale Globalisierung und eurokapitalistische Regulation, Münster.

Saeed, Saim (2017): Macron announces plan to process asylum applications in Libya, https://www.politico.eu/article/macron-announces-plan-to-process-asylum-applications-in-libya/[letzter Zugriff 1.5.2018].

Schäuble, Wolfgang (2017): Von der Krise zur Chance. In: FAZ v. 20.3.2017.

Schneider, Etienne/Syrovatka, Felix (2017): Die Zukunft der europäischen Wirtschaftsintegration – Blockierte Vertiefung und wachsende Asymmetrie zwischen Frankreich und Deutschland. In: Prokla 189: 653-673.

Schumann, Harald/Simantke, Elisa (2016): Europa plant den Überwachungsstaat. In: Tagespiegel v. 10.12.2016.

Simon, Johannes (2017): Im Namen der Demokratie: Flüchtlingsabwehr um jeden Preis. In: Blätter für deutsche und internationale Politik, 11/2017: 65-74.

Streeck, Wolfgang (2016): How Will Capitalism End? London.

Streeck, Wolfgang/Heinze, Rolf (1999): An Arbeit fehlt es nicht. In: Der Spiegel v. 10.5.1999.

Thym, Daniel (2006): Einwanderungs- und Asylpolitik: Angelsächsische Impulse für die gemeineuropäische Rechtsentwicklung, In: ZAR: 184-191.

Wiedemann, Carolin (2018): Der Knast im Knast im Knast. In: FAZ v. 1.7.2018.

Wölfl, Adelheid (2018): Flüchtlingsabkommen mit Türkei: Merkel soll an EU vorbeiverhandelt haben. In: Der Standard v. 12.4.2018.

Ziltener, Patrick (1999): Strukturwandel der Europäischen Integration. Münster.

*Katherine Braun / Anne Lisa Carstensen / Clemens Reichhold /
Helge Schwiertz*

Urban Citizenship und Kämpfe für eine solidarische Stadt: Neue Netzwerke und Zugehörigkeiten jenseits des Nationalen

Mit den Begriffen *Urban Citizenship* und *Solidarity Cities* wird gegenwärtig diskutiert, wie Zugehörigkeit, Teilhabe und Aktivismus unabhängig von Nationalität und Aufenthaltsstatus organisiert und erstritten werden können. Angesichts anti-migrantischer Politiken in Europa und den USA, wo bereits in den 1980er Jahren sogenannte *Sanctuary Cities* entstanden, wird die Lokalebene vielerorts zu einem Raum des Widerstands und alternativer Entwürfe, die nationale Grenzziehungen infrage stellen (Lebuhn 2017; Kron 2017; Bauder 2016; Rodatz 2014; Hess/Lebuhn 2014). Initiativen für ein 'Recht auf Stadt', Flüchtlingsorganisationen und antirassistische Gruppen sowie die vielfältigen Formen der 'Willkommenskultur' bieten hierbei auch in Deutschland Anknüpfungspunkte für solidarische Netzwerke auf lokaler Ebene und speziell im urbanen Raum. Wir zeigen in diesem Beitrag, dass diese Initiativen vielfältige Potentiale für einen erweiterten Kampf um Rechte und Teilhabe vor dem Hintergrund herrschender postkolonialer und neoliberaler Verhältnisse bieten – jedoch auch zahlreiche Fallstricke. Im Folgenden wollen wir diese Fallstricke genauer beleuchten, indem wir den Blick auf die machtdurchzogene Konstitution der aufgerufenen Zugehörigkeitsformen lenken.

Eine Begriffsklärung vorab: Der Begriff *Sanctuary Cities* geht zurück auf die in den 1980ern in Nordamerika entstandene Bewegung für sichere Orte der Zuflucht und ist dort vielerorts zur offiziellen Stadtpolitik geworden (vgl. Ridgley 2008). In den USA ist dadurch ein relativer Schutz vor Abschiebungen möglich, denn diese fallen in die Zuständigkeit von Bundesbehörden. Regierungen auf landes- und lokalpolitischer Ebene können Letzteren dann die Unterstützung verweigern. Es handelt sich bei *Sanctuary Cities* zusammengenommen um ein realpolitisches Konzept, welches aus der Verschiebung des politischen Referenzrahmens auf die städtische Ebene geboren ist und das Ziel verfolgt, Schutzräume für Verfolgte zu schaffen. Das Konzept *Urban Citizenship* geht darüber hinaus. Mit ihm wird der Zugang zu sozialen Rechten hervorgehoben, der nicht nur Staatsbürger*innen, sondern allen Stadtbewohner*innen ermöglicht werden soll (vgl. Lebuhn 2017). In Anlehnung an Marshall wird Bürger*innenschaft nicht als ausschließlich formelle Zugehörigkeit sondern als dynamischer Kampf um Teilhabe verstanden (vgl. Marshall 1992). Das Konzept *Urban Citizenship* hat zudem das Potential, so argumentieren wir in diesem Beitrag, politische Praxen und Subjekte denkbar werden zu lassen, die über bestehende Zugehörigkeitsregime hinausgehen. Es verweist jedoch weniger auf konkrete Bündnisse und Politiken als auf einen Horizont alternativer Formen des Gemeinsamen. Diese Perspektive informiert zahlreiche aktuelle Bündnisse und Initiativen. *Solidarische Stadt* ist schließlich ein politisches Konzept, das als Schnittmenge der zuvor vorgestellten eine Verbindung zwischen der Abwehr staatlichen Zugriffs, dem Kampf um positive Rechte und Teilhabe sowie Ideen von *Urban Citizenship* herstellt.

In diesem Artikel verfolgen wir zwei Anliegen: Zum einen zeigen wir auf der theoretischen Ebene auf, dass das Konzept von *Urban Citizenship* durch seinen Bezug auf Bürgerschaft in einer problematischen Tradition steht. Wir diskutieren, auf welche Weise es dennoch in emanzipatorischen Kämpfen genutzt werden kann. Zum anderen untersuchen wir, wie in praktischen Initiativen für eine solidarische Stadt neue Allianzen, Zugehörigkeiten und Beziehungsweisen entstehen, die das Nationale herausfordern. Wir möchten damit das emanzipatorische Potential urbaner Politik ausloten, ihre gegenwärtige Konjunktur analysieren und zugleich damit verbundene Problematiken beleuchten.

Ausgehend von dieser Fragestellung geben wir zunächst einen Überblick über Praktiken und den politischen Horizont der solidarischen Stadt vor dem Hintergrund aktueller Konjunkturen. Im zweiten Abschnitt widmen wir uns dem Begriff *Urban Citizenship*. Diesen Begriff hinterfragen wir aus einer postkolonialen und feministischen Perspektive und zeigen daraus resultierende Ambivalenzen auf. Vor diesem theoretischen Hintergrund untersuchen wir im dritten Abschnitt, wie Spektren und Milieus übergreifende Koalitionen gebildet werden und wie hierbei mit unterschiedlichen sozialen Positionen hinsichtlich des Aufenthaltsstatus sowie anderer Machtverhältnisse umgegangen wird. Zudem beschreiben wir, welche Zugehörigkeitsordnungen und Vorstellungen politischer Gemeinschaft in Initiativen einer solidarischen Stadt ins Spiel kommen und welche Inklusions- und Exklusionsmechanismen damit verbunden sind. Diese Überlegungen führen wir abschließend zusammen, indem wir sechs Fallstricke benennen, die sich für diese Initiativen im Zusammenhang der gegenwärtigen Herrschaftsverhältnisse ergeben.

1. Solidarische Städte: Politischer Horizont und Praxis

Das besondere Anliegen der Kämpfe für eine solidarische Stadt sehen wir vor allem in einer Aufforderung zur solidarischen Praxis von und mit allen Stadtbewohner*innen. Hierüber können Spaltungen problematisiert werden, etwa zwischen 'deutschen' und 'migrantischen' Arbeiter*innen, zwischen 'eingesessenen' und 'zugezogenen' Nachbar*innen, zwischen 'dokumentierten' und 'undokumentierten' Anwohner*innen. So werden insbesondere Stratifizierungen im Zugang zu Rechten thematisierbar, Abschiebungen von Stadtbewohner*innen beispielsweise werden delegitimiert. Aus dieser Perspektive werden nicht einzelne Gruppen von Bedürftigen separiert und stigmatisiert, sondern die sozialen Zusammenhänge im prekarisierten Alltag aller Stadtbewohner*innen betont und dadurch Möglichkeiten gemeinsamer Kämpfe eröffnet.

Das Konzept einer solidarischen Stadt ist hierbei ein politischer Horizont – mit Ernesto Laclau gesprochen ein politisches Imaginäres (vgl. Laclau 2000) – an dem sich verschiedene Initiativen orientieren, ohne dass diese notwendigerweise gemeinsam Organisationsstrukturen aufbauen. So wurde zum Beispiel in Hamburg anlässlich des G20-Gipfels im Juni 2017 eine öffentliche Grünfläche zum „Arrivati-Park" erklärt, um einen Ort der Zusammenkunft und des Austauschs zu schaffen, wobei unter dem Slogan „Die freie Stadt gehört keiner Nation an" seitdem eine *Urban ID Card* ausgegeben wird, die symbolisch den nationalen Pass ersetzt und somit auf dieser symbolischen Ebene alle Inhaber*innen zu *urban citizens* macht. Das seit 2015 bestehende *Solidarity-City*-Netzwerk in Berlin hat eine Strategie entwickelt, die zwar auf der gleichen Vision einer solidarischen Stadt basiert, aber an einem anderen Punkt ansetzt: Dort wurde eine Kampagne für die Einführung eines anonymen Krankenscheins initiiert. Mit diesem konnte die medizinische Versorgung insbesondere für Illegalisierte verbessert werden (Dieterich 2017). In Städten wie Freiburg, Hanau, Darmstadt und Osnabrück hingegen wird mit Initiativen für ein Bürgerasyl auf direkte Hilfe auf die bedrohliche Situation zunehmender Abschiebungen reagiert. Die Bewegung der solidarischen Städte hat im Sommer 2018 zudem mit zahlreichen Demonstrationen für 'sichere Häfen' und 'Seebrücken' Aufwind bekommen. Diese rückten weniger das 'Recht zu Bleiben', sondern vielmehr das Recht, ankommen zu dürfen in den Mittelpunkt.

Völlig neu sind diese Initiativen nicht. Viel eher greifen sie Erfahrungen antirassistischer und migrantischer Bewegungen auf, wie beispielsweise das 1997 gegründete Netzwerk *kein mensch ist illegal*. Die Initiativen für eine solidarische Stadt gehen ebenfalls wesentlich von Kämpfen der Migration aus, verknüpfen diese aber mit Auseinandersetzungen um gleiche soziale Rechte für alle.[1] Sie können in dieser Verknüpfung von Bleiberecht und sozialen Rechten für alle auch als ein Versuch verstanden werden, die weit verbreiteten ehrenamtlichen Initiativen der Flüchtlingshilfe politisch zu erweitern, was in deren Hochkonjunktur medialer Aufmerksamkeit im Jahr 2015 bereits als Desiderat beschrieben wurde. Eine offene Frage bleibt jedoch, wie *Solidarity City*-Initiativen enger mit migrantischen Selbstorganisierungen und Flüchtlingsprotesten verbunden werden können. Dies ist insbesondere deswegen wichtig, weil für Letztere der urbane Raum oftmals eine ebenso zentrale Rolle spielt (vgl. Odugbesan/Schwiertz 2018).

Als Teil einer gesellschaftlichen Bewegung für solidarische Städte können des Weiteren auch Initiativen begriffen werden, die sich (noch) nicht explizit auf diesen Begriff beziehen. Zu nennen sind hier zum einen ehrenamtliche Flüchtlingshilfeinitiativen, die auch nachdem die mediale Aufmerksamkeit abgeklungen ist, weiterhin in diversen Bereichen aktiv sind (vgl. Schiffhauer et al. 2017). Zum anderen gibt es Gruppen, wie den 'Aktionskreis Hamburg hat Platz', die sich für sichere und legale Fluchtwege und 'Städte der Zuflucht' einsetzen (vgl. Heuser 2017). Auch Proteste gegen Abschiebungen verweisen auf die Idee einer *Urban Citizenship*, indem sie die Frage lokaler Zugehörigkeit aufwerfen (Hinger/Kirchhoff/Wiese 2018; Ataç/Schilliger 2017).[2]

---

1   https://solidarity-city.eu/de/selbstverstaendnis/ [8.10.2018].
2   Neue solidarische Zusammenhänge und Anknüpfungspunkte sind in den 2010er Jahren auch in Südeuropa, in Barcelona, Athen oder

Was aber ist das politische Potential von Konzepten einer solidarischen Stadt sowie von *Urban Citizenship* und wieso entwickeln diese derzeit eine besondere Konjunktur? Wir meinen, dass Ideen und Initiativen für eine solidarische Stadt in Deutschland vor allem aufgrund von zwei aktuellen Entwicklungen von Bedeutung sind: (1) Zum einen durch den 'Sommer der Migration' von 2015 und die Entstehung einer sogenannten Willkommenskultur (Hess et al. 2017). Ausschlaggebend ist hier die neue Präsenz von Fluchtmigration in Deutschland sowie die damit verbundene Konjunktur ehrenamtlicher Flüchtlingshilfe. (2) Zum anderen sind rassistische Angriffe und die verstärkte 'Rückkehr des Nationalen' zentral: Pegida, AfD und Volksparteien, sowie die Artikulation vermeintlich 'deutscher' 'Ängste und Sorgen' verweisen auf neue Mobilisierungen nationaler Identität und die damit verbundene Markierung und Entrechtung jener, die nicht als zugehörig beschrieben werden. Dies drückt sich in einer Verbindung von Asylrechtsverschärfungen, rassistischer Gewalt und rechten Mobilisierungen aus (vgl. Schwiertz/ Ratfisch 2017). Ideologisch verbunden ist diese Konjunktur des Nationalismus mit neoliberalen Umstrukturierungen und Austeritätspolitiken, die sich als breiter Angriff auf die Rechte von (fast) allen Menschen formieren. Angesichts dessen sind neue gegenhegemoniale Bündnisse und Solidaritäten dringend erforderlich. Dieser Entwicklung begegnet das Konzept der solidarischen Stadt, indem es sich auf eine Tradition selbstorganisierter und (pro-)migrantischer Kämpfe bezieht und diese mit der Forderung nach einem Recht auf Stadt sowie einer post-migrantischen Gesellschaft verbindet. *Urban Citizenship* ist hierbei oftmals ein wesentlicher Bezugspunkt.

2. *Urban Citizenship* zwischen kolonialer Hypothek und emanzipatorischem Potential

Der Begriff *Urban Citizenship* zielt darauf ab, Bürgerschaft losgelöst vom Nationalstaat zu denken und den Zugang zu sozialen Rechten hervorzuheben (Hess/Lebuhn 2014). Doch der Begriff bleibt oftmals einem positivistischen Fokus auf bestehende Rechte

Palermo entstanden (vgl. Kron 2017). Eine weitere und viel diskutierte Referenz ist der Kampf für eine solidarische Stadt von *No One Is Illegal* in Toronto (Bauder 2016). In den USA haben *Sanctuary Cities* unter Präsident Trump neue Bedeutung erhalten (vgl. Paik 2017).

und damit den etablierten Strukturen verhaftet. Auch Henrik Lebuhn kritisiert, dass *Citizenship* dabei in einem engeren Sinne als Status gefasst wird (Lebuhn 2017). Wir argumentieren, dass diese beschränkte Perspektive doppelt problematisch ist. Zum einen ist *Citizenship* umfassender mit Herrschaftsverhältnissen verbunden, als es in gegenwärtigen Bezügen den Anschein hat. Zum anderen hat *Citizenship* aber auch ein weitreichenderes emanzipatorisches Potential. Hinsichtlich des ersten Aspekts werden wir im Folgenden die kolonialen Spuren und sich hieraus ergebende Ausschlussmechanismen von *Citizenship* skizzieren. Darüber hinaus argumentieren wir, dass *Urban Citizenship* das Potential birgt über den liberalen Begriff von *Citizenship* als formellen Status hinauszugehen. Hier bringen wir den Begriff einer aufständischen Bürgerschaft ins Spiel, die als eine politische Praxis und Subjektivierung über bestehende Formen und Institutionen der Bürgerschaft hinausgehen kann.

Aus unserer Perspektive erfordert die Frage nach einer solidarischen Stadt und *Urban Citizenship* zunächst eine kritische Auseinandersetzung mit dem Städtischen und dem Gemeinsamen und dabei besonders dessen Verhältnis zu nationalen Ordnungen. Damit verbunden ist die Frage nach den Subjekten oder Adressat*innen des Urbanen, sowie nach den unterschiedlichen Ausgestaltungen des Lokalen, den darin wirkenden Zugehörigkeitsordnungen und nicht zuletzt den damit verbundenen unartikulierten Ausschlüssen. Um diesen Aspekt zu vertiefen, gehen wir im Folgenden auf Genealogien von Herrschaftsverhältnissen und den Begriff der kolonialen Hypothek vor dem Hintergrund von *Urban Citizenship* ein. Dabei geht es zunächst darum, sich kritisch mit unhinterfragten Kategorien wie dem Städtischen und dem Gemeinsamen auseinanderzusetzen sowie mit dessen Verhältnis zu nationalen Ordnungen. Wer ist eigentlich Adressat und Subjekt urbaner Zugehörigkeitsordnungen? In dekolonialen Studien spricht man in diesem Zusammenhang von epistemischen und anthropologischen Prämissen des Urbanen, sowie der Ausgestaltung des Lokalen. Diese gehen mit spezifischen Vorstellungen über Zugehörigkeit und Gemeinschaft einher. Eine postkoloniale Perspektive richtet den Blick auf jene macht- und herrschaftsdurchzogenen rassistischen Bedingungen, unter denen Prozesse der Vergemeinschaftung und Konstruktionen des Urbanen stattfinden und eröffnet den Blick auf die konfliktive Ausgestaltung des 'Gemeinsamen' im Kontext von Flucht und Migration (Braun

2017).³ Postkoloniale Perspektiven ermöglichen es, die Genealogien urbaner Zugehörigkeitsordnungen (Mecheril 2016) samt ihrer unartikulierten Ausschlüsse und Bedingtheiten in den Blick zu nehmen. Ein zentraler Bezugspunkt für die Frage urbaner *Citizenship* ist die Unterscheidung in 'okzidentale' und 'orientalische' Städte und Räume: Es geht darum, inwiefern im Städtischen auf konzeptioneller Ebene rassistische Strukturen implementiert und wirksam werden. Dies äußert sich konkret darin, wie städtischer Raum geplant, diskursiv hergestellt, segregiert und aufgeteilt wird (Zentrum – Peripherien, Ghettoisierungen, moralische Paniken, *No-Go-Areas*) und wie dementsprechend Teilhabedimensionen ein- oder ausgeschlossen werden. Zentral für dieses Organisationsprinzip des städtischen Raumes ist ein 'Okzidentalismus', der den globalen Westen als Sphäre des Fortschrittlichen, Rationalen und Zivilisierten entwirft (Mignolo 2007) und städtische Segregation kulturell begründet. Die 'okzidentale Stadt'⁴ bildet so das hegemoniale Modell für Ausschlüsse aus dem Urbanen, und somit das unartikulierte Gegenstück zur urbanen Zugehörigkeit.

Nicht nur das Urbane verweist dabei auf konstitutive Ausschlüsse. Wie zahlreiche Autor*innen arbeiten Manuela Boatca und Julia Roth die mit der Vergabe von Staatsbürgerrechten und *Citizenship* verbundenen historisch-genealogischen Denkmodelle (epistemischen Prämissen) und Ausschlussmechanismen heraus (Boatca/Roth 2016, vgl. auch Yuval-Davis 1999, Rajan 2013). Die Trägerschaft von Staatsbürgerrechten war nur männlichen, „aktiven" (steuerzahlenden) Bürgern zugeteilt, Frauen, Ausländer und

---

3   Grundthese einer dekolonialen Perspektive ist, dass koloniale Strukturen in globalen Ungleichheitsverhältnissen fortwirken. Diese basieren auf einer rassistischen und epistemischen Aufteilung von Welt und drücken sich immer noch in internationale Migrations-, Akkumulations- und Geschlechterregimen aus (Quijano 2000; Braun 2017).

4   Die 'ozidentale Stadt' (Boatca 2017) und erste Formen städtischer Bürgerrechte waren im Übergang vom Feudalismus zur demokratischen Gesellschaft eng mit dem Christentum verbunden (vgl. Isin 2003). Die okzidentale Stadt steht in einem engen Zusammenhang mit der 'orientalischen Stadt'. Während Ersterer ein demokratisches Potential zugeschrieben wird, in dem die Stadt als Gemeinschaft (*civitas*) und als Ort (*urbs*) unterschieden wird (Isin 2003: 313) wird die 'orientalische Stadt' als Bedrohung und Unterentwicklung konzipiert (Ha 2014).

Kinder wurden als 'passiv' verstanden, wobei Bildungsmaßnahmen zur Überwindung dieser 'Passivität' beitragen sollten (Boatca/Roth 2016: 194). Sklav*innen wurden als *pure flesh* behandelt. Dabei war die Vergabe von Rechten und Privilegien an die 'Fähigkeit' der 'Vernunft' gekoppelt (Chakrabarty 2000). Die Frage aber, wer als 'vernunftsbegabt' galt, folgte einem biologischen Determinismus, der auf rassischer und biologischer Überlegenheit sowie zivilisatorischer Reife basierte (vgl. Kapur 2000: 541). Mit diesem rassifizierten und vergeschlechtlichten Modell der Rechtevergabe kam es, so Ratna Kapur, zur widersprüchlichen Versöhnung der universellen Versprechen der Moderne wie Gleichheit, *Citizenship*, Menschenrechte mit sozialem, politischem und kulturellem Ausschluss.

Aus einer dekolonialen Perspektive wird somit deutlich, dass neben dem nationalen auch der städtische Raum nicht unproblematisch und vielfach rassifiziert und segregiert ist. Die Kämpfe, die in dieser fundamental widersprüchlichen Konstellation der Moderne um die Ausweitung der Rechtevergabe entbrannten, besaßen somit immer auch eine lokale Ebene (Bosniak 2000). Der 'Ort' der *Citizenship* ist aus einer dekolonialen Perspektive bedeutsam, denn er präzisiert, wo und unter welchen Umständen Zugehörigkeiten und Partizipationsmöglichkeiten entstehen und bestehen können. Auch hier lohnt ein kurzer Rückblick auf die Bedeutung des Urbanen, des öffentlichen Raumes und des Städtischen. Ein intrinsisches Merkmal des Ausschlusses von Frauen aus Staatsbürgerrechten war die Naturalisierung von Geschlecht und Verkörperung des Privaten, des Familiären und des Emotionalen (vgl. Yuval-Davis 1999; Boatca/Roth 2016: 195). Diese Abtrennung einer weiblichen Sphäre des Privaten war grundlegend für die Konstruktion des öffentlichen Raumes. Dieser wurde dann als „maskulin, rational, verantwortungsvoll und respektabel" (ebd.) konzipiert. Der städtische Raum als geplanter Raum und politische Arena für politische Partizipation folgt diesem Modell (vgl. Boatca 2017; Ha 2014; Isin 2003).

Zusammenfassend ist festzuhalten, dass Konzeptionen von *Citizenship* strukturell vor dem Horizont einer westlichen bürgerlichen Gesellschaft gedacht sind, und daher mit entsprechenden Ausschlüssen einhergehen. *Citizenship* ist zudem immer 'urban' in dem Sinne, als dass sie sich auf eine bürgerliche Stadtgesellschaft stützt. Gegenwärtige Bezüge auf *Urban Citizenship* können die damit einhergehenden Ausschlüsse zwar kritisieren, sie sind aber notwendigerweise in der entsprechenden Tradition verankert. Deren gegenwärtige Fortwirkung zeigt sich etwa, wenn etablierte Unterscheidungen von Privat und Öffentlich, staatliche Raumaufteilungen wie Stadtgrenzen oder ein ausschließlicher Bezug auf positives Recht nicht hinterfragt werden. Dennoch können unserer Meinung nach viele Wege gegangen werden, um sich schrittweise von dieser Tradition zu lösen. So beinhaltet der Begriff von *Citizenship* neben der kolonialen Hypothek auch ein emanzipatorisches Potential, auf das wir im Folgenden eingehen.

Citizenship ist in einem weiteren Verständnis mehr als ein den Subjekten durch den Staat zugewiesener Status (vgl. Bosniak 2000: 4f.; Isin 2008). Die Ambivalenz von *Citizenship* liegt darin, dass hierüber zwar einerseits Zugehörigkeit reguliert wird und in der Form nationaler Staatsbürgerschaft eine tiefgreifende globale Ungleichheit festgeschrieben und Ausschlüsse produziert werden. Andererseits aber sind *Citizenship* und die damit verbundenen bürgerlichen, sozialen und politischen Rechte, Ausdruck von emanzipatorischen Kämpfen, wie Étienne Balibar hervorhebt. Diese fortlaufenden Kämpfe um die Ausweitung von Rechten können als demokratisches Moment von unten beschrieben werden. *Citizens* sind dabei zugleich eine Subjektfigur staatlichen Regierens wie auch potentielle Subjekte der Rebellion gegen die Bedingungen, die es hervorgebracht haben (Balibar 2005).[5]

Ausgehend von dieser Doppeldeutigkeit unterscheidet Engin Isin zwischen „*active citizens*" und „*activist citizens*" (Isin 2008, 2009). Erstere nehmen an existierenden politischen und institutionellen Strukturen teil indem sie wählen, Steuern zahlen, Petitionen unterschreiben oder an sich an Planungsprozessen oder Gemeindebeiräten

---

5   Dieser Doppelcharakter von *Citizenship* zwischen Unterwerfung und Aufstand spiegelt sich zudem in den Subjekten selbst wider, die einerseits widerständige Haltungen entwickeln können, anderseits aber durch Machtverhältnisse geprägt und in diesem Sinne subjektiviert sind (vgl. Foucault 2005: 269, 70). Die Frage nach *Citizenship* als emanzipatorischem Bezugspunkt wird noch komplexer, wenn kulturelle sowie meritokratische Formen der Bürgerschaft in die Analyse einbezogen werden (Braun/Matthies 2017). Die Vergabe von Rechten wird hierbei ebenfalls jenseits der Staatsangehörigkeit begriffen, jedoch an die Performance von kultureller Zugehörigkeit und Leistungsfähigkeit gebunden. Diese Kriterien werden auch im deutschen Migrationsregime zunehmend bedeutsam, wenn zwischen 'guter' und 'schlechter' Migration unterschieden wird (vgl. Carstensen/Heimeshoff/Riedner 2018).

beteiligen. *Activist Citizens* dagegen nutzen nicht (oder nicht nur) die ihnen im politischen System zugestandenen Artikulationsmöglichkeiten, sondern stellen die bestehenden Status, Praktiken und Ordnungen infrage (Isin 2009: 384). Diese Praktiken brechen oftmals mit gerade den Regeln, die Menschen unterschiedliche Status von *Citizenship* zuweisen. Um mit diesem Begriff von aufständischer Bürgerschaft nicht nur sichtbare Momente des Aktivismus zu fassen, sondern darüber hinaus alltägliche Akte politischer Organisierung einzubeziehen, bietet sich ein breiterer Begriff „radikal egalitärer Bürgerschaft" an, wie er etwa in den Kämpfen migrantischer Jugendlicher aktualisiert wird (Schwiertz 2016). Im Rahmen dieser aktivistischen sowie alltagsbezogene Praktiken eignen sich Subjekte Rechte an, die ihnen qua bestehender Zugehörigkeitsordnungen (noch) nicht zustehen und fordern sie somit heraus. Gerade das Lokale bietet dabei Kontexte, in denen solche politischen Subjektivierungen der Bürgerschaft entstehen.

Wenn wir nun die hier aufgespannten theoretischen Fragen auf die eingangs vorgestellten Ansätze solidarischer Städte beziehen, lassen sich drei verschiedene Zugänge zu *Citizenship* unterscheiden: Erstens ist *Urban Citizenship* ein Status, der zum Beispiel im Rahmen der *Sanctuary-City*-Bewegung durch die Kommunalpolitik vergeben wird, wobei lokale Zugehörigkeitsordnungen sich von nationalen unterscheiden. Zweitens lässt sich *Urban Citizenship* als alltägliche Praxis der Solidarität fassen, die nicht notwendigerweise politisiert sein muss aber in ihrer Gesamtheit Netzwerke des Kollektiven webt. Drittens kann *Urban Citizenship* als eine demokratische Praxis von unten verstanden werden, welche bestehende politische Institutionen, Zugehörigkeitsordnungen und Strukturen hinterfragt.

Dieses Unterkapitel zusammenfassend halten wir fest, dass *Citizenship* ein hochgradig ambivalentes Konzept ist. Einerseits basiert es historisch auf der die europäische Moderne konstituierenden kolonialen und nationalen Weltordnung, wobei die darin angelegten rassistischen und sexistischen Denkmuster vielfach reproduziert werden. *Citizenship* ist daher zunächst eine Kategorie der Exklusion und eine Regierungstechnik, daran ändert auch der Bezug auf den urbanen Raum nichts. Anderseits ist *Citizenship* und der Einsatz für ein „Recht auf Rechte" (Arendt 2011) zugleich Ausgangs- wie auch Fluchtpunkt emanzipatorischer Bewegungen und politischer Praxen, die mit der herrschenden Ordnung brechen.

3. Herausforderungen des Nationalen: Neue Allianzen, Zugehörigkeiten und Beziehungsweisen

Das Städtische ist im Kontext des 'langen Sommers der Migration 2015' auf unterschiedlichen Ebenen zum Fixpunkt globaler Fluchtbewegungen und zum Resonanzraum (post-)kolonialer und globaler Konflikte geworden. In diesem Kontext kam es auch zur Entstehung neuer migrationspolitischer und karitativ motivierter Akteur*innen und Netzwerke, die sich für die Belange Geflüchteter einsetzen. Das Urbane wurde zum Ort der Solidarisierung, der Bereitstellung von Care-Infrastrukturen, aber auch der Politisierung von Helfer*innen und Ehrenamtlichen. In diesem Unterkapitel gehen wir auf die Möglichkeiten (und Grenzen) alternativer Praktiken und Zugehörigkeiten im Rahmen konkreter Initiativen für solidarische Städte ein.

Konkrete Initiativen solidarischer Städte sind im Idealfall nicht als zentrales Projekt 'vorgedacht', sondern ergeben sich aus den Lebenssituationen und Alltagsrealitäten der Leute. Die Ausgangslage ist, dass gelebte Lebensentwürfe, Kollektive und Praktiken oftmals nicht mit nationalstaatlichen Zugehörigkeitsordnungen zusammen passen und daher praktisch hinterfragt werden. *Urban Citizenship* ist in diesem Kontext nicht nur ein Konzept, sondern eine politische Praxis, in der sich auf der Ebene der Stadtteile neue Formen der Vergemeinschaftung, karitative Praktiken der Sorge, vor allem aber neue prekäre Entwürfe „transversaler Soziabilitäten" (Braun 2018) formieren. Durch diese Akte werden Konzepte wie das der „*imagined community*" (Anderson 1983) 'im Tun' mit Sinn erfüllt. Sie helfen uns, komplexe Prozesse der Vergemeinschaftung und deren intersektionale Bedingungen neu zu denken.

Die städtische und kommunale Ebene stellt auch im Sinne einer *political opportunity structure* einen wichtigen Einsatzpunkt dar. Denn während auf der nationalstaatlichen Ebene über Aufenthaltsstatus und Immigration entschieden wird, so wird über den Zugang zu vielen Rechten, die für das alltägliche Überleben notwendig sind (Wohnen, Bildung, Gesundheit), auf der lokalen Ebene entschieden.

Entgegen der gelebten Realität wurde die Bundesrepublik Deutschland bis zum Ende des 20. Jahrhunderts nicht als Einwanderungsland bezeichnet. Die politische Praxis auf der lokalen Ebene sah dagegen anders aus, denn migrantische Bewegungen und Selbstorganisationen brachten vielerorts Lokalregierungen dazu, ihre Forderungen nach sozialer Teilhabe und politischer Partizipation umzusetzen (Hess/ Lebuhn 2014). Aktuell beobachten wir allerdings, dass 'Diversität' die neue Modeerscheinung auf dem Feld der Kommunalpolitiken ist. Dies verweist auf die Gefahr, dass Forderungen 'von unten' durch staatliche Akteur*innen im Rahmen neoliberalen Stadtmarketings umgedeutet und vereinnahmt werden (ebd.; Rodatz 2014).

Wichtig für eine Einschätzung des politischen Terrains des Lokalen und Urbanen als Arena der Kämpfe um eine solidarische Stadt ist neben der Perspektive auf die spontane Humanität, Nachbarschaftlichkeit und organisierte Unterstützung auch der Blick auf ihre Ablehnung. Neben dem Rhizom mehr oder weniger organisierter lokaler pro-migrantischer Unterstützungsstrukturen ist deshalb auch auf ihre Gegner zu verweisen, die ebenfalls das Lokale zu politisieren suchen. Als Beispiel für Letztere können unter anderem jene Gruppen gelten, die als „Initiativen für erfolgreiche Integration" (IFI) in Hamburg in der Frage der Flüchtlingsunterbringung eine „Obergrenze im Inneren" favorisierten (Reichhold 2016). Daran wird deutlich, dass allein der Bezug auf die lokale Ebene nicht ausreicht. Die Stadt, der Stadtteil oder der Kiez kann viel eher auch als Stützpunkt des Nationalen fungieren und lokale Forderungen nach sozialen Rechten können bestehende Ordnungen stabilisieren und nationalistisch durchzogen sein. Die von diesen Initiativen häufig adressierte soziale Frage bildete zwar nicht in allen Fällen einen Vorwand für ihre *not-in-my-backyard*-Politik. Deutlich wurde jedoch die relative Unsichtbarkeit von Initiativen, die soziale Fragen wie die nach dem sozialen Wohnungsbau jenseits eines „national-sozialen" Projektes stellten (Balibar 2010: 32). Dies drückte sich unter anderem darin aus, dass die IFI in Hamburg mit Erfolg einen Volksentscheid auf den Weg brachte. Die Perspektive von Initiativen solidarischer Städte scheint, wie keine zweite, geeignet auf dem Terrain des Lokalen diesem Projekt ein eigenes gegen-hegemoniales Projekt entgegen zu setzen.

Auf dieser lokalen Ebene beobachten wir aktuell vielfältige Akteur*innen und Initiativen, die nicht auf eine abstrakte zukünftige Gewährleistung politischer und sozialer Rechte warten, sondern im Rahmen selbstorganisierter Strukturen Sorgearbeit leisten und Teilhabe ermöglichen (z.B. solidarische Wohnungsbörsen, Anti-Abschiebeproteste). Dabei handelt es sich um existentiell notwendige und sehr voraussetzungsvolle Arbeit für die zum Teil auch Expertise und Professionalität notwendig ist. Es stellt sich allerdings diesbezüglich die Frage nach dem Verhältnis zwischen selbstorganisierter Sorgearbeit und der staatlichen Gewährleistung sozialer Rechte. Am Ende entspricht auch eine solche individualisierende Verantwortungsübernahme neoliberalen Regierungstechniken der Aktivierung. Denn mit den Flucht- und Migrationsbewegungen von 2015 wurde nicht nur die Krise des europäischen Grenzregimes, sondern angesichts überforderter Kommunen auch eine Krise der Sozial- und Teilhabepolitik (van Dyk/Miesbach 2016) sichtbar, die mit der Auslagerung sozialstaatlicher Fürsorgetätigkeiten an außerstaatliche und insbesondere ehrenamtliche weibliche Akteur*innen einherging (vgl. auch Karakayali/Kleist 2016).

Solche spontanen und solidarischen Praktiken sind auch hinsichtlich des Subjektverständnisses von *Citizenship* relevant, denn den handelnden Akteur*innen privat organisierter Fürsorgearbeit stehen deren Empfänger*innen gegenüber. Während *Citizens* als Trägerinnen von Rechten ihre Ansprüche gegenüber Institutionen geltend machen können, ist es selbstorganisierten Zusammenschlüssen nicht möglich, einen flächendeckenden Zugang zu bestimmten 'Leistungen' zu gewähren. Sie generieren damit auch immer eigene Ausschlüsse.

Gerade für das Denken einer solidarischen Stadt, aber auch mit Formen des aktivistischen *place-making* und der Konstruktion kollektiver Zugehörigkeitsgefühle sind Diskussionen um ungleiche Machtressourcen und ungleiche Zukunftsperspektiven zentral. Sichtbar werden diese Ungleichheitsverhältnisse beispielsweise in paternalistischen Gesten und Haltungen von Aktivist*innen, spezifischen Repräsentationsformen von Geflüchteten, die diese als passive Objekte von Hilfe konstruieren, oder aber auch durch das Nicht-Anerkennen divergierender politischer Projekte und Verortungen. Kurz: Auf dem Spiel steht die Frage, wer sich als politisch handelnd definieren darf und wer nicht. Die Beziehung zwischen handelnden Akteur*innen und passiven Empfänger*innen der Sorgearbeit basiert auf der auch im Sinne (postkolonialer) Techniken des „*Othering*" (Spivak 2008) zu beschreibenden Spaltung zwischen *Citizens* und *Non-Citizens*. Konkrete Initiativen versuchen diese praktisch zu überwinden und (re-)produzieren sie dabei notwendigerweise (neu).

Dabei stellen sich auch auf einer repräsentationspolitischen Ebene Fragen hinsichtlich unterschiedlich situierter Subjektpositionen und Forderungen. Das oben beschriebene eurozentristische und bürgerliche Modell der Artikulation von Teilhabe und Repräsentation geht auch mit Ausschlüssen hinsichtlich subalterner Forderungen und Formen der Artikulation einher. Bestimmte Praktiken bürgerlicher politischer Artikulation werden hierbei anerkannt und gefördert (Bürgerinitiativen, Demonstrationen, Petitionen, Teilnahme an Integrationsbeiräten), andere eher subalterne Formen passen hier nicht so gut hinein ('pöbeln', 'randalieren', Besetzungen, Hungerstreik). Dies birgt eine gravierende Ungleichzeitigkeit der Repräsentation derer, die in westliche politische Artikulationsmodelle hinein 'passen' und denen, die dies nicht tun.

Auch die oben angerissene Diskussion um meritokratische Zugehörigkeitsordnungen hat Auswirkungen auf die Frage politischer Repräsentation. Integration und meritokratische Zugehörigkeit bieten sich als strategische Einsatzpunkte für die Forderung nach einem Bleiberecht und offenen Grenzen, und somit auch für eine *Urban Citizenship* an: Denn diejenigen, die da sind, leisten oftmals ohnehin bereits einen Beitrag zur Aufrechterhaltung der urbanen Gemeinschaft, zum Beispiel durch (prekäre) Lohn- und Sorgearbeit und Partizipation am öffentlichen und sozialen Leben dieser Gemeinschaft. Sie gelten als 'integriert', wenn sie (Lohn-)Arbeit und Schulbesuch leisten, Steuern und Sozialabgaben zahlen und auf vielfältige Weise darauf aufmerksam machen, dass ohne sie die Gemeinschaft der Stadt 'ärmer' wäre. Aus Sicht der Betroffenen ist diese Entwicklung hochgradig ambivalent, denn für Einige bietet sie Schlupflöcher und Pfade zur aufenthaltsrechtlichen, sozialen und politischen Anerkennung, für andere wiederum werden genau diese versperrt. Zur Gretchenfrage wird daher die Debatte um die Abschiebung von Straftäter*innen und 'Gefährdern'[6].

Was also als das Gemeinsame gilt – in diesem Falle das Urbane – ist ein höchst umkämpftes Feld. Zugehörigkeitsgefühle sind dann nicht nur als Emotionen, sondern auch als Politikformen (politischer Prozess) und Erfahrungen relevant.[7] „Transversale Politik" beinhal-

---

6 Letztere Subjektfigur ist hochgradig vergeschlechtlicht; von „Gefährderinnen" ist in öffentlichen Diskursen nur sehr selten die Rede.

7 Unter Zugehörigkeit oder „*Belonging*" versteht Yuval-Davis nicht nur den Konstruktionsprozess kollektiver und individueller Identität, sie hebt auch den damit verbundenen Prozess der Grenzziehung des Eigenen und Fremden, die damit verbundenen Techniken, Praktiken und Ideologien der Abgrenzung hervor (Yuval-Davis 2011: 6). Damit vertritt sie ein neues Politikverständnis, im Rahmen dessen die oben theoretisch diskutierte und der *Citizenship* inhärente Spaltung zwischen einer rationalen und einer emotionalen Sphäre sowie die

tet dann ein differenzpolitisches Projekt, das permanent kategoriale und kollektive Grenzen durchkreuzt, und auf einer Reziprozität des Vertrauens basiert: das 'Andere' wird darin dann gerade nicht als Objekt von Fürsorge (*Care*) oder Mitleid (*Compassion*) gesehen, sondern als potentielle Verbündete für politische Mobilisierungen (vgl. Braun 2017).

Ein Beispiel für Praktiken, anhand derer die 'herrschende Ordnung' im Sinne der Kämpfe um eine solidarische Stadt sichtbar werden, sind Proteste gegen Abschiebungen. Migrant*innen mit einem unsicheren Aufenthaltsstatus sind von einer permanenten Drohung mit Abschiebung betroffen. Dies äußert sich, Maren Kirchhoff, Sophie Hinger und Ricarda Wiese zufolge, in drei zentralen Aspekten von '*deportability*' (De Genova): Isolation, Unsicherheit und Unsichtbarkeit der Betroffenen und ihrer Anliegen (Kirchhoff et al. 2018). Proteste gegen Abschiebungen setzen dieser *deportability* vor allem Eines entgegen: eine kollektive Praxis, im Rahmen derer Isolation, Unsichtbarkeit und Unsicherheit partiell überwunden und exkludierende Zugehörigkeitsordnungen explizit infrage gestellt werden. Denn im Rahmen solcher Proteste argumentieren Aktivist*innen, dass Menschen nicht abgeschoben werden sollen, weil sie zu einer lokalen Gemeinschaft gehören, den Aufenthalt 'verdienen' oder, wie das Bündnis gegen Abschiebungen in Osnabrück argumentiert, weil jede*r das Recht haben sollte, seinen*ihren Wohnort selbst zu bestimmen (ebd.). Während die ersten beiden Argumentationen eher auf Einzelfälle abzielen, stellt Letzteres eine grundlegendere Kritik am Migrationsregime dar.

Insgesamt zeigt sich anhand der hier diskutierten Problemlagen und Ansatzpunkte solidarischer Städte, dass die grundlegende Ambivalenz des Konzepts von *Citizenship* sich auf diese auswirkt. In konkreten Praktiken wird die Ambivalenz allerdings produktiv und ermöglicht es, bei allen Schwierigkeiten, neue Zugehörigkeitsordnungen, Kollektive und Solidaritäten hervorzubringen.

4. Fallstricke

Wie andere Formen von Politik, die Praktiken im Hier und Jetzt mit der utopischen Vision einer gerechteren Gesellschaft verknüp-

---

Privilegierung des männlich dominierten 'öffentlichen' politischen Raumes offensiv hinterfragt wird.

fen, sind auch Initiativen für Solidarische Städte mit vielen Widersprüchen und Problemen konfrontiert. Im Folgenden spitzen wir daher die oben aufgeworfenen theoretischen Überlegungen auf die Frage zu, wo mögliche Grenzen und Probleme von *Urban Citizenship* und solidarischen Städten liegen. Diese haben wir entlang von sechs Fallstricken strukturiert. Dabei geht es uns nicht um eine Kritik bestehender Initiativen oder der Akteur*innen, die für diese eintreten. Viel eher wollen wir im Rahmen einer (selbst-)kritischen Debatte mögliche Probleme und übergeordnete Problemkonstellationen offenlegen, ohne fertige Lösungen zu präsentieren oder konkrete Handlungsanleitungen zu geben. Denn wie in anderen Feldern auch, können diese nicht am Schreibtisch, sondern nur in der politischen Praxis entwickelt werden.

(1) *Nationalismus in Deutschland:* In Deutschland treffen postnationale Konzepte von *Citizenship* auf spezifische Widerstände, da ethnischer Nationalismus hier besonders tief verankert ist. Unabhängig davon, was wir uns wünschen, müssen wir daher berücksichtigen, dass die Idee einer Gemeinschaft ohne Nationalismus im postfaschistischen Deutschland weniger an etablierte Gesellschaftsstrukturen anschließen kann, als dies in anderen Ländern der Fall ist. Daraus folgt, dass beispielsweise Konzepte aus Nordamerika nicht einfach auf den hiesigen Kontext übertragen werden können. Teilhabe ist hier besonders hierarchisch reguliert und exklusiv: nach wie vor sind Rechte stärker über kulturell-ethnische und weniger etwa über meritokratische, also leistungsbezogene Bürger*innenschaft zugeordnet. Nationale, post-koloniale und rassistische Strukturen können zudem auch innerhalb einer Bewegung für solidarische Städte fortwirken. Zwar können „strategische Essentialismen" (Spivak 1988) hilfreich sein, um bestimmte Kollektive innerhalb von Bewegungen zu stärken. Gerade Kategorien wie die der 'Geflüchteten' oder '*Non-Citizens*' laufen aber auch Gefahr, sich zu verfestigen.

(2) *Problematik begrenzter Gemeinschaften:* Nicht nur die Nationform, sondern auch Kollektive auf der subnationalen Ebene entwickeln problematische Ausschlüsse und Antagonismen. Es ist deutlich geworden, dass die Lokalebene nicht 'unschuldig' ist und die Gefahr einer zu weitgehenden Aufladung und Romantisierung der Stadt besteht. Gerade das Urbane ist von Hierarchien, Ungleichheiten und Ausschlüssen durchzogen. Die Lösung besteht daher nicht einfach darin, das Kollektiv zu 'verkleinern'. Auch auf der lokalen Ebene gibt es Prozesse der Gemeinschaftsbildung, die ebenfalls ausschließen-

de Wirkungen und einen Hass auf durch sie konstruierte 'Andere' hervorbringen können. Die den Konzepten von *Urban Citizenship* zugrundeliegenden Identitätskonstruktionen – unsere Stadt, unser Viertel – sowie Netzwerke und Bündnisse können daher nur strategisch sein und sollten stets versuchen, die ihrer Formierung zugrunde liegenden Ausschlüsse zu reflektieren. Um die politische Perspektive nicht auf die eigene Stadt zu beschränken und in einen Lokalismus zu verfallen, ist zudem die translokale und transnationale Vernetzung solidarischer Städte von großer Bedeutung.

(3) *Beschränkung auf das Urbane:* Der Fokus auf solidarische Städte und der Hype des Urbanen birgt die Gefahr, dass ländliche Regionen darüber vernachlässigt werden. Städte bieten sich als Feld für post-nationale Projekte einerseits an, da rund Dreiviertel der Bevölkerung in Europa in urbanen Räumen leben und Städte als Räume der Verdichtung alltäglicher Diversität durchaus als postmigrantische Räume verstanden werden können. Allerdings sind gerade Geflüchtete oft darauf angewiesen in Sammelunterkünften zu leben, die zumeist an Stadträndern und in ländlichen Regionen liegen. Gerade im ländlichen Raum finden zudem rechte Parteien Anklang – in ihrer Kombination sind diese beiden Gegebenheiten eine hochgradig beunruhigende und gefährliche Konstellation.

(4) *Ambivalenz des Neoliberalismus:* Neoliberale Strukturen bieten zwar zahlreiche Ansatzpunkte für ein post-nationales Projekt, sind aber an sich problematisch. So eröffnet der „progressive Neoliberalismus" (Fraser 2017) einerseits *de-facto* Gelegenheitsstrukturen für die Durchsetzung post-nationaler Rechte und Teilhabe (über Nützlichkeitsprinzip, 'Aktivierung' und Verwertung von Diversität) und kosmopolitisch-neoliberal geprägte Akteur*innen erscheinen gerade angesichts rechtspopulistischer Bedrohungen oftmals als potentielle Bündnispartner*innen. Allerdings negiert der Neoliberalismus soziale Rechte, die wie das Recht auf Gesundheitsversorgung oder kulturelle Teilhabe über den diskriminierungsfreien Zugang zum Markt hinausgehen und für vulnerable Gruppen wie Geflüchteten besondere Relevanz besitzen.

(5) *Verlässliche Gewährung von Rechten durch Institutionalisierung:* Wenn sich solidarische Städte nur im Rahmen von Bewegungen formieren, kann dies langfristig zu einer Prekarisierung von Rechten beitragen. Auch das Projekt einer solidarischen Stadt 'von unten' muss daher institutionalisiert werden. Dies insbesondere, um diejenigen nicht auszuschließen, die nicht die Fähigkeiten oder

Interessen haben politisch aktiv zu sein. Bewegung und Initiativen stehen vor der Herausforderung zu entscheiden, ob, wann und in welcher Form sie staatliches Handeln einfordern. Denn am Ende laufen solidarische Praktiken Gefahr, eine individualisierende Verantwortungsübernahme im Rahmen neoliberaler Regierungstechniken der Aktivierung zu befördern. Außerdem sind solidarische Netzwerke ebenfalls potentiell ausschließend, insofern sie Vertrauen und Beziehungsarbeit voraussetzen. Staatliche Institutionalisierungen können hierbei zugleich eine Entlastung wie auch eine Vereinnahmung von Bewegungen darstellen (z.B. Integrations- statt Sprachkurse). Solidarische Stadt muss daher eine Bewegung von unten bleiben.

(6) *Reproduktion liberaler und okzidentialistischer Konzepte:* Eine Beschränkung auf sichtbare Akte von *Citizenship* und Aktivismus reproduziert dominante Politikformen eurozentristischer Bürger*innenschaft sowie damit verbundene Ausschlüsse. Wie oben beschrieben ist in der Konstitution von *Citizenship* angelegt, dass sich in der Praxis Errungenschaften und Momente des 'tatsächlichen' Gehört-Werdens mit denen der Befriedung und Einhegung der Widerstände sowie der Produktion neuer Ausschlüsse überlagern. Für konkrete Bewegungen und Initiativen ist deren Bewertung dann eine (oftmals umstrittene) Interpretationsfrage. Zudem besteht die Gefahr, neue Hierarchisierungen und Ausschlüsse zu befördern, zum Beispiel entlang der Frage von Partizipation und Teilnahme am Aktivismus. Zu betonen ist allerdings, dass sich viele Initiativen derzeit an die schwierige Aufgabe machen, diese zu überwinden und dabei auch eigene normative Konzepte von Aktivismus und Partizipation infrage stellen.

Ausblick

Es geht uns in diesem Artikel darum, eine durch unterschiedliche theoretische Perspektiven informierte machtkritische Perspektive auf den Komplex der Solidarischen Städte und *Urban Citizenship* zu entwickeln. Dabei gehen wir davon aus, dass die beschriebenen Kämpfe nicht auf ein symbolisches Terrain beschränkt bleiben, sondern es tatsächlich 'um etwas geht'. Insgesamt bietet das Konzept der solidarischen Stadt ein Dach, unter welchem bereits existierende Forderungen und Initiativen zusammenkommen und sich neu formieren können. Es handelt sich allerdings weiterhin um ein inhaltlich eher unbestimmtes Konzept. Dieses kann daher nicht den Anspruch haben, Lösung oder verallgemeinerbare Strategie zu sein. Viel eher verstehen wir es als eine pragmatische Klammer und als politischen Horizont, der es ermöglicht, grundlegende Fragen der Solidarisierungen, Kämpfe um Rechte und Ressourcen zu re-artikulieren. Dabei fokussierten wir auf der Analyse der solidarischen Stadt und *Urban Citizenship* als Idee. Diese haben wir von verschiedenen Seiten kritisch beleuchtet: nicht, weil wir sie ablehnen, sondern gerade weil wir darin Potential für Veränderungen sehen, für die es sich zu kämpfen lohnt. Langfristig geht es aber weiterhin darum, Konzepte von *Citizenship*, Rechten und gesellschaftlicher Teilhabe zu entwickeln, beziehungsweise alternative Konzepte hierzu, die über den bürgerlichen Staat wie wir ihn kennen, hinausgehen.

Literatur

Arendt, Hannah (2011): Elemente und Ursprünge totaler Herrschaft. Antisemitismus, Imperialismus, totale Herrschaft. 14. Aufl. München.

Ataç, Ilker/Schilliger, Sarah (2017). Urban Citizenship – Stadt für alle. In: Stadtentwicklung und Stadtplanung Wien (Hg.): Gutes Leben für alle braucht eine andere Globalisierung. Herausforderungen und Gestaltungsräume für Städte und Regionen. Wien.

Bauder, Harald (2016): Possibilities of Urban Belonging. In: *Antipode* 48 (2), 252-271.

– (2017): Sanctuary Cities: Policies and Practices in International Perspective. In: *International Migration* 55 (2), 174-187.

Balibar, Étienne (2005): Sind wir Bürger Europas? Politische Integration, soziale Ausgrenzung und die Zukunft des Nationalen. Bonn.

Boatca, Manuela (2017): Modernity, Citizenship and Occidentalist Epistemology in Max Weber and Beyond. In: TRAFO. Blog for Transnational Research. Abrufbar unter https://trafo.hypotheses.org/7005 [8.10.2018].

Boatca, Manuela/Roth, Julia (2016): Staatsbürgerschaft, Gender und globale Ungleichheiten. In: *Feministische Studien* (2), 89-209.

Braun, Katherine (2018): Genderpolitiken im karitativen Räumen des Willkommens. In: Binder, Beate/Bischoff, Christine/Endter, Cordula/Hess, Sabine/Kienitz, Sabine: Care – Praktiken und Politiken der Fürsorge. Ethnographische und geschlechtertheoretische Perspektiven. Leverkusen, 276-301.

Braun, Katherine/Matthies, Robert (2017): Ökonomisierte Menschenrechte. Meritokratische Bürgerschaft am Beispiel des 'Genfer Wegs'. In: *movements. Journal für kritische Migrations- und Grenzregimeforschung*, 3 (1), 31-50.

Butler, Judith (2013): Psyche der Macht: das Subjekt der Unterwerfung. Frankfurt a.M.

Carstensen, Lisa/Heimeshoff, Lisa Marie/Riedner, Lisa (2018): Der Zwang zur Arbeit. Verwertungslogiken in den umkämpften Regimen der Anwerbe-, Flucht- und EU-Migration. In: *Sozial.Geschichte Online* 23, 235-269. Abrufbar unter https://duepublico.uni-duisburg-essen.de/servlets/DerivateServlet/Derivate-46215/08_Carstensen_et_al_Zwang_zur_Arbeit.pdf [8.10.2018].

Dieterich, Antje (2017): Urban Sanctuary: The Promise of Solidarity Cities. In: ROAR Magazine (6). Abrufbar unter https://roarmag.org/magazine/urban-sanctuary-solidarity-cities-refugees/ [8.10.2018].

Dietze, Gabriele (2016). Ethnosexismus. Sex-Mob Narrative um die Kölner Sylvesternacht. In: *movements* 2/2016, 177-185.

Foucault, Michel (2005): Subjekt und Macht. In: Ders.: Schriften in vier Bänden. Bd. 4. Frankfurt a.M., 269-294.

Fraser, Nancy (2017): Vom Regen des progressiven Neoliberalismus in die Traufe des reaktionären Populismus. In: Appadurai, Arjun et al.: Die große Regression. Eine internationale Debatte über die geistige Situation der Zeit. Frankfurt a.M., 77-92.

Heimeshoff, Lisa-Marie et al. (Hrsg.) (2014): Grenzregime II. Migration – Kontrolle – Wissen. Transnationale Perspektiven. Berlin.

Hess, Sabine/Lebuhn, Henrik (2014): Politiken der Bürgerschaft. Zur Forschungsdebatte um Migration, Stadt und citizenship. In: *sub\urban. zeitschrift für kritische stadtforschung* 2 (3).

Heuser, Helene (2017): Städte der Zuflucht. Abrufbar unter: https://fluechtlingsforschung.net/stadte-der-zuflucht/ [14.3.2019]

Hinger, Sophie/Kirchhoff, Maren/Wiese, Ricarda (2018): „We belong together!" Collective Anti-deportation Protests in Osnabrück. In: Rosenberger, Sieglinde/Stern, Verena/Merhaut, Nina (Hg.), Protest Movements in Asylum and Deportation. Springer, Cham, 163-184.

Isin, Engin F. (2008): Theorizing Acts of Citizenship. In: Isin, Engin F./Nielsen, Greg Marc (Hrsg.): Acts of citizenship. London. 15-43.

– (2009): Citizenship in flux. The figure of the activist citizen. In: *Subjectivity* (29), 367-388.

Köster-Eiserfunke, Anna/Reichhold, Clemens/Schwiertz, Helge (2014): Citizenship im Werden. Rechte, Habitus und Acts of Citizenship im Spiegel antirassistischer und migrantischer Kämpfe. In: Lisa-Marie Heimeshoff et al. (Hg.): Grenzregime II. Migration – Kontrolle – Wissen. Transnationale Perspektiven. Berlin, 177-196.

Kron, Stefanie (2017): Kämpfe um Urban Citizenship in Europa. Die Städte Europas als Laboratorien postmigrantischer Kämpfe um Demokratisierung. In: Martin Krenn/Katharina Morawek (Hg.): Urban Citizenship. Democratising Democracy. Wien, 64-88.

Laclau, Ernesto (2000): Structure, History and the Political. In: Butler, Judith/Laclau, Ernesto/Žižek, Slavoj (Hrsg.): Contingency, Hegemony, Universality. London, 182-212.

Lebuhn, Henrik (2017): Urban Citizenship. Zum Potential eines stadtpolitischen Konzepts. In: Martin Krenn und Katharina Morawek (Hg.): Urban Citizenship. Democratising Democracy. Wien, 26-63.

Marshall, Thomas H. (1992): Bürgerrechte und Soziale Klassen: zur Soziologie des Wohlfahrtstaates. Frankfurt a.M.

Mecheril, Paul (2016): Migrationspädagogik – ein Projekt. In: Ders.: Handbuch Migrationspädagogik. Weinheim/Basel, 8-18.

Odugbesan, Abimbola/Schwiertz, Helge (2018): „We are here to stay". Refugee Struggles in Germany between Unity and Division. In: Rosenberger, Sieglinde/Merhaut, Nina/Stern, Verena (Hg.): Protest Movements in Asylum and Deportation. New York, 185-203.

Paik, A. Naomi (2017): Abolitionist Futures and the US Sanctuary Movement. In: *Race & Class* 59 (2), 3-25.

Rajan, Sunder R. (2013): An Ethics of Postcolonial Citizenship: Lessons from Reading Women Writing in India'. In: *Journal of Historical Sociology* 26(1), 62-82.

Reichhold, Clemens (2016): „Nicht nur eine Frage der Unterbringung". In: *Analyse und Kritik* Nr. 616/2016, 16.

Ridgley, Jennifer (2008): Cities of Refuge. Immigration Enforcement, Police, and the Insurgent Genealogies of Citizenship in U.S. Sanctuary Cities. In: *Urban Geography* 29 (1), 53-77.

Rodatz, Mathias (2014): Migration ist in dieser Stadt eine Tatsache. Urban politics of citizenship in der neoliberalen Stadt. In: *sub\urban. zeitschrift für kritische stadtforschung* 2 (3).

Schiffauer, Werner/Eilert, Anne/Rudloff, Marlene (Hg.) (2017): So schaffen wir das – eine Zivilgesellschaft im Aufbruch. 90 wegweisende Projekte mit Geflüchteten. Bielefeld.

Schwiertz, Helge (2016): Transformations of the Undocumented Youth Movement and Radical Egalitarian Citizenship. In: *Citizenship Studies* 20 (6), 610-628.

Schwiertz, Helge/Ratfisch, Philipp (2017): Rassismus und anti-migrantische Bewegungen im deutsch-europäischen Migrationsregime. In: Hess, Sabine/Kasparek, Bernd/Kron, Stefanie/Rodatz, Mathias/Schwertl, Maria/Sontowski, Simon (Hrsg.): Der lange Sommer der Migration. Grenzregime III. Berlin, 151-162.

Spivak, Gayatri Chakravorty (2008): Can the subaltern speak? Postkolonialität und subalterne Artikulation. Wien.

– (1988): Subaltern Studies: Deconstructing Historiography. In: Guha, Ranajit/Spivak, Gayatri Chakravorty (Hg.) (1988): Selected Subaltern Studies. New York/Oxford, 3-35.

Stefanie Hürtgen

Konkurrenz und xenophobe Kulturalisierung im transnationalen Raum der Lohnarbeit[1]

Das Drama des Normalzustandes

Die grundlegende These meines Beitrages lautet: wenn wir uns über die rechts-autoritären Verortungen und Aktivitäten von Arbeiter*innen und Gewerkschafter*innen auseinandersetzen, dann kann das nur im Zusammenhang mit den herrschenden „normalen" sozialen Vergesellschaftungsformen erfolgen. Denn der völkisch-autoritäre Populismus (Häusler 2018) stellt gerade nicht das große Andere, den radikalen Gegenentwurf zum herrschenden Normalzustand dar, auch wenn er sich selbst so inszeniert – und umgekehrt von der sog. demokratischen Mehrheitsgesellschaft so konstruiert wird. Mit dieser These sollen der Angriff von AfD, Pegida und Co. auf den öffentlichen Raum und ihr Versuch der Verschiebung institutionalisierter liberal-demokratischer Normen in ihrer Bedeutung nicht negiert werden (arrangierte Tabubrüche und Brutalisierung des Diskurses, körperliche Angriffe auf Linke, Ausländer*innen und Journalist*innen, aggressive Besitznahme öffentlicher Foren, Denunziation der Gender-Problematik usw.). Allerdings darf die nötige Auseinandersetzung damit nicht den Blick auf eine mindestens ebenso dringend notwendige Analyse der *strukturellen* Verankerung xenophober Denk- und Handlungsweisen im gegenwärtigen Produktions- und Arbeitsre-

---

1 Der nachfolgende Text ist die grundlegende Erweiterung und Überarbeitung meines Vortrages „Exklusive Solidaritäten – Arbeit – Europäisierung" (https://www.youtube.com/watch?v=X5lDQ6N4kXE, 21.11.2018) auf der AkG-Tagung „Alltägliche Grenzziehungen" in Hamburg Anfang November 2017, der als ein Kommentar zu Klaus Dörres Vortrag „Exklusive Solidarität und die national-soziale Gefahr" angefragt gewesen war (https://www.youtube.com/watch?v=4v6lO7ZqNnI, 21.11.2018).

gime verstellen, *das heißt ihre Qualität als zuspitzende Reproduktion der herrschenden sozialen Formen.*[2]

Ohne eine solche analytische Verbindung von Rechtspopulismus und historisch konkreter Produktions-, Arbeits- und Lebensweise erfolgen zwei (zusammenhängende) fatale Kurzschlüsse: *Erstens* werden xenophob-autoritäre Muster auf eine Frage der „Einstellungen" (von Arbeiter*innen usw.) reduziert, als seien sie, wie eine unerklärliche Krankheit, losgelöst vom Rest der Gesellschaft, irgendwie in die Köpfe geraten, die „therapiert" werden müssen (mit Schulungen, Aufklärung über den deutschen Faschismus usw.), damit sie sich nicht ausbreiten. Die *zweite*, fast noch gefährlichere Verengung besteht darin, dass eine Analyse, die nicht nach *Strukturen* fragt, auch nicht nach *Subjekten* fragen kann. Beides gehört – in jeder materialistischen, nicht-objektivistischen Perspektive – unmittelbar zusammen. Ebenso wenig wie Subjekte aus dem gesellschaftlichen Off fallen sind sie pures Objekt der herrschenden Logiken und Strukturzusammenhänge. Als gesellschaftliche Wesen können (rechte wie linke) Subjekte gesellschaftliche Strukturzusammenhänge aber auch nicht einfach „überwinden", nicht aus ihnen heraustreten. Vielmehr stellt sich – historisch immer wieder neu – die Frage nach der widersprüchlichen (alltäglichen) Praxis und ihrer *Modifikation* oder auch *Transzendenz* des Vorgefundenen. A priori muss hier jede kritische Analyse *sowohl* nach regressiv-autoritären *wie auch* nach progressiv-solidarischen Ansätzen fragen, will sie nicht eine soziale Gruppe (Arbeiter*innen, Intellektuelle, Migrant*innen, Frauen usw.) a-historisch von vornhinein auf eine bestimmte gesellschaftliche politische Rolle festlegen.[3] Für alle Handlungsorientierungen braucht es Erklärungen und entsprechende analytische Werkzeuge,

---

2 Siehe für jüngere Studien zu autoritärem Neoliberalismus und Populismus z.B. Lindner 2007, Bruff 2014, Oberndorfer 2016, Demirović 2018. Hier wird ein Phasenmodell des Neoliberalismus, d.h. dessen autoritäre Zuspitzung und Verbindung mit dem völkischen Populismus vorgestellt. Sauer u.a. (2018) vertreten dagegen die prinzipielle Gegensätzlichkeit von Rechtspopulismus und Neoliberalismus. Dies allerdings um den Preis, dass sie das neoliberale Projekt stark in dessen ideologischem Selbstverständnis als „individuelles Befreiungsprojekt" (ebd.) zeichnen.

3 Bekanntes Beispiel ist die Rolle der Arbeiterklasse als Avantgarde im Traditionsmarxismus, wohingegen *Open Marxism*-Ansätze die Logiken von Ausbeutung, Profitoptimierung etc., die prinzipiell alle be-

die sowohl auf die Subjekte/Akteure wie ihre Bedingungen, die sozio-ökonomischen Strukturen und hegemonialen Diskurse abzielen, die sie einerseits vorfinden, andererseits verändernd reproduzieren.

Hier nun aber führt, wie ich im ersten Teil des Beitrages begründen werde, der von Klaus Dörre in mehreren Veröffentlichungen und Vorträgen vorangestellte Begriff der „national-sozialen Gefahr" in die Irre (Dörre 2016; ders. 2018; ders. u.a. 2018). Klaus Dörre und Kolleg*innen mögen es – gegen die jahrzehntelange offizielle Heile-Welt-Politik – als eine Notwendigkeit angesehen haben, einen expliziten Bezug zum deutschen Faschismus herzustellen, inklusive des in dieser Parallelisierung angelegten Moments des Erschreckens ob des gedanklichen Zusammen(Kurz-)Schlusses von „damals" und „heute". Entsprechend erfährt diese Zuspitzung einige Resonanz, wie nicht zuletzt der Titel der gesamten AkG-Tagung und auch dieser Session zeigt. Bei genauerer Betrachtung allerdings wird deutlich, dass die Formulierung von der „nationalen sozialen Gefahr" (künftig: NSG) die konkret historische Verfasstheit kapitalistischer Arbeits- und Vergesellschaftungsformen als Orte der Herausbildung rechtsautoritärer Positionen geradezu abschneidet – während sie umgekehrt die Positionen und Auseinandersetzungen auf Seiten der Arbeiter*innen begrifflich in *eine*, nämlich rechtsautoritäre, Richtung hin vereindeutigt. Diese Kritik bedeutet nicht, dass ich nicht in vielen Positionen mit Klaus Dörre und Kolleg*innen übereinstimme, insbesondere damit, die „gesellschaftliche Klassenvergessenheit" anzugehen. Die Behauptung einer NSG ist hier aber ein unnötiger Klotz am Bein, denn sie lenkt in ihrer politizistischen Zuspitzung ab von den herrschenden „normalen" Vergesellschaftungsformen und verstellt die Frage nach möglichen progressiven sozialen und organisatorischen Praxen.

National-sozial oder transnational-asozial? Entfesselte Konkurrenz und die Ethnisierung des Sozialen

Warum greift die NSG-Perspektive zu kurz? Die Begründung der NSG-Figur seitens der Autor*innen bezieht sich sowohl auf Sozialstrukturanalyse (wesentlich auf der Basis von Interviews) als auch auf politikwissenschaftliche Bestimmungen von Programm-

---

teiligten Gruppierungen durchziehen, herausarbeiten (vgl. Holloway 2010).

matiken seitens AfD, Pegida und Co. Der Bruch, oder auch die „Schockerfahrung", die Dörre und Kolleg*innen auf den Punkt bringen wollen, bestehe darin, dass die für sich keineswegs neuen rechten Orientierungen, auch von aktiven Gewerkschafter*innen, sich nun mit politischen Mobilisierungen für rechte Organisationen verbinden (Dörre u.a. 2018). Letztere betreiben eine „Nationalisierung der sozialen Frage" und mit ihnen die entsprechenden Arbeiter*innen und Gewerkschafter*innen.

Problematisch an dieser Feststellung ist, dass Dörre und Kolleg*innen hier mit kaum einem Wort auf die längstens *transnationalen* Produktions- und Arbeitsstrukturen des Gegenwartskapitalismus und seine politisch-institutionelle wie ideologische Formierung über aggressiven ökonomischen Standortnationalismus eingehen. Sie reflektieren zwar ausführlich die massiven Ungleichheits- und Ungerechtigkeitserfahrungen der von ihnen beforschten Arbeiter*innen, blenden aber den *transnationalen Raum der Lohnarbeit* und seine regressiv-konkurrenzielle Ausgestaltung durch nahezu alle politischen (und auch gewerkschaftlichen) Akteure aus. Es sind eben nicht nur die Rechten, die die soziale Frage nationalchauvinistisch und auch direkt rassistisch framen. Vielmehr besteht der (neoliberale) Gegenwartskapitalismus *strukturell* auf „exklusiven Solidaritäten", genauer gesagt: auf sozialer und Standortkonkurrenz – und dies auf allen sozialräumlichen Maßstabsebenen: von national über regional bis lokal-betrieblich. Auf all diesen *Scales* herrscht großer Druck, die jeweils „eigene" ökonomische Konkurrenzfähigkeit zu stärken, den jeweils eigenen Betrieb, Standort, die eigene Abteilung usw. zu „sichern" und entsprechend flexibler, kostengünstiger, mit weniger „starren" Arbeitsregulierungen usw. zu arbeiten. Standorte, Abteilungen, einzelne Arbeitsgruppen und Individuen werden – typischerweise über digitalisierte Normierung – in Permanenz *gegeneinander*, d.h. konkurrenziell verglichen. Qualität, Flexibilität, Termintreue oder auch Fehltage und „Sauberkeit am Arbeitsplatz" werden numerisch codiert, aufgerechnet und sind längstens selbstverständlicher Bestandteil einer autoritären digitalen Governance, die sich der „permanenten Optimierung" der Firmenposition auf den europäischen und globalen Märkten verschreibt. Der soziale Modus „permanenter Bewährung" (Boltanski/Chiapello), den auch Dörre u.a. 2018 ansprechen, d.h. die Erfahrung, dass kaum eine Arbeitsplatzposition als solche und in ihrer sozialen Ausgestaltung „sicher" ist, ist das Pendant zu einer entfesselten sozialen Konkurrenz, die von der Gegenüberstellung mit prekär Beschäftigten im eigenen Betrieb, in der eigene Produktionslinie usw. – wie auch mit Arbeiter*innen anderer Länder und Kontinente reicht (Hürtgen 2008; dies. u.a. 2009). Und „Gegenüberstellung" ist hier wörtlich zu nehmen: Visualisierung von Kundenzufriedenheiten und permanenten Soll-Ist-Abgleichen in den Arbeits- und Produktionshallen, transnationale Ausschreibungen für Produktionsaufträge mit vorgegebenen Maßzahlen in Sachen Flexibilität, Qualität usw. (Benchmarks) und offensive Kommunikation „kostengünstigerer" Möglichkeiten sind nur ein Teil des gängigen Governance-Repertoires. Resultat für die diesen Verhältnissen unterworfenen Subjekte ist eine strukturelle Verunsicherung ihrer Arbeits- und wesentlich davon abhängigen Lebensverhältnisse. (Hürtgen 2008a)

„Objektiv" sind diese Bedingungen insofern, als dass Arbeiter*innen aus dieser seit Jahrzehnten auch politisch vorangetriebenen sozialen Konkurrenz nicht einfach per Beschluss „raus" kommen, weil sie in der Regel von ihrem Lohneinkommen basal abhängig sind. Die „Verteidigung" des eigenen Standortes usw. ist also nicht, wie vom linksakademischen Milieu oftmals unterstellt, schlichtweg eine Frage der falschen Einstellung. Dies umso mehr, als dass ihre Interessensorganisationen, die Gewerkschaften, die soziale Fragmentierung von Lohnarbeit zwar kritisieren, sie oft aber nur halbherzig bekämpfen oder sich auch direkt an ihrer Ausgestaltung beteiligen. Denn das Ziel, Konkurrenzfähigkeit und Exportstärke zu halten bzw. zu erringen, wird (um der Arbeitsplätze willen) verbreitet geteilt. Die Folge ist eine „fraktale Gewerkschaftspolitik" (Dörre 2011), die die konkurrenzielle Aufspaltung von Lohnabhängigen, sei es nationalistisch zwischen Deutschland und bspw. Griechenland, sei es zwischen „fest" und „prekär" Beschäftigten, zwar verbal verurteilt, nicht aber grundlegend angreift.

Hier zeigt sich bereits: die vielfache, multi-skalare Konkurrenz ist weder pure „Einstellungssache", sie ist aber auch nicht einfach ein ökonomischer Tatbestand, der sich als Objektivismus quasi naturhaft durchsetzt. Sie wurde und wird vielmehr auch *politisch* konstituiert und zwar sowohl *staatspolitisch*, entlang spezifischer diskursiver und institutioneller Formen, wie auch *alltagspolitisch*, in der sozialen Form der Ausrichtung des tag-täglichen Handelns von Arbeiter*innen und Gewerkschafter*innen.

Sie wird dabei *inhaltlich* auf eine Weise *geframed*, die Christoph Butterwegge (2007) als *Ethnisierung des Sozialen* bezeichnet; ich nenne es die *xenophobe Kulturalisierung* sozialer Beziehungen (Hürtgen 2008; dies. 2014). Das immer dramatischere soziale Auseinanderdriften *erscheint als Resultat von stereotypisierten, sog. „kulturellen Eigenschaften"* sozialer Gruppen, Länder usw., denen eine entsprechende kulturelle Über- bzw. Unterlegenheit attestiert wird (Harvey 2007, 104ff.; vgl. auch Hall 1985).

Wie das staats- und öffentlichkeitspolitisch funktioniert, konnten wir jüngst wieder während der sog. Griechenlandkrise erleben (vgl. zum Folgenden RLS 2011; Lapavitsas u.a. 2010; Hadjimichalis 2018; Link 2018, 218ff.). Es war beileibe nicht nur die Bild-Zeitung, die gegen die „faulen" und „Pleitegriechen" hetzte, vielmehr gehörte es ebenso zum „seriösen" staatspolitischen Ton, auf die „andersartige" deutsche Arbeitskultur zu verweisen. Die „schwäbische Hausfrau", die Kanzlerin Merkel ins Feld führte, steht hier für eine fleißige, redliche, saubere, disziplinierte *und also erfolgreiche* Arbeits- und Wirtschaftsweise (derer „die Griechen" offenbar nicht fähig sind). Hier wird nicht nur die soziale Barbarei der autoritären Austerity-Politik als gesellschaftliche Problemstellung vom Tisch gefegt, sondern auch der ökonomische, *konkurrenzielle Zusammenhang* der „Griechenlandpleite" zur globalen und europäischen Wirtschaftsordnung, insbesondere der auf Marktverdrängung und anhaltenden Exportstärke ausgerichteten deutschen Wirtschaftspolitik, diskursiv *ent-nannt*. Stattdessen wurde und wird ein Volk der „deutschen Steuerzahler" konstruiert, das angesichts seiner Großzügigkeit auch berechtigt ist, von seinem Schuldner mehr „Fleiß" und „Anstrengungen" zu erwarten.

Dieses Beispiel zeigt: Völkisch-kulturalistische Topoi sind *inhärenter Bestandteil* des herrschenden Neoliberalismus, der sich zwar gern als weltoffen inszeniert, aber als politisch-ideologische Absicherung des nationalen Wettbewerbsstaates *systematisch* autoritär-populistische, nationalistische und rassistisch unterfütterte Formierung betreibt (vgl. Hirsch 1995). In seiner konkret-historischen Form beinhaltet der autoritäre Populismus einen spezifischen *Arbeitsbegriff*, der die jeweilige Über- bzw. Unterlegenheit „erklären" soll. Völkisch-autoritärer Populismus ist in diesem Sinne eine (auch staatspolitisch) *herrschende* sozial-ideologische Form. Er ist das *Pendant* einer zum Motor gesellschaftlicher Entwicklung erhobenen polit-ökonomisch konkurrenziellen Selektion und ihrer zum „Sachzwang" und „Normalzustand" erklärten (a-)sozialen Folgen. Sieg und Niederlage in den permanenten „Ausscheidungskämpfen"

(Sighard Neckel) werden als Folge *vorgesellschaftlicher*, von den sozialen Zusammenhängen abgelöster Kultur-Eigenarten interpretiert – und damit die sozio-ökonomischen Strukturzusammenhänge und ihre Folgen *naturalisiert*.

Dieser Befund ist auch in Bezug auf Dörre und Kolleg*innen wichtig, weil diese weitgehend ausblenden, dass sich die rechtsautoritären Positionen in die herrschende gesellschaftliche Logik *einschreiben*. Letztere sind eben nicht, wie es das Bild der „Schockerfahrung" und die auf den historischen Faschismus anspielende NSG-Formulierung nahelegen, das gesellschaftliche Andere, der Bruch – dem dann „die" Demokratie oder auch „die" Gewerkschaften gegenüberstehen[4]. Aber wie Christoph Butterwegge (2008: 19) richtig schreibt: „Es geht [...] beim Rechtsextremismus nicht etwa um eine Negation, sondern gerade um die – manchmal bis zur letzten, tödlichen Konsequenz getriebene – Realisation herrschender Normen". Bei Dörre und Kolleg*innen wird dieser *Zusammenhang* von hegemonialen sozialen Formen und völkisch-autoritärem Populismus der Individuen-Subjekte nicht weiter analysiert. Das zeigt sich nicht zuletzt an der wiederholten Formulierung, die unter permanentem Bewährungsdruck stehenden Beschäftigten neigten „spontan" dazu, „Schwächere" im Leistungskampf abzuwerten (vgl. z.B.

---

4 Zu dieser durchaus befremdlichen Gegenüberstellung von „der" Demokratie und „der" NSG gehört auch die Behauptung in Dörre u.a. 2018, Klassen- und gewerkschaftliche Politik seien „ihrer inneren Logik nach universalistisch". Aber auch wenn sich beispielsweise die Mehrheitsfraktion der IG Metall in der „Griechenlandkrise" verbal zurückgehalten hat, so betreibt sie nach wie vor eine völlig rückwärtsgewandte, auf Konkurrenz- und Exportüberlegenheit ausgerichtete spaltende Standortpolitik, die nicht nur eine wirksamere Solidarität mit Griechenland, sondern lange davor auch eine ernsthafte europäische Koordinierung von Lohnverhandlungen verhinderte (vgl. Bieling/Schulten 2001). Richtig ist, dass – abgesehen von einer Episode der IG BAU in den 1990er Jahren – die deutschen Gewerkschaften keinen rassistischen Diskurs fahren (was allerdings wichtig ist). Aber sie sind in ihrer Gesamtheit *Bestandteil* der nationalstaatlichen Wettbewerbsformierung und damit eines „hilflosen Antifaschismus" (WF Haug), der rechtsradikale Positionen zurückweist, ohne sie mit der herrschenden Normalität in Beziehung setzen zu können, was bspw. heißen würde, auf konkurrenzielle Überlegenheit abzielende Politik grundsätzlich in Frage zu stellen.

Dörre 2016, 267f.)⁵. Nichts ist falscher als das! Keine soziale Gruppe, auch nicht Arbeiter*innen, sind „spontan" sozial abwertend oder rassistisch, sondern sie agieren in herrschenden sozial-institutionellen Formen, die sie aktiv reproduzieren – und unter zu bestimmenden Umständen eskalieren. Gegen ihre eigene Intention, die auf sozial- und gesellschaftspolitische Veränderung zielt, verlagern Dörre und Kolleg*innen aufgrund ihrer *theoretischen Absehung* einen Großteil der Problematik „in die Köpfe" von Arbeiter*innen. Trotz ausführlicher Analyse von sozialen Verwerfungen, Stigmatisierungs- und Ungerechtigkeitserfahrungen bleibt so am Ende unklar, *warum* die davon betroffenen Arbeiter*innen xenophob-rassistisch, autoritär-populistisch usw. agieren.

Eine Analyse, die die transnational-repressiven Vergesellschaftungsformen einbezieht, kommt zu einem anderen Schluss: *Das Drama ist nicht der Aufstieg der Rechten, sondern der Aufstieg der Rechten ist Teil des Dramas.* Gesellschaftlich betrachtet liegt die Gefahr nicht „bei ihnen", sondern „bei uns", in der alltäglichen autoritären Dehumanisierung, an die der rechte Populismus direkt anschließen kann. *Neoliberale „Naturgesetze" des Gewinnens und Verlierens und völkische oder anderweitig gruppenbezogene Menschenfeindlichkeit sind keine Gegensätze, sondern ergänzen und bestärken sich* – und das schon lange vor AfD und Pegida (vgl. Hall 1985). Sie sind die dunkle Seite der sich selbst als aufgeklärt-liberal verstehenden Mehrheitsgesellschaft, geradezu konstitutiver *Bestandteil* des neoliberal-repressiven Entwicklungsmodells – und kein Produkt eines singulär zu untersuchenden Einstellungswandels von Arbeiter*innen. Dies gerät aus dem Blick, wenn „die Gefahr" konzeptionell auf Rechtsaußen und eine völkisch-soziale Anspruchshaltung reduziert wird.

Doing Fragmentation

Mit diesem Befund werden die Akteure nicht „entschuldigt", im Gegenteil: Wie jede strukturell-hegemoniale Form existiert auch die xenophobe Kulturalisierung nur in ihrer auch alltäglichen, subjektiven Reproduktion. Das alltagspraktische aktive Zutun, das *doing fragmentation* von Lohnabhängigen als sozialen

---

5 In Dörre 2018, 126 wird dieser Gedanke als das „Klassenunbewusste" dargestellt – ein quasi *vor-politischer* Reflex, der erst über gewerkschaftliche Politisierung überwunden werden könne.

Akteur*innen, ist *Bestandteil* dessen, was wir dann verdichtet als sexistische, rassistische, sozialdarwinistische usw. Logiken und Strukturen kapitalistischer Vergesellschaftung identifizieren.

Auch hier ist vorab eine Bemerkung zu Dörre und Kolleg*innen nötig, denn diese spielen wichtige bisherige Analysen leider deutlich herunter: Es ist eben nicht neu, wie sie behaupten, dass sich auch aktive, organisierende Gewerkschafter*innen klar rechtsextrem verorten. Als Beispiel sei hier die bei Dörre u.a. 2018 nur kurz erwähnte und argumentativ „einverleibte" große empirische Studie von Bodo Zeuner u.a. (2007) genannt, die eine Repräsentativbefragung von je 2000 Gewerkschaftsmitgliedern und Nicht-Mitgliedern sowie Gruppendiskussionen mit 53 Betriebsratsmitgliedern und Gewerkschaftsfunktionären umfasste. Sie hatte ergeben, dass rechtsextreme Einstellungen unter Gewerkschafter*innen genauso weit verbreitet waren wie unter Nichtmitgliedern (19 bzw. 20 Prozent), und sie hatte damals schon thematisiert, was auch Dörre und Kolleg*innen umtreibt, nämlich dass *aktive* Gewerkschafter*innen ihre „Schutzbedürfnisse nur durch eine nationalistische und ethnozentrische Politik gewährleistet" sahen, so Richard Stöss (2017, 41) in einer aktuellen Zusammenfassung ihrer Analysen (vgl. auch Zoll 1984).

Ich möchte diesen Befund mit eigenen Forschungsergebnissen illustrieren und weiter vertiefen (Hürtgen 2008; dies. u.a. 2009, 220ff.; dies. 2014). Ich bin über Interviews immer wieder auf die alltagsweltliche Figur der arbeitsbezogenen xenophoben Kulturalisierung auch auf Seiten von aktiven Gewerkschafter*innen verwiesen worden. Sie hat im arbeits- und gewerkschaftspolitischen Alltag systematischen Stellenwert, denn sie reflektiert und (re-)produziert in regressiv-xenophober Weise die oben geschilderte transnational-entfesselte Konkurrenz. Die Interviews zeigen dabei in besonderem Maße, wie das Stereotyp der kulturellen Unreife und Unfähigkeit für moderne, weltmarktbezogene Arbeit in xenophober Weise herangezogen wird, um die kapitalseitige Zuwendung (in Form von Investitionen usw.) „auf uns" gegenüber den Konkurrenten argumentativ zu untermauern. Es ist gang und gäbe, von den Beschäftigten anderer *Länder, Regionen und Standorte* als den „Bärenfängern im Wald" zu sprechen, die man nun an die modernen Produktionsanlagen stellt, von ihrer Unfähigkeit, „diszipliniert" zu arbeiten, von Menschen, die mit „Hirtenstöcken" zur Arbeit kämen und die Maschinen kaputt machten und ähnliches. Allerdings ist dieses xenophobe Stereotyp von der kulturellen Unfähigkeit zu harter und moderner Arbeit nicht im einfachen Sinne „nationalistisch", denn es wird ebenso gegenüber lokalen Arbeitslosen bzw. prekär Beschäftigten eingesetzt. Xenophobe Kulturalisierung ist, mit anderen Worten, selbst multi-skalar.

Ein Beispiel ist der Betriebsrat eines Automobilstandortes, der IG Metaller und Euro-Betriebsratsmitglied ist. Er betont im gesamten Interview die hohe „Qualität", die die Beschäftigten in Deutschland insgesamt und speziell in seinem (ostdeutschen) Standort leisten. Sie seien flexibler, fleißiger, disziplinierter als die Standorte in anderen Ländern und auch die in Westdeutschland. Gegenüber den im Betrieb tätigen, mit Fördergeldern eingestellten Arbeitslosen äußert er sich ablehnend skeptisch („mit Drei von Vieren wird das nix mehr"), da sie den hohen Anforderungen nicht genügten. An einer Stelle spricht dieser Interviewpartner die Hoffnung aus, dass dieses bei ihnen vorherrschende, „kulturell" höhere Arbeitsniveau in der permanenten Standortkonkurrenz einen Vorteil bringen könnte, im konkreten Fall gegenüber den Kolleg*innen am britischen Standort. Um die Argumentation nachvollziehbar zu machen, hier ein längerer Ausschnitt:

> „Aber ich habe ja die britischen Betriebe auch gesehen. Analphabeten zum Teil, noch Ungelernte und eben ein ganz anderer Menschenschlag, der auch ein wesentlich einfacheres Arbeitsumfeld hat. Es ist schon deshalb erkennbar, dass die dort anders sind, es ist wesentlich schwieriger, dort Disziplin zu erreichen. Also Ordnung und Sauberkeit am Arbeitsplatz, oder die Identifikation mit der Arbeit, das ist halt einfach anders dort. [...] Wir hoffen, in Anführungsstrichen, dass wenn [das Unternehmen] weiter unter wirtschaftlichen Schwierigkeiten steht, dass das am Ende [das Unternehmen] bewegen wird, wenn es denn dazu kommen sollte, dass irgendwann Werke geschlossen werden müssen, dass man zuerst darauf kommt, in Großbritannien das zu tun. Weil die Belegschaften dort einfach nicht das Ausbildungs- und Qualifikationsniveau und Identifikationsniveau der deutschen Werke [...] haben. Das ist mit Sicherheit ein ganz anderer Menschenschlag!" (Zit. n. Hürtgen 2008, 220).

Die Frage nach der Emanzipation und die Perspektive universeller Sozialbürgerschaft

Was bedeutet nun der Befund entfesselter transnationaler sozioökonomischer Konkurrenz und ihre politisch-institutionelle wie subjektive Strukturierung entlang der *arbeitsbezogenen xenophoben Kulturalisierung* für die Frage nach widerständigen, progressiven Ansätzen? Wie oben festgestellt, muss es ja immer auch darum gehen, diese nicht aus dem Blick zu verlieren (was der NSG-Begriff erschwert, weil er eher vereindeutigt als nach Widersprüchlichem zu fragen).

Auch für die Betrachtung der progressiven Perspektive ist der Arbeitsbegriff zentral. Denn der regressive-autoritäre und xenophobe Bezug auf die eigene „überlegene" Arbeitsfähigkeit hat auch eine progressive, für die Arbeiter*innenbewegung immens wichtige Kehrseite. Es ist der Bezug auf Arbeit als inhaltlich sinnvoller, gesellschaftlich nützlicher Tätigkeit, die zu einem guten gesellschaftlichen Leben für alle beitragen will und die eine (xenophob-hierarchische) Abstufung unterschiedlicher (Arbeits-)Kulturen im Grundsatz ablehnt (vgl. Hürtgen 2008; dies. 2018). Diese Position ist – ebenso wie die regressive – keine allgemeine Maxime, sondern eine in die Praxis eingelassene Handlungsorientierung, die sich in vielerlei kleineren und größeren solidarischen Gesten gegenüber Kolleg*innen manifestiert, darunter wie selbstverständlich auch solchen, die schwul, ausländisch oder sonstwie „anders" sind. Dieses universalistische Moment war immer *auch* Bestandteil der Arbeiterbewegung, oftmals an den Rand gedrängt nicht nur von den Unternehmen, sondern auch von den in die Staatsapparate eingebundenen Gewerkschaften, die beispielsweise transnationale Basis-Organisationsansätze lange Zeit bekämpften bzw. immer noch bekämpfen. Mit Karl Heinz Roth können wir es als „die andere Arbeiterbewegung" oder mit Peter Waterman als den „Social Movement Unionism" bezeichnen. Es speist sich aus einer *Zurückweisung* der Reduktion von Lohnabhängigkeit auf die Rolle der profitgenerierenden Arbeitskraft und beruft sich auf eine moralische Ökonomie, die zweierlei beinhaltet: Erstens: „alle", die arbeiten, sind diejenigen, die unser materiales, gesellschaftliches Leben überhaupt hervorbringen. Das legitimiert nicht nur Forderungen nach sozialen, sondern auch nach politischen Rechten. Arbeiter*innen sind hier legitimerweise politisch gestaltende Sozialbürger*innen (vgl. Castel 2011)[6]. Zweitens sind in diesem normativ strukturierten Verständnis alle Arbeiter*innen

---

[6] Aus Platzgründen kann hier leider nicht darauf eingegangen werden, dass diese inhaltliche Bestimmung des Lohnarbeitsbegriffs anschlussfähig ist an feministische Perspektiven und Forderungen einer Erweiterung des Arbeitsbegriffs über die „Produktionssphäre" hinaus (Littig 2001).

vor allem „Menschen", haben sie eine Art Grundrecht auf soziale Zugehörigkeit, und ihnen muss individuell wie gesellschaftlich mit Respekt begegnet werden (ausführlich: Hürtgen/Voswinkel 2014).

Von linken Diskussionen bislang wenig zur Kenntnis genommen gerät dieses universalistische Moment bereits seit geraumer Zeit unter Druck. Dies nicht nur aufgrund der o.a. entfesselten Konkurrenz-Dynamiken als solchen, sondern vor allem, weil eine politisch-institutionelle Verallgemeinerung, eine politisch übergreifende soziale Form fehlt, in das sich dieses progressiv-universalistische Alltagshandeln einschreiben kann. Die Herausforderung besteht darin, ein gegen-hegemoniales Projekt zu formulieren, das Universalismus und Anti-Rassismus nicht nur als grundsätzliche Einstellung *behauptet*, sondern diese Position mit den immensen praktischen Herausforderungen entfesselter transnationaler sozialer Konkurrenz auseinandersetzt.

Literatur

Bieling, Hans Jürgen/Thorsten Schulten (2001): Competitive Restructuring and Industrial Relations within the European Union. Corporatist Involvement and Beyond? Düsseldorf.

Butterwegge, Christoph (2008): Definition, Einfallstore und Handlungsfelder des Rechtspopulismus. In: Ders./Gudrun Hentges (Hrsg.): Rechtspopulismus, Arbeitswelt und Armut. Befunde aus Deutschland, Österreich und der Schweiz. Opladen.

– (2007): Normalisierung der Differenz oder Ethnisierung der sozialen Beziehungen? In: Bukow, Wolf-Dietrich u.a. (Hg.): Was heißt hier Parallelgesellschaft? Zum Umgang mit Differenzen. Wiesbaden, 65-80.

Bruff, Ian (2014): The Rise of Authoritarian Neoliberalism. In: *Rethinking Marxism* 26(1), 113-129.

Castel, Robert (2008): Die Metamorphosen der sozialen Frage. Konstanz.

Demirović, Alex (2018): Autoritärer Populismus als neoliberale Krisenbewältigungsstrategie. In: *Prokla* 190, 27-42.

Dörre, Klaus (2011): Funktionswandel von Gewerkschaften. Von der intermediären zur fraktalen Organisation. In: Haipeter, Thomas/Dörre, Klaus (Hrsg.): Gewerkschaftliche Modernisierung. Wiesbaden, 267-298.

– (2016): Die national-soziale Gefahr. Pegida, Neue Rechte u der Verteilungskonflikt – sechs Thesen. In: Karl-Siegbert Rehberg u.a. (Hg.): PEGIDA – Rechtspopulismus zwischen Fremdenangst und „Wende"-Enttäuschung? Analysen im Überblick. Bielefeld, 259-274.

– (2018): Demokratische Klassenpolitik – eine Antwort auf den Rechtspopulismus. In Christoph Butterwegge u.a. (Hrsg.): Auf dem Weg in andere Republik? Weinheim/Basel, 120-141.

Dörre, Klaus u.a. (2018): Arbeiterbewegung von rechts? Motive und Grenzen einer imaginären Revolte? In: Berliner Journal für Soziologie. URL: https://link.springer.com/content/pdf/10.1007%2Fs11609-018-0352-z.pdf

Hadjimichalis, Costis (2018): Crisis Spaces. Structures, Struggles and Solidarity in Southern Europe. London.

Hall, Stuart (1985): Authoritarian Populism: A Reply to Jessop et al. In: *New Left Review* 151, 115-122.

Harvey, David (2007): Kleine Geschichte des Neoliberalismus. Zürich.

Häusler, Alexander (2018): Völkisch-autoritärer Populismus. Der Rechtsruck in Deutschland und die AfD. Hamburg.

Holloway, John (2010): Kapitalismus aufbrechen. Münster.

Hürtgen, Stefanie (2008). Transnationales Co-Management. Betriebliche Politik in der globalen Konkurrenz. Münster.

– (2008a): Prekarität als Normalität. Von der Festanstellung zur permanenten Erwerbsunsicherheit. In: *Blätter für deutsche und internationale Politik* 53 (4), 113-119.

– (2014): Labour as a transnational actor, and labour's national and cultural diversity as an important frame of today's transnationality. In: *Capital & Class* 38 (1), 211-238.

– (2018): Arbeitssubjekt und gesellschaftliche Handlungsfähigkeit. In: *spw* 227, 53-58.

Hürtgen, Stefanie u.a. (2009): Von Silicon Valley nach Shenzhen. Globale Produktion und Arbeit in der IT-Industrie. Hamburg.

Hürtgen, Stefanie/Stephan Voswinkel (2014): Nichtnormale Normalität? Anspruchslogiken aus der Arbeitnehmermitte. Berlin.

Lapavitsas, Costas u.a. (2010): Eurozone Crisis: Beggar Thyself and thy Neigbour. In: *Journal of Balkan and Near Eastern Studies* 12 (4), 321-373.

Lindner, Kolja (2007): Soziale Bewegung und autoritärer Populismus. Proteste und Präsidentschaftswahlen in Frankreich. In: *Prokla* 148, 459-479.

Link, Jürgen (2018): Normale Krisen? Normalismus und die Krise der Gegenwart. Konstanz.

Littig, Beate (2001): Feminist Perspectives on Environment and Society. London.

Oberndorfer, Lukas (2016): Europa und Frankreich im Ausnahmezustand? Die autoritäre Durchsetzung des Wettbewerbs. In: *Prokla* 185, 561-581.

RLS (Rosa Luxemburg Stiftung) (2011): „Verkauft doch Eure Inseln, ihr Pleite-Griechen!" 20 beliebte Irrtürmer in der Schuldenkrise. 2.

aktual. Fassg. URL: https://www.rosalux.de/publikation/id/5086/verkauft-doch-eure-inseln-ihr-pleite-griechen/

Sauer, Dieter u.a. (2018): Rechtspopulismus und Gewerkschaften. Eine arbeitsweltliche Spurensuche. Hamburg.

Stöss, Richard (2017): Gewerkschaften und Rechtsextremismus in Europa. Berlin.

Zeuner, Bodo u.a. (2007): Gewerkschaften und Rechtsextremismus. Münster.

Zoll, Rainer (Hg.) (1984): „Die Arbeitslosen, die könnt ich alle erschießen." Arbeiterbewusstsein in der Wirtschaftskrise. Köln.

Alke Jenss

Autoritäre Erneuerung? Lateinamerikanische Konjunkturen des Autoritarismus

Am 07. April 2018 wurde Brasiliens ehemaliger Präsident Luiz Inácio 'Lula' da Silva verhaftet. Er tritt eine 12-jährige Haftstrafe an (Wallerstein 2018). Als da Silva am Ende seiner zweiten Amtszeit 2011 die Präsidentschaft an seine gewählte Nachfolgerin Dilma Rousseff übergab, stand eine große Mehrheit der brasilianischen Bevölkerung weiter hinter ihm. Auch bei den Wahlen 2018 wollte er wieder kandidieren und führte noch während seiner Haft die Umfragen an. Doch zugleich drohten Vertreter des Militärs öffentlich mit einem Putsch, sollte 'Lula' wieder Präsident werden. Inzwischen schlägt das politische Pendel in Brasilien deutlich nach ultrarechts; die Präsidentschaftskandidatur da Silvas wurde blockiert, und der ultrarechte Jair Bolsonaro gewann die Wahlen deutlich. Der politischen Basis Bolsonaros werden faschistoide Elemente zugeschrieben; unklar ist bisher nur, inwieweit sich diese in staatliche Politik übersetzen werden (Martuscelli 2018).

Die Rechte interveniert auch in anderen Ländern Lateinamerikas wieder ins institutionelle Gefüge. Immer wieder ist die Rede davon, auf dem Kontinent sei ein progressiver politischer Zyklus zu Ende gegangen. Progressiv, weil mit den Regierungswechseln zu Beginn der 2000er Jahre Mittel des Staates nach einer klaren Phase des Rückbaus wieder in Sozialpolitik flossen (z.B. in Venezuela, Argentinien oder Brasilien), indigene Gruppen in neuen Verfassungen weitreichende Rechte für sich und andere festschreiben konnten (z.B. in Ecuador oder Bolivien), und gesellschaftliche Gruppen an der Regierungsbildung beteiligt waren, die zuvor keinen Zugang zum Staat hatten (z.B. Bolivien, Venezuela, Argentinien) (Boris 2013; Brand et al. 2017). In einigen Ländern gab es allerdings eine Kontinuität; sie waren nie Teil des progressiven Zyklus (z.B. Peru, Mexiko, Kolumbien, Guatemala) (Jenss 2016). Tatsächlich ist das Bild von einem natürlich zu Ende gehenden Zyklus etwas irreführend, denn Politik ist immer umkämpft; unterschiedliche

Interessen können sich mal mehr, mal weniger in staatlicher Politik durchsetzen und haben u.U. mit starken Beharrungskräften des Staates im Kapitalismus zu kämpfen. Differenzieren müssen wir also in Bezug auf die gesellschaftlichen Kräfteverhältnisse dieser unterschiedlichen Konjunkturen. Dieser Beitrag beschäftigt sich mit den Diskussionen um einen „neuen Autoritarismus" in Lateinamerika. Damit stellt sich die Frage, welche gesellschaftlichen Gruppen in den autoritären Konjunkturen der Gegenwart in der Lage sind, ihre Interessen und Programme im institutionellen Terrain des Staates zu verankern. Wie wird regiert, mit welchen Mechanismen? Was ist neu daran? Inwiefern leistet die lateinamerikanische Debatte einen Beitrag zum Verständnis autoritärer Entwicklungen weltweit?

Das Kapitel ordnet diese aktuellen autoritären Konjunkturen kurz in den historischen Kontext autoritärer Staatsformationen auf dem Kontinent ein. Diese Konjunkturen sind ja nicht zeitlos, sondern müssen im Rahmen ihres historischen Kontextes verstanden werden. Der Artikel nimmt dann die Diskussion um einen „neuen Autoritarismus" und das „Ende eines progressiven Zyklus" (Modonesi 2016; Brand et al. 2017) in Lateinamerika zum Ausgangspunkt. Der dritte Teil beschäftigt sich mit aktuellen Konjunkturen des Autoritarismus und greift mit Kolumbien, Mexiko und Brasilien drei besonders emblematische, aber sehr unterschiedliche Beispiele heraus.

Zur Einordnung: Der „alte" Autoritarismus der Militärdiktaturen

Wollen wir die wissenschaftliche Debatte über einen „neuen" Autoritarismus einschätzen, so benötigen wir einen Blick zurück in die Vergangenheit und auf die *politischen* Verhältnisse: Die akademische Wissensproduktion in Lateinamerika war immer eng verknüpft mit der politischen Frage danach, inwiefern autoritäre Staaten höchst ungleiche Gesellschaftsverhältnisse fixierten, indem sie eine breitere politische Partizipation verhinderten. Zwei grundlegende Punkte stelle ich der Debatte zum „Nuevo Autoritarismo" voran, denn sie haben die Debatte über Jahrzehnte begleitet: Kolonialismus und Kolonialität auf der einen, Dependenz auf der anderen Seite. Erstens basierte die asymmetrische Integration der Kolonien und semi-kolonialen Gebiete in die entstehende globale kapitalistische Ökonomie während des iberischen Kolonialismus bekannterweise auf höchst autoritär und gewaltvoll durchgesetzten Modi unfreier Arbeit. Doch koloniale Machtverhältnisse entlang der Konstruktion von rassifizierten Differenzen wurden auf Dauer gestellt und machten es auch in den postkolonialen Staaten für große gesellschaftliche Sektoren praktisch unmöglich, die politische Macht zu übernehmen (vgl. Quijano 2000). Zweitens verstanden Dependenzansätze der 1960er Jahre autoritäre Elemente von Regierung als Ergebnis der besonderen, untergeordneten und häufig auf Rohstoffexport ausgerichteten Einbindung dieser Staaten in den Weltmarkt (vgl. Marini 1991). Dependenzansätze betonten z.b., dass Sozialpolitik in den postkolonialen Staaten Lateinamerikas strukturell begrenzt sein musste, u.a. weil die Abhängigkeit über den fiskalischen Kanal (vgl. auch Becker 2008) höchstens eine selektive Sozialpolitik erlaubte. Sie betonten auch die eingeschränkte soziale Mobilität, u.a. weil die strukturellen Begrenzungen für eine ökonomische Transformation wie etwa die Abhängigkeit von Kapitalzuflüssen, kaum das notwendige Investment erlaubte, um Wirtschaftssektoren mit stärkerer interner Verknüpfung und höher qualifizierten und entlohnten Arbeitsplätzen zu etablieren. Im Ergebnis blieben die Staaten häufig völlig unzugänglich für politische Teilhabe außerhalb kleiner herrschender Klassenfraktionen. Das hieß selbstverständlich auch, dass Unzufriedenen eher mit Repression begegnet wurde. Autoritäre Elemente reichten von abgebrochenen und manipulierten Wahlen bis zu offenen Machtübernahmen des Militärs, wenn es die 'Nationale Sicherheit' bedroht sah. Die Erfahrung der Kolonialität und die spezifische Einbindung in den Weltmarkt sind inzwischen *common sense* in der lateinamerikanischen Debatte zu autoritären Staaten.

Die Grundlage der Debatten der 1970er Jahre waren materialistische Staatsverständnisse. Die damalige Debatte suchte vor allem Interpretations- und Erklärungsansätze für die Militärdiktaturen beispielsweise in Chile (1973–1990), Argentinien (1976–1984), Uruguay (1973–1984), Bolivien (1971–1978) und bereits ein Jahrzehnt zuvor in Brasilien (1964–1985). Konzepte wie 'Faschismus' oder 'Bonapartismus' wurden im Hinblick auf ihre Gültigkeit im außereuropäischen Kontext diskutiert (Zavaleta 1979; Martuscelli/Svampa 1993:7). Inwiefern mussten diese Militärdiktaturen als faschistische Regime begriffen oder mit einer kontextsensitiveren Analyse von den europäischen Erfahrungen abgegrenzt werden? Das

Faschismus-Label hatte mit der lateinamerikanischen Realität letztlich wenig zu tun. Weder mobilisierten die Regime extremistische Parteigänger, noch hatten sie bei allen totalitären Tendenzen eine Massenbewegung hinter sich. Die gesellschaftlichen Kräfteverhältnisse und Sozialstrukturen waren völlig andere – z.b. dadurch, dass Landbesitz vielerorts zentral für politische Macht im postkolonialen Staat war, die Arbeit im Bergbau und auf Plantagen durch die Abhängigkeit von der Rohstoffextraktion auf der einen und das Fehlen von Devisen/Investitionen einen größeren Stellenwert hatte als Arbeit in der wachsenden Industrie (Cardoso 1978: 42; CEREN 2007 [1973]). Versuche, die Militärdiktaturen als historisch-spezifische Ausprägungen von Staatlichkeit zu verstehen, unternahmen z.B. Guillermo O'Donnell mit dem Konzept des „bürokratisch-autoritären Staates" (Neuauflage, O'Donnell 2009: 15-59), Norbert Lechner (1981, 7), der die Regierung von Allendes *Unidad Popular* bis zum Putsch Pinochets 1973 kritisch-solidarisch begleitet hatte (zum „technokratischen Autoritarismus"), oder Fernando Cardoso (1979), der später ein eher liberaler Präsident Brasiliens wurde. Viele Vertreter_innen dieser Debatte bezogen sich auf den peruanischen Marxisten Mariátegui, der schon in den 1920er Jahren die sozialstrukturellen Besonderheiten differenziert hatte, vor allem das Verhältnis zwischen Landbesitzenden und indigenen Gruppen. Mariátegui (2007) und viele spätere Vertreter_innen der Debatte argumentierten, dass die im europäischen Kontext geprägten Konzepte nicht einfach auf Lateinamerika übertragen werden konnten.

In den 1980er Jahren verschwand mit marxistischen Konzepten auch die Debatte um den Staat weitgehend aus dem lateinamerikanischen Forschungskanon. Dies hatte auch mit der von erstarkten Demokratiebewegungen in Argentinien, Uruguay oder Brasilien mit angestoßenen Demokratisierung zu tun; die Transitionsliteratur konzentrierte sich auf die Institutionalisierung eines politischen Pluralismus und auf gesellschaftliche Kohäsion in einem Kontext, in dem die autoritäre politische Kultur noch spürbar war (Martuscelli/ Svampa 1993: 5f.).

„El Nuevo Autoritarismo". Die Autoritäre Demokratie

Heute spricht die lateinamerikanische Debatte längst von einem „neuen Autoritarismus" (Osorio 2009; Roux 2011). Wenn der 'alte' Autoritarismus die offen diktatorischen Militärregime meinte, nach einem Coup entstanden wie das Chile Pinochets oder das Argentinien Videlas, die die demokratischen Institutionen praktisch abschafften, so meint 'neu' eine andere Form autoritärer Mechanismen des Staates. Damit ist nicht gemeint, dass der 'alte' Autoritarismus längst vergangen sei. Der Militärputsch in Honduras 2009 kann als Beispiel des 'alten' Autoritarismus im 21. Jahrhundert gelesen werden. Politische Beobachter_innen rieben sich die Augen, als das honduranische Militär den damaligen Präsidenten Zelaya, dessen Programm moderat sozialdemokratisch ausgerichtet war, per Flugzeug ins Exil schickte, um übergangsweise die Macht zu übernehmen (Cruz 2010).

Der 'neue' Autoritarismus steht für andere Maßnahmen und Protagonisten. Das Militär übernimmt nicht „die Macht". Eher ist es so: Eine Bündelung von *lawfare* (also der Nutzung von rechtlichen Mechanismen zur Bekämpfung politischer Gegner_innen), Kooptation und Manipulation reduzieren Demokratie auf ihr formales Minimum. Die Auswirkungen des 'neuen' Autoritarismus ähneln dem 'alten' militärischen insofern, als zahlreiche politische Aktivist_innen getötet werden oder über längere Zeit im Gefängnis sitzen. Solche selektiven Morde oder Techniken wie Verschwindenlassen können allerdings häufig nicht mehr so deutlich dem Staat zugeordnet werden wie während der Militärdiktaturen im Cono Sur der 1970er Jahre (Roux 2011; Aristegui Noticias 2012).

Zunächst äußerte sich diese Debatte in der Kritik an Konzepten der Transitionsliteratur, etwa an O'Donnells „delegativer Demokratie" (O'Donnell 1994: 7-15). Dieser habe die autoritären Elemente verschiedener Regime trivialisiert, die sich zwar auf minimal kompetitive und transparente Wahlen stützten, aber weiterhin höchst exklusiv waren, staatliche Aufgaben in der Exekutive konzentrierten oder kaum Rechenschaft ablegten. Vielmehr sei von einem „kompetitiven Autoritarismus" zu sprechen (Levitsky/Way 2004). Die Transitionsliteratur habe die Regime der 1990er Jahre optimistisch als „unvollständige" Transitionen von den Militärdiktaturen der Nationalen Sicherheit zur Demokratie gelesen. Tatsächlich schufen die Übergangsregierungen aber ein höchst ungleiches Spiel zwischen sich und verschiedensten Formen der Opposition (Levitsky/Ward 2004: 159,162). Levitsky/Ward (2004) beziehen sich beispielsweise auf die autoritäre Regierung Fujimoris in Peru ab 1992.

Gerade der lateinamerikanische Kontext großer sozialer Ungleichheit verdeutlicht die engen Grenzen der repräsentativen Demokratie. Die eng gesteckten Grenzen für tatsächlichen gesellschaftlichen Wandel in einem Kontext, in dem die Rahmenbedingungen bereits durch einen aggressiven globalen Kapitalismus gesetzt seien, verbanden sich zudem mit einem neuen „Sicherheitskonsens" auf dem Kontinent. Polizeistrategien und Sicherheitspolitik werden nicht (mehr) öffentlich verhandelt, sondern sind gleichsam bereits in transnationalen Direktiven und Dokumenten festgelegt. So gaben die sogenannten „Santa Fe"-Dokumente als Strategiepapiere seit den 1980er Jahren Globalvisionen der US-amerikanischen Sicherheits- und *counterinsurgency*-Politik vor (vgl. hierzu Roncallo 2013). Sie sind konkreter Ausdruck einer Verschränkung von Entwicklungs- und Sicherheitspolitik. Die *Carta Democrática Interamericana* der Organisation Amerikanischer Staaten OAS von 2001 verknüpfte als grundlegendes Dokument für einen konservativen Governance-Begriff in den Amerikas (Rodriguez Rejas 2010: 219) erneut die Sicherung von Absatzmärkten mit einer autoritären Sicherheits- und Kriminalitätspolitik, ebenso wie ein Jahrzehnt später die *Alianza Pacífico*, ein Zusammenschluss für freien Handel zwischen Kolumbien, Chile, Peru und Mexiko.

Kritische Arbeiten bemängeln, dass zwar die offene Aufstandsbekämpfung unter der Doktrin der Nationalen Sicherheit abgelöst, nun aber eine neue, flexiblere *hardliner*-Politik mittels einer Vielzahl von Akteuren verfolgt wird. Diese speist sich nicht nur aus den New Yorker *broken windows* und *zero tolerance*-Programmen, sondern spielt auch als Labor und Ursprungsort von Un/Sicherheitspolitiken eine zentrale Rolle (Lasusa 2015; Hönke and Müller 2016). Dieser Sicherheitskonsens mit einem „globalen Terrorismus" als Leitmotiv schränkt politischen Aktivismus ein und begrenzt Projekte weitreichender Veränderungen mithilfe von Unsicherheitsdiskursen. Das Militär ist insofern nur in einigen der Staaten wirklich geschwächt; es übernimmt fast überall inzwischen auch Aufgaben der Inneren Sicherheit, allerdings als ein Akteur innerhalb vielfältiger Sicherheitsarrangements. Diese Arrangements der Absicherung haben letztlich den Effekt, Unzufriedenheit zu entkräften, die gegenüber einer marktbasierten Politik entsteht. Aus diesen Debatten stammt ein Diskussionsstrang zur 'Demokratisierung der Demokratie', da die repräsentative Demokratie ihre ohnehin begrenzten Möglichkeiten zur Umverteilung im Kapitalismus verloren habe (z.B. Santos 2004).

Klar ist: Die Demokratisierung der 1980er und 90er Jahre hatte autoritäre Mechanismen nicht beendet oder abgelöst. Stattdessen wurde „das Autoritäre ein allgemeiner Wesenszug, der auch in demokratischen politischen Regimen fortbestehen würde" (Lesgart 2003: 129); das ist vergleichbar mit aktuellen politikwissenschaftlichen Diskussionen um „autoritäre Praktiken", die in liberalen Demokratien verbreitet sind, anstatt ausschließlich in „autoritären Regimen" (Glasius 2018). Diese autoritären Mechanismen der Demokratie schwächten radikalere gesellschaftliche Kämpfe weiterhin. Regierungen missbrauchten staatliche Ressourcen, große Medienhäuser räumten oppositionellen Kräften kaum adäquaten Raum ein, Sicherheitskräfte und vom Staat tolerierte private Akteure nutzten weiterhin selektive Bedrohungen, willkürliche Verhaftungen und selektive Morde, um oppositionelle Politiker*innen und Journalisten zu demotivieren. Dies war z.B. der Fall im Kolumbien oder Peru der 90er und 2000er Jahre.

Hilfreich um verstehen zu können, wie sich autoritäre Demokratien entwickeln, sind Fortentwicklungen des poulantzas'schen Konzepts des autoritären Etatismus (Poulantzas 2002: 232). Lukas Oberndorfer (2015) und andere sprechen vom Autoritären Wettbewerbsstaat. Sie verstehen den Staat auch deshalb als immer undemokratischer, da staatliche Handlungsspielräume zugunsten von Austeritätsdiskursen bzw. deren Notwendigkeit aktiv aufgegeben werden. Aus Arenen politischer Aushandlung und Kämpfe werden solche Entscheidungen auf intergouvernementale oder Verfassungsebenen verschoben (Bruff 2014: 116). Diese Autor_innen bezeichnen den Staat „als die zentrale Organisationsstruktur, mittels der die autoritäre Fixierung neoliberaler Akkumulationsregime bewerkstelligt wird" (Tansel 2017: 4). Im Wettbewerb etwa um Direktinvestitionen verschärft der Staat sowohl auf Basis „historisch spezifischer Bündel von kapitalistischen Akkumulationsstrategien" die bereits existierenden strukturellen Widersprüche in der „politischen Organisation des Kapitalismus" und verkörpert unterschiedliche Praktiken, die darauf ausgerichtet sind, Grenzen der Akkumulation aufzulösen, auf Kosten demokratischer Partizipation (ebd.: 5). Hierfür steht ein breites Spektrum von Disziplinierungsstrategien zur Verfügung.

In Lateinamerika ist das Merkmal des Wettbewerbs um Investitionen besonders relevant. Viele der in Europa jetzt sichtbar werdenden Merkmale und Widersprüche des Wettbewerbsstaates waren dort kontinuierlich und besonders seit den sogenannten Strukturanpassungsprogrammen zu beobachten, die vermeintlich die Schuldenkrisen der 1980er Jahre bekämpfen sollten. Um diese

Besonderheiten zu verstehen, haben Dependenzansätze nach wie vor Erklärungskraft (vgl. Pimmer/Schmidt 2016).

Dieser Autoritäre Wettbewerbsstaat zeichnet sich durch alltägliche Grenzziehungen entlang rassistischer und klassistischer Differenzkonstruktionen aus. Die autoritären Antworten sind selektiv in ihrer Zielrichtung, aber nicht auf konservative Regime beschränkt. Morde vor allem an schwarzen Jugendlichen in Brasilien innerhalb eines Sicherheitsparadigmas der „harten Hand" bestanden während der Demokratisierungsphasen der 2000er Jahre fort (Igarapé-Institute 2017; Costa Vargas/Amparo Alves 2013). 2017 waren 77 % der Mordopfer in Brasilien junge Afrobrasilianer_innen, und eine beträchtliche Anzahl dieser Morde wird Polizeikräften zugeschrieben (Igarapé 2017: 2).

Diejenigen, die ohnehin marginalisiert sind, sind damit beinahe unabhängig von der jeweiligen Regierung einer Logik unterworfen, in der sie immer bereits Verdächtige sind. Gerade im Kontext der Bekämpfung von Organisierter Kriminalität oder bewaffneten Konflikten ziehen Sicherheitskräfte ähnlich früherer *counterinsurgency*-Strategien bewusst und routiniert keine klare Grenze zwischen ihnen und Kombattant_innen. Gerade für sich als afrolateinamerikanische und indigene beschreibende Gesellschaftssektoren sind die Justizregime kaum durchlässig – mehr noch: Unter dem Etikett der Kriminalitätsbekämpfung werden sie Opfer klarer Rechtsbrüche, aber stets als selbst verantwortlich dargestellt (Mora 2013: 177, 180). Wer als 'gefährlich' gilt, hängt allerdings von gesellschaftlichen Kräfteverhältnissen ab, und zudem von der „Fähigkeit, bestimmte Politikbereiche in den Bereich der Ausnahme zu verschieben" (Mora 2013: 198). Die gesellschaftlichen Kategorisierungen entlang von *race*, *class* und *gender* sind zum Beispiel dann relevant, wenn „ganze Bevölkerungssektoren in eine breite und ambivalente Kategorie gefasst werden", die gerade die 'indigenisierte' Armut „mit verdächtigen Aktivitäten verbindet" (Mora 2013: 187). Solche gesellschaftlichen Ungleichheitskategorien schaffen Permissivität und Ermöglichungsräume für Menschenrechtsverletzungen und die Entwertung bestimmter Lebensweisen in der überlagerten Gesellschaft.

In den konkreten 'autoritären Konjunkturen' Mexikos, Brasiliens und Kolumbiens, mit denen sich der nächste Abschnitt beschäftigt, ist der Einfluss von *counterinsurgency*-Taktiken kaum zu leugnen. Gerade diese richten sich allerdings gegen kritische gesellschaftliche Kräfte gerade auch da, wo gar keine *Guerilla*-Gruppen (mehr) aktiv sind. Dies belegen die Arbeiten Franco Restrepos (2009) oder Zeliks (2009) zur aktiven Dezentralisierung von Gewalt durch den Staat in Kolumbien, aber auch die Zahlen ermordeter Landrechtsaktivist_innen in Kolumbien im Jahr 2018, also knapp zwei Jahre, nachdem die FARC-Guerilla im Zuge des Friedensprozesses ihre Waffen abgab (Nos están matando 2018). Zentrales Motiv hierbei ist der Kampf gegen einen 'internen Feind', der sich – so die Konstruktion – unerkannt innerhalb der Zivilbevölkerung bewegt. Aktionen richten sich gegen die Zivilbevölkerung, um diesem Feind das Wasser abzugraben.

Aufstandsbekämpfung ist heute Teil normalisierter Polizeistrategien. Die Rede vom „Terroristen" hat die Figur des *Guerrillero* teilweise abgelöst. Der Staat bleibt dabei zentral. Auch dort, wo vermeintlich nicht-staatliche Akteure_innen vermeintlich unpolitische Gewalt ausüben, sind Gewaltverhältnisse nicht ohne den Zusammenhang mit dem sich verändernden Zentralstaat zu verstehen.

Dennoch ist die Informalität von gewaltausübenden Akteur_innen häufig Bestandteil autoritärer Konjunkturen. Der „politisch kalkulierte Einsatz" (Zelik 2009:80) exzessiver Gewalt erklärt sich nicht daraus, dass Akteure_innen staatlich, regulär oder irregulär sind, also mit ihrem Status. Häufig ist es in den aktuellen Kontexten wie etwa dem demokratischen Kolumbien nicht nur das Militär, das spätestens ab den 2000er Jahren strategisch „bevölkerungsfreundliches Auftreten" mit einer „verdeckten Politik der Härte" (Zelik 2009: 75) verknüpfte. Der Bezug zu Foltermethoden bzw. der Nutzung von Gewalt als Botschaft der Organisierten Kriminalität ist dabei zumindest teilweise positiv. Informelle Handlungslogiken gewinnen an Bedeutung. Poulantzas (2002: 270) verwies bereits auf parallele, sichtbare und unsichtbare Netzwerke und parallele Sicherheitskräfte im Rahmen des 'Autoritären Etatismus' zu denen sich die Machtzentren tendenziell verschieben. Für deren Kontrolle spielt die Exekutive die zentrale Rolle. Es existiert sozusagen eine „Verdopplung der Kontrollorgane" mit gegenseitiger Durchdringung (Hauck 2004: 414). Die Dynamik ist eine der De- und Reinstitutionalisierung (Estrada Álvarez/Moreno Rubio 2008: 30). Diese para-institutionellen Formen erweitern die Spielräume für Regierungen; der Staat muss gesellschaftlichen Protest nicht mehr direkt konfrontieren; teilweise übernehmen para-institutionelle Akteur_innen diese Aufgaben von Einschüchterung bis Mord.

Selbstverständlich agieren diese Akteur_innen mit einer gewissen Autonomie, und eine staatliche Verantwortung ist nicht immer direkt feststellbar, aber die Übernahme durch formal nichtstaatliche Akteure dient auch dazu, dass der Staat qua „plausibler Negation" die Verstricktheit der eigenen Sicherheitskräfte in Menschenrechtsverletzungen herunterspielen kann. Die existierenden Forschungsarbeiten zu lateinamerikanischen Ländern (Franco Restrepo 2009; Osorio 2009; Maldonado Aranda 2010) arbeiten ganz ähnliche Elemente wie die Literatur des „autoritären Wettbewerbsstaats" heraus.

Politische Strategien der *zero tolerance* und der Drogenbekämpfung nehmen diffuse Ängste als zentrale Achse auf: Die Furcht vor Gewalt geht offensichtlich einher mit einer Akzeptanz von parastaatlichen Einheiten, Strategien der „harten Hand" und sogar „sozialer Säuberung". Angst- oder (Un-)Sicherheitsdiskurse schaffen Passivität und Akzeptanz. Franco/Restrepo (2007: 85) beziehen dies als Technik politischer Ordnungen explizit auf die Disziplinierung subalterner Kräfte. Die verinnerlichte Angst wird Instrument zur Verhaltensregulation und Begrenzung politischer Aktivität, während soziale Fragen, gesellschaftliche Transformation und ein Hinterfragen des Wirtschaftsmodells als problematisch und bürgerlich-politische Rechte als entbehrlich betrachtet werden. Rojas (2009) konstatiert bereits, dass in den 2000er Jahren breite gesellschaftliche Sektoren in der Mehrzahl der lateinamerikanischen Länder bereit waren, auf elementare Rechte zu verzichten, wenn ihnen dafür Schutz und Sicherheit versprochen wurden – häufig unabhängig davon, wie die Gewaltraten im eigenen Land tatsächlich aussahen. In Chile sind beispielsweise die Kriminalitätsraten laut der offiziellen Statistik niedrig, der Ruf nach Sicherheit aber besonders laut.

Der „neue Autoritarismus" verknüpft also, das können wir zusammenfassen, den Wettbewerbsstaat mit einem flexiblen, auf informelle Handlungslogiken zurückgreifenden Sicherheitsregime, an dem sich eine Vielzahl von Akteuren beteiligen. Dieser Staat macht es mittels der Verschiebung zentraler Politikfragen in Verfassungs- und supranationale Bereiche fast unmöglich, die Ausrichtung des ökonomischen Modells im formaldemokratischen Rahmen zu hinterfragen. Die dominanten Sicherheitsstrategien innerhalb dieses Staates differenzieren die Gesellschaft entlang rassistischer und klassistischer Grenzziehungen. Strategien der Aufstandsbekämpfung sind längst in die normale Polizeiarbeit integriert, bedienen aber auch diffuse Ängste vor Kriminalität und Chaos. Wie der folgende Abschnitt zeigt, fordern entscheidende gesellschaftliche Kräfte eine solche Un/Sicherheitspolitik beständig ein.

Autoritarismus hat Konjunktur: Hegemoniekrisen und alltägliche Grenzziehungen in Brasilien und Mexiko

Die folgenden drei Abschnitte beschäftigen sich damit, wie der neue Autoritarismus ausgestaltet ist, und zwar in drei ganz unterschiedlichen Fällen. Brasilien ist interessant, weil nach ca. 13 Jahren, in denen die sogenannte Arbeiterpartei in verschiedenen Koalitionen regierte, ab spätestens 2016 ein klarer Rechtsruck stattgefunden hat in Bezug darauf, welche gesellschaftlichen Kräfte Einfluss auf staatliche Politik ausüben können.

In Mexiko hingegen schien bis 2018 die Kontinuität des Autoritarismus mit der Eskalation von Gewalt einherzugehen. Die autoritäre Sicherheitspolitik (beispielsweise durch die Übernahme regionaler und lokaler Verwaltungsämter durch Militärs) schien die Gewaltraten sowohl zu befeuern als auch durch die Gewalt legitimiert zu werden. Da Mitte 2018 mit Andrés Manuel López Obrador ein Präsident gewählt wurde, der sich zumindest diskursiv stark von Repräsentant_innen eines autoritären, ausschließlich wettbewerbsorientierten Staates distanziert, scheint Mexiko nun eine Verschiebung der gesellschaftlichen Kräfteverhältnisse zu erleben. Kolumbien hingegen ist, obwohl der bewaffnete Konflikt 2016 offiziell beigelegt wurde, das Paradebeispiel einer autoritären Demokratie, die keiner Militärdiktatur bedurfte, um die ökonomischen Interessen landbesitzender und weltmarktorientierter Unternehmer_innen fortwährend zu privilegieren. Es ist auch ein eindrückliches Beispiel für informelle Sicherheitsarrangements im neuen Autoritarismus.

Brasiliens parlamentarischer Coup

In der Süddeutschen Zeitung konnte man am 05. April 2018 lesen, dass das Urteil gegen den ehemaligen Präsidenten Luis Inácio da Silva, das ihn von der Möglichkeit ausnahm, alle Rechtsmittel auszuschöpfen, bevor eine Gefängnisstrafe anzutreten ist, „ein Sieg der Demokratie" sei (Herrmann 2018). Eine Woche später äußerte demgegenüber ein anderer Kommentator in derselben Zeitung seine Sorge vor der „Gefahr eines unmittelbar bevorstehenden Faschismus" in Brasilien (Backes 2018).

Dies spiegelt auch die Polarisierung in Brasilien selbst. Bereits 2016 war da Silvas Nachfolgerin Dilma Rousseff, ebenfalls von der Arbeiterpartei, in parlamentarischen Schachzügen von Brasiliens Elite geschasst worden; einer Elite, die durchaus als 'weiße' Klassenfraktion zu bezeichnen ist. Die Vorwürfe gegen Rousseff und da Silva lauteten auf Korruption; allerdings lagen auch gegen den Übergangspräsidenten Temer eine Reihe schwerwiegender Korruptionsvorwürfe vor. Es drängt sich der Eindruck auf, dass die politische Macht vor allem wieder in die Hände der 2003 abgelösten gesellschaftlichen Sektoren (wirtschaftsliberal, kapitalmarkt- und exportorientiert) gebracht werden sollte (The Guardian 2016). Vor allem die binnenmarktorientierten Sektoren unterstützten während des wirtschaftlichen Aufschwungs der 2000er Jahre (hohe Weltmarktpreise und Nachfrage nach Rohstoffen etc.) die PT-Regierung durchaus und machten marginalisierten Sektoren punktuelle und selektive Zugeständnisse. Mit der andauernden Krisenhaftigkeit seit etwa 2013 stellen sich diese Fraktionen wieder offener an die Seite von Regierungen, die eine wirtschaftsliberale und sozial regressive Politik verfolgen (vgl. Martuscelli 2018). Aber auch antifeministische und rassistische Denkweisen treten innerhalb des staatlichen Ensembles wieder deutlicher hervor. Entsprechend wenig divers und weiblich war das 2016 vorgestellte Kabinett Temers.

Relativ neu ist, dass sich die ohnehin repressive, oben erwähnte Kriminalitätspolitik Brasiliens nun mit der offenen Bedrohung von oppositionellen, Lula-freundlichen Aktivist_innen und Gruppen verknüpft. Marielle Franco, afrobrasilianische Stadträtin von Rio de Janeiro, die sich für eine weniger repressive und gewaltvolle Polizeistrategie stark gemacht und die exzessiven Morde und extralegalen Hinrichtungen an afrobrasilianischen Jugendlichen angeprangert hatte, wurde im März 2018 auf offener Straße mit Polizeimunition erschossen. Doch Teile der politischen Öffentlichkeit Brasiliens sehen den Hinweis auf *race* als Differenzierungskategorie in der autoritären Konjunktur ungern. „Her bloodshed can't be used as an opportune moment to talk about hate," zitieren Faiola/Lopes (2018) die Senatorin Ana Amélia. „When you talk about a black-white divide, you are contributing to this division." Die Polarisierung und die Negation eines systematischen Rassismus sind dann verständlich, wenn man die gesellschaftlichen Kräfteverhältnisse Brasiliens analysiert. Da Silvas Präsidentschaft war ein Wendepunkt in der politischen Geschichte Brasiliens; erstmals hatte ein Vertreter des Arbeitermilieus Zugang zum Präsidentenamt. Eine wachsende Offenheit der brasilianischen Medien machte seinen Wahlsieg möglich (Goldstein 2016:9). Da Silvas Präsidentschaft bedeutete lange politische Stabilität, genoss eine hohe Akzeptanz zumindest in Brasiliens großen Niedriglohn- und informelle Sektoren und war gekennzeichnet durch ein hohes Wachstum, kombiniert mit Kapitalverkehrskontrollen und wirksamen Sozialpolitiken (Programme wie *Bolsa Familia* reduzierten die Armutsrate deutlich). Doch bereits 2006 waren Brasiliens ökonomische Elite und Mittelklassesektoren skeptisch gegenüber Lula (Martuscelli 2018).

Rousseffs Präsidentschaft ab 2010 stand von Beginn an für eine instabilere Balance, auch Spannungen innerhalb der Arbeiterpartei PT (*Partido dos Trabalhadores*) traten auf. 2013 nahmen die Mobilisierungen gegen die Vorbereitungen und Räumung von Stadtvierteln für die Fußball-WM Fahrt auf. Zunächst entstanden diese Proteste aus Forderungen einer dezidiert linken Bewegung, um den öffentlichen Nahverkehr erschwinglicher zu machen (*Movimento Passe Livre* (Free Pass Movement)). Die Kritik der Proteste eines breiteren Spektrums richtete sich bald gegen die hohen Ausgaben für die WM, aber auch gegen Polizeirepression, und weitete sich dann auf das Thema Korruption aus.[1] Als Gouverneur Geraldo Alckmin und *Prefeito* Fernando Haddad (von der PT, also Rousseffs und da Silvas Partei, der 2018 die Präsidentschaftskandidatur da Silvas übernahm) sich in São Paulo gegen die Demonstrationen gemeinsam zeigten, identifizierten die Aktivist_innen sie als Teil derselben (korrupten) politischen Klasse. Dies ließ die Unterstützung für Rousseff schwinden, die „nicht auf die Stimme der Strasse gehört" habe (Goldstein 2016: 9). Ebenso wichtig ist aber, dass die anhaltende Krisenhaftigkeit dazu führte, dass selbst (binnenmarktorientierte)

---

1 „The advantage of the anti-corruption banner is that it penetrates in all social strata, as it stands to reason. Who can be in favor of corruption? The traditional middle classes nourish the prejudice that lack of education of the lower classes would lead them to accept corruption (which is doubtful) in exchange for benefits. In any case, the slogan 'He steals, but delivers' (*Rouba mas faz*), used to characterize the 1940s of Adhemar de Barros, more or less subtly, has served to frame Lulism." (Singer, 2013: 35)

Industriesektoren wieder zu stärker finanzmarktorientierten und konservativen Politikvertretern tendierten (Martuscelli 2018).

Die Wahlen von 2014 waren bereits kein überzeugender Legitimitätsindikator mehr für Rousseff, und ihre konservativere, wirtschaftsliberalere Politik mit einem Finanzminister aus der Chicago School (Joaquim Levy) milderten das konfrontative Klima mit der brasilianischen Rechten nicht ab. Die ökonomische Krise setzte auch die Teile der Gesellschaft, die die PT-Regierung weiterhin unterstützt hatten, unter Druck. Korruptionsskandale um den Staatskonzern Petrobras und die Baufirma Odebrecht führten erst recht zu einer Ernüchterung über die PT: „if all politicians are discredited, the liberal-conservative press alone stands as the moral conscience of the nation, allied at this conjuncture with the judicial power" (Goldstein 2016: 9). Als ein Richter im März 2016 telefonische Absprachen zwischen da Silva und Rousseff öffentlich machte, konnte die brasilianische Rechte Rousseffs Impeachment fordern. Der Industrieverband des Staates São Paulo, der Nationale Industrieverband, der Agrarverband, die Brasilianische Bankenunion -- all diese Verbände unterstützten das Impeachment (Martuscelli 2018).

Seitdem ist nicht nur die Armutsrate wieder nach oben geschnellt – in der Metropolregion São Paulo leben 2017 35 % mehr in extremer Armut als 2016 (Villas Bôas/Guimarães 2018) – das gesellschaftliche Klima ist weit rauer geworden. „Selbst ich, der ich männlich, weiß und heterosexuell bin, habe inzwischen Angst, umgebracht zu werden um dessentwillen, was ich sage", schreibt der Autor Marcelo Backes (2018). Wer der ermordeten Marielle Franco gedenken wollte, wurde zum Teil von Polizeieinheiten daran gehindert. Der kriminalisierende Umgang mit der Ermordeten (Igarapé Institute 2018), die militärverherrlichenden Aussagen des inzwischen gewählten Präsidenten Jair Bolsonaro („Der Fehler der Diktatur war es zu foltern, statt zu töten", Bolsonaro zit. in Backes 2018), und die höchst umstrittene und rechtlich haltlose Verhaftung da Silvas (CLACSO 2018) zeigen auf, wie der 'neue' Autoritarismus auf den 'alten' Bezug nimmt.

Die Rechtsentwicklung in Lateinamerika ist also nicht ohne gesellschaftliche Basis. Dass der emanzipatorische Horizont gegenüber Anforderungen des Finanzmarkts oder investitionswilligen Unternehmen in Brasilien relativ begrenzt war, dass die Arbeiterpartei von den umfassenden Korruptionsvorwürfen in Bezug auf den transnationalen Skandal um die Bestechungsgelder der

Baufirma Odebrecht keineswegs ausgeschlossen und damit selbst Teil des als korrupt verschrienen Parteiensystems war, dass die PT Allianzen mit gerade den konservativen Parteien schloss, die später das Impeachment Dilma Rousseffs vorantrieben, führten teilweise dazu, dass sich potentielle Unterstützer_innen von ihr abwandten. Dass sich die brasilianische Linke der starken Personalisierung von Politik bewusst ist, zeigt der Protestruf „there will be a Million Lulas" – 'Lula' werde, da er wegen der Haft nicht Präsident werden konnte, einfach zu einer Bewegung multipliziert. Da Silva als Person erhält weiterhin Unterstützung. Doch diejenigen kapitalstarken und landbesitzenden Gruppen in Brasilien, die von der PT einen Abbau ihrer Privilegien befürchteten bzw. diese weiter ausbauen wollten, hatten nicht aufgehört zu existieren; ihr aggressiver Diskurs illustriert ihre erneute Erstarkung. Das Wirtschaftsmodell, das die Rohstoffextraktion zumindest teilweise privilegiert hatte (da Silva 2009; da Silva 2010), stieß mit den stark fallenden Weltmarktpreisen an seine Grenzen und sorgte für wirtschaftliche Unsicherheit – die Lateinamerikanische Wirtschaftskommission ECLAC spricht vom Ende eines wirtschaftlichen Superzyklus (ECLAC 2016).

Neuer Autoritarismus in Mexiko

In Mexiko ist von einem neuen Autoritarismus die Rede, der mit engen Verbindungen zwischen Staat und Kriminalität einhergeht. 'Neu' grenzt sich in diesem Fall von den langen Jahrzehnten ab, in denen die Staatspartei PRI die Macht innehatte. Ihre Regierungszeit war häufig als die „perfekte Diktatur" bezeichnet worden, u.a. weil regelmäßig die Führungspersonen wechselten und formal Wahlen abgehalten wurden (Anguiano 2010). Der heutige Autoritarismus existiert trotz zumindest scheinbarer Wahlmöglichkeit unterschiedlicher Parteien für die Regierungsämter.

Es muss allerdings erwähnt werden, dass die Vorstellung von einer gewaltfreien Transition zur Demokratie, von einer 'weichen' PRI-Diktatur zu einer noch unvollständigen Demokratie, und die entsprechende Vernachlässigung der Gewalt unter der PRI kritisiert worden ist (Pansters 2012: 8). Mexiko wurde zwar oft als 'zivilere' Ausnahme Lateinamerikas bezeichnet (Cardoso 1979: 52), doch diese Wahrnehmung verhinderte eher eine tiefergehende Analyse staatlicher Gewalt.

Das parlamentarische Spektrum ist tatsächlich seit den 1980ern deutlich erweitert worden. Allerdings bezeichnen einige Autor_innen diese Machtwechsel resigniert als *alternancia*, also ohne reale Möglichkeit eines Wandels, zumindest seit 2006 der linke Präsidentschaftskandidat die Wahl knapp verlor und der Vorwurf des Wahlbetrugs und vorheriger Absprachen laut wurden (Anguiano 2010). Im Kontext des sogenannten „Krieges gegen die Drogen" in Mexiko ist der neue Autoritarismus aufs Engste verknüpft mit dem Eindruck, dass in vielen Regionen des Landes längst unklar ist, wer Gewalt ausübt: zur Bekämpfung entsandte bundesstaatliche Kräfte, lokale Polizeieinheiten, die 'Organisierte Kriminalität', oder auch bürgerliche Gruppierungen, die sich zum Schutz bewaffnet haben. Dass der Staat in dieser Gemengelage schwach und von privaten Gewaltakteuren bedroht ist, wäre sicher eine verkürzte Interpretation. Die staatliche Beteiligung am Verschwindenlassen von Menschen (HRW 2013), die Berichte von Foltern (AI 2012) und die Kriminalisierung von Bewegungen (Comité Cerezo 2012), die sich etwa gegen das dominante Wirtschaftsmodell stellen, das sich auf die Rohstoffextraktion und die Serienfertigung halbfertiger Produkte am Fließband (*assembly-line*-Produktion) stützt, ist dafür zu systematisch (vgl. Jenss 2016). Der Staat scheint die gesetzesfreien Grauzonen erst zu ermöglichen (Osorio 2009; Roux 2011). Die Protagonistenrolle, die das Militär und die Marine seit 2007 verstärkt nicht nur mittels ihrer Präsenz auf der Straße, sondern auch im Parlament angenommen haben, indem es beispielsweise sein eigenes Budget vertritt und Empfehlungen ausspricht, spricht einmal mehr für einen neuen Autoritarismus. Die eskalierende Gewalt in Mexiko betrifft scheinbar willkürlich jeden, obwohl breite soziale Sektoren nicht politisch aktiv sind. Das Regierungsnarrativ über die Gewalt präsentiert jeden *im Kampf Getöteten* als kriminell. Verschiedene Autor_innen haben den (staatlichen-nicht-staatlichen) Einsatz von Terror deshalb als Kontrolle nicht-organisierter Gesellschaftssektoren interpretiert, als präventives Disziplinierungsdispositiv (vgl. Jenss 2016: 341). Nicht umsonst nutzen bspw. mexikanische Medien den Begriff der *desechables*, was übersetzt in etwa „die, welche weggeworfen werden können" bedeutet. Mora (2013: 187) bezeichnet angesichts solcher Praktiken die mexikanische Staatlichkeit als spezifische gewaltförmige Formation. Denn diese Entwertungen ganzer Bevölkerungsteile sind systematisch; sie können zum herrschenden Wirtschaftsmodell wenig beitragen und sind austauschbar.

Dominante Kräfte in den USA etwa bemühen sich seit den 1990er Jahren darum, die Südgrenze der USA an die Südgrenze Mexikos zu externalisieren – ganz ähnlich der EU in Nordafrika. Diese Sicherheitsinteressen haben keineswegs zu einer Befriedung geführt, eher haben sie informelle Sicherheitsarrangements in Südmexiko intensiviert und deren Veränderungen beschleunigt (Fazio 1996; Berke Galemba 2017). Dass die US-Sicherheitsinstitutionen in den letzten zwei Jahrzehnten direkten Einfluss auf die mexikanische Sicherheitspolitik ausübten, verdeutlichen die Mérida Initiative von 2007, mit der sich die beiden Regierungen über Finanzmittel aus den USA, die Anschaffung von Militärausrüstung und Überwachungsinfrastruktur und die generelle Kooperation in der Bekämpfung der sogenannten 'Drogenökonomie' verständigten, und „binationale Arbeitsgruppen" und Büros der *Drug Enforcement Agency* (DEA) in Mexiko-Stadt. Die für die Militärinterventionen wichtigen gesellschaftlichen Kräfte kamen zum Teil aus den USA: So hatten US-amerikanische Unternehmen, die Flugzeuge, Kampfhubschrauber und Hochtechnologiewaffen herstellen, ein offensichtliches ökonomisches Interesse an der Mérida-Initiative. In den Vertragstexten verpflichtete sich die mexikanische Regierung, mit den US-Mitteln die Wartung der hochkomplexen Systeme und Ersatzteillieferungen durch US-Unternehmen in Anspruch zu nehmen, so dass die Mittel letztlich in die USA zurückfließen (Cámara de Diputados 2008: 62). Mit dem Beginn gemeinsamer Interventionen von unterschiedlichen Polizeieinheiten und Militär im Jahr 2007 und der Übernahme zahlreicher lokaler Verwaltungen durch das Militär erhöhten sich in den betreffenden mexikanischen Bundesstaaten massiv Gewaltraten und Fälle von Verschwundenen – und brachen mit einer entscheidenden Tendenz: Seit 1990 waren die Mordraten kontinuierlich gesunken (u.a. UNDP 2013).

Es bleibt nun abzuwarten, ob die Wahl von Andrés Manuel López Obraddor 2018 tatsächlich zu einer wahrgenommenen Demokratisierung und einem Rückgang der Gewaltraten führen wird. Ob die Wahl dieser langjährigen Oppositionsfigur angesichts der strukturellen Zwänge und des Kabinetts aus wirtschaftsnahen Gestalten tatsächlich ein Ausweg aus dem autoritären Wettbewerbsstaat ist, kann erst die konjunkturelle Entwicklung zeigen.

Rechte Kontinuitäten in Kolumbien

Das Fallbeispiel Kolumbien gilt international gegenwärtig als Musterschüler, sowohl wirtschaftlich wie politisch. Nicht nur waren die wirtschaftlichen Wachstumsraten der letzten 15 Jahre kontinuierlich positiv. Die Regierung Santos strengte zudem ab 2012 eine Beilegung des fünf Jahrzehnte währenden bewaffneten Konfliktes zwischen Staat und FARC-Guerilla an. Ende November 2016 unterzeichneten die beiden Parteien ein Friedensabkommen, das nach dem knapp negativen Ausgang eines Referendums über den Friedensvertrag leicht geändert worden war (GARA 2016). Tatsächlich wurden in diesem bewaffneten Konflikt 2012 zu Beginn der Verhandlungen in Havanna noch 461 Tote gezählt, 2016 zum Zeitpunkt der Unterzeichnung nur noch vier (García 2016). Im Friedensvertrag verpflichteten sich die Guerillakämpfer_innen zur Abgabe aller Waffen. Laut den Vereinten Nationen gaben in einem der erfolgreichsten Waffenabgabeprozesse weltweit 7.000 FARC-Kämpfer und damit die gesamte Gruppierung ihre Waffen ab (BBC 2017). Zum Teil plant die Organisation eine genossenschaftlich organisierte 'kollektive Reintegration' in ab 2017 organisierten Kooperativen (El Colombiano 2017).

Allerdings wurden allein 2017 mehr als 105 Aktivist_innen getötet, die zum Teil von Unternehmer_innen, Ex-Paramilitärs oder Investor_innen die Rückgabe von Land an die fünf Mio. Binnenflüchtlinge forderten (Nos están matando 2018). Vertrieben wurden diese Bäuerinnen und Bauern in den letzten drei Jahrzehnten, eine Welle von Vertreibung fand ab Beginn der 2000er Jahre statt, als zugleich der Staat die militärische Vernichtung der FARC und die „Wiedergewinnung des Territoriums" zum Ziel erklärte (Presidencia de la República Colombiana/Ministerio de Defensa 2003). Obwohl der Kongress ein entsprechendes Gesetz bereits 2012 verabschiedete und die Verteilung von Land an Vertriebene und Landlose auch Teil des Forderungskataloges und des Friedensvertrages war, wurden bis 2016 nur 200.000 Hektar zurückgegeben. Die Unterzeichnung des Friedensvertrages gab der Rückgabe von Land keinen wesentlichen Aufschwung. 3.000 Fälle von 360.000 registrierten Anfragen zu Landrückgabe sind überhaupt aufgearbeitet worden (Deutsche Welle 2016). Die formale Rückgabe der Landtitel bedeutet allerdings angesichts der für Kleinbauern weiterhin unsicheren Situation noch nicht die tatsächliche Rückkehr. Agrarverbände und die rechtskonservative Partei *Centro Democrático* des ehemaligen Präsidenten Álvaro Uribe üben ohnehin heftige Kritik an dem Rückgabegesetz. Gerade sie haben allerdings besonders gute Voraussetzungen, ihre Interessenlagen in staatliche Politik umzusetzen. Die strukturelle Selektivität des kolumbianischen Staates ist für sie nach wie vor günstig, ungeachtet des lautstark ausgetragenen Konfliktes zwischen Ex-Präsident Uribe und seinem Nachfolger Santos, der den Friedensprozess mit der Guerilla anstrengte. Es ist insofern nicht der Frieden, der noch mehr Menschen das Leben kosten könnte, sondern „die gewaltsame Ablehnung durch ultrarechte und paramilitärische Gruppen, die vom Frieden nichts halten. Der Frieden in Kolumbien ist nur möglich über die Rückgabe von Land, das durch alle möglichen illegalen Gruppen geraubt wurde." (Somos Defensores in Deutsche Welle 2016). Der autoritäre Staat wird also über den Friedensprozess verhandelt. Allerdings sind die Hoffnungen auf einen weniger autoritären Staat begrenzt, selbst bei einer konsequenteren Umsetzung der Friedensvereinbarungen (WOLA 2017).

Tatsächlich ist in Kolumbien besonders deutlich, dass ein grundlegender gesellschaftlicher Wandel in der formalen, repräsentativen Demokratie kaum mitgedacht ist. So hatte die Regierung auch in den Friedensverhandlungen jede Diskussion um ein grundlegendes Umdenken in der auf Rohstoffextraktion und Agrarindustrie ausgerichteten Wirtschaftspolitik von vornherein ausgeschlossen. In den letzten beiden Jahrzehnten wurden, u.a. unter Inkaufnahme oder aktiver Beförderung von gewaltsamer Vertreibung, in jedem Fall auf Basis freiwerdender Landflächen, Exporträume etabliert, Bergbau und Agrarindustrie massiv ausgeweitet, Investitionsanreize und Freihandelszonen geschaffen (vgl. Jenss 2016). Auch rechtlich haben 'Bergbauzonen' Priorität; Bergbauprojekten schreibt der Staat einen 'Gemeinwohlnutzen' zu. Eine Diskussion um die Vergabe von Umweltlizenzen führen Umweltbewegungen und Staat seit Jahren (La Silla Vacía 2013; Las2Orillas 2014). Kritiker_innen bemängeln, dass eine Motivation der Regierung für den Friedensprozess mit der FARC das Interesse daran gewesen sei, bisher umkämpfte oder unsichere Gebiete für Investoren bereitzustellen.

Vordergründig hat der Friedensprozess die kolumbianische Gesellschaft stark polarisiert. Dahinter liegen politische Kämpfe darum, welche gesellschaftlichen Sektoren ihre Interessenlagen im staatlichen Terrain verankern können. Die Dynamik institutioneller

Selektivität scheint nun weiterhin diejenigen zu bevorzugen, die vom Klima der Unsicherheit und dem bewaffneten Konflikt eher profitieren konnten. Seit sich mit den Parlamentswahlen im März 2018 konservative bis sehr rechte Parteien die Parlamentssitze fast gänzlich unter sich aufteilten, befand sich die Regierungspartei „U", die ja den Friedensprozess mit den FARC angestrengt hat, in einem Dilemma: Setzt sie auf ihre früheren Verbündeten um Ex-Präsident Álvaro Uribe, so verwässern diese höchstwahrscheinlich ihren größten Erfolg, nämlich einen 60 Jahre währenden Konflikt zu beenden. Tatsächlich scheint hier ungeachtet der international großen Beachtung des Friedensprozesses eine Interessenkonvergenz unterschiedlicher herrschender Fraktionen vorzuliegen.

Dass auch ein bemerkenswerter Teil der Mittelschichten und überhaupt der städtischen Bevölkerung eine Reintegration der FARC ablehnt, ist u.a. durch die wirkmächtigen Kriminalitätsdiskurse der letzten Jahrzehnte zu erklären (García 2016). Alltägliche Grenzziehungen finden hier besonders zwischen denen statt, die als kriminell gelten und deren Handlungen sich angeblich gegen den Staat richten, und denen, deren Aktivitäten, ob gewaltvoll oder nicht, als legitim betrachtet werden. Staatliche Kräfte und *counterinsurgency*-Agenten werden in den dominanten Narrativen häufig humanisiert: Sie töten nicht (*'matar'*), sondern *'dan de baja'*, sind „respektierte Kommandanten, Generäle", „Soldaten des Vaterlands" – sie begehen keine Verbrechen, sondern tun ihre „Pflicht" (Franco Restrepo 2009: 434). Dieses Bild lässt sich allerdings nur aufrechterhalten, da Kriegsverbrechen wie Verschwindenlassen oder selektive Morde unsichtbar werden und Berichte von Betroffenen verstummen (ebd.: 435). Dies bestätigt der Bericht der Grupo Memoria Histórica (2013: 43ff.): Selektive Morde sind in Kolumbien sehr häufig, erfahren aber die geringste öffentliche Beachtung. Das *Centro de Memoria Histórica* fand bereits zu Beginn des Friedensprozesses heraus, dass die Mehrheit der Kolumbianer glaubt, die Guerilla sei hauptverantwortlich für die Gewalt in Kolumbien (Centro de Memoria Histórica 2012). Die offiziellen (wohlgemerkt staatlichen!) Zahlen zeigen (Fiscalía General de la Nación 2012), dass tatsächlich die meisten Gewalttaten, Morde und Vertreibungen Paramilitärs zuzuschreiben sind, die gute Verbindungen zu Militärs und Politiker_innen unterhielten. Auch staatliche Kräfte selbst sind verantwortlich. Die entsprechenden Sicherheits- und Angstdiskurse wirken weiter nach, obwohl die FARC als politische Kraft mit unter

1 % der Stimmen bei der Parlamentswahl im März 2018 keinerlei politische Bedrohung mehr darstellen kann.

Zusammenfassung

Das Kapitel beschäftigte sich mit der Frage, wie ein 'neuer Autoritarismus' in den lateinamerikanischen Gesellschaften ausgestaltet ist. Damit stellt sich die Frage, welche gesellschaftlichen Gruppen in unterschiedlichen Konjunkturen in den autoritären Konjunkturen der Gegenwart in der Lage sind, ihre Interessen und Programme im institutionellen Terrain des Staates zu verankern. Der erste Teil ordnet die Diskussion um aktuelle autoritäre Konjunkturen in den geschichtlichen Kontext ein. Der zweite Teil skizzierte die Diskussion um einen 'neuen Autoritarismus'. Die aktuellen Konjunkturen des Autoritarismus in Brasilien, Mexiko und Kolumbien waren Gegenstand des dritten Abschnitts.

Die 2000er Jahre bedeuteten in Lateinamerika eine 'Epoche der Veränderung'. Einen Wendepunkt in Richtung Autoritarismus gab es auf dem Kontinent ab 2013. Inzwischen lässt sich von einer grundlegenden, historischen Wende im politischen Szenario Lateinamerikas sprechen. Diese ist auch ein Ausdruck globaler Krisen, die ungleiche Auswirkungen haben. Die größere Nähe der Regierungen zu Militärs wird deutlich. Im Sinne eines neuen Autoritarismus entstehen aber keine Diktaturen, sondern es findet eine Aushöhlung demokratischer Mechanismen statt. Im Fall Brasiliens übernahmen traditionelle herrschende Fraktionen die Regierung mittels pseudodemokratischer Verfahren und grenzen sich von einer zunehmend durch *lawfare* und selektive Morde unter Druck geratenen Opposition mittels Kriminalisierungs- und Abwertungsdiskursen ab. Gleichzeitig liberalisierten dieselben traditionell mächtigen Fraktionen erneut die Wirtschaftspolitik und drehten in kurzer Zeit einige der progressiven Maßnahmen der Mitte-Links-Regierung in Sozialpolitik oder im Bereich des Kapitalverkehrs zurück. In Mexiko verschränken sich Staat und kriminelle Strukturen immer deutlicher, und die zunehmende soziale Ungleichheit geht einher mit Verdachtsdiskursen, die Zuschreibungen entlang von *class* und *race* verknüpfen. Kolumbien kann zwar einen abgeschlossenen Friedensprozess zwischen Staat und FARC-Guerilla vorweisen und hat 2016 auf dem Papier einen knapp sechs Jahrzehnte währenden bewaffneten Konflikt beigelegt. Doch die extreme soziale Ungleichheit, die

Rücknahmen und fehlende Umsetzung zentraler Maßnahmen aus dem Friedensvertrag und das konfliktträchtige Wirtschaftsmodell führen dazu, dass die Konfliktursachen nicht grundlegend beseitigt wurden. Die Bedingungen, die den Konflikt über Jahrzehnte auf Dauer gestellt hatten, bestehen fort.

Den Erfolgen in Sozial- und Gesundheitspolitik und dem Abbau der gesellschaftlichen Ungleichheit in einigen lateinamerikanischen Ländern stand damit eine Zuspitzung von sozial-ökologischen Konflikten gegenüber. Der emanzipatorische Horizont der Mitte-Links-Regierungen in Brasilien oder Ecuador wurde durch autoritäre Elemente im Verhältnis Staat-Soziale Bewegungen begrenzt, und die ohnehin starken konservativen Kräfte in Kolumbien oder Mexiko konnten die Angst vor Gewalt als Legitimation für staatlich koordinierte Gewaltausübung mobilisieren. Die politische Konservative ist nicht ohne gesellschaftliche Basis. Die große Verunsicherung, die die fallenden Weltmarktpreise für verschiedene Rohstoffe auslösten, verdeutlicht auch, wie wenig im vergangenen Jahrzehnt dafür getan wurde, die Basis des Wirtschaftsmodells zu transformieren und der Abhängigkeit vom Rohstoffexport entgegenzuwirken (Rooy 2017).

Die autoritäre Erneuerung hat also unterschiedlichste Ausprägungen in Lateinamerika, kann aber nicht ohne die Anforderungen der globalen Wirtschaft und die treibenden Kräfte eines finanzmarktorientierten Wirtschaftsliberalismus gedacht werden.

Literatur

AI (2012): *Culpables Conocidos, Víctimas Ignoradas. Tortura y Maltrato en México*. London: Amnesty International.

Anguiano, Arturo (2010): *El Ocaso Interminable. Política y Sociedad en el México de los Cambios Rotos*. México D.F.: Ediciones Era.

Aristegui Noticias (2012): Los „vuelos de la muerte." *Aristegui Noticias*, 23.04.2012.

Backes, Marcelo (2018): Brasilien droht eine ultrarechte Militärdiktatur, Süddeutsche Zeitung, http://www.sueddeutsche.de/kultur/brasilien-nichts-anderes-als-eine-gewoehnliche-leiche-1.3942953, aufgerufen 13.04.2018.

BBC (2017): Colombia's Farc rebels complete move to demobilisation zones. BBC, http://www.bbc.com/news/world-latin-america-39018686, aufgerufen 22.11.2017.

Becker, Joachim (2008): Der kapitalistische Staat in der Peripherie – polit-ökonomische Perspektiven. *Journal für Entwicklungspolitik* 2008: 10-32.

Berke Galemba, Rebecca (2017): *Contraband Corridor: Making a Living at the Mexico-Guatemala Border*. 1 edition. Stanford, California: Stanford University Press.

Boris, Dieter (2013): Staatlichkeit und Transformationsprozesse in Lateinamerika. Eine aktuelle Debatte. *Sozialismus, VSA-Verlag* Supplement.

Brand, Ulrich/Dietz, Kristina/Lang, Miriam (2017): Analyse: Ende des „progressiven Zyklus" in Lateinamerika – neue Herausforderungen für soziale Bewegungen. *Forschungsjournal Soziale Bewegungen* 30: 96-101. doi:10.1515/fjsb-2017-0013.

Bruff, Ian (2014): The Rise of Authoritarian Neoliberalism. *Rethinking Marxism* 26: 113-129. doi:10.1080/08935696.2013.843250.

Cámara de Diputados (2008): *Iniciativa Mérida. Compendio*. SPE-CI-A-02-08. México D.F.: Centro de Documentación, Información y Análisis del Congreso.

Cardoso, Fernando (1978): Sobre la Caracterización de los Regímenes Autoritarios en América Latina. In: Collier, David (ed.):): El Nuevo Autoritarismo en América Latina. Princeton: Princeton University Press, 39-64.

Cardoso, Fernando/Faletto, Enzo (1976): Die Notwendigkeit einer umfassenden Analyse von Entwicklung. *Abhängigkeit und Entwicklung in Lateinamerika.*, ed. Fernando Cardoso and Enzo Faletto, 15-38. Frankfurt a.M.: Suhrkamp.

Centro de Memoria Histórica (2012): *Encuesta Nacional. Qué piensan los Colombianos después de siete anos de justicia y paz?* Bogotá: Centro de Memoria Histórica.

CEREN (2007): Seminario Internacional sobre Estado y Derecho en un período de transformación (1973). *OSAL* VIII: 211-233.

CLACSO (2018): Crónica de una sentencia anunciada. El Proceso Lula. Buenos Aires: CLACSO.

Comité Cerezo (2012): *Informe de violaciones a los derechos humanos*. México D.F.: Comité Cerezo.

ECLAC (2016): *Panorama Fiscal de América Latina y el Caribe 2016. Las finanzas públicas ante el desafío de conciliar austeridad con crecimiento e igualdad*. Santiago de Chile: Comisión Económica para América Latina y el Caribe (CEPAL).

El Colombiano (2017): Nació Ecomun, la cooperativa de las Farc, 04.07.2017, http://www.elcolombiano.com/colombia/acuerdos-de-gobierno-y-farc/nacio-ecomun-la-cooperativa-de-las-farc-FK6840632, aufgerufen 22.11.2017.

Cruz, José Miguel (2010): Estado y violencia criminal en América Latina. Reflexiones a partir del golpe en Honduras. *Nueva Sociedad*: 67-84.

da Silva, Luiz Inácio Lula (2009): Green aims in the Amazon. *The Guardian*, 28.03.2009, https://www.theguardian.com/commentisfree/2009/mar/28/climate-change-amazon-forests-brazil

- (2010): Speech by Pres. Lula at a rally for the Belo Monte Dam, International Rivers 22.06.2010, Altamira, https://internationalrivers.org/resources/speech-by-pres-lula-at-a-rally-for-the-belo-monte-dam-4293
- Deutsche Welle (2016): Colombia: la guerra contra la paz es una lucha por las tierras robadas, http://www.dw.com/es/colombia-la-guerra-contra-la-paz-es-una-lucha-por-las-tierras-robadas/a-19481223, aufgerufen 23.03.2018.
- Estrada Álvarez, Jairo/Moreno Rubio, Sergio (2008): Configuraciones (criminales) del capitalismo actual – Tendencias de análisis y elementos de interpretación. In *Capitalismo criminal. Ensayos críticos*, ed. Jairo Estrada Álvarez, 13-62. Bogotá: Universidad Nacional de Colombia.
- Faiola, Anthony/Lopes, Marina (2018): A black female politician was gunned down in Rio. Now she's a global symbol, https://www.washingtonpost.com/world/the_americas/a-black-female-politician-was-gunned-down-in-rio-now-shes-a-global-symbol/2018/03/19/98483cba-291f-11e8-a227-fd2b009466bc_story.html?noredirect=on&utm_term=.207a643e79b2, aufgerufen 24.04.2018.
- Fazio, Carlos (1996): *El Tercer Vínculo. de la Teoría del Caos a la Teoría de la Militarización*. México D.F.: Editorial Joaquín Mortíz/Editorial Planeta.
- Fiscalía General de la Nación (2012): Estadísticas Unidad Nacional de Fiscalías para la Justicia y Paz. Bogotá: Fiscalia.
- Franco Restrepo, Vilma Liliana (2009): *Orden Contrainsurgente y dominación*. Bogotá: Instituto Popular de Capacitación/Siglo del Hombre Editores.
- Franco Restrepo, Vilma Liliana/Juan Diego Restrepo Echeverri (2007): Dinámica reciente de reorganización paramilitar en Colombia. *Controversia de CINEP*: 64-95.
- GARA (2016): „Las FARC ya habían previsto esto y defenderán el Acuerdo". *GARA*, 05.10.2016.
- García, Alexandra (2016): De por qué odiamos a las Farc (y no tanto a los paras ...). *La Perorata* Blog. https://laperorata.wordpress.com/2016/10/10/de-por-que-odiamos-a-las-farc-y-no-tanto-a-los-paras/, aufgerufen 22.04.2018.
- Glasius, Marlies (2018): What authoritarianism is ... and is not: a practice perspective. *International Affairs* 94: 515-533. doi:10.1093/ia/iiy060.
- Goldstein, Ariel Alejandro (2016): The contribution of the liberal-conservative press to the crisis of Dilma Rousseff's second term, *Cogent Social Sciences* Vol. 2 (1), 1-13.
- Grupo de Memoria Histórica (2013): *Basta Ya! Colombia: Memorias de Guerra y Dignidad*. Bogotá: Centro Nacional de Memoria Histórica.

The Guardian (2016): A lot of testosterone and little pigment. Brazil's old elite deals a blow to diversity, https://www.theguardian.com/world/2016/may/13/brazil-dilma-rousseff-impeachment-michel-temer-cabinet.

Hauck, Gerhard (2004): Schwache Staaten? Überlegungen zu einer fragwürdigen entwicklungspolitischen Kategorie. *Peripherie* 24: 411-427.

Herrmann, Boris (2018): Ein tiefer Riss geht durch Brasilien, Süddeutsche Zeitung, http://www.sueddeutsche.de/politik/korruptionsaffaere-ein-tiefer-riss-geht-durch-brasilien-1.3932411, 05.04.2018, aufgerufen 13.04.2018.

Hönke, Jana/Müller, Markus-Michael (2016): *The Global Making of Policing: Postcolonial Perspectives*. London; New York, NY: Taylor & Francis Ltd.

HRW (2013): *Mexico's Disappeared. The Enduring Cost of a Crisis Ignored*. Washington D.C.: Human Rights Watch (HRW).

Igarapé Institute (2017): Latinoamérica puede bajar el homicidio en un 50 por ciento en 10 años ¿Cómo hacerlo? Igarapé/Campanha Instinto de Vida. https://igarape.org.br/wp-content/uploads/2017/06/Campanha-Instinto-ES-13-06-web.pdf, aufgerufen 22.04.2018.

Jenss, Alke (2016): *Grauzonen staatlicher Gewalt. Staatlich produzierte Unsicherheit in Kolumbien und Mexiko*. Bielefeld: transcript.

La Silla Vacía (2013): El debate sobre las licencias ambientales „exprés." *La Silla Vacía*, 06.05.2013.

Las2Orillas (2014): „No fue tan grave la tragedia de Casanare ... solo se murieron 6 mil chigüiros", dice ministra de Medio Ambiente. *Las2Orillas*, 02.04.2014.

Lasusa, Mike (2015): Giuliani in Rio. *Jacobin*.

Lechner, Norbert, ed. (1981): *Estado y política en América latina*. México D.F.: siglo XXI editores.

Lesgart, Cecilia (2003): Usos de la transición a la democracia. Ensayo, ciencia y política en la década del ochenta, *estudios sociales* 22·23, 16-185.

Levitsky, Steven/Way, Lucan (2004): Elecciones sin democracia. El surgimiento del autoritarismo competitivo. *Estudios Políticos* 24, 159-176.

Maldonado Aranda, Salvador (2010): Globalización, territorios y drogas ilícitas en los estados-nación. Experiencias latinoamericanas sobre México. *Estudios Sociológicos* 28: 411-442.

Mariátegui, José Carlos (2007): *Siete ensayos sobre la realidad peruana*. Lima: Biblioteca Ayacucho.

Marini, Ruy Mauro (1991): *Dialéctica de la dependencia*. 11th ed. México D.F.: Ediciones Era.

Martuscelli, Danilo (2018): Notas sobre la naturaleza de clase en la actual crisis brasilena. *Revista Memoria*. https://revistamemoria.mx/?p=1293, 23.11.2018.

Martuscelli, Danilo/Svampa, Maristella (1993): Notas para una historia de la sociología latinoamericana, *Revista Sociología* 8 (23), 1-17.

Modonesi, Massimo (2016): ¿Fin de ciclo de los gobernieros progresista en América Latina? *Revista Memoria*, https://revistamemoria.mx/?p=706

Mora, Mariana (2013): La criminalización de la pobreza. *Revista de Estudos & Pesquisas sobre as Américas* 7: 174-208.

Nos están matando (2018): *Las2orillas*. https://www.las2orillas.co/nos-estan-matando/, 24.08.2018.

Oberndorfer, Lukas (2015): From new constitutionalism to authoritarian constitutionalism: New Economic Governance and the state of European democracy. In *Asymmetric Crisis in Europe and Possible Futures*, ed. Johannes Jäger and Elisabeth Springler. London: Routledge, 186-207.

O'Donnell, Guillermo (2009): *El Estado burocrático autoritario 1966-1973: triunfos, derrotas y crisis*. 1. ed. Buenos Aires: Prometeo Libros.

– (1994): „Delegative democracy". *Journal of Democracy*, 5, Washington, John Hopkins University Press.

Osorio, Jaime (2009): México frente a América Latina: el nuevo autoritarismo. In *El Estado mexicano. Historia, estructura y actualidad de una forma política*, ed. Gerardo Ávalos Tenorio, 109-126. México D.F.: Universidad Autónoma Metropolitana Unidad Xochimilco.

Pansters, Wil (2012): Zones of State-Making. Violence, Coercion and Hegemony in Twentieth-Century Mexico. In *Violence, Coercion, and State-Making in Twentieth-Century Mexico: The Other Half of the Centaur*, ed. Wil Pansters, 3-39. Stanford University Press.

Pimmer, Stefan/Schmidt, Lukas, ed. (2016): *Journal für Entwicklungspolitik 3/2015: Dependenztheorien reloaded*. Mattersburger Kreis für Entwicklungspolitik.

Poulantzas, Nicos (2002): *Staatstheorie. Politischer Überbau, Ideologie, Autoritärer Etatismus*. Hamburg: VSA-Verlag.

Presidencia de la República Colombiana/Ministerio de Defensa (2003): Política de Defensa y Seguridad Democrática. Bogotá: MinDefensa.

Quijano, Aníbal (2000): Coloniality of Power, Eurocentrism and Latin America. *Nepantla: Views from South* 1: 533-580.

Rodríguez Rejas, María José (2010): El Proceso de Militarización en México: un caso ejemplar. In *América Latina: Estado y sociedad en cuestión*, ed. José María Calderón Rodríguez, o.S. México D.F.: Editorial Edimpo.

Roncallo, Alejandra (2013): *The Political Economy of Space in the Americas: The New Pax Americana*. New York, NY [u.a.]: Routledge.

Rooy, Fidel de (2017): Interview with Maristella Svampa: crisis de los gobiernos progresistas en América Latina. *Portal de Sociología Latinoamericana.*

Roux, Rhina (2011): Ausencia de Ley. El Desmoronamiento del Estado Mexicano. In *Violencia y Crisis del Estado. Estudios sobre México,* ed. Jaime Osorio, 63-84. México D.F.: UAM-Xochimilco,Depto. de Ciencias Sociales.

Santos, Boaventura De Sousa (2004): *Reinventar la democracia: reinventar el Estado.* Quito: Ediciones Abya-Yala.

Singer, A. (2013): classes e ideologias cruzadas. Brasil, junho de 2013, *Novos Estudos – CEBRAP, 97,* 23-40.

Tansel, Cemal Burak, ed. (2016): *States of Discipline: Authoritarian Neoliberalism and the Contested Reproduction of Capitalist Order.* Boulder, New York: Rowman & Littlefield International.

Thwaites Rey, Mabel (2010): Después de la globalización neoliberal: Qué Estado en América Latina? *OSAL (Buenos Aires: CLACSO)* XI: 19-43.

Villas Bôas, Bruno; Guimarães, Ligia (25.04.2018): Na Grande SP, a pobreza extrema cresce 35% em um ano, Valor, http://www.valor.com.br/brasil/5480737/na-grande-sp-pobreza-extrema-cresce-35-em-um-ano, aufgerufen 26.04.2018.

Wallerstein, Immanuel (2018): Lula Arrested: How Successful a Coup? 15.04.2018, Blog Wallerstein, https://www.iwallerstein.com/lula-arrested-how-successful-a-coup/, aufgerufen 22.04.2018.

WOLA (2017): Rescuing Colombia's Post-Conflict Transitional Justice System, Monitoring Process in Peace Dialogues, http://colombiapeace.org/2017/11/30/rescuing-colombias-post-conflict-transitional-justice-system/, aufgerufen 22.01.2018.

UNDP (2013): *Regional Human Development Report 2013-2014. Citizen Security with a Human Face: Evidence and Proposals for Latin America.* New York: United Nations Development Programme.

Zavaleta, René (1979): Nota sobre fascismo, dictadura y coyuntura de disolucion. *Revista Mexicana de Sociología* 41: 75-85.

Zelik, Raul (2009): *Die kolumbianischen Paramilitärs. Terroristische Formen der Inneren Sicherheit.* Münster: Westfälisches Dampfboot.

Corinna Dengler
Alltägliche Grenzziehungen
Die Rolle der nicht-monetären Versorgungsökonomie in einer (Post-)Wachstumsgesellschaft

Gewerkschaften und politische Parteien feiern in vielen Ländern der Welt jedes Jahr am 1. Mai historische Errungenschaften der Arbeiter*innenbewegung. Die 'Arbeit' die am 'Tag der Arbeit' gefeiert wird – nämlich die formell regulierte, bezahlte Erwerbsarbeit – ist jedoch nur ein Teil der gesellschaftlich notwendigen Arbeit. Der andere, weitaus größere Teil der für eine florierende Gesellschaft notwendigen Arbeit geschieht unentgeltlich und im Schatten der Lohnarbeit: Kinder großziehen, Angehörige pflegen und den Haushalt in Stand halten, also Tätigkeiten, die von feministischen Ökonom*innen unter den Begriffen 'Sorgearbeit', 'Reproduktionsarbeit' oder '*Care*-Arbeit' gefasst werden. Diese 'unsichtbare Arbeit' wird in unserem Wirtschaftssystem als selbstverständlich betrachtet und gleichzeitig gesellschaftlich geringgeschätzt, obwohl sie die notwendige Voraussetzung für jede 'formelle Arbeit' ist. Ähnlich ist es mit der Aneignung von Natur, die die Grundvoraussetzung für jeglichen Produktionsprozess darstellt. Sie erfolgt unentgeltlich und negative Auswirkungen auf die Natur durch die kapitalistische Produktionsweise werden in der Mainstream-Ökonomie (wenn überhaupt) als 'Externalitäten' behandelt, nicht aber als zentraler Gegenstandsbereich der Ökonomie. An diesen beiden Beispielen wird deutlich, dass gemeinhin nur ein kleiner Teil der Ökonomie – nämlich der, der im Bruttoinlandsprodukt (BIP) gezählt wird – sichtbar und gesellschaftlich anerkannt ist, während nicht-monetär vermittelte Aktivitäten unsichtbar bleiben. Obwohl das unter Wasser liegende Fundament der 'Eisberg-Ökonomie' (Mies, 2005) die Grundlage für jeden im BIP sichtbaren (da monetär erfassten) Produktionsprozess darstellt, wird es durch kapitalistische Landnahmen strukturell abgewertet, ausgebeutet und zerstört.

Dieser Beitrag befasst sich mit der Frage, wie die strukturelle Abwertung von meist weiblich konnotierter Reproduktionsarbeit und Ökosystemfunktionen durch die monetäre Marktökonomie überwunden werden kann. In einem ersten Schritt wird die im Beitrag behandelte 'alltägliche Grenzziehung' zwischen der monetären Markt- und der nicht-monetären Versorgungsökonomie unter Rückbezug auf zahlreiche feministische Ökonom*innen und in Anlehnung an eigene theoretische Vorarbeiten (Dengler/ Strunk 2018) konzeptionalisiert. In einem zweiten Schritt wird argumentiert, dass die alltägliche Grenzziehung, die derzeit entlang der Achse der monetären Bewertung erfolgt und Ökosystemfunktionen sowie unbezahlte Sorgearbeit strukturell abwertet, in einem Wachstumsparadigma kaum zu überwinden ist. Verlagerungsstrategien von der nicht-monetären in die monetäre Sphäre konfigurieren die Grenze zwar neu, können sie jedoch nicht auflösen. Einer kurzen Einführung in den *Degrowth*-Diskurs[1] (Abschnitt 3) folgt in Abschnitt 4 eine Diskussion der Frage, inwieweit es möglich ist, die herausgearbeitete alltägliche Grenzziehung in einer *Degrowth*-Gesellschaft durch eine Strategie der emanzipatorischen Entkommerzialisierung zu überwinden. Als Beispiel wird der Vorschlag angeführt, Sorgearbeit in einer Postwachstumsgesellschaft im Zuge einer '*Commonisierung von Care*' zu organisieren. Es wird konstatiert, dass eine Überwindung der alltäglichen Grenzziehung in einer Degrowth-Gesellschaft zwar keineswegs ein Automatismus ist, aber neue Möglichkeitsräume für die strukturelle Aufwertung von Reproduktionsarbeit und Natur geschaffen werden.

1. Alltägliche Grenzziehung im feministisch-ökonomischen Denken

In seinem Buch *Neben uns die Sintflut. Die Externalisierungsgesellschaft und ihr Preis* (2016) beschreibt Stephan Lessenich, dass globale Ausbeutungsverhältnisse und die Auslagerung von ma-

---

1 Der deutschsprachige Diskurs um 'Postwachstum' (v.a. geprägt durch Niko Paech) unterscheidet sich nicht unwesentlich von internationalen Debatten zu '*Degrowth*'. Letztere gehen auf kapitalismuskritische Arbeiten von Serge Latouche zurück und der Fokus liegt – obwohl man sich auch für Suffizienz stark macht – eher auf der Strukturebene. Im Anschluss daran wird in diesem Beitrag der englische '*Degrowth*'-Begriff verwendet, die Begriffe *Degrowth*-Gesellschaft und Postwachstumsgesellschaft werden hingegen synonym verwendet.

nifesten Folgen unseres ressourcenintensiven Lebensstils elementare Bestandteile unseres Wirtschaftssystems sind. Der Gedanke, dass der „Ökonomie unserer modernen industriekapitalistischen Gesellschaft [...] ein Externalisierungsprinzip inne[wohnt]" (Biesecker 2006: 124) ist im feministisch-ökonomischen Denken keineswegs neu. Schon Rosa Luxemburg schrieb 1917:

> Die Kapitalakkumulation kann so wenig unter der Voraussetzung der ausschließlichen und absoluten Herrschaft der kapitalistischen Produktionsweise dargestellt werden, daß sie vielmehr ohne das nichtkapitalistische Milieu in jeder Hinsicht undenkbar ist. (Luxemburg 1990 [1917]: 314).

Dieses für den Kapitalismus notwendige 'nichtkapitalistische Milieu', mit dem Rosa Luxemburg vor allem die Expansion der kapitalistischen Produktionsweise von den damaligen globalen Zentren in die oft durch Subsistenzwirtschaft geprägten Peripherien beschrieben hat, trifft ebenfalls – und darauf haben feministische Ökonom*innen seit den 1980er Jahren immer wieder verwiesen – auf die Aneignung von Natur und Reproduktionsarbeit zu.[2] Die monetäre Marktökonomie bzw. das, was Maria Mies (2005) die Spitze des Eisbergs nennt, kann ohne die unentgeltliche Aneignung des unter Wasser liegenden Teils des Eisbergs – die nicht-monetäre Versorgungsökonomie – nicht bestehen. In Anlehnung daran und an das von Maren Jochimsen und Ulrike Knobloch (1997) entwickelte ICE-Modell, schematisiert Abbildung 1 die Beziehung zwischen der monetären Markt- und der nicht-monetären Versorgungsökonomie. Letztere besteht aus nicht-monetären Ökosystemfunktionen und unbezahlten Sorgetätigkeiten.

Der kostenlose Zugriff auf Naturressourcen und allgemeiner: Ökosystemfunktionen sind der Anfang (Entnahme) und das Ende (Entsorgung) eines jeden Produktionsprozesses (vgl. Deléage 1989: 16). Des Weiteren kann kein Produktionsprozess ohne die Sphäre der Reproduktion stattfinden, in der durch unbezahlte Sorgetätigkeiten (z.B. Kochen, Kinder großziehen, Hausarbeit) die Arbeits-

---

2 Wegweisende Arbeiten von Veronika Bennholdt-Thomsen, Maria Mies und Claudia von Werlhof zur Erweiterung des Luxemburgschen Ansatzes wurden unter dem Namen 'Bielefelder Subsistenzansatz' bekannt. Erste zentrale Aufsätze zum Zusammendenken von Feministischer und Ökologischer Ökonomie finden sich in der 1997 *Ecological Economics* Spezialausgabe *Women, Ecology and Economics*.

Abbildung 1: Alltägliche Grenzziehung zwischen Markt- und Versorgungsökonomie, vgl. Dengler/Strunk 2018.

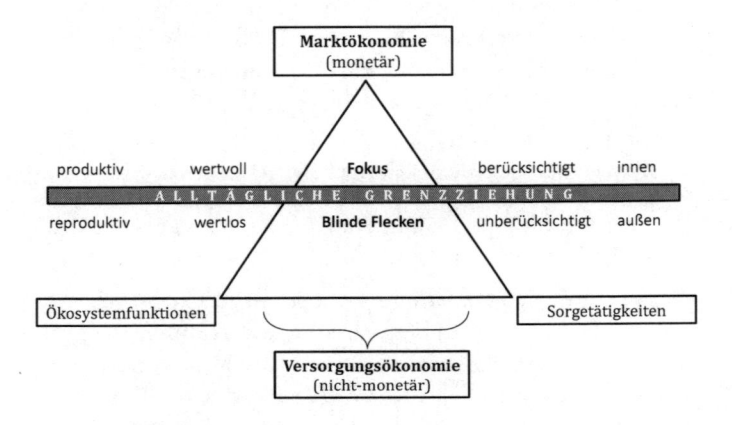

```
                        Marktökonomie
                         (monetär)
                              ▲
                             ╱ ╲
    produktiv    wertvoll   ╱Fokus╲   berücksichtigt   innen
    ══════════════════════ALLTÄGLICHE GRENZZIEHUNG══════════════════════
    reproduktiv  wertlos  ╱Blinde Flecken╲  unberücksichtigt   außen
                         ╱                 ╲
                        ╱_____╲
    ┌──────────────────┐    ⎵⎵⎵⎵⎵⎵⎵    ┌──────────────────┐
    │ Ökosystemfunktionen│              │ Sorgetätigkeiten  │
    └──────────────────┘                └──────────────────┘
                         Versorgungsökonomie
                          (nicht-monetär)
```

kraft aufrechterhalten und (wieder-)hergestellt wird.[3] Diese beiden Eckpfeiler – die 'Basis' des Dreiecks – sind also das notwendige Fundament für jeden Produktionsprozess in der Marktökonomie. Dennoch wird Natur im Zuge dieses Prozesses degradiert und zu nicht unwesentlichen Teilen zerstört, Reproduktionsarbeit wird als 'Nicht-Arbeit' unsichtbar gemacht und gesellschaftlich geringgeschätzt (vgl. Jochimsen/Knobloch 1997; Nelson 2009).

Zwischen der Marktökonomie oben und der Versorgungsökonomie unten im Dreieck verläuft eine Grenze, die – wie Marilyn Waring (1988) in ihrem Buch *If Women Counted* erstmals prominent feststellte – derzeit entlang der Achse dessen, was im BIP 'gezählt' wird, verläuft. Wie Abbildung 1 zeigt, haben feministische Ökonom*innen diese Grenze mit verschiedenen konzeptuellen Dualismen versehen (vgl. z.B. Jochimsen/Knobloch 1997; O'Hara 1997; Mies 2005; Biesecker/Hofmeister 2006). Sie sind sich dabei

---

3 Während die Begriffe Sorgearbeit in Anlehnung an den englischen *Care*-Begriff vor allem auf den Inhalt der sorgenden Tätigkeiten fokussieren, entspringt der Begriff der 'Reproduktionsarbeit' einer marxistisch-feministischen Tradition und ist explizit als Gegensatz zur bezahlten Produktionssphäre konzeptionalisiert (vgl. Winker 2015: 22). In diesem Beitrag wird der Begriff 'Sorgetätigkeiten' verwendet um a) näher am Originalmodell von Jochimsen/Knobloch (1997) zu bleiben und b) die in Kapitel 2 diskutierte Verlagerungsstrategie von unbezahlten zu bezahlten Sorgetätigkeiten besser benennen zu können.

weitgehend einig, dass die Grenze zwischen dem Produktiven und dem Reproduktiven, dem Wertvollen und dem Wertlosen, dem Fokus und den blinden Flecken überwunden werden muss, um eine geschlechtergerecht(er)e Gesellschaft zu erreichen.

Die Hauptthese dieses Artikels ist es, dass eine Überwindung der 'alltäglichen Grenzziehung' zwischen den beiden Sphären in einem Wachstumsparadigma kaum realisierbar ist.[4] Das Bruttoinlandsprodukt kann per definitionem nur monetär Bewertbares erfassen. Eine normative Aufwertung nicht-monetärer Ökosystemfunktionen und unbezahlter Sorgetätigkeiten ist in einem Wachstumsparadigma, das nur wertschätzt, was auch monetär bewertet ist, schwierig umzusetzen. Eine erste, intuitive Lösung zur strukturellen Aufwertung der nichtmonetären Versorgungsökonomie könnte eine 'Sichtbarmachung' der blinden Flecken durch eine Verlagerung in die monetäre Sphäre der Ökonomie sein. Wie wir im nächsten Abschnitt sehen werden, wurden solche Verlagerungsstrategien in den vergangenen Jahrzehnten im großen Stile realisiert. Es geht darum zu zeigen, dass die Verlagerungsstrategien in erster Linie zu 'Scheinlösungen' geführt haben, welche die alltägliche Grenzziehung jedoch nicht auflösen konnten.

2. Verlagerungsstrategien und ihre Tücken

In diesem Abschnitt geht es um Verlagerungsstrategien von der nicht-monetären Versorgungsökonomie in die monetäre Marktökonomie und um die Frage, ob die strukturelle Abwertung von Reproduktionsarbeit und Ökosystemfunktionen auf diese Weise überwunden werden kann. Hierbei wird auch von 'Kommerzialisierung' gesprochen, also davon, dass „Waren oder Dienstleistungen, die bisher nicht käuflich waren, in die Sphäre des Geldes und der Markttransaktion eintreten" (Gómez-Baggethun 2016: 153). Betrachten wir zunächst die rechte Seite des Dreiecks, ergo: die unbezahlten Sorgetätigkeiten.

Bis in die 1970er Jahre war in Deutschland, ähnlich wie in den meisten westeuropäischen Wohlfahrtsstaaten, das sogenannte 'Ernährermodell' (*male breadwinner model*) vorherrschend. Dieses Modell (re-)produzierte die seit der Industrialisierung im bürger-

---

4 In einem Wachstumsparadigma ist Wirtschaftswachstum, gemessen an der prozentualen Veränderung des Bruttoinlandsprodukts, als vorrangiges Ziel der Wirtschaftspolitik definiert (vgl. Wetzel 2016).

lichen Milieu gewachsenen geschlechtsspezifischen Rollenbilder eines männlichen Familienernährers und einer Ehe- und Hausfrau, die für die unbezahlten Sorgetätigkeiten verantwortlich war (vgl. Leitner/Ostner/Schratzenstaller 2004). Lange Zeit stand es auf der feministischen Agenda, Frauen durch die Integration in formelle Lohnarbeitsverhältnisse zu emanzipieren. Mit dem starken Anstieg der Frauenerwerbstätigkeit ab den 1970er Jahren wurde das Ernährermodell durch das Erwerbstätigenmodell (*adult worker model*) abgelöst. Die jedem Produktionsprozess zugrundeliegende Reproduktionsarbeit fiel jedoch weiterhin an. Wie also mit all diesen Formen unbezahlter Sorgetätigkeiten umgehen?

Mascha Madörin (2003: 128) unterscheidet hierzu vier Strategien: Unbezahlte Sorgearbeit lässt sich (1) vermeiden, indem man zum Beispiel weniger Zeit mit den Kindern verbringt oder seltener Staub wischt. Technologische Neuerungen können unbezahlte Sorgearbeiten (2) verändern und dadurch weniger zeitaufwändig machen (z.B. Waschmaschine). Während die meisten unbezahlten Sorgetätigkeiten reduzier-, aber nicht ohne hohe Qualitätseinbußen vermeidbar sind, sind technologische Veränderungen z.B. durch den Einsatz von Robotern vielen Menschen gerade bei direkten Sorgetätigkeiten (Erziehung, Pflege) suspekt (vgl. Knobloch 2013: 17; Winker 2015: 101f.). Eine weitere Strategie ist (3) die (Neu- und Um-)Verteilung von Sorgearbeit zwischen den Geschlechtern. Obwohl diese Strategie infolge des Übergangs vom Ernährer- zum Erwerbstätigenmodell naheliegt, hat sich die geschlechtsspezifische Arbeitsteilung in Bezug auf unbezahlte Sorgearbeit, die in erster Linie Frauen als verantwortlich für die Reproduktionssphäre sieht, als erstaunlich persistent herausgestellt (vgl. Knobloch 2016: 46).[5] Dies führt zu einer Doppelbelastung für erwerbstätige Frauen und es wird deutlich, dass sich Geschlechtergerechtigkeit nicht herstellen lässt, solange nur die bezahlte Arbeit in den Blick genommen wird (vgl. Soiland et al. 2013: 109; Dengler/Strunk 2018: 165ff.). Neben den Strategien der Vermeidung, Veränderung und Verteilung gibt es (4) auch noch die Möglichkeit, unbezahlte Sorgearbeit von der nicht-monetären Versorgungsökono-

---

5 Der 'Gender Care Gap' zeigt anhand von aktuellen Zeitverwendungsstudien, dass erwerbstätige Frauen im Vergleich zu Männern in Deutschland mehr als doppelt so viel Zeit für unbezahlte, direkte Sorgetätigkeiten aufwenden (Sachverständigenkommission zum Zweiten Gleichstellungsbericht der Bundesregierung 2017: 39f.).

mie in die monetäre Ökonomie zu verlagern. Solche Auslagerungen haben in den letzten Dekaden im großen Stil, im Fordismus v.a. in den Staats- und im Zuge der neoliberalen Globalisierung vermehrt in den Marktsektor, stattgefunden (vgl. Theobald 2008: 259; Krenn 2014: 10ff.; Haidinger/Knittler 2016: 129f.).[6] Dabei wurde die unbezahlte Sorgearbeit teilweise vom Haushalt in öffentliche oder private Einrichtungen ausgelagert (z.B. Kindertagesstätten, Pflegeheime). In anderen Fällen wurde der Haushalt selbst zum Ort der monetären Marktökonomie, nämlich dann, wenn Gutverdiener*innen im Zuge der Verlagerungsstrategie Teile der unbezahlten Sorgearbeit an Haushaltshilfen, Nannies und 24-Stunden-Pfleger*innen – meist Frauen, nicht selten mit Migrationserfahrung – auslagerten (vgl. Wichterich 1998; Ehrenreich/Hochschild 2003).

Was passiert bei benannten Verlagerungsstrategien mit der bereits problematisierten alltäglichen Grenzziehung? Die Grenzziehung erfolgt, wie in Abschnitt 1 ausgeführt, entlang dessen, was im BIP gezählt wird, also entlang der Achse einer monetären Bewertung und Bewertbarkeit. Die erste Forderung feministischer Ökonom*innen nach 'Sichtbarmachung der unbezahlten Arbeit' (vgl. Knobloch 2016: 26) konnte durch eine Verlagerungsstrategie teilweise erfüllt werden. Das eigentliche Anliegen, nämlich die gesellschaftliche Anerkennung und strukturelle Aufwertung der Sorgetätigkeiten, bleibt ein unerfülltes Versprechen. Schlechte Bezahlung und prekäre Arbeitsbedingungen sind kennzeichnend für den bezahlten Care-Sektor, unbezahlte Sorgearbeit bleibt unsichtbar (vgl. Winker 2015: 71ff.). Die 'alltägliche Grenzziehung' erfolgt nicht mehr zwingend zwischen weißem Mittelklassemann und weißer Mittelklassefrau, wurde jedoch im Zuge von transnationalen Sorgeketten lediglich verschoben und besteht gesamtgesellschaftlich weiterhin fort. Durch eine Verlagerungsstrategie von unbezahlter zu bezahlter Sorgearbeit, die in einem Wachstumsparadigma bis zu einem gewissen Grad begünstigt wird, lässt sich die 'alltägliche Grenzziehung' folglich nicht

---

6   Es ist der Kürze dieses Artikels geschuldet, dass in Bezug auf die Verlagerungsstrategie nur eine sehr schematische und verkürzte Darstellung für den deutschen Kontext erfolgen kann. Beispielsweise wird nicht diskutiert, dass es mit der Einführung der Pflegeversicherung 1995/1996 in Deutschland auch zu Rückverlagerungstendenzen in Privathaushalte kam. Für einen besseren Überblick lässt sich Kapitel 2 in Gabriele Winkers (2015) Buch *Care Revolution* empfehlen.

auflösen.[7] In einem Wachstumsparadigma mit alleinigem Fokus auf monetär Erfassbares ist ein Fokus auf eine Strategie des Verteilens, bei der nicht-monetäre Werte wie zum Beispiel die Lebensdienlichkeit von Sorgetätigkeiten oder die Qualität zwischenmenschlicher Sorgebeziehungen ins Zentrum gestellt werden, kaum zu erwarten.

Abbildung 2: Verlagerungsstrategien von der Versorgungs- in die Marktökonomie, eigene Darstellung.

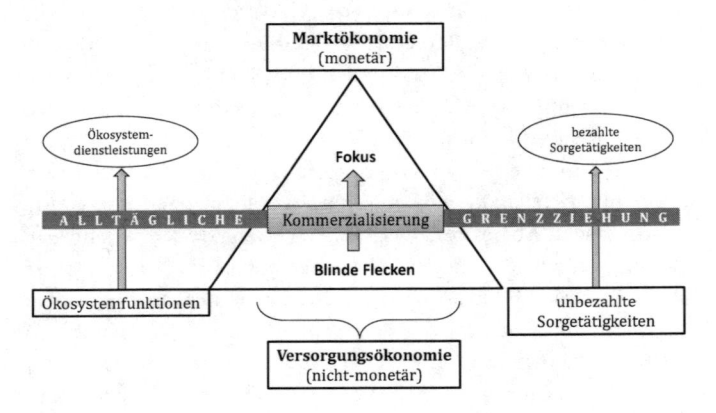

```
                        Marktökonomie
                          (monetär)

  Ökosystem-                                       bezahlte
  dienstleistungen         Fokus              Sorgetätigkeiten

  A L L T Ä G L I C H E  Kommerzialisierung  G R E N Z Z I E H U N G

                       Blinde Flecken
  Ökosystemfunktionen                            unbezahlte
                                             Sorgetätigkeiten

                       Versorgungsökonomie
                        (nicht-monetär)
```

Auf der linken Seite des Dreiecks, den Ökosystemfunktionen, würde eine Verlagerungsstrategie von der nicht-monetären Versorgungs- in die monetäre Marktökonomie bedeuten, dass biozentrische Ökosystemfunktionen in anthropozentrische Ökosystemdienstleistungen umgewandelt werden. Es ist ein Hauptcredo der sogenannten 'grünen Ökonomie', dass sich der Markt über den Preismechanismus selbst reguliert, wenn negative externe Kosten (z.B. Klimawandel) erst einmal im Marktpreis internalisiert werden (z.B. durch CO_2-Zertifikate) (vgl. Brand/Wissen 2017: 149ff.). Um eine 'Einpreisung' möglich zu machen, muss in einem ersten Schritt

---

7 'Bis zu einem gewissen Grad' soll darauf verweisen, dass aufgrund der begrenzten Rationalisierbarkeit und begrenzter Produktivitätssteigerung im Care-Bereich eine komplette Verlagerung von der Reproduktionsarbeit in die monetäre Ökonomie einem Wachstumsparadigma nicht nur abträglich wäre, sondern systemsprengende Wirkung hätte. Auf dieser Erkenntnis baut auch die von italienischen Feminist*innen in den 1970er Jahren prominent vorgebrachte Forderung nach 'Lohn für Hausarbeit' auf.

ein ökonomisches *Framing* für komplexe Ökosystemfunktionen geschaffen werden (vgl. Gómez-Baggethun 2011: 620). Im zweiten Schritt – der Monetarisierung – wird diese dann in einen eindimensionalen monetären Wert gefasst. Wie sollten aber nun durch CO_2 entstandene, hoch fragmentierte Umweltschäden monetär erfasst werden? Bei solchen Fragen tritt ein Problem der Inkommensurabilität (also der Erfassbarkeit zweier Dinge auf der gleichen Skala) auf – insbesondere dann wenn man sich nicht an Tausch- sondern an Gebrauchswerten orientiert. Diese beiden Schritte müssen nicht zwangsläufig zur Kommerzialisierung von Ökosystemfunktionen führen, sie sind jedoch notwendige Vor- und Zuarbeit für diese und die Kommerzialisierung ist oft ihr 'logischer nächster Schritt' (vgl. ebd.: 623f.; Matulis 2014). Dies birgt verschiedene Problemlagen. Erik Gómez-Baggethun (2016: 153) schreibt hierzu:

> „Umweltschützer sind bei der Kommerzialisierung der Natur sowohl Opfer wie Täter. Enttäuscht vom gescheiterten Versuch, die ökologische Krise abzuwenden, greifen viele auf monetäre Bewertung und Marktanreize als pragmatische kurzfristige Strategie zurück. [...] Diese gut gemeinte Strategie übersieht die breiteren soziopolitischen Prozesse, in denen die Märkte ihre Grenzen ausweiten und der monetäre Wert neue Bereiche kolonialisiert. Innerhalb der vorherrschenden institutionellen Rahmenbedingungen ebnet der Fokus auf monetäre Bewertungen und Anreize diskursiv und manchmal auch technisch den Weg für die Kommerzialisierung der Beziehung zwischen Mensch und Natur und kann durch Einführung einer Logik des kurzfristigen wirtschaftlichen Kalküls intrinsische Motivationen für den Naturschutz zurückdrängen."

Im Falle von Ökosystemdienstleistungen kann häufig ein sogenanntes '*Motivation Crowding Out*' beobachtet werden, bei dem der käufliche Erwerb von Zertifikaten gewissermaßen als Ablassbrief für ökologische Sünden gesehen wird. Gerade kommerzialisierte Ökosystemdienstleistungen, wie zum Beispiel der EU-Emissionshandel, kommen in erster Linie dem Wirtschaftswachstum und erst in zweiter Instanz (wenn überhaupt) der Eindämmung zerstörerischer Naturverhältnisse zu Gute (vgl. Spash 2010). Was bedeutet das nun für die in Abschnitt 1 diskutierte alltägliche Grenzziehung? Ähnlich wie bei den unbezahlten Sorgetätigkeiten, werden auch Ökosystemfunktionen durch eine Verlagerung in die monetäre Sphäre zunächst einmal sichtbar. Ähnlich ist allerdings auch, dass die Grenze durch die Verlagerungsstrategie in einem Wachstumsparadigma nicht aufgelöst werden kann, sondern sich neu konfiguriert. In einem Wachstumsparadigma ergibt sich aus der Idee, der strukturellen Zerstörung der Natur durch eine Verlagerung in die monetäre Ökonomie zu begegnen, eine neue Akkumulationsstrategie (vgl. Smith 2007).

In diesem Abschnitt wurde diskutiert, dass die problematische alltägliche Grenzziehung zwischen monetärer und nicht-monetärer Ökonomie in einem Wachstumsparadigma weitgehend – wenn auch an anderen Stellen und auf andere Arten – reproduziert wird. Dies ist in erster Linie dadurch bedingt, dass in einem Wachstumsparadigma in monetären Einheiten gemessenes Wirtschaftswachstum und nicht etwa eine geschlechtergerechte Arbeitsteilung oder ein nachhaltiger Umgang mit der Natur im Zentrum des wirtschaftspolitischen Interesses stehen. *Degrowth* stellt sich dezidiert gegen diese problematische Zentralität des Wirtschaftswachstums und fordert eine Ausrichtung an anderen Indikatoren (z.B. 'Lebensdienlichkeit'). Der folgende Abschnitt stellt *Degrowth* vor, um diskutieren zu können, ob eine Postwachstumsgesellschaft zu einer Überwindung der alltäglichen Grenzziehung und einer strukturellen Aufwertung der nicht-monetären Versorgungsökonomie führen kann.

3. *Degrowth* – was ist das eigentlich?

Seit der Veröffentlichung des *Club of Rome*-Berichts 'Die Grenzen des Wachstums' (Meadows et al. 1972) sind die planetarischen Grenzen der Erde ins Zentrum von gesellschaftspolitischen Diskursen gerückt. Konzepte wie 'nachhaltige Entwicklung' und 'grüne Ökonomie' propagieren, dass durch ökologische Modernisierung ökonomische, soziale und ökologische Aspekte miteinander in Einklang gebracht werden könnten, ohne dass das Wachstumsparadigma grundlegend hinterfragt werden müsste. Die vergangenen Dekaden (und schon viel früher: Jevons!)[8] haben gezeigt, dass relative Entkoppelung möglich ist, absolute Entkop-

---

8 William Stanley Jevons beschrieb 1865 in seinem Werk *The Coal Question*, dass Effizienzsteigerungen in der Kohleförderung nicht etwa zu einem Verbrauch von weniger Kohle sondern im Gegenteil zu einer erhöhten Nachfrage nach Kohle führte. Diese Beobachtung ging als 'Jevons Paradoxon' in die ökonomische Literatur ein und stellt die Grundlage für die Diskussion um Rebound-Effekte dar.

pelung in einem Wachstumsparadigma jedoch durch Rebound-Effekte de facto nicht stattfindet (vgl. Herring 2006, Santarius 2012). *Degrowth*, als akademischer Diskurs und soziale Bewegung, sieht das Wachstumsparadigma als eng verwoben mit der ökologischen Krise und stellt radikal in Frage, ob 'das Gleiche in Grün' die Lösung für diese sein kann.

Der *Degrowth*-Diskurs hat seinen Ursprung in Debatten wie der ökologischen Ökonomie und der politischen Ökologie. Der Begriff wurde 1979 von Nicholas Georgescu-Roegen geprägt und dient spätestens seit der ersten Degrowth-Konferenz in Paris 2008 als (Selbst-) Bezeichnung für einen lebendig gedeihenden akademischen Diskurs, der sich im Sinne aktivistischer Wissenschaft auch in zahlreichen sozialen Bewegungen manifestiert (Dengler/Nogly 2019). Es geht dabei um eine Kritik von zerstörerischen Naturverhältnissen, 'imperialer Lebensweise' (Brand/Wissen 2017) und Scheinlösungen wie grünem Wachstum. *Degrowth* – auch wenn der Begriff anderes vermuten lässt – ist kein (rein) ökonomisches Konzept, das für eine schlichte Umkehrung des Wachstumsparadigmas eintritt, obwohl eine Wachstumsrücknahme in vielen Sektoren und Weltregionen durchaus Teil einer *Degrowth*-Transformation ist (vgl. Kallis/Demaria/D'Alisa 2016: 20ff.). Stattdessen stellt *Degrowth* das Primat des Wirtschaftswachstums in Frage und plädiert dafür, das Gute Leben für Alle in den Mittelpunkt zu stellen (vgl. Muraca 2013; Demaria et al. 2013). Es geht also darum, der Analyse des schlechten Bestehenden eine 'konkrete Utopie' (Bloch 1959) gegenüberzustellen. Es geht nicht um bloßen Verzicht, sondern darum, das Sein wieder vor das Haben zu stellen (Fromm 1976), um Konvivialität (Illich 1973), um Zeitsouveränität und kollektive und demokratische Aushandlungsprozesse darüber, was denn eigentlich 'das gute Leben' ist (vgl. Muraca 2015: 11). In diesem Sinne strebt *Degrowth* nach einer Alternative zum Status Quo und einer Transformation zu einer sozial gerechten und ökologisch nachhaltigen Gesellschaft.

Degrowth ist ein Sammelbegriff für eine Vielzahl von Ansätzen, die der Suche nach Alternativen zum Status Quo mit unterschiedlicher Radikalität nachgehen (vgl. Ott 2012). Wie Federico Demaria et al. (2013: 207) schreiben, bietet diese Vielfalt der Positionierungen in erster Linie eine Chance, durch komplementäre Strategien eine weitreichendere Transformation zu einer Postwachstumsgesellschaft zu ermöglichen. Matthias Schmelzer (2015: 118) unterscheidet fünf Stränge innerhalb des deutschen *Degrowth*-Diskurses:

einen sozialreformerischen, einen suffizienzorientierten, einen feministischen, einen antikapitalistischen und einen konservativen Strang. Die ersten vier dieser Stränge schließen sich nicht gegenseitig aus. Gemäß dieser Unterscheidung wäre das hier vertretene *Degrowth*-Verständnis in seinem Anspruch feministisch und antikapitalistisch, mit einigen sozialreformerischen Vorschlägen wie einer Erwerbsarbeitszeitverkürzung (vgl. Dengler/Strunk 2018) und einer materiellen Grundsicherung, sowie einer Betonung von Suffizienz als Bestandteil einer *Degrowth*-Transformation. Zudem sollte *Degrowth*, um seinen emanzipatorischen Ansprüchen gerecht zu werden, auch globale Machtverhältnisse in den Blick nehmen und diesen dekoloniale Perspektiven entgegensetzen (Dengler/Seebacher 2019). Von einem konservativen und/oder rechtspopulistischen Verständnis von *Degrowth*, wie es z.B. Meinhard Miegel (2010) vertritt, grenzt sich die hier vertretene konkrete Utopie einer Degrowth-Gesellschaft durch die Betonung von grenzloser Solidarität dezidiert ab.

4. Alltägliche Grenzziehungen in einer Postwachstumsgesellschaft

Zu Beginn dieses Beitrags wurden die Abwertung der nicht-monetären Versorgungsökonomie durch die monetäre Marktökonomie und die in einem Wachstumsparadigma kaum zu überwindende alltägliche Grenzziehung zwischen den beiden Sphären problematisiert. Abschnitt 2 hat sich sodann mit der (Schein-)Lösung, nicht-monetäre Sorgetätigkeiten und Ökosystemfunktionen zu monetarisieren, beschäftigt. Einer solchen Strategie würden *Degrowth*-Vertreter*innen gemeinhin kritisch gegenüberstehen. Wie Erik Gómez-Baggethun (2016: 153) ausführt, ist *Degrowth* nämlich nicht nur Wachstumskritik, sondern auch „Kritik an der kolonialisierenden Ausweitung der Werte der Logik und der Sprache des Marktes auf bisher unberührte soziale und ökologische Bereiche". Im Dreieck aus Abbildung 1 macht sich *Degrowth*, ähnlich wie auch Debatten um *Commons* und Solidarische Ökonomie, auf der linken Seite für *bottom-up*-Ansätze und die Entkommerzialisierung von Natur stark (vgl. Matulis 2014: 157). In Bezug auf die rechte Seite des Dreiecks gibt es im *Degrowth*-Diskurs bisher kaum Konzepte, die sich explizit mit der Frage beschäftigen, wie unbezahlte Sorgearbeit in einer Postwachstumsgesellschaft organisiert sein könnte. In diesem Abschnitt wird ein Vorschlag, der an anderer Stelle ausgearbeitet wurde (Dengler/Lang, im Erscheinen), vorgestellt, nämlich die *'Commonisierung von Care'*.

Bei der *'Commonisierung von Care'* geht es um eine schrittweise, emanzipatorische Entkommerzialisierung von Sorgetätigkeiten, also de facto um eine Umkehrung der problematisierten Strategie der Verlagerung. Hierbei werden der monetären Ökonomie zugerechnete, bezahlte Sorgetätigkeiten schrittweise wieder in die Sphäre der nicht-monetären Versorgungsökonomie rückverlagert. Worum es *nicht* geht ist (a) ein radikaler Bruch mit Wohlfahrtsstaatlichkeit und (b) eine Rückverlagerung der Sorgearbeit in die heteronormative Kleinfamilie. Vielmehr basiert der Vorschlag auf der Überzeugung, dass Sorgearbeit in einer Postwachstumsgesellschaft zu großen Teilen kollektiv und dezentral, am guten Leben ausgerichtet, unbezahlt und dennoch gesellschaftlich anerkannt, erfüllt werden kann. Die monetäre Ökonomie und insbesondere der Staatssektor werden hier auf unabsehbare Zeit noch eine wichtige Funktion einnehmen.[9] Die Annahme ist jedoch, dass in einer *Degrowth*-Gesellschaft derartig gedeihende *bottom-up* Care-Initiativen in der Sphäre der nicht-monetären Versorgunsökonomie *top-down* Care-Strukturen nach und nach überflüssig(er) machen. Für polyzentrisch gedeihende *Care*-Initiativen gibt es zahlreiche Beispiele, etwa die commonisierten Kindergärten im spanischen Marinaleda, die Solidaritätsklinik in Thessaloniki, die mobile Nachbarschaftspflege Buurtzorg (die ganze 75 % der mobilen Pflege in Holland abdeckt – vgl. Narbeshuber 2017), die Solidargemeinschaft zur Gesundheitsversorgung Artabana und Volxküchen überall auf der Welt.

Dass es sich bei commonisierter Sorge nicht automatisch um 'gute', geschlechtergerechte Sorge handelt, ist selbstredend. Maren Jochimsen und Ulrike Knobloch (2006: 15) merken an, dass die Verlagerung von Sorgetätigkeiten in die nicht-monetäre Versorgungsökonomie bei gleichbleibender geschlechtsspezifischer Ar-

---

9 Zur Rolle des Staates im Care-Bereich schreibt Friederike Habermann (2016: 84) sehr treffend: „Zum gegenwärtigen Zeitpunkt darf der Staat gerade im Bereich Care nicht aus der Verantwortung entlassen werden. Aber als politische Bewegung, die eine Transformation der Arbeits- und Lebensverhältnisse anstrebt, dürfen wir uns auch nicht darauf ausruhen. Wenn staatliche Versorgung unsere Perspektive einer Revolution ist, wird es auch nicht darüber hinausgehen".

beitsteilung feministischen Interessen durchaus abträglich sein kann (vgl. hierzu auch Bauhardt 2017: 221). Im oben genannten Beispiel Buurtzorg zeigt sich, dass 90 % der Angestellten Frauen sind und Geschlechterbilder wie die 'pflegende Frau' dadurch zementiert werden. In einer Degrowth-Gesellschaft geht es damit um keinen Automatismus für gute, geschlechtergerechte Sorge, sondern um das Schaffen von Möglichkeitsräumen, in denen eine Verteilungsstrategie in den Blick genommen werden kann und in denen fernab von kapitalistischen Effizienzkalkülen 'gute', geschlechtergerechte Sorge denk- und zunächst im kleinen, später in größerem Rahmen umsetzbar wird. Ähnlich wie bei Fragen des guten Lebens gibt es auch bei der Strategie der *'Commonisierung von Care'* keine Blaupause, stattdessen braucht es demokratische Aushandlungsprozesse.

Zentral ist in Bezug auf die herausgearbeitete alltägliche Grenzziehung, dass die theoretische Möglichkeit besteht, die strukturell abgewerteten 'blinden Flecken' der Ökonomie ins Zentrum zu stellen. Die alltägliche Grenzziehung zwischen der monetären Markt- und der nicht monetären Versorgungsökonomie wird sich in einer Degrowth-Gesellschaft nicht automatisch auflösen. Durch ein Abrücken von einem Fokus auf (in monetären Einheiten gemessenes) BIP-Wachstum wird aber ein Möglichkeitsraum für neue Bewertungssprachen geschaffen. Arbeit würde dann z.B. nicht mehr notwendigerweise entlang der Achse der Bezahlung mit Lohnarbeit gleichgesetzt, sondern es könnte zwischen gesellschaftlich gewünschten Formen von Lohn-, Sorge-, Subsistenz-, Gemein- und Eigenarbeit[10] im Gegensatz zu destruktiven Arbeiten, z.B. in der Kohle- oder Rüstungsindustrie unterschieden werden (vgl. Notz 2011: 91). Obwohl es immer noch eine monetäre und eine nicht-monetäre Ökonomie geben wird, wird nicht mehr aufgrund dieser Grenze entschieden, was gesellschaftlich wertgeschätzt wird, sondern z.B. mit Hilfe des Kriteriums der 'Lebensdienlichkeit' (Ulrich 1997).

---

10 Ob wir, wenn die 'anderen Formen der Arbeit' gegenüber der Lohnarbeit erst einmal aufgewertet sind, noch von Arbeit sprechen oder – wie Tobi Rosswog in seinem neuen Buch *'After Work – Radikale Ideen für eine Gesellschaft jenseits der Arbeit'* auch schon für das Hier und Jetzt vorschlägt – den Begriff der 'Arbeit' durch den schöneren Begriff des 'Tätigseins (aus intrinsischer Motivation)' ersetzen und somit aus dem Dilemma, dass plötzlich 'alles Arbeit ist' herauskommen können, wird hoffentlich in nächster Zeit für viel Diskussion unter feministischen Ökonom*innen und Degrowth-Theoretiker*innen sorgen.

Abbildung 3: Strategie der emanzipatorischen Entkommerzialisierung in einer Postwachstumsgesellschaft, eigene Darstellung.

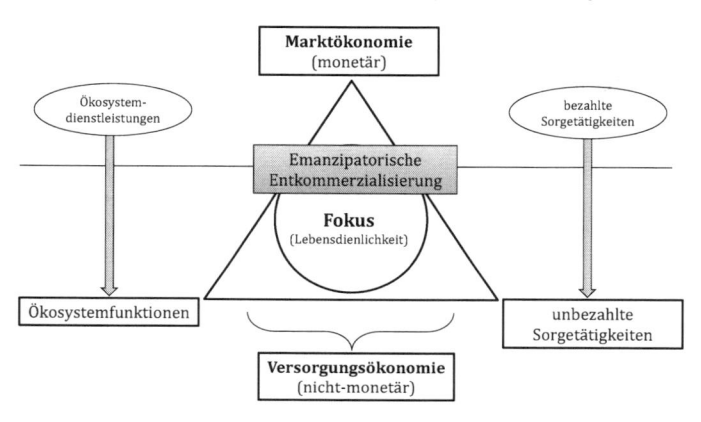

Theoretische Konzepte, wie z.B. der Vorschlag einer Commonisierung von Care, können richtungsweisend für eine Transformation hin zu einer sozial gerechten und ökologisch nachhaltigen Postwachstumsgesellschaft sein. Es geht jedoch maßgeblich darum, nicht in dem, was Julie Nelson (2009: 7) als sehr lokale und sehr utopische '*soft places*' bezeichnet, zu verharren. Anstelle von in Turmzimmern und Universitäten gelagerten Plänen für den gesamtgesellschaftlichen Umsturz steht eine polyzentrisch gedeihende, schrittweise Transformation im Zentrum der Überlegungen. Es geht, wie Rolf Schwendter in seinem Büchlein *Utopie. Überlegungen zu einem zeitlosen Begriff* (1994) schreibt, darum „soziale Experimente, welche schon Formen einer wünschenswerten Gesellschaft [sind], eigene ökonomische Basis inbegriffen, in der bestehenden Gesamtgesellschaft vorwegzunehmen" (ebd.: 69). Es geht also in anderen Worten um engagierte, aktivistische Wissenschaft, die Brücken zu sozialen Bewegungen schlägt und darum, schon innerhalb von antikapitalistischen Kämpfen eine neue Welt aufzubauen. Entsprechende Initiativen gedeihen bereits an den verschiedensten Ecken der Welt. Als *Degrowth*-Bewegung gilt es, von diesen Graswurzelinitiativen zu lernen, sie solidarisch zu unterstützen und zu vernetzen, denn „wichtig ist nicht die Größe dieser Schritte, sondern die Richtung" (Biesecker 2006: 130).

Literatur

Bauhardt, Christine (2017): Postwachstum: Die große Geschlechterblindheit. In: Blätter für deutsche und internationale Politik (Hg.): Mehr geht nicht! Der Postwachstums-Reader, Berlin.

Biesecker, Adelheid (2006): Bürgerschaftliches Engagement – produktive Kraft im gesellschaftlichen Lebensalltag, in: Jochimsen, Maren; Knobloch, Ulrike (Hg.): Lebensweltökonomie in Zeiten wirtschaftlicher Globalisierung, Bielefeld.

–/Hofmeister, Sabine (2006): Die Neuerfindung des Ökonomischen. Ein (Re)Produktionstheoretischer Beitrag zur Sozial-Ökologischen Forschung, München.

Bloch, Ernst (1959): Das Prinzip Hoffnung. Franfurt/M.

Brand, Ulrich/Wissen, Markus (2017): Imperiale Lebensweise. Zur Ausbeutung von Mensch und Natur im globalen Kapitalismus, München.

Deléage, Jean-Paul (1989): Eco-Marxist Critique of Political Economy, in: Capitalism Nature Socialism 1/3, 15-31.

Demaria, Federico et al. (2013): What is Degrowth? From an Activist Slogan to a Social Movement, in: Environmental Values 22/2, 191-215.

Dengler, Corinna/Lang, Miriam (im Erscheinen): Feminism Meets Degrowth: Sorgearbeit in einer Postwachstumsgesellschaft, in: Knobloch, Ulrike (Hg.): Ökonomie des Versorgens, Weinheim.

Dengler, Corinna/Nogly, Joanna (2019): Aktivistische Wissenschaft: Ein Ausweg aus der Eindimensionalität?, in: Bruder, Klaus-Jürgen/ Bialluch, Christoph/Leuterer, Bernd/ Günther, Jürgen (Hg.): Paralyse der Kritik – Gesellschaft ohne Opposition. Gießen.

Dengler, Corinna/Seebacher, Lisa Marie (2019): What about the Global South? Towards a Feminist Decolonial Degrowth Approach, in: Ecological Economies 157, 246-252.

Dengler, Corinna/Strunk, Birte (2018): The Monetized Economy Versus Care and the Environment. Degrowth Perspectives on Reconciling an Antagonism, in: Feminist Economics 24/3, 160-183.

Ehrenreich, Barbara/Hochschild, Arlie (2003) (Hg.): Global Woman: Nannies, Maids, and Sex Workers in the New Economy, London.

Fromm, Erich (1976): Haben oder Sein. Die seelischen Grundlagen einer neuen Gesellschaft, Stuttgart.

Gómez-Baggethun, Erik (2011): Economnics Valuation and the Commodification of Ecosystem Services, in: Progress in Physical Geography 35/5, 613-628.

– (2016): Kommerzialisierung, in: D'Alisa, Giacomo; Demaria, Federico; Kallis, Giorgos (Hg.): Degrowth. Handbuch für eine neue Ära, München.

Habermann, Friederike (2016): Ecommony, Sulzbach am Taunus.

Haidinger, Bettina; Knittler, Käthe (2016): Feministische Ökonomie. Eine Einführung, Wien.

Herring, Horace (2006): Energy Efficiency – A Critical View, in: Energy 31/1, 10-20.

Illich, Ivan (1973): Tools for Conviviality, New York.

Jevons, William (1865): The Coal Question. An Inquiry Concerning the Progress of the Nation, and the Probable Exhaustion of our Coal Mines, London.

Jochimsen, Maren/Knobloch, Ulrike (1997): Making the Hidden Visible: The Importance of Caring Activities and Their Principles for Any Economy, in: Ecological Economics 20/2, 107-112.

Kallis, Girogos/Demaria, Federico; D'Alisa, Giacomo (2016): Degrowth, in: D'Alisa, Giacomo/Demaria, Federico/Kallis, Giorgos (Hg.): Degrowth. Handbuch für eine neue Ära, München.

Knobloch, Ulrike (2013): Sorgeökonomie als kritische Wirtschaftstheorie des Sorgens, in: Denknetz Jahrbuch 2013, 9-23.

– (2016): Jonglieren mit Zeiten. Wirtschaftstheorie der bezahlten und unbezahlten Arbeit, in: Budowski, Monica et al. (Hg.): Unbezahlt und dennoch Arbeit, Zürich.

Krenn, Manfred (2014): Kapitalistische Dynamik und die gesellschaftliche Organisation von Pflege- und Sorgearbeit. Kolleg Postwachstumsgesellschaften. Working Paper 5/2014.

Leitner, Sigrid/Ostner, Ilona/Schratzenstaller, Margit (2004): Wohlfahrtsstaat und Geschlechterverhältnis im Umbruch. Was kommt nach dem Ernährermodell? Wiesbaden.

Luxemburg, Rosa (1990/1917): Gesammelte Werke, Band 5: Ökonomische Schriften, Berlin.

Madörin, Mascha (2003): Größenordnungen und wirtschaftliche Bedeutung der unbezahlten Arbeit im Kanton Basel-Stadt, in: Pfeifer, Andrea et al. (Hg.): Der kleine Unterschied in den Staatsfinanzen. Geschlechterdifferenzierte Rechnungsanalysen im Kanton Basel-Stadt, Basel.

Matulis, Brett (2014): The Economic Valuation of Nature: A Question of Justice?, in: Ecological Economics 104, 155-157.

Meadows, Dennis et al. (1972): Die Grenzen des Wachstums: Bericht des Club of Rome zur Lage der Menschheit, Stuttgart.

Miegel, Meinhard (2010): Exit: Wohlstand ohne Wachstum, Berlin.

Mies, Maria (2005): Patriarchy and Accumulation on a World Scale – Revisted, in: International Journal Green Economics 1/3-4, 268-275.

Muraca, Barbara (2013): Décroissance: A Project for a Radical Transformation of Society, in: Environmental Values 22/2, S. 147-169.

– (2015): Gut leben. Eine Gesellschaft jenseits des Wachstums, Bonn.

Narbeshuber, Johannes (2017): Besuche beim Paradebeispiel Buurtzorg und zwei weiteren Pionierunternehmen 4.0, in Trigon Themen 02/2017.

Nelson, Julie (2009): Between a Rock and a Soft Place: Ecological and Feminist Economics in Policy Debates, in: Ecological Economics 69/1, 1-8.

Notz, Gisela (2011): Zum Begriff der Arbeit aus feministischer Perspektive, in: Emanzipation 1/1, 84-96.

Ott, Konrad (2012): Variants of De-Growth and Deliberative Democracy: A Habermasian Proposal, in: Futures 44/6, 571-581.

O'Hara, Sabine (1997) Toward a Sustaining Production Theory, in: Ecological Economics 20/2, 141-154.

Rosswog, Tobi (2018): After Work. Radikale Ideen für eine Gesellschaft jenseits der Arbeit, München.

Sachverständigenkommission zum Zweiten Gleichstellungsbericht der Bundesregierung (2017): Erwerbs- und Sorgearbeit gemeinsam neu gestalten, Berlin.

Santarius, Tilman (2012): Der Rebound-Effekt. Über die unerwünschten Folgen der erwünschten Energieeffizienz, Wuppertal.

Schmelzer, Matthias (2015): Spielarten der Wachstumskritik. Degrowth, Klimagerechtigkeit, Subsistenz – eine Einführung in die Begriffe und Ansätze der Postwachstumsbewegung, in: Atlas der Globalisierung. Weniger wird Mehr, 116-121.

Schwendter, Rolf (1994): Utopie. Überlegungen zu einem Zeitlosen Begriff, Berlin/Amsterdam.

Smith, Neil (2007): Nature as Accumulation Strategy, in: Socialist Register 43, 16-36.

Soiland, Tove et al. (2013): Das Theorem der Neuen Landnahme. Eine feministische Rückeroberung, in: Denknetz Jahrbuch 2013, 99-118.

Spash, Clive (2010): The Brave New World of Carbon Trading, in: New Political Economy 15/2, 169-195.

Theobald, Hildegard (2008): Care-Politiken, Care-Arbeitsmarkt und Ungleichheit: Schweden, Deutschland und Italien im Vergleich, in: Berliner Journal für Soziologie 28/2, 257-281.

Ulrich, Peter (1997): Integrative Wirtschaftsethik. Grundlagen einer lebensdienlichen Ökonomie, Bern, Stuttgart und Wien.

Waring, Marilyn (1988): If Women Counted, London.

Wetzel, Dietmar (2016): 'Wachstum' und 'Décroissance' – Bruchstücke einer Genealogie zweier Begriffe seit den 1970er Jahren, in: Leendertz, Ariane/Meteling, Wencke (Hg.): Die neue Wirklichkeit: Semantische Neuvermessungen und Politik seit den 1970er-Jahren, Frankfurt a.M./New York.

Wichterich, Christa (1998): Die globalisierte Frau. Berichte aus der Zukunft der Ungleichheit, Reinbek bei Hamburg.

Winker, Gabriele (2015): Care Revolution. Schritte in eine solidarische Gesellschaft, Bielefeld.

Olaf Tietje
Subalternisierende Prozeduren, prekärer Alltag und Selbstorganisierung
Migrantische Landarbeiter_innen im Süden der Europäischen Union

1. Einleitung

Mit den im Norden Europas immer stärker verbreiteten Supermarktketten und sich auf diese Weise verändernden Absatzstrukturen sorgten Gemüsesorten wie Tomaten ab Ende der 1970er Jahre auch auf kleinen Parzellen im Süden Spaniens für Wohlstand der Kleinbäuer_innen (vgl. Tietje 2015: 111). Für diesen Wohlstand in den kleinen Treibhäusern beispielsweise der Provinz Almería sind die informalisiert beschäftigten migrantischen Landarbeiter_innen ein entscheidender Faktor. Die Agrarunternehmer_innen erreichen durch informalisierte Beschäftigungsverhältnisse besonders niedrige Lohnkosten, welche neben den geringen Energiekosten aufgrund der mediterranen Witterungsbedingungen, den globalen Wettbewerbsvorteil der lokalen Agrikultur sichern (vgl. Izcara Palacios/Andrade Rubio 2004: 4; Martínez Veiga 2001: 88; Tietje 2018).

Für die migrantischen Landarbeiter_innen in dem etwa 30.000 ha umfassenden Areal im Süden Spaniens – unter Plastikplanen und in fordistisch anmutenden Verpackungsanlagen – sind die informalisierten Arbeitsverhältnisse mit unmittelbaren Auswirken auf ihre Lebensbedingungen und Zukunftsperspektiven verbunden. Die tendenzielle Sorge darum, in der industrialisierten Agrikultur weiterbeschäftigt zu werden, lassen den Landarbeiter_innen nur wenig Handlungsspielräume, innerhalb derer sie darauf orientieren können, die individuellen oder kollektiven Situationen zu verbessern (vgl. Tietje 2016: 69): Die subalternisierenden Prozeduren scheinen den Immigrant_innen aktive Rollen zu verunmöglichen. Dennoch eigenen sich die migrantischen Arbeiter_innen auch unter diesen subalternisierenden Bedingungen Situationen zumindest in Teilen an. Vor diesem Hintergrund geht der Artikel der Frage nach, wie in einem prekären, subalternisierenden Alltag Selbstorganisierung und Solidarisierungen möglich sind?

Methodologisch ist diese Forschung qualitativ ausgerichtet und dem interpretativen Paradigma verbunden. Instrumente der Datenproduktion waren hierzu teilnehmende Beobachtungen, Expert_inneninterviews und teilmonologische Interviews. Diese wurden im Rahmen einer *Multi-Sited-Ethngraphy* (vgl. Marcus 1995) produziert und mit der Analyse einschlägiger Literatur und Dokumente in Anlehnung an die *Grounded Theory* verbunden (vgl. Strauss/Corbin 1996). Die empirischen Daten für diesen Artikel entstanden im Rahmen meiner Forschungen zwischen den Jahren 2012 und 2015. Die Interviews mit Einzelpersonen wurden vollständig anonymisiert und pseudonymisiert sowie alle anderen Interviews auf die jeweilige Organisation reduziert (vgl. Tietje 2018).

Der Artikel rekonstruiert Handlungsmöglichkeiten von Akteur_innen in subalternen beziehungsweise subalternisierenden Situationen und rahmt dies sowohl empirisch als auch theoretisch, hierzu ist er in vier Abschnitte gegliedert. Zunächst wird auf die konzeptionelle Wendung der Subalternisierung als Prozess Bezug genommen und drei für die migrantische Landarbeit zentrale subalternisierende Prozeduren werden in den Fokus gerückt (2). Anschließend wird der Alltag der Immigrant_innen in der industrialisierten Agrikultur verbunden mit Möglichkeiten der Selbstorganisierung rekonstruiert (3). Abschließend nimmt der Artikel die fragmentierten, subalternisierenden Prozeduren in den Blick und fokussiert diesen gegenüber die situativ ermächtigenden Anliegen der migrantischen Landarbeiter_innen (4).

2. Alltag in der industrialisierten Agrikultur: Subalternisierungen im Lohnarbeits- und Grenzregime

Aufgrund der auf die Akteur_innen ausgerichteten Fragestellung meiner Forschung steht der Alltag der industrialisierten Agrikultur im Vordergrund. Alltag verstehe ich im Sinne der *Multi-Sited-Ethnography* als einen *site* (vgl. Marcus 1995: 106ff), an dem Erfahrungen sichtbar werden können sowie auf Subjektivierungen und soziale Ordnungen rekurriert werden kann (vgl. Stephenson/Papadopoulos 2006: xii). Im Alltag zirkulieren alle Erfahrungen einer jeweiligen Situation und können ihre Gestalt verändern (vgl. Butler 2013: 230; Marcus 1995: 108; Tietje 2018). Diese Transformationen sind dabei in den jeweiligen Situationen nicht zwangsläufig zielorientiert oder kohärent. Aus dieser Perspektive ist Alltag ein Zusammenspiel aus repetitiven Elementen und Praktiken (vgl. Lefebvre 1987: 301) und zugleich ein *site*, an dem Konflikte aufleuchten und Störungen in den alltäglichen Prozeduren sichtbar werden können.

Im Alltag, so die These dieses Artikels weiter, werden Einzelne in besonderem Maße gesellschaftlich marginalisiert und darüber kollektiviert. Die hiermit verknüpften alltäglichen Bedingungen der migrantischen Landarbeiter_innen schlagen sich in bestimmten Verortungen innerhalb des Ensembles von Diskursen und Praktiken nieder, die mit einer „identification and 'performativity' or action" (Anthias 2002: 501f) der Akteur_innen verbunden sind. Jene performativ reproduzierte Position der migrantischen Landarbeiter_innen in der industrialisierten Agrikultur, kann mit dem Konzept der Subalternität beschrieben werden. Dieses von Antonio Gramsci in den Gefängnisheften entworfene (vgl. Gramsci 1971: 202ff) und anschließend global unterschiedlich diskutierte Konzept (vgl. Mignolo 2005) beschreibt diejenigen, die „keiner hegemonialen Klasse angehören, die politisch unorganisiert" (Castro Varela/Dhawan 2005: 69) und infolgedessen diskursiv wenig handlungsfähig sind. Für die folgenden Analysen wird weniger von einer *Gruppe Subalterner* als solches ausgegangen werden, als vielmehr von *subalternisierenden Prozeduren*. Diese Prozeduren fasse ich als jene, in denen Subjekte auf tendenziell weniger machtvolle Positionen in Diskursen verwiesen werden, die ihnen nur in geringem Maße Handlungsfähigkeit verbleiben lassen (vgl. Castro Varela/Dhawan 2008). Mit diesem prozesshaft gewendeten Konzept postkolonialer Kritik wird weiter auf jene(s) verwiesen, das „außerhalb des Sichtbaren, Sagbaren und Äußerbaren" (Alabarces/Añon 2008: 293; Übers. OT) verortet scheint, ohne dieses aber statisch oder unumkehrbar zu lesen. Die migrantischen Arbeiter_innen, so wird im Folgenden rekonstruiert, werden dabei besonders von drei einander überschneidenden Prozeduren getroffen, die ihre Subalternisierung bedingen: Informalisierung, *Othering* und Prekarisierung.

2.1 Informalisierung: Unsichere Arbeit in der industrialisierten Agrikultur

Die industrialisierte Agrikultur ermöglicht insbesondere vor dem Hintergrund globalisierter Wertschöpfungsketten die intensivierte Produktion agrikultureller Erzeugnisse. Dies verweist auf teilweise technologisierte und digitalisierte Produktionsmethoden und auf mit diesen artikulierte, flexibilisierte Arbeitsbedingungen der Landarbeiter_innen (vgl. Avallone 2013; Pedreño 1999). In der Agrikultur der Provinz Almería werden so für die phasenweise arbeitsintensive Produktion, insbesondere in den Treibhäusern, viele flexibel zur Verfügung stehende Arbeiter_innen benötigt. Diese werden größtenteils nach Bedarf angestellt und anschließend nur selten weiterbeschäftigt (vgl. Martínez Veiga 2001: 42; Tietje 2015: 116). Für ihre Arbeit steht den Tagelöhner_innen ein Stundenlohn von 5,84€ zu (vgl. JACESAL 2013); dieser tarifvertraglich festgelegte Lohn wird aber oftmals nicht in der vollen Summe ausgezahlt. Die Lohnarbeitsverhältnisse werden kaum vertraglich geregelt, so dass auch diejenigen Sicherheiten (z.B. Kranken- und Sozialversicherungen), die die Tagelöhner_innen in den kurzen Phasen ihrer Anstellung generieren könnten, oftmals entfallen (vgl. Tietje 2015: 106).[1]

Verbunden mit dem technischen Fortschritt der industrialisierten Agrikultur und der parallel verlaufenden Globalisierung von agrikulturellen Erzeugnissen, wurden die historisch prekären Bedingungen in der Landwirtschaft weiter informalisiert. Für die Agrarunternehmer_innen sind die Tagelöhner_innen auf diese Weise entscheidender Puffer, die niedrigen Preise der Supermarktketten auszugleichen. Es verbleiben lediglich 4% der Gewinne aus dem Verkauf der in Andalusien produzierten agrikulturellen Erzeugnisse bei den Agrarunternehmer_innen, während die Supermärkte etwa 60% des Gewinns erreichen (vgl. Delgado Cabeza 2014: 123). Infolgedessen können die lokalen Agrarunternehmer_innen nur dann Profite erwirtschaften, wenn sie die Löhne der Landarbeiter_innen möglichst niedrig halten. Diese niedrigen Löhne wiederum werden etwa seit den 1980er Jahren dadurch erreicht, dass zunehmend immigrierte Landarbeiter_innen in informalisierten Verhältnissen als

---

1 Arbeitsrechte gelten in Spanien rein rechtlich auch für illegalisierte Arbeiter_innen.

Tagelöhner_innen beschäftigt werden (vgl. Jiménez Díaz 2008: 69; Izcara Palacios/Andrade Rubio 2004: 4ff).

Die informalisierten Bedingungen sind Teil der subalternisierenden Prozeduren der migrantischen Landarbeiter_innen in der südspanischen Provinz Almería. Der illegalisierte Tagelöhner Muaz Hazzaz beispielsweise fasst diese Prozesse im Interview in Bezug auf seine Arbeitsbedingungen knapp zusammen: „Nein, [...] ich bekam keinen Vertrag, [ich war] immer unsichtbar, das ist das Problem, verstehst Du" (Interview Muaz Hazzaz, Tagelöhner 10.09.2013). Der aus Marokko immigrierte Landarbeiter war seit seiner Ankunft in der Provinz Almería für den gleichen Agrarunternehmer tätig. Über den gesamten Zeitraum allerdings in einem lediglich auf Vertrauen basierendem Verhältnis, ohne jegliche Sicherheiten oder formalisierte Bedingungen. Eng mit den diskontinuierlichen Arbeitsverhältnissen verknüpft, ist die Agrikultur für die Arbeiter_innen mit starker Planungsunsicherheit, unregelmäßigen Arbeitszeiten, keiner Gesundheits- oder Sozialversicherung und unter Tarif gezahlten Löhnen verbunden. Ein Arbeitsvertrag würde ihnen vereinfachen auf geltende Rechte Bezug zu nehmen, diese einzufordern und – in den Worten des Tagelöhners – gesellschaftlich sichtbar zu werden. Die informalisierten Arbeitsverhältnisse verbunden mit der Abhängigkeit von der Lohnarbeit in der industrialisierten Agrikultur lassen migrantische Landarbeiter_innen infolgedessen mit nur wenigen Handlungsmöglichkeiten zurück, subalternisieren sie.

2.2 Othering: *Die Anderen der industrialisierten Agrikultur*

Migrantische Landarbeit ist an der Schnittstelle der Grenz- und Lohnarbeitsregime lokalisiert. Grenze wird hier verstanden als ein relational hergestellter Raum, der durch ein Ensemble aus Praktiken und Technologien produziert wird (vgl. Sciortino 2004: 32f) und nicht zwangsläufig an eine Demarkationslinie geknüpft ist. Grenzen manifestieren durch Praktiken der beteiligten Akteur_innen an unterschiedlichen Orten (vgl. Hess/Tsianos 2010: 248; Parker/Vaughan-Williams 2009; Tietje 2018). Das Lohnarbeitsregime ist jenes Ensemble, das die Bedingungen entlohnter Arbeit in bestimmten Situationen regelt und damit verbunden Normalarbeitsverhältnisse als formalisiert klassifiziert (vgl. Altvater 2006: 189; Geisen/Ottersbach 2015: 3f). Diese Formalisierung der Lohnarbeitsverhältnisse wird in den Kontext der Gesetzgebung verschoben und formalisierte Arbeitsverhältnisse werden unmittelbar an reguläre Aufenthaltsbedingungen geknüpft (vgl. Moulier-Boutang 1997: 55). Die informalisierten Arbeitsverhältnisse in der industrialisierten Agrikultur im Süden Spaniens sind, wie weiter oben bereits angesprochen, für die migrantischen Landarbeiter_innen unter Umständen mit illegalisierten Lebensbedingungen verbunden.[2] Auch jenseits einer solchen Illegalisierung werden die immigrierten Arbeiter_innen im Grenzraum der industrialisierten Agrikultur entlang ihrer Migration hierarchisiert. Diese mit dem europäischen Grenzregime verbundene subalternisierenden Prozeduren des *Othering* (vgl. u.a. Castro Varela/ Mecheril 2016: 16) werden im Kontext von illegalisierenden Praktiken besonders deutlich.

Der immigrierte Tagelöhner Muaz Hazzaz thematisierte dies beispielsweise entlang seiner eingeschränkter Bewegungsfreiheit jenseits der Treibhäuser:

> „Es lief nicht gut, immer nur am Arbeiten und zuhause. Sonst nichts, kein Ausgehen zu Festen, nichts. Weil, wir haben kein Recht auszugehen und man könnte auf die Polizei treffen […]. Besser man bleibt zuhause und arbeitet, mehr nicht" (Interview Muaz Hazzaz, Tagelöhner 10.09.2013).

Für die illegalisierten Arbeiter_innen ist es gerade jenseits der Hochphasen in der Agrikultur unsicher, sich außerhalb der Treibhäuser zu bewegen. Infolgedessen halten sie sich vor allem an den Orten der Arbeit und an ihren Unterkünften auf. Zugleich sind sehr viele migrantische Landarbeiter_innen vor Ort, da „die Treibhäuser in Almería nach Immigranten rufen" (Interview Amadou Coundoul, Tagelöhner 09.05.2014). Für Immigrant_innen ist es hier „leicht ohne Papiere im Treibhaus zu arbeiten" (Interview Amadou Coundoul, Tagelöhner 09.05.2014), während sie in anderen Sektoren kaum Möglichkeiten haben, einer Lohnarbeit nachzugehen. Dieser Umstand wird von den Agrarunternehmer_innen ausgenutzt und die migrantischen Arbeiter_innen – auch jene, die

---

2 Dem illegalisierten Tagelöhner Muaz Hazzaz war es, wie er in dem oben zitierten Abschnitt beschrieb, auch nach sechs Jahren kontinuierlicher Beschäftigung nicht möglich, seinen Status zu legalisieren. Neben der kontinuierlichen Beschäftigung ist nach spanischem Recht ein Nachweis über diese in Form eines formalisierten Arbeitsverhältnisses Voraussetzung.

legalisiert in Spanien arbeiten – werden niedrig entlohnt und ihre Produktionsleistung überausgebeutet. Der Prozess des *Othering*, die Veränderung der migrantischen Landarbeiter_innen hierarchisiert im Grenzraum der industriellen Agrikultur und reduziert Immigrant_innen auf den Faktor der Arbeitskraft. Der Umstand als Immigrant_innen nur wenige Möglichkeiten zu haben, überhaupt einer Lohnarbeit nachzugehen, bindet sie an die mögliche Beschäftigung in der Agrikultur und legitimiert die Überausbeutung der migrantischen Landarbeiter_innen. Diese erscheint jenen alternativlos und lässt den Immigrant_innen infolgedessen wenig Handlungsmöglichkeiten.

2.3 Prekarisierung: Wissen um (Arbeits)Rechte und die Relevanz Geld zu verdienen

Mit den informalisierten Arbeitsbedingungen und den durch das Grenzregime erzeugten Prozeduren sind prekäre Lebens- und Beschäftigungsbedingungen der migrantischen Landarbeiter_innen verbunden. Diese prekarisierende Prozedur verläuft entlang einer hierarchisierenden Differenzlinie, die auf den beschriebenen Prozess des *Othering* zurückgreift. Im Interview mit dem Provinzkoordinator der radikalen Minderheitsgewerkschaft SOC-SAT Almería[3] wird dies beispielhaft deutlich:

> „Und deshalb wollen sie keinen, wie sagt man, Einheimischen, keinen Spanier, weil sie wissen, weil sie einen Spanier [...] erstens nach dem Tarifvertrag bezahlen müssen und [zweitens] alle Überstunden bezahlen müssen, die er arbeitet" (Interview SOC-SAT Almería, Provinzkoordinator 27.04.2014).[4]

Die nicht migrierten Spanier_innen, so der Gewerkschafter, würden auf ihrer rechtmäßigen Entlohnung und Beschäftigung bestehen. Für die Agrarunternehmer_innen würden sie infolgedessen im Vergleich zu immigrierten Arbeiter_innen höhere Kosten

---

3 SOC-SAT Almería, *Sindicato de Obreros del Campo-Sindicato Andaluz de Trabajadores Almería*, auf Deutsch: Gewerkschaft der Landarbeiter-Andalusische Arbeitergewerkschaft Almería, ist die regionale Gruppe der andalusienweit agierenden Minderheitsgewerkschaft SAT, vgl. auch Huke/Tietje (2014).

4 Alle auf Spanisch geführten Interviews wurden vom Autor ins Deutsche übersetzt und zur besseren Lesbarkeit geglättet.

bedeuten. Immigrierte Arbeiter_innen wissen zugleich aufgrund ihres unsicheren Status oftmals nicht um ihre Rechte oder haben Angst, ihre Möglichkeiten, Lohnarbeit in der Agrikultur zu finden, weiter zu verschlechtern, wenn sie sich gegen die Umstände zur Wehr setzen würden (vgl. Tietje 2015: 119).

Die niedrigen und unzuverlässig gezahlten Löhne bedeuten jenseits der bereits thematisierten Planungsunsicherheiten vor allem auch extrem prekäre Lebensbedingungen. Viele der illegalisierten Tagelöhner_innen, leben in *Chabolas* genannten Barackensiedlungen zwischen den Treibhäusern. Diese selbstgebauten „Strukturen aus Plastik, oder Kisten" (Interview Cruz Roja Almería, Vorstandsmitglied 19.05.2014), ohne Strom- oder Wasseranschluss, werden von den Agrarunternehmer_innen, denen der jeweilige Boden gehört, ohne Vorwarnung immer wieder geräumt oder einfach angezündet. Auch die marginale oder fehlende Gesundheitsversorgung und die schwierige Versorgung mit ausreichend Lebensmitteln verdeutlichen die prekären Lebensbedingungen der migrantischen Landarbeiter_innen. Die marginalisierte Position und die prekären, informalisierten Bedingungen der Landarbeiter_innen sind historisch bedingt und wurden im Verlauf der spanischen Modernisierung global externalisiert beziehungsweise an die migrantischen Landarbeiter_innen weitergegeben (vgl. Avallone 2013: 48; Jiménez Díaz 2008: 69; Tietje 2018).

Die prekären Lebensbedingungen sind zugleich mit einem distinktiven Wissensunterschied der migrantischen Landarbeiter_innen verbunden, wie es eine Gewerkschafterin der SOC-SAT Almería anspricht: „Es ist so, dass sie es nicht wissen. Sie kämpfen nicht für ihr Recht" (Interview SOC-SAT Almería, Gewerkschaftskoordinatorin 11.03.2013). Allgemein gelten die Tarifverträge für alle in der Agrikultur beschäftigten Menschen – mit oder ohne Papiere, immigriert oder nicht. Die immigrierten Arbeiter_innen können sich in Teilen aber nicht für ihre Rechte einsetzen, da ihnen diese nicht bekannt sind. Gerade mit der Illegalisierung verbunden, aber auch vor dem Hintergrund der Angst nicht weiterbeschäftigt zu werden oder keine erneute Lohnarbeit finden zu können und nicht einmal den niedrigen Lohn der prekären Bedingungen zu bekommen, fallen den Immigrant_innen in der Agrikultur Beschwerden oder Klagen ausgesprochen schwer.

Insofern sind mit der informalisierten Landarbeit, der über *Othering* legitimierten Überausbeutung und dem thematisierten

Nicht-Wissen in Bezug auf Arbeitsrechte, subalternisierende Prozeduren verbunden, die migrantische Akteur_innen im Grenzraum der industrialisierten Agrikultur als bloße Arbeitskraft anrufen (vgl. Tietje 2018). Die in der Agrikultur nach Lohnarbeit suchenden Immigrant_innen werden tendenziell von bestimmten Wissensproduktionen ausgeschlossen. Einerseits wissen sie weniger um bestehende Arbeitsrechte und andererseits werden ihnen diese Rechte zugleich faktisch aberkannt. Geschlecht als eine weitere Differenzkategorie ist mit jeder der drei beschriebenen Prozeduren in ambivalenter Weise verknüpft. In der industrialisierten Agrikultur im Süden Spaniens arbeiten so etwa mehr Frauen mit einem Vertrag, der ihnen in bestimmten Maße Planungssicherheiten gewährt. Gerade in Bezug auf diese Sicherheiten werden sie allerdings mit der Verantwortung für Familien in Verbindung gebracht und sind infolgedessen stärker daran gebunden ihre Beschäftigungsverhältnisse zu erhalten, als etwa männliche Arbeiter_innen. Ihre Prekarisierung ist darüber hinaus oftmals mit einer vergeschlechtlichten Hierarchisierung verbunden, die immer wieder auch durch sexualisierte Gewalt verstärkt wird und die weiblichen migrantischen Arbeiter_innen unter Umständen noch weitaus stärker subalternisiert, als die männlichen (vgl. Ríos 2014; Tietje 2018).

3. Eigensinn und kollektive Organisierung im Alltag

Subalternisierende Prozeduren, wie auch die drei hier rekonstruierten, sind nicht ununterbrechbar (vgl. Alabarces/Añon 2008: 292; Castro Varela/Dhawan 2008). Grenzräume multiplizieren: Sie können ebenso ermöglichen (etwa indem sie entlohnte Arbeit bereithalten) wie verweigern (unter anderem durch nicht zugestandene Arbeitsrechte) und in dieser Hinsicht Potentiale für alltägliche eigensinnige Praktiken eröffnen (vgl. Mezzadra 2005: 35; Mezzadra/Neilson 2013: 8).[5] Aus dieser Perspektive wird deutlich, dass die (migrantischen) Akteur_innen die Ausbeutung zum Teil zurückweisen beziehungsweise mit ihr handeln. Zugleich werden die Immigrant_innen gerade auch in der industrialisierten Agrikultur erneut produktiv, der potentielle Exit durch die Migration wird mit neuen Dependzverhältnissen artikuliert. Auf diese Weise soll einerseits der dichotome Blick einer vikti-

---

5 Zu eigensinnigen Gegenräumen vgl. Tietje (2016).

misierenden und objektivierenden Perspektive der ›westlichen‹ aktiven Schauenden auf die ›Anderen‹ vermieden werden, ohne andererseits strukturelle Bedingungen zu negieren (vgl. Ticktin 2011: 191f). Vor diesem Hintergrund fokussiere ich unter Analyse der angesprochenen subalternisierenden Prozeduren auf eigensinnige Praktiken und nehme situativ tendenziell dissidente Aspekte und deren Ordnungen unterlaufendes Potential in den Blick (vgl. Benz/Schwenken 2005: 373ff; Pieper et al. 2009: 344, 351; allg. Butler 2013: 221ff).

Solche verweigernden Praktiken können insbesondere im Alltag rekonstruiert werden. So verschaffen sich die migrantischen Arbeiter_innen, die in den *Chabolas* leben, immer wieder Zugriff auf die Wasser- und Stromleitungen, nutzen leerstehende Geräteschuppen als Wohnräume oder brachliegende Anbaufläche, um sich selbst aus den überschüssigen Materialien der Landarbeit Behausungen zu konstruieren (vgl. Jiménez Díaz 2008: 75; Tietje 2018; allg.: Bayat 2010). Weiter beziehen sich die migrantischen Arbeiter_innen aber auch explizit in Organisierungen aufeinander und orientieren in subversiven und widerständigen Handlungen auf längerfristige und direkte Verbesserungen ihrer Situation. Die migrantisch organisierte Gewerkschaft SOC-SAT Almería, aber auch kleinere Assoziationen wie etwa die durch senegalesische Immigrant_innen organisierte AISO[6] können hierzu für die Provinz Almería beispielhaft angeführt werden (vgl. Caruso 2017; Tietje 2018). Die Subalternisierungen beziehungsweise die Subjektivierung als Subalternisierte, wird unterbrochen und verläuft nicht vollständig.

Der Provinzkoordinator der radikalen Minderheitsgewerkschaft SOC-SAT Almería reflektiert in diesem Zusammenhang beispielsweise den Gründungsprozess der migrantischen Gewerkschaft folgendermaßen: „Alle haben zuvor [...] ausgebeutet und als man jetzt hörte, dass es eine Gewerkschaft der Landarbeiter gibt: es sprachen alle von uns" (Interview SOC-SAT Almería, Provinzkoordinator 27.04.2014). Die immigrierten Landarbeiter_innen wurden partiell in den öffentlichen Diskursen sichtbar und zugleich mit Ressourcen verknüpft, die ihnen deutlich mehr Handlungsoptionen – etwa in kollektiven Organisierungen für Arbeitsrechte zu kämpfen – zusprachen, als bis dahin möglich war. Auch in anderen Zusammenhängen der Selbstorganisierungen wurde deutlich, wie die Arbeiter_innen

---

6   AISO, *Asociación de Inmigrantes de Senegal Oriental*.

die subalternisierenden Prozeduren unterbrechen. In der Art und Weise, in der beispielsweise der marokkanische Tagelöhner Hamid Hadji von der Besetzung einer *finca* spricht, schwingt diese Unterbrechung mit:

> „Sie [die Produzent_innen] haben Angst. Und weißt Du warum? Wenn eine Person ohne Papiere, ohne Rechte, wenn eine solche Person arbeitet, ist sie ausgebremst. [...] Die sagt sich: 'Gehen wir arbeiten und das ist es', aber mit der Besetzung denken wir nach« (Interview Hamid Hadji, Tagelöhner 03.05.2014).

Der Arbeiter beschreibt, wie die Angst die jeweilige Lohnarbeit zu verlieren, mit der kollektiven politischen Aktivität die Besetzung durchzuführen, gewendet werden konnte. Das kollektivierende Moment der neugegründeten Minderheitsgewerkschaft, als Akteur_innen wahrgenommen zu werden und darüber entstehende Handlungsmacht, unterbrechen die Subalternisierungen. Die Apellation der migrantischen Landarbeiter_innen als Arbeitskraft kann in diesen Aushandlungsprozessen reartikuliert werden (vgl. Anthias 2008: 8). In diesen widersprüchlichen Subjektivierungen liegt, verbunden mit eigensinnigen Praktiken, ermächtigendes Potential, das basierend auf alltäglichen Handlungen und Bedürfnissen in der Lage scheint, reiterativ Unterbrechungen in den sozialen Ordnungen aufzugreifen und zu weiten (Butler 2013: 44ff; Bayat 2010: 43ff; Castro Varela/Dhawan 2008). Die in diesen alltäglichen Praktiken Ausdruck findenden Organisierungsprozesse der migrantischen Arbeiter_innen – jenes gemeinsame Moment in dem sich die Arbeiter_innen solidarisch in Handlungen und Praktiken auf einander beziehen – findet in den zum Teil institutionalisierten Rahmungen eine kontinuierliche Verstetigung, die den fragmentierenden Bedingungen der informalisierten Landarbeit entgegenwirkt (vgl. Trimikliniotis et al. 2015: 64).

4. Im Alltag widersprechen

Subalternisierungen der migrantischen Landarbeiter_innen, so wird deutlich, sind in Praktiken, Prozeduren und Techniken zergliedert, denen die migrantischen Landarbeiter_innen im Alltag in unterschiedlicher Weise begegnen. Die Immigrant_innen sind sowohl von den subalternisierenden Prozeduren Betroffene wie sie auch Agent_innen innerhalb von Produktionsverhältnissen sind. Sie können aktive Rollen einnehmen (vgl. Castro Varela/

Dhawan 2008), sich Wissen aneignen und subalternisierende Prozeduren unterbrechen. Demonstrationen im öffentlichen Raum, organisiert von marokkanischen Frauen, Besetzungen von *fincas* durch immigrierte Tagelöhner_innen, Einschlüsse in öffentliche Gebäude von migrantischen Gewerkschafter_innen oder auch Sabotage von Arbeitsgeräten der Landarbeit sind wirksame Interventionen der Immigrant_innen. Auch die weniger sichtbaren eigensinnigen Praktiken, wie inoffizielle Strom- und Wasseranschlüsse in den *Chabolas* oder informell zu Wohnhäusern umgestaltete Geräteschuppen, verweisen neben ihrem widerständigem Potential auf die prekären Lebensbedingungen und informalisierten Arbeitsverhältnisse in der industrialisierten Landwirtschaft. Sie rekurrieren auf die Wertschöpfungsketten und mit denen verbunden globale Verhältnisse neoliberaler Externalisierungsstrategien von Arbeitskraft und Kapitalakkumulationen.

In den eigensinnigen Praktiken der alltäglichen Aneignung von Situationen werden auch die Möglichkeiten, sich Sprecher_innenpositionen zu schaffen und unter diesen Bedingungen handlungsfähig zu werden, lesbar. Die migrantischen Landarbeiter_innen verdeutlichen, dass ihr Wille sich, ihren Familien und ihren Freund_innen ein gutes Leben zu ermöglichen, stärker ist, als die hierarchisierenden und segmentierenden Techniken des „Transformationsregimes" (Hess 2016: 64) des Grenzraumes. Auch wenn dies weiterhin ein „act of risk and daring" (Hooks 2015: 22) bleibt, verweisen die Netzwerke und Politiken der gegenseitigen Unterstützung und solidarischen Hilfe innerhalb derer die Immigrant_innen ihre alltäglichen Sorgen bearbeiten, auf die alltäglichen Kämpfe der migrantischen Landarbeiter_innen – nicht nur in der Provinz Almería. Sichtbar werden die unter Umständen alternativlos erscheinenden Folgen imperialer Lebensweisen des globalen Nordens, denen die Immigrant_innen widersprechen und auf diese Weise deren scheinbare Legitimität in Frage stellen.

Literatur

Alabarces, Pablo/Añon, Valeria (2008): ¿Popular(es) o subalterno(s)? De la retórica a la pregunta por el poder. In: Pablo Alabarces und María Graciela Rodríguez (Hg.): Resistencias y mediaciones. Estudios sobre cultura popular. 1. ed. Buenos Aires, 281-303.

Altvater, Elmar (2006): Das Ende des Kapitalismus, wie wir ihn kennen. Eine radikale Kapitalismuskritik. 2. Aufl. Münster.

Anthias, Floya (2002): Where do I belong? Narrating collective identity and translocational positionality. In: *Ethnicities* 2 (4), 491-514.
– (2008): Thinking through the lens of translocational positi onality: an intersectionality frame for understanding identity and belonging. In: *Translocations: Migration and Social Change* 4 (1), 5-20.
Avallone, Gennaro (2013): El Campo Neoliberal y su Crisis. Agricultura, Sociedad Local y Migraciones en la Europa de Sur. In: *Encrucijadas. Revista Crítica de Ciencias Sociales* (6), 39-55.
Bayat, Asef (2010): Life as politics. How ordinary people change the Middle East. Amsterdam.
Benz, Martina/Schwenken, Helen (2005): Jenseits von Autonomie und Kontrolle: Migration als eigensinnige Praxis. In: *Prokla 140 Zeitschrift für kritische Sozialwissenschaft* (35), 363-378.
Butler, Judith (2013): Haß spricht. Zur Politik des Performativen. 4. Aufl. Frankfurt a.M.
Caruso, Francesco (2017): Unionism of migrant farm workers. The Sindicato Obreros del Campo (SOC) in Andalusia, Spain. In: Alessandra Corrado, Carlos de Castro und Domenico Perrotta (Hg.): Migration and agriculture. Mobility and change in the Mediterranean Area. New York.
Castro Varela, María Do Mar/Dhawan, Nikita (2005): Postkoloniale Theorie. Eine kritische Einführung. Bielefeld.
– (2008): Subalterne gibt es nicht – Position ohne Identität. In: *Malmoe – on the web* (40). URL: http://www.malmoe.org/artikel/widersprechen/1618 [10.01.2016].
Castro Varela, María Do Mar/Mecheril, Paul (2016): Die Dämonisierung der Anderen. Einleitende Bemerkungen. In: María Do Mar Castro Varela, Paul Mecheril (2016): Die Dämonisierung der Anderen. Rassismuskritik der Gegenwart. Bielefeld, 7-20.
Delgado Cabeza, Manuel (2014): La Globallización de la Agricultura Andaluza. Evolución y Vingencia de „la Cuestión Agraria" en Andalucía. In: Manuel González de Molina (Hg.): La cuestión agraria en la historia de Andalucía. Nuevas perspectivas. 1. ed. Sevilla, 99-132.
Geisen, Thomas/Ottersbach, Markus (2015): Arbeit, Migration und Soziale Arbeit. Herausforderungen und Perspektiven. In: Thomas Geisen und Markus Ottersbach (Hg.): Arbeit, Migration und Soziale Arbeit. Wiesbaden, 1-22.
Gramsci, Antonio (1971): Selections from the Prison Notebooks. Herausgegeben und übersetzt von Quintin Hoare anf Geoffrey Nowell Smith. London.
Hess, Sabine (2016): Migration als widerständige Praxis – Die Autonomie der Migration als theoretische Intervention in die border studies. In: Dana Dülcke, Julia Kleinschmidt, Olaf Tietje und Juliane Wenke

(Hg.): Grenzen von Ordnung. Eigensinnige Akteur_innen zwischen (Un)Sicherheit und Freiheit. Münster, 54-67.

Hess, Sabine/Tsianos, Vassilis (2010): Ethnographische Grenzregimeanalysen. Eine Methodologie der Autonomie der Migration. In: Sabine Hess und Bernd Kasparek (Hg.): Grenzregime. Diskurse, Praktiken, Institutionen in Europa. Berlin:, 243-264.

Huke, Nikolai/Tietje, Olaf (2014): Gewerkschaftliche Erneuerungen in der Eurokrise. Neue Organisationsformen der spanischen Gewerkschaften im Rahmen des Protestzyklus 15M. In: PROKLA 44 (177): 531-548.

Hooks, Bell (2015): Talking back. Thinking feminist, thinking Black. New York.

Izcara Palacios, Simón Pedro/Andrade Rubio, Karla Lorena (2004): Inmigración y trabajo irregular en la agricultura: Trabajadores tamaulipecos en Estados Unidos y jornaleros magrebíes en Andalucía. In: *Mundo Agrario. Revista de estudios rurales* 4 (8), 1-18.

Jiménez Díaz, José Francisco (2008): La Construcción Sociopolítica de una Comarca Española. El Caso del Poniente Almeriense. In: *PAMPA* 1 (4), 61-83.

Junta de Andalucía. Consejería de Economía, Innovación, Ciencia y Empleo (JACEICE) (2013): Convenio Colectivo. Manipulado y Envasado de Frutas, Hortalilzas y Flores de Almería. Almería (28).

Lefebvre, Henri (1987): Kritik des Alltagslebens. Grundrisse einer Soziologie der Alltäglichkeit. Frankfurt a.M.

Marcus, Georg E. (1995): Ethnography in/of the World System: The Emergence of Multi-Sited Ethnography. In: *Annual Review of Anthropology* (24), 95-117.

Martínez Veiga, Ubaldo (2001): El Ejido. Discriminación, exclusión social y racismo. Madrid.

Mezzadra, Sandro (2005): Derecho de fuga. Migraciones, ciudadanía y globalización. Madrid.

Mezzadra, Sandro/Neilson, Brett (2013): Border as method, or, the multiplication of labor. Durham.

Mignolo, Walter (2005): On subalterns and other agencies. In: Postcolonial Studies: Culture, Politics, Economy 8 (4), 381-407.

Moulier-Boutang, Yann (1997): Papiere für Alle. Frankreich, die Europäische Union und die Migration. In: *Die Beute* (13), 50-63.

Papadopoulos, Dimitris/Stephenson, Niamh/Tsianos, Vassilis (2008): Escape Routes. Control and Subversion in the Twenty-first Century. Washington D.C.

Parker, Noel/Vaughan-Williams, Nick (2009): Lines in the Sand? Towards an Agenda for Critical Border Studies. In: *Geopolitics* 14 (3), 582-587.

Pedreño, Andrés (1999): Del Jornalero Agrícola al Obero de las Factorías Vegetales: Estrategias Familiares y Nomadismo Laboral en la Ruralidad Murciana. Madrid.

Pedreño, Andrés/Gadea, Elena/Castro, Carlos de (2014): Labor, gender, and political conflicts in the global agri-food system: The case of the agri-export model in Murcia, Spain. In: Alessandro Bonanno und Josefa Salete Barbosa Cavalcanti (Hg.): Labor Relations in Globalized Food, Bd. 20. Bingley, 193-214.

Pieper, Marianne/Panagiotidis, Efthimia/Tsianos, Vassilis (2009): Regime der Prekarität und verkörperte Subjektivierung. In: Gerrit Herlyn, Johannes Müske, Klaus Schönberger und Ove Sutter (Hg.): Arbeit und Nicht-Arbeit. Entgrenzungen und Begrenzungen von Lebensbereichen und Praxen. 1. Aufl. Mering, 341-357.

Ríos, Alexandra (2014): Female Migration and Health in Different Prostitution Scenarios in the Province of Almeria, Spain. In: Procedia – Social and Behavioral Sciences 132, 582-588.

Sciortino, Guiseppe (2004): Between Phantoms and Necessary Evils. Some Critical Points in the Study of Irregular Migrations to Western Europe. In: Vorstand des Insituts für Migrationsforschung und Interkulturelle Studien (IMIS) (Hg.): IMIS-Beiträge. Osnabrück (24), 17-44.

Stephenson, Niamh/Papadopoulos, Dimitris (2006): Analysing everyday experience. Social research and political change. Basingstoke.

Strauss, Anselm L./Corbin, Juliet M. (1996): Grounded theory. Grundlagen qualitativer Sozialforschung. Weinheim.

Ticktin, Miriam Iris (2011): Casualties of care. Immigration and the politics of humanitarianism in France. Berkeley.

Tietje, Olaf (2015): Tagelöhner_innen in Andalusien. In: *Journal für Entwicklungspolitik (JEP)* 31 (4), 105-124.

– (2016): Gegenräume. Eigensinnige Praktiken im Grenzraum Almería. In: Dana Dülcke, Julia Kleinschmidt, Olaf Tietje und Juliane Wenke (Hg.): Grenzen von Ordnung. Eigensinnige Akteur_innen zwischen (Un)Sicherheit und Freiheit. Münster, 68-82.

– (2018): „Wir nahmen uns das Wort". Zwischen Subalternisierung und Handlungsmacht – Migrantische Akteur_innen in Almerìa, Spanien. Münster.

Trimikliniotis, Nicos/Parsanoglou, D./Tsianos, Vassilis (2015): Mobile commons, migrant digitalities and the right to the city. Basingstoke.

Judith Vey

Unterbringung von Flüchtenden[1] im autoritären Festungskapitalismus
Dynamiken, Eigenlogiken, Widersprüche[2]

1. Einleitung

Fabian Georgi hat in seinem Artikel „Autoritärer Festungskapitalismus. Fünf Thesen zur Migrationspolitik in Europa und den USA" „[d]ie gegenwärtige Welle migrationspolitischer Repression (als) Teil einer Reihe von 'Sicherheitsprojekten', welche auf einen 'autoritären Festungskapitalismus' hinauslaufen" (2017), beschrieben. Seit 2015 seien zwei neue politische Projekte zu beobachten: die Durchsetzung eines neuen Niveaus staatlicher Repression und eine neue Hierarchisierung migrantischer Rechte. Georgi definiert „autoritären Festungskapitalismus" folgendermaßen: „Während die Mehrheit der Weltbevölkerung, ungleich verteilt, im Elend lebt, existieren territorial wie sozial erodierende Inseln relativen Wohlstands, deren Stabilität durch Polizei, Militär und Grenzwachen festungsgleich und zunehmend autoritär nach innen und außen abgesichert wird" (Georgi 2017). Die Unterbringung von Flüch-

---

1 In den vergangenen Jahren wurde im deutschsprachigen Raum viel über den Begriff „Flüchtling" debattiert und der grammatikalisch nicht-verniedlichende Begriff „Geflüchtete" vorgeschlagen. Egal, welcher Begriff verwendet wird, die Situation von Menschen auf der Flucht und deren Wahrnehmung werden sich dadurch wenig ändern. Dennoch erscheint es mir sinnvoller, den Begriff „Flüchtende" anderen Begriffen vorzuziehen, da hier die auch in Deutschland oft noch Jahre andauernde Fluchtsituation sichtbar gemacht wird. Denn wie Statistiken und diese Studie zeigen, sind für viele Flüchtende die ersten Jahre in Deutschland durch eine permanente Unsicherheit geprägt (vgl. Vey 2018a).

2 Ich danke Madeleine Sauer, Carina Book, Nikolai Huke, Sebastian Klauke und Olaf Tietje für eine kritisch-solidarische Kommentierung dieses Artikels.

tenden in Deutschland scheint aus dieser Perspektive ein Beispiel par excellence für solch einen autoritären Festungskapitalismus zu sein. Schon vor dem Sommer der Fluchtmigration[3] 2015 war diese von „organisierter Desintegration" (Täubig 2009), struktureller Entrechtung, institutionalisierter Diskriminierung, Isolation, Exklusion und Segregation geprägt; Unterkünfte für Flüchtende wurden schon damals als „halboffene totale Institutionen" klassifiziert (Pieper 2013: 356). Seit 2015 hat sich dies noch einmal deutlich verstärkt. Bilder von überfüllten Turnhallen und Baumärkten, die als Notunterkünfte fungierten, langen Warteschlangen von in der Hitze stehenden, z.T. dehydrierten Menschen vor dem LAGESO, der zentralen administrativen Anlaufstelle für Asylsuchende in Berlin, sind um die Welt gegangen. Studien der letzten Jahre zur Situation in den Unterkünften für Flüchtende kommen zu einem ähnlichen Ergebnis: Die Bewohner*innen von Sammelunterkünften sind strukturell psychisch und physisch unterversorgt und Menschenrechte werden grundlegend und systematisch verletzt (z.B. Christ et al. 2017; Deutsches Institut für Menschenrechte 2017; Dilger/Dohrn 2016; Dittmer/Lorenz 2016; Foroutan et al. 2017; Sauer/Vey 2017; UNICEF 2017; Vey 2018a und b; Vey/Sauer 2016). Flüchtende Menschen werden von der Bevölkerung isoliert und segregiert untergebracht, verwaltet, kaserniert, entrechtet und infolgedessen systematisch ent-subjektiviert. Die Festung Europa wird kontinuierlich geschlossener und im Inneren ebenso wie gegen das Eindringen des Außen „geschützt".

Das Narrativ, dass dies alles für die Erhaltung und den Schutz des kapitalistischen Systems funktional, gewollt oder zumindest hingenommen wird, liegt daher nahe. Wenn jedoch lokale Nahverhältnisse betrachtet werden, wird sichtbar, dass die dort herrschenden Strukturen und Praxen nur zum Teil den Anrufungen und Logiken eines autoritären Festungskapitalismus folgen. Gleichzeitig sind sie von ganz anderen unterschiedlichen Logiken durchzogen. Sie sind generell um ein vielfaches komplexer, widersprüchlicher und vielschichtiger als angenommen. Stellenweise laufen diese den kapitalistischen Anrufungen zuwider, durchkreuzen oder zersetzen sie. Kapitalistische Logiken strukturieren den Raum zwar vor. *Zum*

---

3 Da bei dem viel verwendeten Begriff „Sommer der Migration" der Fluchtcharakter der Migration im Verborgenen bleibt, scheint mir der Ausdruck „Sommer der Fluchtmigration" treffender.

einen sind jedoch auch kapitalistische Logiken und Imperative keinesfalls widerspruchsfrei und kohärent, sondern selbst von inneren Widersprüchen und Kämpfen durchzogen. So fordern neoliberale Kräfte eine Öffnung der Festung Europa gegenüber bestimmten, wirtschaftlich benötigten Migrant*innengruppen, während national-chauvinistische Fraktionen eine strikte Abschottung durchzusetzen wollen (Georgi 2016 und 2017). Sammelunterbringung von Flüchtenden in Lagern kann zwar einerseits aus den oben beschriebenen Gründen der systematischen Desintegration, Entsubjektivierung und Entrechtung als funktional für das kapitalistische System betrachtet werden, da auf diese Weise Privilegien und Wohlstand im globalen Norden geschützt und soziale Verwerfungen und Kämpfe zunächst einmal erschwert werden. Andererseits kann in Sammelunterkünften jedoch auch eine schnellere und einfache Mobilisierung erfolgen, vor allem, wenn die Unterbringungsbedingungen sehr schlecht sind. Ehrenamtliche können Flüchtende in zentralen Unterbringungen leichter erreichen als in dezentralen Wohnungen. Darüber hinaus ist Sammelunterbringung trotz schlechterer Standards die eigentlich kostenintensivere Variante im Vergleich zur Unterbringung in Wohnungen (Wendel 2014) und belastet infolgedessen letztendlich stärker das Gemeinwesen. Es ist daher gar nicht immer so leicht möglich festzustellen, was konkret für den Aufbau und die Stabilisierung eines autoritären Festungskapitalismus wesentlich ist, da dieser selbst schon extrem vielschichtig ist und ganz verschiedene, widersprüchliche Facetten vereint.

Zum anderen steht die Durchsetzung neoliberaler Anrufungen mit der Komplexität, Dynamiken und den Eigenlogiken sozialer Strukturen generell in einem Spannungsverhältnis. Kontrollimperative scheitern zum Teil gar nicht aufgrund von Aktionen und Protesten, sondern oftmals ganz einfach an bürokratischen Eigenlogiken, technischen Hürden oder dem Mangel an finanziellen und personellen Ressourcen. Beispielsweise sind in Berlin eigentlich digitale Eingangs- und Abwesenheitskontrollen per elektronischem Hausausweis an den Eingängen der temporären Unterkünfte („Tempohomes") vorgeschrieben. Aber aufgrund des Fehlens einer funktionierenden Internetverbindung in den meisten Unterkünften war deren Realisierung bisher schlichtweg nicht möglich.

Es knirscht und kracht an vielen Stellen im kapitalistischen System, biopolitischen und anderen autoritären Kontrollimperative scheitern zum Teil gar nicht am Widerstand der Betroffenen, sondern an fehlenden Mitteln und Möglichkeiten. Diese Widersprüche bleiben vor allem auch in linken, kritischen Diskursen oftmals im Dunkeln. Diese Komplexität kapitalistischer Logiken auf lokaler Ebene werde ich in diesem Beitrag anhand der Unterbringung von Flüchtenden in Deutschland erörtern und diskutieren.

2. Autoritärer Festungskapitalismus: Flüchtlingsunterbringung als Exklaven im Inneren des kapitalistischen Zentrums

In den letzten Jahren wurden verstärkt die Grenzen im globalen Norden zum globalen Süden hin auf eine autoritäre Art und Weise und festungsgleich gesichert. Damit das kapitalistische System überleben kann, muss es zunehmend an den Außengrenzen des Zentrums geschützt und auch im Inneren kontinuierlich autoritärer abgesichert werden. Dort, wo nicht Wasser den europäischen Kontinent von den anderen Kontinenten trennt, wird die zunehmende Grenzsicherung durch den Bau von Zäunen und Mauern an den Außengrenzen Europas (und den USA) realisiert. Auf dem Meer werden seit Jahren rechtswidrige Pushback-Aktionen durchgeführt, in denen Boote mit Flüchtenden zurückgedrängt werden, z.T. auch mit Gummigeschossen. Weitere Strategien sind die Rückdrängung und zum Teil Kriminalisierung von Booten der Seenotrettung bis hin zur vollständigen Verhinderung von zivilen Rettungsaktionen. Seit mehreren Jahren schon gibt es intensive Bemühungen der EU und von einzelnen EU-Staaten, afrikanische Länder (stärker) dazu zu bewegen, Grenzübertritte zu verhindern oder Flüchtende zurückzunehmen.[4] Die deutsche und europäische Grenzsicherung beginnt daher bereits mitten in Afrika.

In Deutschland und Europa wurde der seit 2008 wieder steigenden Zahl von Flüchtenden mit repressiven Gesetzen begegnet. Teilweise hat sich aber auch – u.a. auf Druck von Flüchtendenorganisationen oder durch Erfordernisse des Arbeitsmarkes – die Situation punktuell verbessert. Im Zuge des Anstiegs der Zahl der

---

4 Im Rahmen des Projekts *migration control* der taz wird dokumentiert, wie auf rechtlicher Ebene versucht wird, zahlreiche Abkommen mit afrikanischen Staaten, darunter auch Diktaturen, zu schließen, um potentielle Migrant*innen und Flüchtende an der Ausreise zu hindern.

Flüchtenden 2015 wurde die Verweildauer in einer Erstaufnahmeeinrichtung von drei auf sechs Monate ausgeweitet und es wurden hunderte Sammelunterkünfte neu errichtet, obwohl bis 2015 in manchen Landkreisen und Bundesländern die Unterbringung in Wohnungen präferiert wurde.[5] Neben dem Stand des Asylverfahren und des Familiennachzugs, dem Spracherwerb, der allgemeinen Versorgung, dem Zugang zu Gesundheit, zum Arbeitsmarkt und zu Bildungseinrichtungen (Vey/Sauer 2016; Vey 2018a) ist die Unterbringung der Flüchtenden ein zentraler Aspekt, der ihr Leben in Deutschland grundlegend beeinflusst.

Die schlechten Bedingungen in den Unterkünften für Flüchtende haben sich seit 2015 nicht verbessert, sondern fundamental verschlechtert. Die empirischen Studien, die ich (z.T. in Zusammenarbeit mit Kolleg*innen)[6] seit 2015 angestellt habe, bestätigen diese These. Bereits eine Anfang 2015 durchgeführte Befragung von Bewohner*innen von Gemeinschaftsunterkünften in Brandenburg ergab, dass die Unterbringung und Versorgung von Flüchtenden strukturell geändert werden müssen, um die Situation qualitativ zu verbessern (Vey/Sauer 2016).

Im Rahmen meiner von 2016 bis 2018 durchgeführten bundesweiten Feldforschungen in Flüchtlingsunterkünften (Vey 2018a), auf deren Ergebnissen in diesem Artikel zurückgegriffen wird, wurde sichtbar, wie sehr sich die Situation noch verschlechtert hat: In den untersuchten Notunterkünften wurden grundlegende physische wie psychische Bedürfnisse flächendeckend und systematisch nicht befriedigt; Traumata wurden verstärkt und nicht bearbeitet, und neue entwickelt. Die Notunterkünfte waren größtenteils ein strukturell rechtsfreier Raum, es gab keine Kontrollen und rechtsverbindlichen Mindeststandards. Viele Betreiber*innen haben bis heute keine Verträge mit dem Senat und sind daher schwer kontrollier- und belangbar. Es fand und findet in den aktuellen

---

5 Für eine detaillierte Übersicht der Unterbringungsregelungen und -praxen der einzelnen Bundesländer vor 2015 siehe Wendel (2014).

6 Siehe u.a. https://protestinstitut.eu/projekte/abgeschlossene-projekte/willkommensinitiativen-in-brandenburg/, http://www.tu-berlin.de/ztg/menue/projekte_und_kompetenzen/projekte_laufend/fluechtlingsunterbringung/, http://www.tu-berlin.de/ztg/menue/projekte_und_kompetenzen/projekte_laufend/stadtraeumliche_kurzstudie_pankow und http://www.tu-berlin.de/ztg/menue/projekte_und_kompetenzen/projekte_laufend/zufluchtsorte/.

Sammelunterkünften immer noch eine Segregierung, Isolierung, Verwaltung, Kasernierung, Entrechtung, Unterversorgung und daraus folgend eine De-Subjektivierung statt, die sich durch das gesamte Asylverfahren zieht. Inklusion, Teilhabe, und Gleichbehandlung werden systematisch erschwert und verhindert. Die Lager lassen sich infolgedessen als *Exklaven im Inneren des kapitalistischen Zentrums* charakterisieren. Durch immaterielle, aber durchaus auch durch physische Grenzen werden Flüchtende systematisch aus der deutschen Gesellschaft exkludiert: durch Gesetze, gläserne Decken, Parallelstrukturen, aber auch durch reale Zäune und abgegrenzte Räume.

Die Unterbringung und Versorgung von Flüchtenden ist daher ein relevanter Bestandteil eines autoritären Festungskapitalismus. Doch schon seit den 1990ern durch das Dublin-Übereinkommen und die Dublin-Verordnungen ab 2003 wurde das Migrationsregime weiterentwickelt und intensiviert. Es wurden zwar durch die starke Zunahme der Flüchtenden nach Europa seit 2008 neue, verschärfte Methoden entwickelt, um diese zu kontrollieren und zu stoppen. Die bundesrepublikanische Migrationspolitik der Nachkriegszeit ist jedoch generell durch eine (partielle) Abschottung, Entrechtung und Kontrolle bestimmt (Pieper 2013: 23ff.) und die Unterbringungsbedingungen waren bereits vor 2015 vielerorts miserabel. Es ist daher vielmehr eine Verschärfung der bestehenden Bedingungen als eine neue Qualität der Herrschaft und Kontrolle. Stattdessen ist sie vom Kern und der Motivation her gleich, nämlich Abwehr und Kontrolle von Flüchtenden sowie Schutz des kapitalistischen Zentrums, um soziale Verwerfungen im Zentrum zu verhindern. Die Kosten der Externalisierungsgesellschaft (Lessenich 2016) werden zusätzlich in neu geschaffene oder erweiterte Exklaven im Inneren externalisiert.

3. Dynamiken, Eigenlogiken und Widersprüche im autoritären Festungskapitalismus am Beispiel der Unterbringung von Flüchtenden in Deutschland

Bei genauerer Betrachtung der Unterbringung von Flüchtenden in Deutschland wird das Bild eines autoritären Festungskapitalismus allerdings vielschichtiger und komplexer. Das Unterbringungssystem und dessen Realisierung sind auf den zweiten Blick – insbesondere bei Betrachtung der lokalen Nahverhältnisse auf Unterkunfts-, Lokalpolitik- und Behördenebene – gar nicht so homogen, widerspruchsfrei und eindeutig wie es scheinen mag. Ein „Durchregieren von oben" findet auch im autoritären Festungskapitalismus derzeit nicht statt; und auch kapitalistische Systemlogiken sind nicht überall und umfassend omnipräsent und vorherrschend, sondern konfligieren an vielen Stellen mit anderen Logiken, Praxen und Dynamiken. Häufig entwickeln sich kontextspezifisch ganz eigene Dynamiken, die sich schwer planen und vorhersagen lassen. Auf diese Widersprüche, Eigenlogiken und ungeplanten Dynamiken möchte ich im Folgenden genauer eingehen und dies an vier Beispielen veranschaulichen.

1. Rolle der ehrenamtlichen Unterstützung von Flüchtenden und ihre nicht-intendierten Nebeneffekte

Im Jahr 2015 sind ca. 860.000 Menschen im EASY[7]-System neu registriert worden, in dem sich Asylsuchende in Deutschland vor der Antragstellung anmelden müssen (BIM/BAMF 2016: 9). Im Jahr 2008 waren es noch etwas mehr als 28.000 Menschen, die in Deutschland Asyl begehrten (BAMF 2018: 3). Die Infrastruktur und die Verwaltung in Deutschland waren mit den damit einhergehenden Anforderungen immens überfordert. Interessanterweise wurde diese Infrastruktur- und Verwaltungskrise (Hanewinkel 2015) im öffentlichen Diskurs oftmals problematischer und facettenreicher dargestellt als dies in manchen links-kritischen Kontexten der Fall war, in denen vor allem die Systemlogik, Funktionalität und deren neoliberale Bewältigung und somit für das Weiterfunktionieren des Kapitalismus im Vordergrund stand.

Ein Beispiel hierfür ist die Debatte um die vielen Ehrenamtlichen, die die neu angekommenen Flüchtenden unterstützt haben. In den Medien und wissenschaftlichen Publikationen stand zum einen der Solidaritäts- und Menschlichkeitsaspekt dieser Hilfen im Fokus. Sie wurden als eine neue Bürger*innenbewegung (z.B. Schiffauer et al. 2017: 16) geframed und gewürdigt. Zum anderen wurde in den Berichten immer wieder der Krisencharakter hervorgehoben, und dass ohne die Ehrenamtlichen das gesamte Verwaltungs- und Versorgungssystem für Asylsuchende zusammengebrochen wäre (z.B. Deutschlandfunk 2015; Schareika 2015).

---

7   Kurzform für „Erstverteilung von Asylbegehrenden".

In kritisch-linken Medien und wissenschaftlichen Publikationen hingegen wurde auch und z.t. primär die problematische Seite dieses Engagements in den Vordergrund gestellt, nämlich die Ausbeutung des Ehrenamts, die weitere Aushöhlung des Sozialstaats und der Regelversorgung, die Etablierung einer weiteren Schattenwirtschaft, die Gefahr von Paternalismus gegenüber den Flüchtenden und deren systematischer Entrechtung und Abhängigkeit von der Wohltätigkeit der Ehrenamtlichen (z.B. Graf 2016; van Dyk/Miesbach 2016). Die Bearbeitung der Krise und das damit einhergehende ehrenamtliche Engagement wurden tendenziell unter dem Aspekt der neoliberalen Bearbeitung der Krise betrachtet. Diese Analysen sind zwar vom Kern her richtig und wichtig, stellen sie doch die Krisenhaftigkeit des gesamten kapitalistischen Gesellschaftssystems in den Vordergrund. Es darf dennoch nicht die Vielschichtigkeit und Komplexität der ehrenamtlichen Flüchtendenhilfe übersehen werden. Eine solche Verengung kann potentiell dazu beitragen, ein Bild von Kapitalismus zu erzeugen, bei dem trotz Krise alles nach Plan läuft oder bei dem auch in Krisensituationen mit neoliberalen Reaktionen – hier in Form von einer Ausbeutung und Nutzbarmachung unentgeltlich geleisteter Arbeit – gerechnet wird.

Wie lässt sich also nun das ehrenamtliche Engagement charakterisieren und einordnen? Meiner Analyse nach umfasst ehrenamtliche Flüchtlingsarbeit mindestens drei Aspekte, die in bisherigen Analysen nicht zusammen betrachtet werden: Empowerment, Lückenbüßerei und eine neoliberale Aktivierung des Selbst (Vey 2018b). *Erstens* hat diese Arbeit viele Menschen empowert; sie haben ihren sozialen Nahraum aktiv gestaltet, verändert und versucht zu verbessern. Sie haben sich zahlreiche Fähigkeiten angeeignet, vom Erstellen von online-Arbeitsplänen und Websites, wie man sich auf kommunaler und überkommunaler Ebene Gehör verschafft und Protestbriefe verfasst oder wie man in heterogenen Gruppen gemeinsam Entscheidungen trifft oder Kooperationen schließt. Viele haben das erste Mal an solchen Selbstorganisierungsprozessen teilgenommen und sind durch ihre soziale Arbeit politisiert worden. Manche Ehrenamtliche wollten und konnten ihr Engagement in Erwerbsarbeit überführen. In nicht wenigen Unterkünften, Behörden und Gemeinden arbeiten infolgedessen viele Sozialarbeiter*innen, Flüchtlings- oder Ehrenamtskoordinator*innen oder Integrations- oder Gleichstellungsbeauftragte, die durch ihr ehrenamtliches Engagement wertvolle Praxiserfahrungen und potentiell kritischere Positionen mitbringen.

Zweitens haben sie die mangelhafte staatliche Versorgung ausgeglichen und sozialstaatliche Leistungen übernommen oder den Zugang zu diesen gesichert. Sie haben als Lückenbüßer*innen fungiert, die die Versorgung der Flüchtenden zum Teil sogar besser organisiert haben als professionelle Akteur*innen im Feld. *Drittens* lässt sich das Engagement auch als neoliberale Aktivierung des Selbst beschreiben:

> „Mit der vielfachen Übernahme staatlicher Leistungen durch Ehrenamtliche trifft eine restriktive Asyl- und Flüchtlingspolitik auf eine neoliberale Aktivierung des Selbst, die sich im Zuge der zur 'Flüchtlingskrise' stilisierten Infrastruktur- und Verwaltungskrise (Hanewinkel 2015) im Jahr 2015 jenseits der öffentlichen Wahrnehmung zu einer fruchtbaren Symbiose verbunden haben. Im Kontext des neoliberalen Umbaus des Sozialstaates zur 'Aktivgesellschaft' (vgl. Lessenich 2003a, 2003b) ist hier ein weiteres Feld entstanden, in dessen Rahmen staatliche Versorgungsaufgaben an die Zivilgesellschaft ausgelagert werden und dies positiv als gesteigerte Partizipation(smöglichkeit) gelabelt wird." (Vey 2018b: 94f.).

Solche nicht-intendierten Effekte bleiben in wissenschaftlichen Analysen tendenziell unberücksichtigt. Anhand des Beispiels der ehrenamtlichen Flüchtendenarbeit wird deutlich: Die Mikroebene gestaltet sich extrem komplex und vielschichtig.

2. Einrichtung und Betrieb der Unterkünfte

Auf Behörden- und Unterkunftsebene verliefen die Einrichtung und der Betrieb der Unterkünfte nicht einfach in einem Top-Down-Prozess und widerspruchsfrei, kohärent und geräuschlos. Stattdessen wurden auf allen Ebenen Ambivalenzen und konträre Logiken offenbar, die ein autoritäres Durchregieren oder ein monokausales Wirken neoliberaler und autoritärer Logiken erschwert haben.

Im Herbst 2015 wurde in Berlin im Durchschnitt etwa jeden Tag eine Turnhalle als Notunterkunft umgenutzt und dutzende neue Gemeinschaftsunterkünfte eröffnet. In manchen Unterkünften werden daher keine Verträge zwischen dem Land Berlin und den Betreiber*innen geschlossen, es gab und gibt heute noch Unterkünfte ohne vertragliche Bindung an landesspezifische Unterbringungsstandards. Auf der einen Seite trägt dies dazu bei, dass die Unterkünfte zu rechtsfreien Räumen werden, in denen keinerlei Mindeststandards gelten (die es bisher nicht rechtsverbindlich auf Bundesebene gibt), die von nicht qualifizierten Betreiber*innen geführt werden und wo Willkür und eine „Wild West-Stimmung" (Vey 2018a) befeuert werden. Chaos und daraus resultierende Unterversorgung können systemfunktional wirken. Auf der anderen Seite stellt dies für das Land Berlin potentiell eine Gefahr für die soziale Sicherheit und Ordnung dar, da es seinem Steuerungs- und Kontrollanspruch nicht vollständig nachkommen kann. Kontrolle und Autorität wurden zwangsweise temporär ab- und aufgegeben. Es stellt nun für den Senat und die Verwaltung einen immer noch andauernden, enormen Kraftakt dar, die staatliche Ordnung wiederherzustellen. Generell hätte die Situation vor dem Berliner LAGESO im (Spät-)Sommer 2015 leicht kippen können, ebenso in vielen Not- und Sammelunterkünften – für den Fortbestand eines autoritären Festungskapitalismus wäre dies fatal gewesen.

Darüber hinaus zeigt sich, dass es eine enorm große Spannbreite von Betreiber*innen gibt, die aus ganz verschiedenen Motiven heraus Unterkünfte eröffnet haben und sie auf ganz unterschiedliche Weise betreiben. Deren Einstellung den Bewohner*innen gegenüber reicht von sehr repressiv bis sehr unterstützend; ihr Handeln ist zum Teil von ganz unterschiedlichen Logiken geprägt. Unterkunfts-Betreiber*innen und Mitarbeiter*innen können daher nicht einfach als ausführende und dem Staat nahestehende Akteur*innen betrachtet werden. Dies wurde den in der jeweiligen Unterkunft aktiven Ehrenamtlichen bewusst und sie haben sich in ihren Aktivitäten darauf eingestellt. Wie wir im nächsten Punkt sehen werden, sind die Rollen und Subjektpositionen von Mitarbeitenden wie anderen Akteur*innen im Feld infolgedessen und generell durchaus heterogen und äußerst vielschichtig.

Zudem wird bei genauerer Betrachtung deutlich, dass gar nicht klar ist, wie „systemkonforme" Betreiber*innen zu charakterisieren sind. Sind es solche, die extrem repressiv sind, aber womöglich dementsprechend auch Proteste und eine politische Unterstützung durch die Ehrenamtlichen und andere Akteur*innen provozieren? Oder sind es solche, die ein gewisses Maß an Inklusion und Versorgung gewährleisten und dementsprechend keine Selbstorganisierung, Unterstützung von außen und Politisierung evozieren?

3. Subversive Anwendung von Regeln

Nicht-intendierte Dynamiken, Widersprüche, Eigenlogiken und darauf aufbauende Handlungsmöglichkeiten werden nicht nur durch die konkrete oder strukturelle Anordnung in den jeweiligen Settings, sondern auch von den Akteur*innen selbst produziert. Dies möchte ich an einem Beispiel aus einer Notunterkunft in einer Turnhalle in Berlin verdeutlichen, in der Handlungsfähigkeit aus einer subversiven Anwendung von Regeln entwickelt wurde.

Infolge eines Konflikts zwischen Bewohner*innen wurden einigen Personen Hausverbote erteilt. Da der Staat dennoch seiner Unterbringungspflicht nachkommen muss, wurden diese Bewohner*innen in eine andere Unterkunft verlegt, die, wie sich herausstellte, viel besser eingerichtet und ausgestattet war als die Unterbringung in der Turnhalle. Die verlegten Bewohner*innen berichteten dies bei einem Besuch in ihrer alten Unterkunft. Dies brachte einige Bewohner*innen auf die Idee, ebenfalls Hausverbote und dementsprechend eine Verlegung in eine andere, bessere Unterkunft zu provozieren. So wurden von einen auf den anderen Tag plötzlich aus Nichtraucher*innen Raucher*innen. Sie zündeten sich eine Zigarette in der Turnhalle an, was ein sofortiges Hausverbot nach sich zog. Die Bewohner*innen wurden in andere Unterkünfte verlegt. Einige wurden jedoch anschließend in einer viel schlechteren Unterkunft untergebracht. Diese Strategie wurde daher nach ein paar Anwendungen nicht mehr realisiert.

An diesem Beispiel wird deutlich, dass trotz rigider Vorgaben von den Betroffenen Strategien entwickelt werden können, diese zu umgehen oder sie zu ihren Gunsten umzunutzen. Dies ist zwar nicht immer auf diese Art und Weise möglich und das Beispiel zeigt zudem, dass dies nicht von Dauer und Erfolg gekrönt sein muss. Es zeigt jedoch auch, dass Regeln nicht notwendigerweise die Handlungsmöglichkeiten vorgeben müssen, es besteht nicht zwangsweise ein Determinismus zwischen Regel und der daraus folgenden Handlung bzw. der Bedeutung der Handlung. Das Hausverbot wurde zwar ausgesprochen, hatte aber im konkreten Fall eine potentielle Verbesserung der Situation und keine Bestrafung zur Folge. Strukturen und Regeln haben – wie Handlungen auch – einen fundamental polysemantischen Charakter. Der Sinn dieser entsteht kontextual und ist nicht vorgegeben. Handlungsspielräume werden im autoritären Festungskapitalismus nicht nur beschränkt, sondern auch tagtäglich durch verschiedenste Beteiligte neu ausgehandelt und erweitert.

4. Allianzen und Heterogenität der Subjektpositionen

Bei Betrachtung der Nahverhältnisse und Mikrokosmen, die in und im Umfeld der Unterkünfte entstanden sind, werden *überraschende Allianzen und Positionierungen* von Personengruppen deutlich, die nicht zwangsweise der Logik eines autoritären Festungskapitalismus und damit zusammenhängenden Subjektpositionen folgen müssen. In der Analyse verschiedener Unterkünfte wurden stellenweise Allianzen zwischen Heimleitung, Mitarbeiter*innen und Bewohner*innen sichtbar. Eine Heimleitung hat Bewohner*innen bei Protestaktivitäten gegen die Unterbringungsbedingungen in der Berliner Notunterkunft unterstützt und sie beraten, wie ihr Protest am wirkmächtigsten sein könnte. Sie riet von Protesten auf dem Bürgersteig in der wenig befahrenen Straße ab und empfahl ihnen stattdessen, direkt vor das LAGESO zu ziehen. Die Leiterin einer Brandenburger Gemeinschaftsunterkunft hat eine Bewohnerin für die Teilnahme auf dem Podium bei einer Podiumsdiskussion zur Situation und zu Empowermentmöglichkeiten von geflüchteten Frauen vorgeschlagen und diese dann dorthin begleitet, um während der gesamten Veranstaltung deren einen Monat altes Baby zu betreuen. In einer anderen Berliner Notunterkunft ist der Bezirksbürgermeister einer Einladung zu einem von Bewohner*innen und Unterstützer*innen organisierten, medial begleiteten Besuch der Unterkunft gefolgt, in dem die miserablen Unterbringungs- und Versorgungsbedingungen aufgezeigt und kritisiert wurden. Da der Bezirk keine Weisungsbefugnis gegenüber den Betreiber*innen und auch auf das Vergabeverfahren wenig Einflussmöglichkeiten hat, hat er auf diese Weise interveniert. Die Unterkunftsleitung und der Betreiber waren über den Besuch nicht informiert; die Unterkunft wurde innerhalb kürzester Zeit infolge des Besuches und des medialen Echos geschlossen. Gleichzeitig gab es auch den Fall, dass sich die Ehrenamtlichen in einer Unterkunft mit den Unterkunftsmitarbeiter*innen solidarisiert haben, als es zu Protesten seitens der Bewohner*innen gegen die miserablen Bedingungen kam. Externe Ehrenamtliche aus anderen Gruppen haben sich wiederum mit den Bewohner*innen solidarisiert und diese unterstützt.

Wie lässt sich diese Vielschichtigkeit und Heterogenität von Subjektpositionen und Allianzen erklären? Durch die räumliche Nähe und den kontinuierlichen Kontakt zu den Bewohner*innen stehen Unterkunftsmitarbeiter*innen und -leitungen diesen im Alltag näher als den Behörden. Sie kennen ihre Probleme und sie sind diejenigen, die sich mit diesen alltäglich auseinandersetzen müssen – oft auch in Auseinandersetzung mit verschiedenen Behörden. Eine Möglichkeit des Umgangs mit den oft schwer lösbaren Problemen kann die Abwälzung bürokratischer Hindernisse auf die Flüchtenden darstellen. Eine andere Handlungsvariante, die ich ebenfalls oft beobachten konnte, ist die aktive Auseinandersetzung mit den Problemen und der Versuch, diese zu lösen. Dies kann die Mitarbeiter*innen zu Unterstützer*innen der Bewohner*innen gegenüber der Verwaltung machen.

Zudem teilten Betreiber*innen, Unterkunftsleitungen und Bewohner*innen manche Probleme mit der behördlichen Bürokratie: In den ersten Monaten gab es bspw. noch keine Betreiber*innen-Hotline, stattdessen mussten die Betreiber*innen wie alle anderen bei der allgemeinen Hotline anrufen, die stark überlaufen war. Darüber hinaus hatten sie kaum Informationen darüber erhalten, wie eine Unterkunft zu betreiben ist, vieles war völlig unklar, was für die Betreiber*innen und infolgedessen auch zum Teil auch für die Flüchtenden große Unsicherheit bedeutet. Die Betreiber*innen und Mitarbeiter*innen gingen mit dieser Unsicherheit unterschiedlich um. Manche gaben diese Unsicherheit an die Bewohner*innen über restriktives, willkürliches und undurchsichtiges Verhalten weiter. Für Bewohner*innen und Ehrenamtliche erschienen infolgedessen Betreiber*innen und Mitarbeiter*innen oft als verlängerter Arm der Behörden. Andere Betreiber*innen und Mitarbeiter*innen haben bestehende Schwierigkeiten und Unsicherheiten bezüglich behördlicher Vorgänge offen kommuniziert und gemeinsam über Lösungsmöglichkeiten diskutiert. Es kam zu Zusammenarbeit und Solidarisierungen zwischen Mitarbeiter*innen und Bewohner*innen. Ihre Position ist daher nicht vollständig strukturell vorgegeben, sondern von den lokalen Kontextbedingungen sowie subjektiven Beweggründen, Überzeugungen und Vorerfahrungen abhängig.

Soziale Akteur*innen sind von einer Vielzahl von Subjektpositionen durchzogen, die sich in Relation zu anderen materialisieren, sie sind keinesfalls kohärente und eindimensionale Individuen. Ein Beispiel für diese *Heterogenität von Subjektpositionen* ist die Doppelrolle des Wachsdienstes in den Unterkünften. Ihr Auftrag ist primär die Herstellung und Wahrung von Sicherheit; in vielen Unterkünften wurde und wird über Machtmissbrauch, verbale und körperliche Übergriffe seitens des Wachdienstes berichtet. In manchen Unterkünften fungierten sie jedoch auch als Unterstützer*innen und „Fürsprecher*innen" der Bewohner*innen. In einer besuchten Unterkunft vermittelten sie bspw. Jobs, übernahmen Sprachmittlungen und gaben wertvolle alltagspraktische Orientierung, da sie die einzigen waren, die 24 Stunden vor Ort waren. Sie waren daher oft die ersten Ansprechpersonen – auch für Ehrenamtliche. Sie haben rechte Anfeindungen gegenüber den Flüchtenden und der Unterkunft bei der Polizei angezeigt und als diese nicht verfolgt wurden, haben sie sich dafür eingesetzt, dass diesen nachgegangen wird. Viele hatten selbst Flucht- oder Migrationserfahrung. Sie waren zwar einerseits dafür da, Sicherheit und Ordnung zu schaffen und verfügten demensprechend auch über diesbezügliche Machtmittel; sie standen in der Hierarchie ganz klar über den Bewohner*innen. Andererseits bedeutete dies nicht zwangsweise, dass sie – aus welchen Motiven auch immer – nicht persönliche Kontakte zu den Bewohner*innen aufbauen und sich mit ihnen solidarisieren konnten.

Was bedeutet dies konkret? Rollen, Subjektpositionen und damit zusammenhängende Positionierungen sind nicht festgelegt, stattdessen gibt es immer auch widersprüchliche Anrufungen: Wertvorstellungen oder persönliche Beziehungen können mit Dienstanforderungen konfligieren. Systemanforderungen werden nicht direkt in Handlungen übersetzt, oftmals nicht einmal in klare Handlungsanforderungen. Es entstehen lokale Dynamiken und Eigenlogiken, die nicht direkt beabsichtigt und bewusst intendiert sind. Stattdessen entstehen sie, weil Subjekte und Strukturen fundamental überdeterminiert sind, also von ganz unterschiedlichen Subjektanrufungen und Logiken durchzogen sind. Subjektpositionen, Allianzen und Handlungen können daher manchmal äußerst überraschend sein. Auch werden Regeln und Anweisungen von verschiedenen Akteur*innen unterschiedlich gedeutet und realisiert.

4. Fazit

Das Bild des autoritären Festungskapitalismus hilft uns, die Entwicklungen der letzten Jahre gesamtgesellschaftlich und gesellschaftstheoretisch einordnen zu können: Die immer totaler und brutaler werdende Abschottung an den EU-Außengrenzen, die kontinuierliche Verschlechterung der Lebensbedingungen und

-perspektiven der Flüchtenden in Deutschland und Europa sowie deren Asylchancen stehen in einem direkten Zusammenhang miteinander und sind der Versuch, Wohlstand und sozialen Frieden im Inneren und auf diese Weise das kapitalistische System und damit verbundene Privilegien zu sichern.

Wir müssen uns jedoch gleichzeitig vergegenwärtigen, dass es immer auch Teil einer kulturellen Hegemonie ist, das herrschende System als widerspruchsfrei, total und prinzipiell problemlos funktionierend darzustellen. Wie wir gesehen haben, existieren auf verschiedenen Ebenen zahlreiche Widersprüche, Brüche, Eigenlogiken und Dynamiken. Diese laufen jedoch potentiell Gefahr, systemkonform gedeutet zu werden, wenn Gesellschaft nur auf der Makroebene und von ihrer Funktionslogik her betrachtet wird. Denn, wenn alles unter dem Aspekt einer angenommenen zugrundeliegenden Systemlogik und Funktionalität betrachtet und analysiert wird, werden Praktiken, die nicht in dieses Muster passen, unsichtbar (gemacht). Ähnlich argumentiert auch Georgi in seiner vierten These, wenn er die Autonomie der Migration und politische oder finanzielle Schwierigkeiten der Realisierung eines neuen Grenzregimes anführt (2017).

Gerade von links-kritischer Seite wird dieses Bild eines letztendlich doch total wirkenden Kapitalismus jedoch oft unbewusst untermauert, wenn linke Analysen genau dieses Bild eines allmächtigen Kapitalismus reproduzieren, indem sie aufzeigen, wie z.B. Protest oder Widersprüche durch die kapitalistische Logik systemkonform integriert oder genutzt werden können (wie z.B. die Analysen von Boltanski/Chiapello 2003).[8] J.K. Gibson-Graham bezeichnen dies als einen kapitalozentristischen Diskurs, der die Überwindung von Kapitalismus erschwert: „(…) it is the way capitalism has been 'thought' that has made it so difficult for people to imagine its supersession" (Gibson-Graham 2006: 4). Sie kritisieren diese Sichtweise vor allem in linken Kapitalismusanalysen, da hier z.T. die – auch durch das kapitalistische System selbst produzierten –Widersprüche und damit einhergehenden Ansatzpunkte von subversiven Handeln unsichtbar bleiben oder nur in Bezug auf Kapitalismus verstanden und gedeutet werden, ihnen aber keine Eigenfunktionalität und -dynamik zugesprochen wird.

---

8   Für eine ausführliche Argumentation siehe Vey 2015.

Generell ist die (kapitalistische) Gesellschaft nicht nur durch kapitalistische Logiken determiniert, sondern auch durch eine Vielzahl anderer Logiken: jedes gesellschaftliche Teilsystem hat seine eigenen Logiken (z.b. Luhmann 1977) und „Spielregeln", der „Doxa" (Bourdieu 1976: 151). Diese existieren zwar nicht vollständig unabhängig von anderen Systemen oder Feldern, die Funktionsweisen und Spielregeln sind jedoch von Eigenlogiken und -dynamiken geprägt, die ein Eigenleben haben und teilweise der Durchsetzung einer kapitalistischen Logik im Wege stehen können.

Gerade wenn es um die Evaluierung und Bewertung von Widerstandspotentialen geht, ist es zentral, auch die Ebene der Nahverhältnisse und Mikropolitiken zu betrachten und hier nicht nur materielle Verhältnisse zu berücksichtigen, sondern auch lokale Diskurse, Narrative, Kontextbedingungen und Akteur*innenkonstellationen, durch die die Durchsetzung eines autoritären Festungskapitalismus erschwert wird, denn auf dieser Ebene findet dessen konkrete Umsetzung und Implementierung statt. Hier finden sich zahlreiche Ansatzpunkte progressiver Entwicklungen, und auf dieser Basis können emanzipative Strategien entwickelt werden.

Literatur

BAMF (Bundesamt für Migration und Flüchtlinge 2018): Aktuelle Zahlen zu Asyl. Ausgabe April 2018, abrufbar unter: https://www.bamf.de/SharedDocs/Anlagen/DE/Downloads/Infothek/Statistik/Asyl/aktuelle-zahlen-zu-asyl-april-2018.pdf?__blob=publicationFile, letzter Abruf 17.05.2018.

BIM (Bundesministerium des Inneren)/BAMF (Bundesamt für Migration und Flüchtlinge) (2016): Migrationsbericht des Bundesamtes für Migration und Flüchtlinge im Auftrag der Bundesregierung. Migrationsbericht 2015, abrufbar unter: https://www.bamf.de/SharedDocs/Anlagen/DE/Publikationen/Migrationsberichte/migrationsbericht-2015.pdf?__blob=publicationFile, letzter Abruf 17.05.2018.

Boltanski, Luc/Eve Chiapello 2003. Der neue Geist des Kapitalismus. Konstanz.

Bourdieu, Pierre (1976): Entwurf einer Theorie der Praxis auf der ethnologischen Grundlage der kabylischen Gesellschaft. Frankfurt a.M.

Christ, Simone/Meininghaus, Esther/Röing, Tim (2017): All Day Waiting. Konflikte in Unterkünften für Geflüchtete in NRW. Bonn: bicc Working Paper.

Deutsches Institut für Menschenrechte (2017): Entwicklung der Menschenrechtssituation in Deutschland. Juli 2016–Juni 2017, abrufbar unter http://www.institut-fuer-menschenrechte.de/fileadmin/user_upload/Publikationen/Menschenrechtsbericht_2017/Menschenrechtsbericht_2017.pdf, letzter Abruf 28.1.2018.

Deutschlandfunk (2015): „Eine Kraft, die man nicht ignorieren sollte". Birgit Bursee im Gespräch mit Liane von Billerbeck, 31.12.2018, abrufbar unter: https://www.deutschlandfunkkultur.de/ehrenamtliche-fluechtlingshelfer-eine-kraft-die-man-nicht.1008.de.html?dram:article_id=341231, letzter Abruf 28.09.2018.

Dilger, Hansjörg/Dohrn, Kristina (2016): Living in Refugee Camps in Berlin: Women's Perspectives and Experiences. Berlin.

Dittmer, Cordula/Lorenz, Daniel F. (2016): „Waiting for the bus that never comes" – Quick Response Erhebung von Bedürfnissen und Selbsthilfepotenzialen geflüchteter Menschen in einer Berliner Notunterkunft. Katastrophenforschungsstelle, Berlin.

Foroutan, Naika/Hamann, Ulrike/El-Kayed, Nihad/Jorek, Susanna/Berliner Institut für empirische Integrations- und Migrationsforschung (BIM, 2017): Zwischen Lager und Mietvertrag – Wohnunterbringung geflüchteter Frauen in Berlin und Dresden. Berlin: Berliner Institut für empirische Integrations- und Migrationsforschung (BIM), Humboldt-Universität zu Berlin.

Georgi, Fabian (2016): Widersprüche im Sommer der Migration. Ansätze einer materialistischen Grenzregimeanalyse. In: Prokla. Heft 183, 46. Jg, Nr. 2, 183-203.

– (2017): Autoritärer Festungskapitalismus. Fünf Thesen zur Migrationspolitik in Europa und den USA. In: Prager Frühling 27, abrufbar unter https://www.prager-fruehling-magazin.de/de/article/1343.autorit%C3%A4rer-festungskapitalismus.html, letzter Abruf 28.09.2018.

Gibson-Graham, J.K. (2006): The End of Capitalism (As We Knew It). A Feminst Critique of Political Economy. Oxford, UK und Cambridge, USA.

Graf, Laura (2016): Freiwillig im Ausnahmezustand. Die ambivalente Rolle ehrenamtlichen Engagements in der Transformation des Asylregimes. In: Widersprüche. Heft 141, 36. Jg., Nr. 3, 87-96.

Hanewinkel, Vera (2015): Deutschland: Verwaltungs- und Infrastrukturkrise. Bundeszentrale für politische Bildung, abrufbar unter http://www.bpb.de/gesellschaft/migration/kurzdossiers/217376/verwaltungs-undinfrastrukturkrise, letzter Abruf 02.02.2016.

Lessenich, Stephan (2016): Neben uns die Sintflut. Die Externalisierungsgesellschaft und ihr Preis. München.

Luhmann, Niklas (1977): Differentiation of Society. In: Canadian Journal of Sociology. Band 2, Nr. 1, 29–53.

Pieper, Tobias (2013): Die Gegenwart der Lager. Zur Mikrophysik der Herrschaft in der deutschen Flüchtlingspolitik, Münster.

Sauer, Madeleine/Vey, Judith (2017): Herausforderungen in der ehrenamtlichen Flüchtlingsarbeit. Zum Verhältnis von Geflüchteten und Unterstützungsgruppen. In: Forschungsjournal Soziale Bewegungen 30/3, 67-77.
Schareika, Nora (2015): Wie Freiwillige den Staat ersetzen, n-tv, 29.08.2018, abrufbar unter: https://www.n-tv.de/politik/Wie-Freiwillige-den-Staat-ersetzen-article15810706.html, letzter Abruf 28.09.2018.
Schiffauer, Werner/Eilert, Anne/Rudolff, Marlene (2017): So schaffen wir das – eine Zivilgesellschaft im Aufbruch. 90 wegweisende Projekte mit Geflüchteten. Bielefeld.
Täubig, Vicki (2009). Totale Institution Asyl: Empirische Befunde zu alltäglichen Lebensführungen in der organisierten Desintegration. München.
UNICEF (2017): Kindheit im Wartezustand. Studie zur Situation von Kindern und Jugendlichen in Flüchtlingsunterkünften in Deutschland, abrufbar unter https://www.unicef.de/blob/137704/053ab16048c3f443736c4047694cc5d1/studie--kindheit-im-wartezustand-data.pdf.
Van Dyk, Silke/Miesbach, Elene (2016): Zur politischen Ökonomie des Helfens. Flüchtlingspolitik und Engagement im flexiblen Kapitalismus. In: Prokla, Heft 183, 46. Jahrgang, Nr. 2, 205-227.
Vey, Judith (2015). Gegen-hegemoniale Perspektiven. Analyse linker Krisenproteste in Deutschland 2009/2010. Hamburg.
– (2018a). Leben im Tempohome. Qualitiative Studie zur Unterbringungssituation von Flüchtenden in temporären Gemeinschaftsunterkünften in Berlin. ZTG Discussion Paper.
– (2018b): Zwischen Empowerment, Lückenbüßerei und neoliberaler Aktivierung des Selbst. Ehrenamtliches Engagement und Regelversorgung in der bundesdeutschen Flüchtlingsversorgung. In: Sabrina Zajak/Ines Gottschalk (Hg.): Flüchtlingshilfe als neues Engagementfeld. Chancen und Herausforderungen des Engagements für Geflüchtete. Baden-Baden, 77-97.
Vey, Judith/Sauer, Madeleine (2016): Ehrenamtliche Flüchtlingsarbeit in Brandenburg. Kurzstudie im Auftrag des Aktionsbündnisses Brandenburg.
Wendel, Kay. 2014. Unterbringung von Flüchtlingen in Deutschland. Regelungen und Praxis der Länder im Vergleich. Hg. vom Förderverein PRO ASYL e.V. Frankfurt a.M.

Johanna Neuhauser

Die Dauerkrise migrantischer Arbeit
Eine geschlechtertheoretische Analyse von Krisenwahrnehmungen lateinamerikanischer Arbeitsmigrant_innen in Spanien

Zehn Jahre nach dem Beginn der Euro-Krise könne nun endlich von einem stabilen wirtschaftlichen Aufschwung die Rede sein, verlautbarte die Europäische Kommission in einer Presseausendung (European Commission 2017). Die Umsetzung entscheidender Maßnahmen hätte sich gelohnt: Heute expandiere die EU-Wirtschaft das fünfte Jahr in Folge (ebd.). Auch in Spanien, das von der Wirtschaftskrise besonders betroffen war, verkündete der ehemalige Ministerpräsident Mariano Rajoy bereits 2015: „Die Krise ist vorbei" (Burgen 2015). „Spain's Big Return" (Pauly 2015) wurde als Erfolg der in Spanien umgesetzten Reformen gefeiert, durch die das Land – im Kontrast zu Griechenland oder Italien – seine Wettbewerbsfähigkeit wieder erlangt habe, die es in der ökonomischen Krise verloren hätte (The Economist 2017).[1] Entgegen der Behauptung des Erfolgs der von dominanten politischen Kräften forcierten Sparpolitik sprechen die Arbeitsmarktindikatoren, insbesondere die anhaltend hohe Arbeitslosenquote, eine andere Sprache (Colectivo Ioé 2015). Darüber hinaus zeigen Analysen des spanischen Arbeitsmarktes, dass die Auswirkungen der wirtschaftlichen Rezession für Arbeitsmigrant_innen besonders gravierend und langanhaltend waren (Medina et al. 2010; Mahía/Arce 2010; Rocha/Aragón 2012).

---

1   Diese positive Einschätzung der wirtschaftlichen Erholung Spaniens ist auch im öffentlichen Diskurs umstritten und kritischere Stimmen verwiesen beispielsweise auf die anhaltend hohe Jugendarbeitslosigkeit. Nichtsdestotrotz gab sich die spanische Regierung weiterhin optimistisch. „Es war schwierig, die Krise zu bewältigen, aber wir haben es geschafft. [...] Heute wächst Spanien und schafft neue Jobs", twitterte der ehemalige Präsident überzeugt (Rajoy 2017; Übersetzung JN).

Hinter der Behauptung, durch die konsequente Umsetzung der europäischen Austeritätspolitik sei der Weg zur Normalität wirtschaftlichen Wachstums wiederhergestellt worden, steht ein wirtschaftsliberales Verständnis von Krisen als temporäre Phasen (Koselleck/Richter 2006: 395). Von den Selbstheilungskräften des Markts ausgehend, werden Wirtschaftskrisen als exogene Phänomene angesehen, die durch externe Schocks oder das willkürliche Eingreifen des Staats in die Regulierung der Wirtschaft verursacht werden (Clarke 1994: 3).[2] Aus diesem Blickwinkel sind Krisen nur Übergangsphasen auf dem Weg zum Fortschritt, die wieder zu einem neuen ökonomischen Gleichgewicht zwischen Angebot und Nachfrage führen (Koselleck/Richter, 2006: 395).

Ausgehend von der Annahme, dass die Auswirkungen der Wirtschaftskrise in den Erfahrungen der am meisten benachteiligten Klassen der Gesellschaft besonders sichtbar werden, verschiebe ich im Folgenden die Perspektive vom (Post-)Krisendiskurs dominanter Akteure auf die Krisenwahrnehmungen von lateinamerikanischen Arbeitsmigrant_innen in Spanien. Die zentrale These des Beitrags ist, dass die Erzählungen der nach ihren Erfahrungen vor und nach der Wirtschaftskrise Befragten deutlich machen, dass die Arbeits- und Lebenswirklichkeit von Migrant_innen aus dem globalen Süden von einer Dauerkrise geprägt sind. Ich argumentiere, dass der Vergleich zwischen den krisenbedingten Veränderungen von Arbeitsverhältnissen von migrantischen Männern und Frauen diese Permanenz der Krise besonders deutlich hervortreten lässt. Ziel des Beitrags ist es daher, dominante Konzeptionen von Krise – wie anhand des Diskurses zur erfolgreichen Krisenbewältigung skizziert – herauszufordern und dazu beizutragen, ein empirisch fundiertes Verständnis der (Post-)Krise Spaniens zu entwickeln.

Bevor ich mit der theoriegeleitenden Analyse der Interviews und der darauf aufbauenden Kritik des Krisenbegriffs beginne, gehe ich kurz auf den theoretischen Ausgangspunkt meiner Forschung ein, erläutere meine empirische Untersuchung und skizziere den Kontext der lateinamerikanischen Arbeitsmigration nach Spanien.

---

2 Obwohl die derzeitige Politik in der EU von der neoklassischen Theorie abweicht und eher zu einer moderierten Regulierung der Märkte tendiert, werden Interventionen in den 'normalen' Verlauf der Wirtschaft wie eine expansive Fiskal- und Geldpolitik weitgehend abgelehnt (Dullien/Guérot 2012).

Forschungspraktischer und -theoretischer Ausgangspunkt

Zahlreiche Beiträge haben die ökonomische Verengung des Krisenbegriffs und die damit verbundene Vorstellung von Krise als vorübergehende Phase kritisch in den Blick genommen und auf fortdauernde multiple Krisen hingewiesen, die sich nicht auf das Feld des Ökonomischen beschränken, sondern auch die Geschlechterverhältnisse, die Ökologie und die Demokratie betreffen (Bader et al. 2011; Brand 2009; Demirović 2013). Ich knüpfe an der Aufforderung von Demirović und Maihofer (2013) an, „Krisendynamiken und -phänomene als einen intern miteinander verbundenen Zusammenhang zu begreifen, der sich durch Widersprüche hindurch reproduziert und sich in verschiedenen Krisen entlädt" (ebd. 35). Mein Anliegen ist es aber weniger, Geschlechterverhältnisse als Teil von Krisendynamiken zu analysieren. Vielmehr möchte ich in diesem Beitrag ausgehend von einer geschlechtertheoretischen Analyse breitere gesellschaftliche Widerspruchskonstellationen aufspüren. Ich knüpfe dabei theoretisch insbesondere an Befunden der Frauen- und Geschlechterforschung von in der kapitalistischen Gesellschaftsformation von Beginn an eingeschriebenen Reproduktionskrisen an (Aulenbacher 2013; Becker-Schmidt 2011; Federici 2015; Klinger 2013; Orozco 2009; Winker 2011) und verbinde diese mit politökonomischen Perspektiven auf migrantische Arbeit im Kapitalismus (Castles/Kosack 1973; Boutang 2007; Mezzadra 2011; Terray 2002).

Um das Verhältnis von Krise und migrantischer Arbeit zu erfassen, werde ich zur Analyse der Krisenerfahrungen der Befragten zunächst auf den marxistischen Begriff der „industriellen Reservearmee" (Marx 1962 [1890]) zurückgreifen. Ich werde anschließend zeigen, dass dieses Konzept unzureichend ist, wenn feminisierte Arbeitsbereiche wie bezahlte Haushaltsarbeit in die Analyse einbezogen werden. Es bedarf daher geschlechtertheoretischer Ansätze, um zum einen die geschlechtsspezifischen Unterschiede der Krisenauswirkungen aufzudecken und zum anderen zu argumentieren, dass 'Krise' als ideologisches Moment genutzt wurde, um die Flexibilisierung und Prekarisierung der Arbeitsverhältnisse von Frauen *sowie* Männern weiter voranzutreiben.

Empirisch bauen meine Überlegungen auf Forschungsaufenthalten in den Jahren 2014 und 2017 in Madrid auf. Insgesamt führte ich 20 semi-strukturierte Interviews mit lateinamerikanischen Arbeitsmigrant_innen (davon sieben Gruppen- und 13 Einzelinterviews) sowie zehn Expert_inneninterviews mit Repräsentant_innen von Nichtregierungsorganisationen, Migrant_innenselbstorganisationen und Gewerkschaften. Da es mir darum ging, mittels einer komparativen Analyse kollektive Orientierungsmuster herauszuarbeiten, habe ich das empirische Material mithilfe der dokumentarischen Methode ausgewertet (Bohnsack 2010). Die Interviewten waren zum Zeitpunkt der Erhebung in drei verschiedenen Arbeitssektoren tätig oder ehemals tätig. Diese Sektoren sind zugleich stark geschlechtlich segmentiert: Der Bausektor als von Männern dominierter Sektor, die bezahlte Hausarbeit als feminisiertes Arbeitsfeld und Hotel- und Gastronomie als gemischtgeschlechtlicher Sektor.

Lateinamerikanische Arbeitsmigration vor und nach der Krise

Die interviewten Arbeitsmigrant_innen aus Lateinamerika sind mehrheitlich in der ökonomischen Boomphase Ende der 1990er und Anfang der 2000er Jahre nach Spanien migriert, als rasches Wachstum in arbeitsintensiven Sektoren wie der Bauindustrie, dem Tourismus und den personenbezogenen Dienstleistungen einen hohen Bedarf an (migrantischer) Arbeitskraft erzeugte (Araujo/Pedone 2013; Cachón/Aysa-Lastra 2015). Aufgrund der großen Nachfrage nach bezahlter Haushaltsarbeit im Zuge der gestiegenen Erwerbsbeteiligung von spanischen Frauen bildeten Lateinamerikaner*innen* das erste Glied in den Migrationsketten, wobei in der folgenden Phase ein Gleichgewicht zwischen den Geschlechtern hergestellt wurde (Oso/Catarino 2013). Auch politisch wurde die wachsende Sichtbarkeit der lateinamerikanischen Einwanderung durch staatliche Maßnahmen wie Regularisierungsprogramme mit günstigen Resolutionen für Einwanderer_innen aus Lateinamerika gefördert (Araujo/Pedone 2013). Die Wirtschaftskrise in Spanien seit 2008 hat zu einem drastischen Wandel des Migrationszyklus geführt (Domingo/Recaño 2009; Reher et al. 2011). Nach einem Jahrzehnt der Ausweitung der Arbeitsmigration, in dem Spanien die höchste Einwanderungsquote in der Europäischen Union verzeichnete, war mit der Krise die Immigration stark eingebrochen (ebd.).

In Studien zu den Auswirkungen der Wirtschaftskrise auf Arbeitsmigration wird außerdem angenommen, dass Migrierte aus Nicht-EU-Ländern besonders von wirtschaftlichen Schwankungen betroffen sind (Beets/Willekens 2009; Castles 2011; Martin 2009). Arbeitsmigrant_innen, die in erster Linie in die niedrigsten Segmente des Arbeitsmarktes integriert sind, verlieren oft als erste ihren Arbeitsplatz (Orrenius/Zavodny 2009; Cachón/Aysa-Lastra 2015). Zudem weisen quantitative Untersuchungen des spanischen Arbeitsmarkts darauf hin, dass aufgrund ihrer sektorialen Einordnung männliche stärker als weibliche Arbeitsmigrant_innen von Arbeitslosigkeit im Zuge der Krise betroffen sind (Muñoz 2012; Oso/Catarino 2013, Gil-Alonso/Vidal-Coso 2015). Wie ich im Folgenden zeigen werde, spiegelt sich diese ungleiche Betroffenheit von Arbeitslosigkeit entlang von Herkunft und Geschlecht in den Erzählungen der befragten Migrantinnen und Migranten in den unterschiedlichen Sektoren deutlich wider.

Differenzielle Auswirkungen der Krise entlang von Herkunft und Geschlecht

Nach ihren Arbeits- und Lebensverhältnissen vor und nach der Krise befragt, beschrieben die im Bausektor beschäftigten oder ehemals beschäftigten Migranten das Jahr 2008 als Wendepunkt und Bruch mit den Arbeitsbedingungen davor. Im Gegensatz dazu wurde der Beginn der 2000er Jahre als Zeit mit einem hohen Beschäftigungsniveau, Vollzeitarbeit und relativ hohen Löhnen wahrgenommen. In einer Gruppendiskussion argumentierten die Bauarbeiter, dass sie seit kurzem eine leichte Verbesserung der Arbeitsmarktlage in ihrem Sektor beobachteten. Während auch Marktanalysen die positive Entwicklung des Sektors betonen (Atradius 2017: 16), verwiesen die Arbeiter auf die schlechte Qualität ihrer aktuellen Arbeitsplätze. Die interviewten Männer klagten darüber, dass sie nur befristete Verträge von einigen Monaten hätten und nur halbtags angestellt und bezahlt würden, aber Vollzeit arbeiten müssten. Einige Befragte berichteten, dass sie sich gezwungen sahen, eine Arbeit unter informellen Bedingungen anzunehmen, wodurch sie ihren Anspruch auf Sozialversicherung verloren hätten. In einer Gruppendiskussion nach ihrer Einschätzung der Behauptung der Regierung, die Krise sei vorbei, befragt, wiesen die interviewten Männer den Post-Krisendiskurs zurück. So bemerkte Antonio:

„Nein, es ist noch nicht vorbei ... Wir könnten sagen, dass es vorbei ist, weil wir arbeiten. Aber es gibt viele Leute unter uns, die keine [Arbeit] haben. Sie sind in demselben Zustand, in dem wir vor ein paar Monaten waren. Natürlich, wenn man Arbeit hat, ist man ruhig, weil man weiß, dass man am Ende des Monats bezahlt wird. Aber wenn du keine [Arbeit] hast, kannst du nicht in Frieden leben."

Arbeit zu haben, wurde trotz der leichten Verbesserungen im Sektor nicht als Normalität angesehen, sondern – wie in anderen Interviews wörtlich zu Ausdruck gebracht – als 'Glück' hinsichtlich der Arbeitslosigkeit vieler anderer bezeichnet. Die nach wie vor hohe Anzahl an Arbeitslosen stellte auch für diejenigen, die Arbeit haben, eine Bedrohung dar und setzte sie unter Druck, prekäre Arbeitsbedingungen zu akzeptieren.

Unter Rückgriff auf das marxistische Konzept der „industriellen Reservearmee" (Marx 1962 [1890]) kann argumentiert werden, dass die Krise eine „Überbevölkerung" an Arbeitslosen produziert hat, die von den Kapitalist_innen genutzt wird, um ihre Produktionskosten zu reduzieren und die Arbeiter_innenschaft zu spalten.[3] Nach Marx muss diese „Überbevölkerung" nicht nur als „notwendiges Produkt", sondern als zentraler „Hebel der kapitalistischen Akkumulation" verstanden werden, durch den die Löhne niedrig gehalten werden (Marx 1962 [1890]: 661). Politisch wirkt die Reservearmee einer vereinigten Arbeiter_innenschaft entgegen, weil sie Marx zufolge Konkurrenz schürt und somit permanent Druck auf die erwerbstätigen Arbeiter_innen ausübt (ebd. 665).[4] Sowohl das niedrigere Lohnniveau als auch die permanente Arbeitsplatzun-

---

3 Das Konzept der Reservearmee nimmt in der marxistischen Konzeption von Krisen als zyklische Phasen eine zentrale Rolle ein, da über ihre Ausdehnung und Kontraktion die Produktionskosten gesteuert werden. Der marxistische Krisenbegriff kann hier nicht weiter ausgeführt werden, es sei aber kurz erwähnt, dass Marx keine systematische Krisentheorie entworfen hat, sondern an unterschiedlichen Stellen seines Werks Krisen mit der Tendenz zum Fall der Profitrate, zu Überproduktion, Unterkonsumption, Disproportionalität oder zu Überakkumulation assoziierte, ohne klar einen Erklärungsansatz zu priorisieren (Clarke 1994: 5).

4 Das profitmaximierende Verhältnis zwischen Erwerbstätigen und Arbeitslosen beschreibt Marx wie folgt: „Die Überarbeit des beschäftigten Teils der Arbeiterklasse schwellt die Reihen ihrer Reserve, während umgekehrt der vermehrte Druck, den die letztere durch ihre Konkurrenz auf die erstere ausübt, diese zur Überarbeit und Unter-

sicherheit durch die in der Krise stark angewachsene Reservearmee kommen in den Interviews deutlich zum Vorschein.

Während Marx die im Zuge des Niedergangs der Landwirtschaft freigesetzten Arbeiter_innen vor Augen hatte, haben Castles und Kosack (1973) das Konzept auf Gastarbeiter_innen in Westeuropa ausgeweitet. Sie argumentieren, dass Arbeitsmigrant_innen wichtige wirtschaftliche und politische Funktionen für den modernen Kapitalismus erfüllten, indem sie als unqualifizierte Arbeitskräfte unter den schlechtesten Arbeitsbedingungen und niedrigsten Löhnen beschäftigt seien. Während in Zeiten des Wirtschaftswachstums Migrant_innen es vielen einheimischen Arbeitnehmer_innen ermöglichten, von solchen Beschäftigungsverhältnissen befreit zu werden, würden sie in Krisenzeiten als erste des Arbeitsmarkts verwiesen (Castles/Kosack 1973).

Im Kontext der unterschiedlichen Auswirkungen der Wirtschaftskrise auf migrierte und einheimische Arbeitnehmer_innen ist diese „Pufferfunktion" migrantischer Arbeit erneut in die Debatten der europäischen Migrationsforschung eingegangen (Dobson et al. 2009; Castles 2011; Beets/Willekens 2009). Dabei blieben die Fallstricke des Konzepts jedoch meist unreflektiert. Denn die marxistische Theorie begreift Arbeit als abstrakte Kategorie und blendet dabei aus, warum bestimmte Gruppen qua Herkunft oder Geschlecht unterschiedliche Kategorien ausfüllen (Anthias 1980: 50f.). Jedoch kann ohne Rekurs auf *citizenship* nicht erklärt werden, warum Migrant_innen mehr als andere diese Pufferfunktion auf dem Arbeitsmarkt übernehmen.[5] Zentrale Arbeiten der kritischen Migrationsforschung haben darauf hingewiesen, dass der prekäre Status von Migrierten den Anforderungen des neoliberalen Kapi-

---

werfung unter die Diktate des Kapitals zwingt." (Marx 1962 [1890]: 665)

5 Zudem wird in Ansätzen des segmentierten bzw. dualen Arbeitsmarkts (Doeringer/Piore 1971; Piore 1979) darauf hingewiesen, dass Migrant_innen aufgrund ihrer Integration in spezifische, weitgehend geschlossene Teilbereiche des Arbeitsmarkts, in denen sie überproportional vertreten sind, weniger als 'Konjunkturpuffer' dienen, sondern vielmehr zu einer dauerhaften Unterschichtung des Arbeitsmarkts beitragen. Dass die Rolle von Arbeitsmigrant_innen je nach Sektor unterschiedlich sein kann, wird – wie ich im Folgenden darlege – durch den Blick auf vorrangig von Migrant*innen* geleistete Arbeit in privaten Haushalten besonders deutlich.

talismus besonders gut gerecht wird. Denn er dient als disziplinierendes Instrument, um sie zu besonders flexiblen Arbeiter_innen zu machen (Boutang 2007; Mezzadra 2011; Terray 2002). Dass in Spanien Aufenthaltsgenehmigungen nur bei Vorliegen eines Arbeitsvertrags erneuert werden (Torres/Gadea 2015; King/De Bono 2013), bekräftigt diesen Zusammenhang. Seit 2008 hat sich dadurch nicht nur die Zahl illegalisierter Migrant_innen im Land, sondern auch der Druck auf Migrant_innen im Allgemeinen erhöht, prekäre Arbeitsbedingungen zu akzeptieren. Meine Kritik setzt im Folgenden aber vor allem daran an, dass auch die Genderspezifik von Arbeit mit dem Konzept der „industriellen Reservearmee" nicht erfasst werden kann. Ich werde zeigen, warum auch die marxistische Krisentheorie zu kurz greift, wenn feminisierte Arbeitssektoren und die geschlechtliche Arbeitsteilung in die Analyse einbezogen werden.

In den Einzel- wie auch den Gruppeninterviews betonten die Bauarbeiter wiederkehrend: „Für Frauen gibt es immer Arbeit." Die Wahrnehmung, Frauen seien in Zeiten wirtschaftlicher Rezession besser dran, wurde von vielen der befragten Hausangestellten geteilt. Nach ihrer Krisenbetroffenheit befragt, verglichen die Interviewten ihre Arbeitsmarktsituation häufig mit der von Männern. So zum Beispiel, wenn eine Interviewte versicherte: „Männern geht es schlechter. Weil es keine Arbeit für Männer gibt. Als Frauen haben wir die Option ... es gibt immer Arbeit [für uns]." Im Gegensatz zu den Männern im Bausektor sahen die befragten Frauen keinen so scharfen Bruch mit ihrer Arbeitsmarktsituation vor der Krise. Stattdessen betonten sie die Kontinuität von Prekarität in der bezahlten Haushaltsarbeit. Gleichzeitig räumten einige Interviewte ein, dass sich die Arbeitsbedingungen in dem Sektor noch weiter verschlechtert haben. Diese Gleichzeitigkeit von Kontinuität und Vertiefung von prekären Arbeitsbedingungen kommt im folgenden Zitat einer Hausangestellten anschaulich zum Ausdruck:

> „Es hatte einen Effekt auf die Löhne und Arbeitstage. Jedoch war die Arbeit im Haushalt schon immer sehr prekär und in der totalen Krise. Was nun passiert mit den Auswirkungen der Krise ist, dass – da es nicht viel Bewusstsein über Care und Care Arbeit gibt – diese eine der ersten Dinge ist, die gekürzt werden."

Eine genauere Betrachtung zeigt daher, dass die generalisierende Aussage, für migrantische Frauen gebe es immer Arbeit, die Bedingungen, unter denen diese Arbeit stattfindet, ausblendet. Wie andere Befragte betont die Haushaltsarbeiterin die Kriseneffekte auf die Arbeit im Privathaushalt in Bezug auf die Ausweitung von Teilzeitarbeit und Lohnkürzungen, verdeutlicht mit der pointierten Aussage, Haushaltsarbeit sei seit jeher „in der totalen Krise", aber zugleich, dass die Prekarisierung des Sektors alles andere als ein neues Phänomen sei. Die britische Soziologin Sara Farris (2012; 2015) nimmt diese Ungleichzeitigkeit der Kriseneffekte auf migrantische Männer und Frauen zum Ausgangspunkt, um zu argumentieren, dass letztere keine „reserve army", sondern eine „regular army of labour" bildeten. Sie macht deutlich, dass der Grund, warum Migrant*innen* in einem viel geringeren Ausmaß von krisenbedingter Arbeitslosigkeit betroffen seien als Männer, in der Besonderheit des Sektors der häuslichen Dienstleistungen liege. So sei ein spezifisches Merkmal des Sektors „die nicht austauschbare Materialität der affektiven [...] Arbeit", die es den Arbeitgeber_innen erschwere, die Arbeitnehmer_innen zu ersetzen, sobald eine Vertrauensbeziehung bestehe (Farris 2012: 190). Zudem haben Faktoren wie der demografische Wandel, der gestiegene Bildungsstand und die wachsende Erwerbsbeteiligung von spanischen Frauen sowie die schwache öffentliche Infrastruktur an Betreuungseinrichtungen in dem Sektor eine Nische für weibliche Arbeitsmigrant_innen eröffnet (Martínez Buján 2005; Araujo/González-Fernández 2014). Aus den genannten Gründen resultiert eine unelastische – daher von konjunkturellen Schwankungen wenig beeinflusste – Nachfrage nach bezahlter Haushaltsarbeit von Migrantinnen. Dass dies kein auf den spanischen Kontext beschränktes Phänomen ist, haben einschlägige Forschungsarbeiten zum Zusammenhang zwischen feminisierten Migrationsbewegungen und der Krise der sozialen Reproduktion in Europa gezeigt (Anderson 2000; Ehrenreich/Hochschild 2003; Gutiérrez-Rodríguez 2010; Lutz 2008; Morokvasić-Müller 2003; Winker 2015). Aus einer feministisch-materialistischen Perspektive haben Autor_innen wie Dalla Costa/James (1973), Mies/Werlhof/Bennholdt-Thomsen (1988) oder Federici (2015) auf die konstitutive Rolle von reproduktiver Arbeit im Kapitalismus und ihrer Ausbeutung im Zuge der internationalen Arbeitsteilung hingewiesen.[6] Sie haben gezeigt, dass die kapitalistische Akkumu-

---

6 Die Ausbeutung reproduktiver Arbeit im Kapitalismus wurde in den 1970er und 80er Jahren insbesondere in der sogenannten „Hausar-

lation dauerhaft auf eine große Menge an Hausarbeit angewiesen ist, um die Arbeiter_innenschaft zu reproduzieren, sowie auf die Abwertung dieser reproduktiven Tätigkeiten zwecks Senkung der Arbeitskosten (ebd.). Diese Tendenz zur Abwertung und Auslagerung ist ein konstitutives Moment dieser Arbeit, das durch die Krise lediglich verschärft wird. Dass die unterschiedliche Betroffenheit männlicher und weiblicher Beschäftigten mit der marxistischen Krisentheorie nicht erfasst werden kann, liegt nicht zuletzt in einem engen Verständnis von Arbeit in Form der Warenproduktion begründet, das die zentrale Rolle von Reproduktionsarbeit ausblendet (Federici 2015: 22).

Folgt man stattdessen einem erweiterten Arbeitsverständnis, wie es von feministischen Ansätzen bereits früh formuliert wurde, muss auch der Krisenbegriff einer Revision unterzogen werden. Bereits aus der Perspektive der migrantischen Arbeiter im Bausektor wurde ein erweitertes Krisenverständnis als 'Krise der Arbeit', die Langzeitarbeitslosigkeit, Arbeitsplatzunsicherheit, prekäre Arbeit und Existenzängste bedeutet, sichtbar.[7] Allerdings wird in den Interviews mit Hausangestellten der permanente Zustand der Krise migrantischer Arbeit im Kapitalismus noch deutlicher. Dass im medialen Diskurs als auch in kapitalismuskritischen Analysen diese Dauerkrise der Reproduktionsarbeit meist unsichtbar bleibt, macht

---

beitsdebatte" (Dalla Costa/James 1973) diskutiert und im Bielefelder Subsistenzansatz (Mies/Werlhof/Bennholdt-Thomsen 1988) unter Bezug auf Frauen im globalen Süden und ungleiche Nord-Süd-Verhältnisse weiterentwickelt.

7 Über diese 'Krise der Arbeit' hinaus, müssen im Sinne eines erweiterten feministischen Reproduktionsverständnis (Bakker/Gill 2003; Federici 2015) zudem die umfassenden Reproduktionsbedingungen der Migrant_innen in den Blick genommen werden. So haben die Wirtschaftskrise und die auf der Austeritätspolitik basierenden Bewältigungsstrategien die Existenzsicherung vieler Migrant_innen in Spanien insoweit infrage gestellt, als in allen Interviews eine mögliche Rückkehr ins Heimatland ein zentrales Thema ist. Das betrifft ausgehend von der Massenarbeitslosigkeit und extremen Prekarisierung der Arbeitsverhältnisse insbesondere die Wohnsituation: Migrant_innen, die in Boomzeiten als Zielgruppe für Kredite zur Finanzierung von Wohnungseigentum erkannt wurden, sind aufgrund von Zahlungsunfähigkeit nun verstärkt von Wohnungsräumungen betroffen (Bernat 2014; Fernández-García et al. 2018).

das dominante Krisenverständnis zu einem zutiefst vergeschlechtlichten Konzept.

Die Stabilität der geschlechtlichen Arbeitsteilung in der Krise

Aus den vorangegangenen Überlegungen kann geschlossen werden, dass materialistisch-feministische Ansätze für die Analyse von Krise und migrantischer Arbeit insofern gewinnbringend sind, als sie einen umfassenden Blick auf Arbeit und die Funktionalität der Abwertung und Auslagerung von Reproduktionsarbeit für die kapitalistische Akkumulation richten. Allerdings kann mit dieser Analyseperspektive kaum erklärt werden wie es dazu kommt, dass verschiedene Arbeitssektoren als männlich oder weiblich typisiert werden und warum ausgerechnet Frauen niedrig bewertete Arbeiten ausführen. Warum gibt es, wie meine Interviewten betonen, für Frauen immer Arbeit und für Männer nicht?

Hierfür sind Erkenntnisse der arbeitssoziologischen Geschlechterforschung aufschlussreich, nach denen Arbeitsteilungen immer Folge gesellschaftlicher Strukturen sowie Prozessen der Bedeutungsgenerierung sind, die zwar reflexiv aufeinander bezogen sind (Wetterer 2012: 47), jedoch nie ganz ineinander aufgehen. Die Stabilität der geschlechtlichen Arbeitsteilung folgt aus etablierten kapitalistischen Herrschaftslogiken, die von den geschlechtlichen Segmentierungen des Arbeitsmarkts und der Abwertung 'feminisierter' Arbeit profitieren (Becker-Schmidt/Krüger 2012). Sie ist aber ebenso habituell in die Subjekte eingeprägt und wird durch sie mithergestellt, aber auch hinterfragt. Die tiefe habituelle Verankerung der vergeschlechtlichten Hierarchisierung von Arbeit wird in den Interviews insbesondere daran deutlich, dass die Strategie in den Sektor der bezahlten Haushaltsarbeitsarbeit zu wechseln für die meisten arbeitslosen Männer nicht infrage kam. Da bezahlte Haushaltsarbeit als äußerst prekär und als 'Frauenarbeit' galt, wurde ein solcher sektoraler Wechsel nur aus einem 'Zustand der Verzweiflung' und als vorübergehende Lösung erwogen. Die Stabilität von in der Arbeit habituell eingeschriebenen Geschlechterdifferenzen wird auch von Studien der Männlichkeitsforschung bestätigt, die belegen, dass Männer trotz des – durch die Krise weiter vorangetriebenen – Wandels des Erwerbssystems an einem auf produktive Erwerbsarbeit zentrierten Lebenslauf festhalten und dies weiterhin die zentrale Referenz für ihre Identitätskonstruktionen bildet (Bereswill 2006; Scholz 2009; Meuser 2005). Trotz der „Feminisierung der Ernährungsverantwortung" (Wichterich 2010) im Zuge der Krise ist das Bild des *male breadwinner* weiterhin in die Institutionen Familie und Arbeitsmarkt eingeschrieben.[8]

Normalisierung 'feminisierter' Arbeit in der Krise am Beispiel der Hotelbranche

Während sich aus den genannten Gründen kein Wechsel in der bezahlten Haushaltsarbeit vollzieht, finden in anderen Sektoren durchaus Bewegungen statt, so z.B. in der Hotel- und Gastronomiebranche. Im Zuge des aufstrebenden Tourismus entstanden dort neue Arbeitsplätze, während industrielle Arbeitsplätze im großen Stil verloren gingen (Benito 2016: 107ff.). Allerdings liegt das Lohnniveau in diesem Sektor weit unter jenem von Industrie und Bausektor und prekäre Verträge sind die Norm (ebd.). Die Hotel- und Gastronomiebranche ist ein gemischtgeschlechtlicher Sektor, allerdings sind Männer und Frauen sowie Migrant_innen und Spanier_innen in höchst unterschiedlichen Bereichen und Positionen verortet. Wie ein Bericht der Internationalen Arbeitsorganisation für den europäischen Kontext zeigt, befinden sich Migrant_innen in der Hotellerie unverhältnismäßig häufig in gering qualifizierten und schlecht bezahlten Positionen, wobei Frauen die niedrigsten Positionen besetzen (Baum 2012).

Um das zu verdeutlichen und abschließend zu meiner These der Dauerkrise migrantischer Arbeit zurückzukommen, möchte

---

8 Einige interviewte Frauen berichteten, dass sie aufgrund der Arbeitslosigkeit ihrer Männer in ihren Familien zu Hauptverdienerinnen geworden waren, was nicht nur eine prekäre Situation mit sich gebracht, sondern auch zu Konflikten bis hin zu Trennungen von ihren Partnern geführt habe. Da ihr soziales Netzwerk meist weniger ausgeprägt ist und sie in der Betreuung von Kindern oder Pflegebedürftigen weniger als die lokale Bevölkerung auf private Unterstützungsleistungen durch Familie oder Freund_innen zurückgreifen können, treffen zudem die im Rahmen der Austeritätspolitik veranlassten Kürzungen des öffentlichen Betreuungsangebots Migrant_innen – und dabei insbesondere Frauen als Hauptverantwortliche für die Reproduktionsarbeit – besonders hart.

ich nun eine weitere Passage aus einem Interview zitieren. Darin diskutieren Marisa (M), die aus Paraguay nach Spanien migriert ist und in einer von Hilton für die Hotelreinigung beauftragten Reinigungsfirma in Madrid arbeitet, und ihr spanischer Freund Esteban (E), ein direkt vom Hotel angestellter Kellner, über die ungleichen Arbeitsbedingungen in der Hotelbranche. Die Arbeiterinnen des Subunternehmens erhielten nicht nur weniger Lohn als die direkt angestellten Mitarbeiter des Hotels; sie müssten auch Überstunden ohne Bezahlung leisten. Auf die Frage, ob die Strategie, zentrale Dienstleistungen zur Kostensenkung an Subunternehmen auszulagern, mit der Wirtschaftskrise zusammenhänge, antworteten die Interviewten:

> E: Das ist eine Ausrede! Dem Hotel, dem gesamten Sektor, dem Tourismus geht es gut ...
> M: Klar, denn letztes Jahr machte meine Firma 70 000 Euros in einem Monat. Sie verbuchten mehrere tausend Zimmer ...
> E: Hilton meinte, dass letztes Jahr unser Hotel einen Rekord verzeichnete ....
> M: Sie machen jeden Tag mehr Geld und bezahlen den Frauen immer weniger.

Die Befragten kontrastierten die wachsenden Gewinne des Unternehmens mit den Lohnkürzungen der in den ausgelagerten Reinigungsfirmen beschäftigten Migrantinnen. Durch diesen Vergleich und den Begriff der „Ausrede" decken die Interviewten den ideologischen Charakter des Krisendiskurses auf. Die Krise erscheint nicht als ein bloßer wirtschaftlicher Fakt, sondern als ein Instrument, das von den Arbeitgeber_innen verwendet wird, um die Ausbeutung der migrantischen Beschäftigten voranzutreiben. Die besonders kritische Haltung der Befragten in der Hotellerie kann darauf zurückgeführt werden, dass diese – anders als in den anderen untersuchten Sektoren – direkter mit der Benachteiligung migrantischer Frauen gegenüber dem festangestellten Personal konfrontiert sind und dadurch die ungleiche Arbeitsteilung entlang von Geschlecht und Herkunft sichtbarer wird.

Das Oxymoron der Dauerkrise

Von einer Dauerkrise zu sprechen, ist ein Oxymoron und führt die Kategorie in gewisser Weise ad absurdum. Ich möchte nun abschließend verdeutlichen, warum ich gerade diesen oxymoronischen Gehalt des Begriffs für das Verständnis migrantischer Arbeit im Kapitalismus für besonders treffend erachte.

Mit dem Begriff der Dauerkrise stelle ich vor allem darauf ab, dass in der Krise gesellschaftliche Grundkonflikte und -widersprüche verstärkt wirksam und damit auch sichtbar werden: Dies ist *erstens* der Widerspruch zwischen Arbeit und Kapital. Die Erzählungen der interviewten Migrant_innen zeigen, dass die von der spanischen Regierung gelobte Schaffung neuer Arbeitsplätze die prekären Bedingungen, unter denen diese Jobs ausgeübt werden, unterschlägt. Das Argument, dass die Krise vorüber sei, drückt ein in liberalen Wirtschaftstheorien dominantes Verständnis von Krisen als temporär aus. Im Gegensatz dazu begreift Marx den zyklischen Charakter von Krisen als konstitutives Moment des Kapitalismus, wobei die Maßnahmen zur Krisenbewältigung – wenn überhaupt – nur „momentane gewaltsame Lösungen der vorhandenen Widersprüche" (Marx 1969 [1894]: 259) sind. Das Konzept der Reservearmee ist nützlich, um die Beziehung zwischen zyklischen Krisen und den massiven Arbeitsplatzverlusten von vor allem männlichen Arbeitsmigranten hervorzuheben. Am Beispiel der geschlechtlich differenzierten Auswirkungen auf die Arbeit von Migrant_innen habe ich daran anschließend aber gezeigt, dass der marxistische Begriff die bezahlte Haushaltsarbeit von migrantischen Frauen nicht erfasst. Der marxistische Krisenbegriff bedarf daher einer Revision durch feministisch-materialistische Ansätze.

Ich folge daher *zweitens* feministischen Überlegungen, die den Widerspruch zwischen Produktion und Reproduktion als „gesellschaftliche Grundkonstellation" (Aulenbacher 2013) bezeichnen. Durch diese Analyseperspektive kann gezeigt werden, dass Vorstellungen von 'Krise' als vorübergehender Status, aber auch als Teil zyklischer Phasen, auf einen produktionsorientierten Ansatz zurückzuführen sind. Wird hingegen reproduktive Arbeit, die überwiegend von weiblichen Arbeitsmigrantinnen geleistet wird, in die Analyse einbezogen, wird viel klarer, dass für die sozial Marginalisierten „Krise eher endemisch als episodisch ist", wie Vigh (2008) es ausdrückt.

Wie mein vergleichender Blick auf feminisierte, maskulinisierte und gemischt-geschlechtliche Sektoren zeigte, kann nicht nur in der bezahlten Haushaltsarbeit von einer Krise migrantischer Arbeit gesprochen werden. Die subjektive Wahrnehmung von lateinamerikanischen Frauen und Männern von einer permanenten Krise der Arbeit und Existenz ist auf die Normalisierung von 'feminisierten' Arbeitsbedingungen zurückzuführen, die in der wirtschaftlichen Rezession forciert wurde. Wichtig ist dabei zu betonen, dass – wie meine empirische Analyse zeigt – diese „Feminisierung der Beschäftigung"[9] (Peterson 2010; Standing 1999) nicht die geschlechtliche Arbeitsteilung aushöhlt. Das bedeutet, dass sich in Europa männlich kodierte Arbeitsverhältnisse zwar qualitativ – vor allem hinsichtlich Lohnsenkungen und des Anstiegs an befristeten Verträgen und Teilzeitarbeit – zunehmend an feminisierte Arbeitsbereiche anpassen (Rubery 2015). Dies geschieht aber, ohne dass es zu einer Aufwertung der Beschäftigung von Frauen und einer Auflösung von geschlechtlichen Segmentierungen am Arbeitsmarkt kommt. Um zu verstehen, warum dies der Fall ist, habe ich Überlegungen aus der arbeitssoziologischen Geschlechterforschung herangezogen. Diese Ansätze verdeutlichen, wie die Konstruktionen von Geschlecht und Ethnizität im Kontext von Arbeit mit der hierarchischen Positionierung von geschlechtlich und ethnisch typisierten Tätigkeiten zusammenhängen und kapitalistisch verwertet werden, diese aber auch nie ganz ineinander aufgehen.

Schließlich zeigen die Interviewten in der Hotelbranche, dass – angesichts des eklatanten Gegensatzes zwischen dem wachsenden Profit der Unternehmen und der verstärkten Ausbeutung der Beschäftigten – die Normalisierung prekärer Arbeit weniger eine Konsequenz der Krise ist. Vielmehr wird 'Krise' von kapitalistischen Interessen zur Legitimierung der weiteren Flexibilisierung von Arbeit genützt. Die Logik der Auslagerung, wie sie sowohl im Outsourcing der Hotelbranche wie in der Haushaltsarbeit kontinuierlich stattfindet, wird in Krisenzeiten besonders virulent. Denn um Krisen zu bearbeiten, ist es üblich, Kosten und Verluste verstärkt auf andere (soziale Gruppen oder geographische Regionen) zu verlagern. Die Hervorhebung dieser konstruktiven Dimension von 'Krise' bricht mit der Objektivität, die oft mit dem Begriff verbunden wird (Neuhauser 2018). Der oxymoronische Begriff der Dauerkrise verdeutlicht daher auch, dass Krise unter den gegebenen Herrschaftsverhältnissen immer auch eine ideologische Konstruktion ist, die

---

9 Der Begriff verweist auf die Verallgemeinerung prekarisierter Arbeit, während die reifizierende Annahme eines spezifischen „weiblichen Arbeitsvermögens" zurückzuweisen ist.

dazu dient, gesellschaftliche Grundwidersprüche zu vertiefen und damit auf Dauer zu stellen.

Literatur

Anderson, Bridget (2000): Doing the Dirty Work? The Global Politics of Domestic Labour, London.

Anthias, Floya (1980): Women and the reserve army of labour: a critique of Veronica Beechey, in: Capital & Class 4, 1, 50-63.

Araujo, Sandra/González-Fernández, Tania (2014): International migration, public policies and domestic work: Latin American migrant women in the Spanish domestic work sector, in: Women's Studies International Forum 46, 13-23.

Araujo, Sandra/Pedone, Claudia (2013): Migration policies and family life across the Atlantic: Latin American migrant families in Spain, in: Geisen, Thomas/Studer, Tobias/Yildiz, Erol (Hg.): Migration, Familie und Gesellschaft: Beiträge zu Theorie, Kultur und Politik, Wiesbaden, 341-355.

Atradius (2017): Market monitor construction Spain 2017. https://atradius.de/publikation/market-monitor-construction-spain-2017.html (Zugriff: 3.3.2017).

Aulenbacher, Brigitte (2013): Reproduktionskrise, Geschlechterverhältnis und Herrschaftswandel. Von der Frage nach Krisenherden über die Gesellschaftskritik zum Problem der Allianzen, in: Nickel, Hildegard/Heilmann, Andreas (Hg.): Krise, Kritik, Allianzen. Arbeits- und geschlechtersoziologische Perspektiven, Weinheim, 14-29.

Bader, Pauline/Becker, Florian/Demirović, Alex/Dück, Julia (2011): Die multiple Krise – Krisendynamiken im neoliberalen Kapitalismus, in: dies. (Hg.): VielfachKrise. Im finanzmarktdominierten Kapitalismus, Hamburg, 11-28.

Bakker, Isabella/Gill, Stephen (2003): Global political economy and social reproduction. In: Bakker, Isabella/Gill, Stephen (Hg.): Power, Production and Social Reproduction, New York, 3-16.

Baum, Tom (2012): Migrant workers in the international hotel industry. International Migration Paper 112. http://www.ilo.org/global/topics/labour-migration/publications/WCMS_179259/lang--en/index.htm (Zugriff: 3.3.2017).

Becker-Schmidt, Regina (2011): „Verwahrloste Fürsorge" – ein Krisenherd gesellschaftlicher Reproduktion: zivilisationskritische Anmerkungen zur ökonomischen, sozialstaatlichen und sozialkulturellen Vernachlässigung von Praxen im Feld „care work", in: Gender: Zeitschrift für Geschlecht, Kultur und Gesellschaft 3, 3, 9-23.

Becker-Schmidt, Regina/Krüger, Helga (2012): Krisenherde in gegenwärtigen Sozialgefügen: Asymmetrische Arbeits- und Geschlechterverhältnisse – vernachlässigte Sphären gesellschaftlicher Reproduktion, in: Aulenbacher, Brigitte/Wetterer, Angelika (Hg.): Arbeit. Perspektiven und Diagnosen der Geschlechterforschung. Münster, 12-41.

Beets, Gijs/Willekens, Frans (2009): The global economic crisis and international migration: an uncertain outlook. Vienna Yearbook of Population Research 7, 1, 19–37.

Benito, Rocío Muñoz (2016): El turismo como sector estratégico en las etapas de crisis y desarrollo de la economía española, in: International journal of scientific management and tourism 2, 4: 81-115.

Bereswill, Mechthild (2006): Männlichkeit und Gewalt. Empirische Einsichten und theoretische Reflexionen über Gewalt zwischen Männern im Gefängnis, in: Feministische Studien 24, 2, 242-255.

Bernat, Ignasi (2014): Desahuciando inmigrantes: Una etnografía en una comunidad dañada. Revista Crítica Penal y Poder 7, 35-63.

Bohnsack, Ralf (2010): Rekonstruktive Sozialforschung. Einführung in qualitative Methoden. Stuttgart.

Boutang, Yann Moulier (2007): Europa, Autonomie der Migration, Biopolitik, in: Marianne Pieper/Thomas Atzert/Serhat Karakayalı/Vassilis Tsianos (Hg.): Empire und die biopolitische Wende. Die internationale Debatte im Anschluss an Hardt und Negri, Frankfurt a.M., 169-178.

Brand, Ulrich (2009): Die Multiple Krise. Dynamik und Zusammenhang der Krisendimensionen, Anforderungen an politische Institutionen und Chancen progressiver Politik. https://www.boell.de/sites/default/files/multiple_krisen_u_brand_1.pdf (Zugriff: 5.4.2017)

Burgen, Stephen (2015): Growth up, joblessness falling – is Spain's crisis finally over? https://www.theguardian.com/world/2015/mar/26/bank-of-spain-economic-recovery-accelerating (Zugriff: 4.2.2017)

Cachón, Lorenz/Aysa-Lastra, Maria (2015): Native and Latino employment during the great recession in the US and Spain, in: Aysa-Lastra, Maria/Cachón, Lorenz (Hg.): Immigrant Vulnerability and Resilience: Comparative Perspectives on Latin American Immigrants during the Great Recession, Cham, 25-46.

Castles, Stephen (2011): Migration, crisis, and the global labour market. In: Globalizations 8, 3, 311-324.

Castles, Stephen/Kosack, Godula (1973): Immigrant Workers and Class Structure in Western Europe, London.

Clarke, Simon (1994): Marx's Theory of Crisis. New York.

Colectivo Ioé (2015): ¿Qué recuperación? Desplome del empleo juvenil y deterioro de las rentas salariales en la legislatura del PP (2011–2014). http://invisiblesdetetuan.org/ioe14.pdf (Zugriff: 3.7.2017).

Dalla Costa, Mariarosa/James, Selma (1973): Die Macht der Frauen und der Umsturz der Gesellschaft. Berlin.

Demirović, Alex (2013): Multiple Krise, autoritäre Demokratie und radikaldemokratische Erneuerung, in: Prokla 171, 2, 193-215.

Demirović, Alex/Maihofer, Andrea (2013): Vielfachkrise und Geschlecht – Überlegungen zu einigen gesellschaftstheoretischen Herausforderungen, in: Nickel, Hildegard/Heilmann, Andreas (Hg.): Krise, Kritik, Allianzen. Arbeits-und geschlechtersoziologische Perspektiven, Weinheim, 30-48.

Dobson, Janet/Latham, Alan/Salt, John (2009): On the move? Labour migration in times of recession. London.

Doeringer, Peter/Piore, Michael (1971): Internal Labor Markets and Manpower Analysis. Lexington.

Domingo, Andreu/Recaño, Joaquin (2009): La inflexión en el ciclo migratorio internacional en España: Impacto y consecuencias demográficas, in: Anuario de la Inmigración en España, 182-207.

Dullien, Sebastian/Guérot, Ulrike (2012): The long shadow of ordoliberalism: Germany's approach to the euro crisis, in: European Council on Foreign Relations 49, 1-16.

Ehrenreich, Barbara/Hochschild, Arlie (2003): Global Woman: Nannies, Maids, and Sex Workers in the New Economy. New York.

European Commission (2017): 10 years since the start of the crisis: back to recovery thanks to decisive EU action. http://europa.eu/rapid/press-release_IP-17-2401_en.htm (Zugriff: 5.10.2017)

Farris, Sara (2012): Femonationalism and the 'Regular' Army of Labor Called Migrant Women, in: History of the Present 2, 2, 184-199.

– (2015): Migrants' regular army of labour: gender dimensions of the impact of the global economic crisis on migrant labor in Western Europe, in: The Sociological Review 63, 1, 121-143.

Federici, Silvia (2015): Aufstand aus der Küche. Reproduktionsarbeit im globalen Kapitalismus und die unvollendete feministische Revolution. Kitchen Politics, Münster.

Fernández-García, Mercedes et al. (2018): El impacto de la crisis sobre la inmigración ecuatoriana en España, in Convergencia 25, 76, 169-190.

Gil-Alonso Fernando/Vidal-Coso, Elena (2015) Inmigrantes extranjeros en el mercado de trabajo español: ¿más resilientes o más vulnerables al impacto de la crisis?, in: Migraciones 37, 97-123.

Gutiérrez-Rodríguez, Encarnación (2010): Migration, Domestic Work and Affect: A Decolonial Approach on Value and the Feminization of Labor, London/New York.

King, Russell/De Bono, Daniela (2013): Irregular migration and the 'Southern European Model of Migration', in: Journal of Mediterranean Studies 22, 1, 1-31.

Klinger, Cornelia (2013): Krise war immer... Lebenssorge und geschlechtliche Arbeitsteilungen in sozialphilosophischer und kapitalismuskritischer Perspektive, in: Appelt, Erna/Aulenbacher, Brigitte/ Wetterer, Angelika (Hg.): Gesellschaft: feministische Krisendiagnosen, Münster, 82-104.

Koselleck, Reinhart/Richter, Michaela (2006): Crisis, in: Journal of the History of Ideas 67, 2: 357-400.

Lutz, Helma (2008): Vom Weltmarkt in den Privathaushalt. Die neuen Dienstmädchen im Zeitalter der Globalisierung, Leverkusen/Opladen.

Mahía, Ramón/De Arce, Rafael (2010): Impacto de la crisis laboral sobre la población inmigrante, in: Boletín Elcano 122, 1-11.

Martin, Philip (2009): Recession and migration: A new era for labor migration?, in: International Migration Review 43, 3, 671-691.

Martínez Buján, Raquel (2005): El cuidado de acianos: un vínculo entre la inmigración y el envejecimiento, in: Panorama Social 2, 86–97.

Marx, Karl (1962 [1890]): Das Kapital. Kritik der politischen Ökonomie, Erster Band, Buch I, Berlin.

– (1969 [1894]): Das Kapital. Kritik der politischen Ökonomie, Dritter Band, Buch III, Berlin.

Medina, Eva/Herrarte, Ainhoa/Vicéns, José (2010): Inmigración y desempleo en España: Impacto de la crisis económica. Información Comercial Española, in: Revista de economía 854, 37-48.

Meuser, Michael (2005): Männlichkeitskonstruktionen ohne Hegemonieanspruch? Gemeinsamkeiten und Differenzen ost- und westdeutscher Männlichkeiten. In: Schäfer, Eva et al. (Hg.): Irritationen Ostdeutschland. Geschlechterverhältnisse seit der Wende, Münster, 147-153.

Mezzadra, Sandro (2011): The Gaze of Autonomy. Capitalism, Migration and Social Struggles, in: Squire, Vicki (Hg.): The Contested Politics of Mobility: Borderzones and Irregularity, London, 121-142.

Mies, Maria/Werlhof, Claudia/Bennholdt-Thomsen, Veronika (1988): Frauen, die letzte Kolonie: zur Hausfrauisierung der Arbeit, Reinbek bei Hamburg.

Muñoz, Jacobo (2012) Evolución del empleo y del paro de las mujeres inmigrantes en el mercado de trabajo español. Cuadernos de Relaciones Laborales 30, 1, 115-137.

Morokvasić-Müller, Mirjana (Hg.) (2003): Gender on the Move, Opladen.

Neuhauser, Johanna (2018): 'The Crisis Is Over? Maybe for the Rich, But Not for Us!': Latin American Migrants' Responses to the (Post-) Crisis Discourse in Spain, in: Sociology 52, 3, 1-16.

Orozco, Amaia (2009): Global Perspectives on the Social Organization of Care in Times of Crisis: Assessing the Situation, Gender, Migration and Development, in: Working Paper 5, Santo Domingo: UN-INSTRAW.

Orrenius, Pia/Zavodny, Madeline (2009): Tied to the Business Cycle: How Immigrants Fare in Good and Bad Economic Times. Washington, DC.

Oso, Laura/Catarino, Christine (2013): From Sex to Gender: The Feminisation of Migration and Labour-Market Insertion in Spain and Portugal, in: Journal of Ethnic and Migration Studies 39, 4, 625-647.

Pauly, Christoph (2015): Spain emerges as model for Europe, in: Spiegel Online, http://www.spiegel.de/international/europe/how-spain-recovered-from-the-economic-crisisa-1025327.html (Zugriff: 5.2.2017).

Peterson, V. Spike (2010): Global householding amid global crises, in: Politics & gender 6, 2, 271-281.

Piore, Michael (1979): Birds of Passage. Migrant Workers and Industrial Society. Cambridge.

Rajoy, Mariano (2017): Fue difícil afrontar la crisis, pero lo hicimos. https://twitter.com/marianorajoy/status/830739027544440833 (Zugriff: 5.2.2017)

Reher, David/Requena, Miguel/Sanz, Alberto (2011): ¿España en la encrucijada? Consideraciones sobre el cambio de ciclo migratorio, in: Revista Internacional de Sociología 1, 9-44.

Rocha, Fernando/Aragón, Jorge (2012): La crisis económica y sus efectos sobre el empleo en España, in: Gaceta Sindical 19, 67-90.

Rubery, Jill (2015): Austerity and the future for gender equality in Europe, in: ILR Review 6, 4, 715-741.

Scholz, Sylka (2009): Männer und Männlichkeiten im Spannungsfeld zwischen Erwerbs- und Familienarbeit, in: Aulenbacher, Brigitte/Wetterer, Angelika (Hg.): Arbeit. Perspektiven und Diagnosen der Geschlechterforschung, Münster, 82-99.

Standing, Guy (1999): Global feminization through flexible labor: A theme revisited, in: World development 27, 3, 583-602.

Terray, Emmanuel (2002): Illegale Arbeit ist rentabel, in: Archipel 9, 3, 1-2.

The Economist (2017) Spain's reforms point the way for southern Europe, https://www.economist.com/news/europe/21723446-having-tackled-itsproblems-earlier-italy-or-greece-spain-now-seeing-results-spains (Zugriff: 12.9.2017).

Torres, Francisco/Gadea, Maria (2015): Un proceso de inserción desestabilizado por la crisis: El nuevo ciclo migratorio y las estrategias de los inmigrantes, in: Torres, Francisco/Gadea, Maria (Hg.): Crisis, inmigración y sociedad, Madrid, 9-35.

Vigh, Henrik (2008): Crisis and chronicity: Anthropological perspectives on continuous conflict and decline, in: Ethnos 73, 1, 5-24.

Wetterer, Angelika (2012): Arbeitsteilung und Geschlechterkonstruktion – Eine theoriegeleitete Rekonstruktion, in: Aulenbacher, Brigitte/Wetterer, Angelika (Hg.): Arbeit. Perspektiven und Diagnosen der Geschlechterforschung, Münster, 42-63.

Wichterich, Christa (2010): Geschlechteranalysen und -diskurse in der Krise, in: Peripherie 118/119, 30, 164-187.

Winker, Gabriele (2011). Soziale Reproduktion in der Krise – Care Revolution als Perspektive, in: Das Argument. Zeitschrift für Philosophie und Sozialwissenschaften 292, 3, 333-344.

– (2015): Care Revolution. Schritte in eine solidarische Gesellschaft, Bielefeld.

Wolfgang Menz / Sarah Nies
Marktautoritarismus und bedrohte Selbstverständnisse
Impulse der arbeitssoziologischen Bewusstseinsforschung zur Erklärung von Rechtspopulismus

Der Aufstieg von rechtspopulistischen Parteien in Europa und den USA hat in den letzten Jahren die Diskussion um die politischen Orientierungen jener Gruppe von Menschen entfacht, die klassische Untersuchungsobjekte der deutschen Arbeits- und Industriesoziologie sind: Erwerbstätige in den mittleren Altersklassen und insbesondere (männliche) Arbeiter sind derzeit besonders in den Verdacht geraten, für rechtspopulistische Orientierungen anfällig zu sein. Erstaunlicherweise hat sich die arbeitssoziologische Teildisziplin an der Debatte um Rechtspopulismus mit wenigen Ausnahmen[1] bislang kaum beteiligt. Dies verwundert umso mehr, da es in den letzten Jahren zu einer Revitalisierung der „Bewusstseinsforschung" gekommen ist,[2] in deren Rahmen normative Orientierungen und politische Ansprüche von Beschäftigten wieder stärker in den Aufmerksamkeitshorizont der Arbeitssoziologie gerückt sind.

Die deutschsprachige Diskussion um Rechtspopulismus ist demgegenüber durch zwei Stränge geprägt: einerseits durch quantitative, häufig längsschnittorientierte Studien, die die Entwicklung von extremistischen und rassistischen Orientierungen detailliert statistisch nachzeichnen und insbesondere deren sozialstrukturelle Hintergründe aufzuklären versuchen (zu nennen sind hier insbesondere die Untersuchungen zur „gruppenbezogenen Menschenfeindlichkeit", die „Mitte-Studien" sowie die Studien zur AfD-Wählerschaft und

---

1 Dörre 2003; Flecker und Kirschenhofer 2007; Sauer et al. 2018.
2 Detje et al. 2011; Detje et al. 2013; Dörre et al. 2013; Hürtgen und Voswinkel 2014; Kratzer et al. 2015.

den Unterstützer_innen von Pegida)³. Ihnen steht andererseits eine große Menge kritisch-sozialwissenschaftlicher Essays gegenüber, die unter eher impressionistischem Rückgriff auf die allgemeine Datenlage und ohne eigene empirische Erhebungen zeitdiagnostische Erklärungen für Rechtspopulismus bemühen.⁴ Dabei dienen im Wesentlichen bereits bestehende Generaldiagnosen – Neoliberalismus, Finanzmarktkapitalismus, Abstiegsgesellschaft, Krise der Mitte, Prekarisierung usw. – zur Erklärung.⁵ Eine fundierte qualitative Analyse von politischen Orientierungen, die einerseits stärker interpretierend in die Tiefe der Deutungen gehen kann, als es quantitative Studien vermögen, und die andererseits die vorherrschenden zeitdiagnostischen und theoretischen Überlegungen zu Rechtspopulismus empirisch untermauern oder auch korrigieren könnte, fehlt in der Debatte weitgehend. Mit Blick auf Orientierungen und Ansprüche von abhängig Beschäftigten möchte der vorliegende Text hierzu einen Beitrag leisten. Wir gehen der Frage nach, was aktuelle Studien aus der arbeitssoziologischen Bewusstseinsforschung – genauer gesagt: Studien, an denen wir selbst mitgewirkt haben⁶ – zur Erklärung von Rechtspopulismus von Beschäftigten beitragen können. Dabei gehen wir gewissermaßen indirekt vor: Rechtspopulistische Orientierungen standen nicht im Zentrum unserer Studien; wir verfügen über kein geeignetes methodisches Instrumentarium, um spezifische Befragte als Rechtspopulist_innen, AfD-Wähler_innen etc. einordnen zu können. Worüber wir aber fundierte Aussagen

---

3 Decker et al. 2010; Heitmeyer 2012; Decker et al. 2016; Zick et al. 2016; Brenke und Kritikos 2017.
4 Beispielhaft etwa Nachtwey 2015; Habermas 2016; Neckel 2016; Opratko 2017.
5 Hinzu kommen verschiedene theoretische Analysen, siehe etwa den aktuellen Band, Gomolla et al. 2018 sowie Melter und Mecheril 2011.
6 Den empirischen Hintergrund unseres Beitrags bildet eine größere HBS-Studie zu „Legitimationsproblemen in der Erwerbsarbeit", die das ISF München gemeinsam mit dem SOFI Göttingen durchgeführt hat (Kratzer et al. 2015; Menz und Nies 2016, 2018; Nies und Tullius 2017; Interviews gekennzeichnet als BL) sowie zwei kleinere Studien „Krise ohne Konflikt?" (2011; gekennzeichnet als KK) und „Krisenerfahrungen und Politik" (2013; gekennzeichnet als KP), finanziert von der RLS (Detje et al. 2011; Detje et al. 2013); außerdem verschiedene Studien aus den letzten Jahren, die sich mit betrieblicher Leistungspolitik auseinandergesetzt haben (Menz et al. 2011; Menz und Nies 2015; gekennzeichnet als LP1 bzw. LP2).

treffen können, ist die Frage, ob die geläufigen Erklärungsthesen für Rechtspopulismus überhaupt relevante Elemente des Beschäftigtenbewusstseins, wie wir es in den verschiedenen Studien untersucht haben, treffen. Wir stellen hierzu zentrale Thesen der Debatte um Rechtspopulismus dar und konfrontieren diese mit unseren eigenen empirischen Einsichten. Zunächst entwickeln wir mit der „Repräsentationslücke", dem „sekundären Autoritarismus" und dem „marktförmigen Extremismus" sowie der „Abstiegsthese" zentrale Thesen aus der Debatte um Rechtspopulismus (Abschnitt 1). In Konfrontation dieser Thesen mit eigenen empirischen Befunden arbeitssoziologischer Bewusstseinsforschung stellen wir drei Erklärungsansätze zur Diskussion, die gleichermaßen als Ergänzung und Korrektur bestehender Diagnosen verstanden werden können. Die empirische Suche nach Hinweisen zur „Repräsentationslücke" führt uns zur Rolle der „Ent-Legitimierung der Politik" und der politischen Bedeutung von Sachzwangdominanz (2). Die Thesen zum sekundären Autoritarismus und marktförmigen Extremismus lassen sich in unserem Material als „halbierter Marktautoritarismus" wiederentdecken (3). In kritischer Auseinandersetzung mit einer der geläufigsten Thesen – der Abstiegsthese – und auf Basis unserer Befunde schließlich präsentieren wir den Verlust der Leistungsfiktion als einen Erklärungsansatz rechtspopulistischer Einstellungen (Abschnitt 4).

1. Von der „Repräsentationslücke" zur „Abstiegsgesellschaft" – Zentrale Erklärungen für Rechtspopulismus und ihre Grenzen[7]

Die These, die sich als „Repräsentationslücke" bezeichnen lässt und am prominentesten von Didier Eribon vertreten worden ist,

---

[7] Nur am Rande sei hier angemerkt, dass die derzeitige Debatte um Rechtspopulismus – anders als ihre Vorgänger – auch stark durch ökonomistische Verkürzungen geprägt ist. So sind es heute – zumindest in der deutschsprachigen Debatte – fast ausschließlich Veränderungen in Ökonomie und Arbeit, die zur Erklärung des Rechtspopulismus herangezogen werden. Standen in den 1990er Jahren mit Thesen zum Post-Kolonialismus, der Dominanzkultur oder der deutschen Tradition des völkischen Denkens noch Erklärungsversuche im Vordergrund, die sowohl ein „Eigenleben" rassistischer und rechtspopulistischer Denkmuster behaupteten als auch ihre Ver-

erklärt die Wahlerfolge rechtspopulistischer Parteien aus der politischen Distanzierung der klassischen Arbeiterparteien von den Interessen der Arbeitnehmer_innen. Jene würden dann gleichsam aus Alternativlosigkeit, in den viel zitierten Worten Eribons gar „als eine Art politische Notwehr" (2016, S. 124), rechtspopulistische Parteien wählen, um gegen den neoliberalem Um- und Abbau staatlicher Arbeitspolitik zu protestieren. Zumindest für den deutschen Fall liegen die Grenzen der These auf der Hand: Einerseits ist die enge Bindung der Sozialdemokratie und der Arbeiterschaft in Deutschland schon weitaus länger gelöst, als der aktuelle Rechtsruck jung ist,[8] andererseits standen auch nach der Neoliberalisierung von Sozialdemokratie und Grünen durchgängig linke Alternativen zur Verfügung und zur Wahl – und zwar nicht nur Exoten- und Kleinstparteien, sondern mit der Partei Die Linke (und zuvor PDS und Wahlalternative Soziale Gerechtigkeit) auch Parteien, die über gute Chancen verfügten, parlamentarisch einflussreich zu werden. Sie wurden schlicht von der linkssozialdemokratischen Wählerschaft, die die SPD spätestens mit der Agenda 2010 vergrault hat, nicht in wesentlichem Umfang gewählt. Zweitens unterstellt die These der Repräsentationslücke eine inhaltliche Distanz zwischen den rechten Parteien und ihrer Wählerschaft, die deutliche Züge einer Exkulpation trägt.[9] Selbst wenn es stimmen mag, dass etwa die AfD von vielen ihrer Wähler_innen nicht aus umfassender Identifikation, sondern vor allem aus Kritik am Parteienmainstream unterstützt wird, so ist doch gerade beim „Markenkern" der Partei, der Islam- und Ausländerfeindlichkeit, wenig

---

schränkung mit kapitalistischen Prinzipien untersuchten (erinnert sei nur an Balibar und Wallerstein 1990, Memmi 1992 und Rommelspacher 1995), fehlt die Integration derartiger Perspektiven in der aktuellen Debatte weitgehend. Diese problematische Lücke vermag freilich auch unser Beitrag – verfasst aus Perspektive zweier Arbeitssoziolog_innen – nicht zu schließen.

8 Auf die grundsätzlichen Unterschiede zwischen Deutschland und Frankreich und die unterschiedliche Rolle, die die „Arbeiterklasse" als identitätsstiftende Einheit spielt, einzugehen, würde den Rahmen des Beitrags sprengen. Wir konzentrieren uns daher auf die Plausibilität der Erklärung der Repräsentationslücke für den deutschen Fall.

9 Eribon selbst betont allerdings auch, dass der Rassismus in der Arbeiterklasse Frankreichs immer schon präsent war, nur gegenüber anderen politischen Fragen nicht die Oberhand gewonnen hat.

Differenz zwischen Partei und Wähler_innen erkennbar. Kurz: Die AfD schummelt den Rassismus ihrer Wählerschaft nicht unter, sondern wird gerade für ihre rechtspopulistischen Positionen gewählt. Zudem dürfte mittlerweile breit bekannt sein, dass die AfD marktliberale Positionen gerade affirmiert und radikalisiert, nicht bekämpft. Dass rechtspopulistische Wähler_innen also subjektiv in erster Linie gegen Neoliberalismus protestieren möchten und dabei Rassismus und Chauvinismus mangels Parteialternativen bestenfalls in Kauf nähmen, überzeugt kaum. Plausibler wäre vielmehr die genau konträre Argumentation: Während Rassismus und Chauvinismus die geteilte inhaltliche Schnittmenge zwischen Wähler_innen und AfD ausmachen, fallen die sozial- und wirtschaftspolitischen Positionen innerhalb wie zwischen der Wählerschaft und der Partei deutlich uneinheitlicher aus.

Gleichwohl schließt an die These der Repräsentationslücke eine relevante Frage an, auf die wir unter Rekurs auf unsere empirischen Befunde zurückkommen möchten: Welche Ansprüche formulieren Arbeitnehmer_innen an politische Einflussnahme auf die Arbeitssphäre? Und welche Erwartungen hegen sie gegenüber den politischen Akteur_innen – angesichts einer verbreiteten Neoliberalisierung der politischen Inhalte – überhaupt noch?

Einen Fokus auf subjektive Verarbeitungsformen legt die These Oliver Deckers zum *„sekundären Autoritarismus"*. Dieser zeichne sich dadurch aus, dass er – anders als der klassische Autoritarismus – nicht über die Identifikation mit starken Vater- oder Führerpersönlichkeiten funktioniert, sondern aus der „Identifikation mit der Größe und Stärke der Wirtschaft und der Gewalt des Marktes" (Decker 2015, S. 30) resultiert. Nicht die Unterwerfung unter einen autoritären Vater (wie in der Autoritarismustheorie der älteren Kritischen Theorie) oder eine andere personale Autorität, sondern unter abstrakte Mechanismen, wie eben ökonomische, mache den aktuellen Autoritarismus aus. Die Beschäftigten fürchteten und identifizierten sich zugleich mit dem Aggressor 'Markt', was ihre – objektiv nötige – Unterwerfung unter diesen zugleich psychologisch erleichtere. Der Stolz auf die „Wirtschaftsmacht Deutschland" führe zu einer „Prothesen-Sicherheit" (Fromm), die der Abgrenzung nach unten und außen bedarf, insbesondere dann, wenn die ökonomische Autorität in Krisenzeiten ins Wanken gerät.

Ähnliche Phänomene – allerdings ohne Rückgriff auf das sozialpsychologisch fundierte Autoritarismuskonzept – benennt das

Theorem des „*marktförmigen Extremismus*" (ähnlich gelagert auch der Begriff des „konformistischen Rechtspopulismus", Dörre 2007, S. 31f.; Dörre 2016, S. 263f.): Eine „verallgemeinerte neoliberale Norm der Selbstoptimierung" (Hövermann und Groß 2016, S. 177) führe zu Prozessen der Selbstdisziplinierung und zugleich zur Ausgrenzung und Abwertung derjenigen, die den sich selbst auferlegten Optimierungsnormen nicht zu genügen scheinen (vgl. auch Groß und Hövermann 2018). Überzeugungskraft gewinnen diese Varianten von Erklärungsversuchen rechtspopulistischer Einstellungen vor allem dadurch, dass sie Subjekt- und Objektposition, also Täterschaft und (mögliche) Opferrolle von Rechtspopulisten, analytisch miteinander verklammern: Die autoritäre Persönlichkeit (oder der neoliberale Selbstoptimierer) grenzt aus, agiert aggressiv und verstärkt damit zugleich die Herrschaftsmechanismen, denen sie selbst unterlegen ist.

Demgegenüber tendieren Ansätze, die „*Prekarisierung*" und „*Abstiegsängste*" als Erklärung für rechte Einstellungen heranziehen,[10] ebenso dazu, die Vertreter_innen rechtspopulistischer Positionen einseitig als bloßes Objekt gegenwärtiger kapitalistischer Verhältnisse zu betrachten, wie jene Ansätze, die auf die Repräsentationslücke rekurrieren. Die Anhänger_innen rechtspopulistischer Parteien und Bewegungen erscheinen dann als Opfer, deren Verschulden bestenfalls darin liegt, das „richtige" Objekt ihrer Kritik verfehlt zu haben, z.B. indem Ängste auf Geflüchtete projiziert werden, anstatt sie gegen neoliberale Politikstrategien zu richten.[11] Daran anschließend wird ihnen eine zwar dem Ziel nach fehlgeleitete, letztlich

---

10 Erwähnt werden sollte an dieser Stelle noch, dass die oben genannten Argumente in der Regel in wechselnden Kombinationen miteinander angeführt werden – darüber, dass monokausale Erklärungsansätze ungenügend sind, besteht weitgehend Einigkeit. So verbindet beispielsweise Flecker die These der Repräsentationslücke mit der der Prekarisierung (Flecker 2008). Nachtwey kombiniert die Abstiegs- mit der Autoritarismuserklärung und greift ebenfalls auf die These der Repräsentationslücke zurück (Nachtwey 2016b).

11 Diese Fehlleitung der Sozialkritik wird dabei häufig selbst wiederum als Ergebnis politischer Instrumentalisierungsstrategien durch die rechtspopulistischen Parteien interpretiert, die gleichsam falsche Antworten und Angebote für reale Deprivationserfahrungen bieten (z.B. Opratko 2017; Flecker und Kirschenhofer 2007) – die rechtspopulistischen Anhänger erscheinen hier ein weiteres Mal als bloßes Objekt.

aber im Kern inhaltlich berechtigte politische Handlungsorientierung zugeschrieben, z.B. als „regressives Aufbegehren" gegen den Neoliberalismus (Nachtwey 2016a). Die Erklärung rechtspopulistischer Orientierungen aus dem Kontext von Prekarisierungs- und Abstiegsprozessen ist gleichwohl die in der gegenwärtigen Debatte mit Abstand geläufigste.

Die „harte" oder „objektivistische" Variante dieser These steht dabei vor dem Problem, dass sich ein klarer Zusammenhang zwischen materieller Deprivation und rechtspopulistischen Einstellungen bzw. entsprechendem Wahlverhalten statistisch nicht belegen lässt. Zumindest darüber herrscht weitgehende Einigkeit zwischen den quantitativen Studien unterschiedlicher Provenienz, dass die Gruppe derjenigen, die am stärksten unter einer Verschärfung der Ungleichheitsstrukturen leiden – die untersten Einkommensklassen, Arbeitslose oder Menschen mit Arbeitslosigkeitserfahrungen, Arbeitnehmer_innen ohne Berufsausbildung –, keineswegs stärker als der Bevölkerungsdurchschnitt zu Rechtspopulismus neigt. Ebenfalls Übereinstimmung herrscht darin, dass Rechtspopulisten häufiger männlich sind, stärker mittleren Altersklassen angehören und häufiger in Ostdeutschland leben[12] und dass – für unseren Zusammenhang zentral – Arbeiter_innen überrepräsentiert sind. In allen weiteren Punkten unterscheiden sich die Studien in ihren Ergebnissen zu den sozialstrukturellen Faktoren rechter Klientel. Eine Auswertung des Instituts der Deutschen Wirtschaft sieht die Anhängerschaft der AfD gerade im mittleren bis höheren Einkommensbereich (Bergmann et al. 2016). Eine DIW-Studie zeigt dagegen, dass Beschäftigte mit „einfachen Tätigkeiten" stärker zur AfD neigen (Brenke und Kritikos 2017).[13] Lengfeld (2017) findet schließlich überhaupt keinen

---

12 Dieser regionale Effekt schwindet allerdings in der Studie von Hilmer et al. 2017, wenn weitere sozio-demographische Merkmale kontrolliert werden.

13 Erklären lassen sich die Differenzen durch die unterschiedliche Datenbasis (Sekundäranalysen z.B. von SOEP- oder Allbus-Daten, eigene Erhebungen) und die verschiedenen Erhebungszeiträume. Unterschiede in den Zusammenhängen ergeben sich selbstverständlich auch danach, was als abhängige Variable fungiert: AfD-Wählerschaft, -Wahlabsicht und/oder -Sympathie (Lengfeld 2017; Hilmer et al. 2017; Brenke und Kritikos 2017), Beteiligung an oder Unterstützung der PEGIDA-Bewegung (Geiges et al. 2015) oder verschiedene für Rechtspopulisten typische Einstellungskomplexe wie Auslän-

signifikanten Zusammenhang zwischen typischen Merkmalen von „Modernisierungsverlierern" (niedriger Status nach Bildung, Beruf und Einkommen) und AfD-Wahlabsicht.

Am aussagekräftigsten zur sozialstrukturellen Erklärung rechtspopulistischer Einstellungen und hinsichtlich Datenlage am besten fundiert dürften die Sonderauswertung der Leipziger Mitte-Studie (Stark et al. 2017) sowie die aktuelle HBS-geförderte Studie von *policy matters* sein (Hilmer et al. 2017). Stark et al. bilden anhand einer Clusteranalyse fünf „Typen sozialer Lage". Zu rechtsextremen Einstellungen tendierten insbesondere die SL-Typen 4 (Facharbeiter_innen) und 5 (einfache Angestellte & Arbeiter_innen). Interessant ist, dass sich zwar Ähnlichkeiten im Berufsstatus ergeben, aber keine Einheitlichkeit hinsichtlich der Einkommenssituation. Während im Typus 5 sehr geringe bis mittlere Einkommen vertreten sind, ist der Facharbeitertypus durch mittleres bis hohes Einkommen gekennzeichnet.[14]

Die HBS-Studie sieht, ebenfalls auf Basis einer breiten repräsentativen Befragung, das typische AfD-Klientel hinsichtlich Einkommen einerseits in der unteren Mitte, andererseits in der höchsten von vier unterschiedenen Einkommenskategorien. Geringverdiener_innen haben dagegen weder eine höhere noch niedrigere AfD-Affinität. Auch diese Studie zeigt eine besondere Verankerung des Rechtspopulismus unter Arbeiter_innen.[15]

Mangels statistischer Bestätigung findet sich die Abstiegsthese zumeist in einer Variante, die nicht die objektive Lage, sondern die subjektive Deutung in den Mittelpunkt rückt: Rechtspopulismus als „Ausdruck einer von Abstiegs*ängsten* geplagten und radikalisierten Mitte" (Nachtwey 2016a, S. 218, unsere Hervorh.). Für eine solche subjektiv gewendete Abstiegs- bzw. Prekarisierungsthese finden sich tatsächlich auch Belege in repräsentativen Studien: Ohne dass

---

derfeindlichkeit oder Chauvinismus (Zick et al. 2016; Decker et al. 2016; Stark et al. 2017).

14 Die weiteren Typen, die durch geringere rechtspopulistische Orientierung geprägt sind, umfassen mittlere Angestellte (SL-Typus 1), qualifizierte Angestellte (2) sowie Auszubildende (3).

15 Andersherum zählt aber wiederum nur ein geringer Teil der AfD-Anhängerschaft zu den Arbeiter_innen. Gewerkschaftsmitgliedschaft hat im Übrigen keinen Einfluss (anders dazu allerdings Brenke und Kritikos 2017).

sich ihre eigene Wahrnehmung durch sozialstatistische Kriterien begründen ließe, sehen sich Rechtspopulist_innen überproportional stark als Opfer der Verhältnisse, als Benachteiligte und als gegenüber Migrant_innen Zurückgestellte. Sie blicken kritischer in die Zukunft und sind stärker verunsichert durch aktuelle Entwicklungen in der Arbeitswelt (Hilmer et al. 2017, S. 47ff.; vgl. Köcher 2016). Dies spricht dafür, dass eher *eine spezifische Verarbeitung* von Erfahrungen in Arbeit und Gesellschaft für Rechtspopulist_innen typisch ist als ihre objektive arbeitsgesellschaftliche Stellung. Wir werden im Kontext unserer eigenen Thesen darauf zurückkommen.

2. Die Ent-Legitimierung der Arbeitspolitik

Wenn wir die empirischen Befunde aus unseren diversen eigenen Studien zu normativen und politischen Ansprüchen von Beschäftigten (vgl. Fußnote 6) rekapitulieren, können wir zunächst einige Hinweise finden, die die These der „Repräsentationslücke" stützen. Dies trifft allerdings nur bei einer *spezifischen und stark schrumpfenden Gruppe* zu: nämlich bei älteren klassischen Industriearbeitern. Hier finden wir tatsächlich den sozialstaatlichen Amputationsschmerz verbreitet, den die Agenda 2010 der SPD hinterlassen hat. Exemplarisch für viele andere Befragte thematisiert so im folgenden Zitat ein Rohrschlosser aus einem großen deutschen metallverarbeitenden Konzern seine politische Heimatlosigkeit als Konsequenz der Entwicklung, die die SPD in den letzten Jahren vollzogen hat:

> „Ja, vor 20 Jahren war das für mich ganz klar, dass ich die SPD wähle. Und mittlerweile kommt man doch schon ins Grübeln ... Aber eine Alternative sehe ich eigentlich auch nicht wirklich. Früher war das halt unsere Arbeiterpartei. Und das war ganz klar. Und jetzt kann man sich nicht mehr so richtig damit identifizieren mit dem, was die so alles machen." (KP, GD_B04, Produktionsarbeiter, 12/2012)

Die Linkspartei konnte diese Lücke offenbar nicht schließen – weniger aus programmatischen Gründen, sondern eher deshalb, weil sie den befragten Arbeitern,[16] von denen einige ehemalige SPD-Mitglieder sind, gleichsam „habituell" fern ist. Für die meisten anderen unserer Befragten – also die jenseits der älteren enttäuschten

---

16 Wir verwenden an dieser Stelle bewusst allein die männliche Form, weil unter diese Gruppe der Befragten nur männliche Arbeiter fallen.

Sozialdemokraten – ist etwas anderes charakteristisch: Sie erwarten kaum noch, dass staatliche Politik wirksamen Einfluss auf die Bedingungen von Arbeit nehmen kann. Vorstellungen oder gar normative Erwartungen an eine politische Steuerungsfähigkeit von Ökonomie und Arbeit sind stark zurückgenommen.

Wir haben es damit weniger mit einer klassischen Legitimationskrise zu tun, die beinhaltet, dass Legitimitäts*ansprüche* „von unten" in Konflikt mit der politischen Handlungspraxis der Herrschenden geraten. Vielmehr erodieren ganz offensichtlich die Ansprüche selbst: Bestimmte normative Erwartungen werden gar nicht mehr formuliert, weil ihr Einlösen illusorisch erscheint. Der Nexus „Arbeit" und „Politik" ist schlicht zerbrochen. Wir sprechen daher von einer *Ent-Legitimierung der (Arbeits-)Politik* (Menz et al. 2013a). Arbeitsbedingungen und Beschäftigungsverhältnisse erscheinen als Produkt eines ökonomischen Determinationsverhältnisses, das sich politischem Handeln – und erst recht dem Protest der Beschäftigten – weitgehend entzieht.

Eine solche Verobjektivierung des Ökonomischen ist insbesondere prägend für das konkrete Arbeitserleben in der täglichen Praxis. Problematische Arbeitserfahrungen – etwa Überlastungen und Überforderungen – werden nicht als Folge von Interessenkonflikten oder manageriellen Handlungsstrategien wahrgenommen, sondern als Ergebnis von nicht beeinflussbaren Marktzwängen interpretiert, die von allen Akteur_innen gleichermaßen Anpassungsleistungen verlangen würden (Menz und Nies 2015, 2016; Menz 2009; Detje et al. 2011). Das Einfügen in Sachgesetzlichkeiten wird im Arbeitsalltag kontinuierlich eingeübt.

Dieser Objektivitätsüberhang wird auf politischer Ebene durch Legitimationsmuster verstärkt, die sich beständig auf Argumente der Unausweichlichkeit berufen. Dies gilt für Einschnitte in das Sozialnetz und Aufweichung von Arbeitnehmerschutzregelungen zur Sicherung des Standorts Deutschland ebenso wie für die milliardenschweren Bankenrettungen in der Wirtschaftskrise, die eben schlicht „too big to fail" waren. Im starken Kontrast dazu steht die propagierte Handlungsfreiheit im Fall der Flüchtlingspolitik; hier spricht selbst Merkel nicht von Sachzwängen, sondern von bewussten, reflektierten *Entscheidungen*. Während wirtschafts- und sozialpolitisches Handeln als Ausdruck einer alternativlosen Anpassung an objektive Gegebenheiten thematisiert wird, wird die buchstäbliche Frage von Leben und Tod Flüchtender als eine Frage politischer

Entscheidungen, als Refugium eines politisch gestaltbaren Feldes der Auseinandersetzung, gerahmt. Die Aufnahme oder das Abweisen der Opfer von Krieg und Verfolgung erscheint damit als letztes Residuum der politischen Handlungsfähigkeit angesichts von allgemein durchs Ökonomische determinierten gesellschaftlichen Verhältnissen. Vor dem Hintergrund der erlebten Handlungsohnmacht im ökonomischen, sozialen und arbeitspolitischen Umfeld verschieben sich so die Erwartungen an Handlungsmächtigkeit auf das Feld der Migrations- und Flüchtlingspolitik. Hier wird an Aktionsfähigkeit imaginär ausagiert, was im Feld der Arbeit zunehmend unmöglich erscheint. Womöglich, so unsere vorsichtige Schlussfolgerung, kann man manche Elemente des Rechtspopulismus auch als Versuch werten, Handlungsmacht wiederherzustellen, wo sie ansonsten fehlt.

3. Ein halbierter Marktautoritarismus

Für die These des *„sekundären Autoritarismus"* finden wir in unserem Material tatsächlich viele Anschlusspunkte – allerdings in etwas anderer Gewichtung als bei Decker. Zuweilen scheint in einigen Interviews durchaus ein gewisser Stolz auf die ökonomische Potenz Deutschlands und die wirtschaftlich überlegene Stellung gegenüber anderen Ländern etwa Südeuropas, auf den Titel des Exportweltmeisters oder einfach auch nur auf die wirtschaftliche Stärke des eigenen Arbeitgeber-Unternehmens durch. Deutlicher tritt in unseren Interviews die andere Seite des Arguments Deckers hervor: die distanzlose Internalisierung systemischer Mechanismen und die angstbetriebene Unterwerfung unter die Autorität des Marktes. „Alle Unternehmen", so eine Kundenberaterin aus dem Privatkundengeschäft einer Filialbank,

> „… alle Firmen, egal ob Pharma, Bank, Autohaus, wurscht, alle leiden an dem gleichen Syndrom. Und zwar Untergang. Alle haben Angst vor dem Abgang, vor der Klospülung. (…) Wir haben wirklich Angst, runtergespült zu werden. Und zwar mit den anderen, die da unten schon schwimmen und echt gar nicht mehr rauskommen, [lacht] verstehen Sie mich? Darum geht es. Und es muss Ihnen klar sein, auch Ihre Firma, egal, Verein, Stiftung, egal was es ist, kann nur dann überleben, wenn Sie eben unterwegs sind und die anderen auch. Stellen Sie sich mal vor, Sie bringen es nicht mehr, die Kollegin auch nicht und die anderen würden auch alle nur noch Halligalli machen, dann gibt es auch das nicht mehr. Dann gibt es das Institut nicht mehr, ist das weg, futsch – tut uns leid!" (LP2, FD_B04, Kundenberaterin, 11/2011)

Wir haben es damit gewissermaßen mit einem „halbierten Marktautoritarismus" zu tun: Die positive Identifikation mit der Stärke des Aggressors „Markt" ist zwar durchaus zu finden, aber bleibt begrenzt und vermag nur wenig „Prothesen-Sicherheit" zu spenden, die weitgehende Unterwerfung unter seine Macht dagegen ist omnipräsent. Auch hier drückt sich wieder die Dominanz der Sachzwanglogik aus. Den Vorstellungen von Marktobjektivität zufolge ist es alternativlos, sich dem Anforderungsregime zu fügen – und Gleiches auch von anderen einzufordern. Solche Vorstellungen ziehen sich quer durch alle Tätigkeitsverhältnisse und Qualifikationsniveaus, durch Arbeiter- genauso wie durch Angestelltenbereiche.

Die in der These des „marktförmigen Extremismus" konstatierte Norm der (ausgrenzenden) Selbstoptimierung lässt sich so tatsächlich in vielen unserer empirischen Fälle aufzeigen. Sie nimmt allerdings weniger eine individualistische Form – als vereinzeltes „unternehmerisches Selbst" (Bröckling 2007) – an, sondern führt zugleich zu Integrations- und Ausgrenzungsprozessen (Kratzer et al. 2015). Die Sozialbeziehungen im unmittelbaren Nahbereich sind durchaus durch hohe Kollegialität und Solidarität geprägt. Dem stehen allerdings Grenzziehungen gegenüber denjenigen Beschäftigten gegenüber, die es nicht in den Kernbereich der Beschäftigtengruppen geschafft haben, etwa Leiharbeiter_innen (Menz et al. 2013b).[17]

4. Die Abstiegsgesellschaft *um uns herum* und die abgewehrte Fragilität von Leistung

Während sich für den Zusammenhang von Rechtspopulismus und objektiver sozialer Deprivation keine überzeugenden quantitativen Daten finden lassen, wollen wir an dieser Stelle die Erklärung über Abstiegs*ängste* vor dem Hintergrund unseres Materials beleuchten. Die Studie von Nachtwey erfährt nicht grundlos eine breite Resonanz, ganz offensichtlich trifft die These einer allgemeinen Abstiegstendenz[18] einen Nerv der Zeit. Auch unsere Befragten

---

17 Hier haben unsere Befunde deutliche Parallelen zur These der „exklusiven Solidarität" (Dörre und Matuschek 2013, siehe Dörre in diesem Band).

18 Strenggenommen weisen die Daten bei Nachtwey eher auf verhinderte Aufstiege denn auf reale, individuell erlebte Abstiege hin (siehe

teilen in der Breite und quer durch alle Qualifikationsstufen die Einschätzung, dass die Arbeits- und Lebensbedingungen schlechter und die Zeiten härter werden. Die soziale Ungleichheit wachse, ungesicherte Beschäftigungsverhältnisse nähmen zu, Arbeits- und Leistungsanforderungen stiegen, während Löhne und Gehälter stagnierten oder sänken. Aber: Die Arbeitnehmer_innen sehen sich jeweils selbst weniger stark von den negativen Entwicklungen betroffen als diejenigen, mit denen sie sich vergleichen. *Die Beschäftigten leben im allgemeinen Bewusstsein einer Abstiegsgesellschaft, aber sie sehen sich persönlich davon kaum betroffen.* Die gesellschaftliche und ökonomische Situation insgesamt verschlechtere sich, während der eigene Status eher stabil bleibe oder sich im Vergleich weniger stark verschlechtere. Die Vergleichshorizonte, an denen die eigene soziale Position gemessen wird, sinken. Während im öffentlichen Diskurs von massiven Einbrüchen durch die Wirtschaftskrise die Rede war, fühlten sich die meisten Interviewten im Vergleich eher unterdurchschnittlich betroffen. 'Uns geht es ja noch gut' ist ein Statement, das wir in vielen Interviews finden.[19] Dies gilt umso mehr, wenn eine internationale Perspektive eingenommen wird – etwa mit Blick auf die südeuropäischen sogenannten 'Schuldenstaaten'. Ähnliches gilt aber auch im Nahvergleich im unmittelbaren Arbeitsumfeld: Man arbeitet neben Leiharbeiter_innen oder gar mit ihnen zusammen am selben Arbeitsplatz; man weiß, dass jüngere Kolleg_innen schlechtere Verdienstaussichten haben usw.

Selbst Beschäftigte, die wir in akuten Krisensituationen befragt haben – etwa nach der Ankündigung von Betriebsschließungen (Kratzer et al. 2015, S. 283ff.) oder in der Kurzarbeitsphase während

---

Nachtwey selbst dazu: 2016a, S. 135). In diesem Sinne handelt es sich eher um eine „Nicht-Aufstiegs-" denn um eine „Abstiegsgesellschaft". Auch unsere Befragten thematisieren weniger Ängste vor einem eigenen Abstieg als die Sorge, dass die eigenen Kinder keine Einstiegschancen bekommen. „Aber ich sage, okay, bei mir ist es ja kein Problem. Ich kann damit so leben. Aber meine Kinder, denke ich, also meine Kinder müssen ja auch eine Zukunft haben." (KK, SF_B03, Lackierer, 04/2010)

19 Ähnliche Befunde zeigt die Studie von Dubet 2008. Parallelen dazu finden sich auch in der These „Guter Betrieb – schlechte Gesellschaft" (Dörre et al. 2011) und im Befund der „nichtnormalen Normalität" (Hürtgen und Voswinkel 2014).

der großen Krise (Detje et al. 2013) –, beschreiben ihre individuelle Situation vor dem Hintergrund sinkender Referenzfolien als *vergleichsweise* gut:

> „... also bei Kurzarbeit ist unser Gehalt auf 95 Prozent gesichert gewesen. [...] Hat uns nicht regelrecht weh getan, sagen wir mal. Aber andere, die haben vielleicht gerade noch die Hälfte gekriegt und alles. Und da ist es natürlich schon mau ausgesehen. [...] Und dann haben wir da halt drüber diskutiert, wie es die anderen getroffen hat. Und da sind wir eigentlich richtig ungeschoren durchgekommen." (KK, SU_B06, KfZ-Mechaniker, 04/2010)

> „Also man merkt es [die Krise] an allem, was außen herum sich tut, ja. Also ich glaube kaum, dass jemand irgendwie noch jemand kennt, der nicht arbeitslos ist oder wo dieses ganze Martyrium, was damit verbunden ist, nicht kennt." (KK, SAB_B01, Industriemechaniker, 04/2010)

Sinkende Vergleichshorizonte sind damit der eine Grund, warum unsere Befragten üblicherweise ihre Situation trotz ihrer objektiven Krisenbetroffenheit nicht mit entsprechendem Krisenbewusstsein quittieren. Vor allem aber, das ist der zweite Grund, verlassen sich die Beschäftigten auf ihre eigene Leistungs- und Anpassungsfähigkeit, die sie als einzigen Garanten in der unsicheren (Arbeits-)Welt begreifen:

> „Um mich mache ich mir eigentlich nicht so Sorgen. Ich denke immer, ich bin so anpassungsfähig, dass ich, glaube ich, immer irgendwie ganz gut dabei wegkomme." (BL, WD_B13, Angestellte in der Marktforschung, 10/2013)

Das (Selbst-)Vertrauen, von dem allgemeinen Abstieg nicht betroffen zu sein, beruht damit vor allem auf dem Glauben an die eigene Handlungsmächtigkeit. In diesem Sinne trifft die Rolltreppenmetapher von Nachtwey – die Beschäftigten müssten immer schneller laufen, um auf einer abwärts fahrenden Rolltreppe ihre Position zu halten (2016a, S. 126ff.) – durchaus die Wahrnehmung vieler unserer Befragten. Denn daran, dass der Arbeitsdruck gestiegen und ein ständig höherer Leistungsaufwand nötig ist, lassen die Befragten keinen Zweifel.

> „Man hat es jeden Tag, man hat es jede Woche, man hat es jeden Monat oder jedes Jahr. Wenn man die Ziele erreicht, dann ist das heute gut und morgen ist ein neuer Tag und es ist schon wieder alles vergessen. Und es ist so, Sie können schaffen oder erreichen, so viel wie Sie wollen, mittlerweile hat jeder von uns das Gefühl, es ist nie genug. Das, was Sie heute erreicht haben und was als Messlatte gesetzt

worden ist, wenn das geschafft wird, dann wird einfach noch eine Schippe draufgepackt." (LP2, FD_B03, Kundenberater, 11/2011)

Die Zukunftsgewissheit, die die Beschäftigten aus ihrer eigenen Leistungsfähigkeit ziehen, ist daher fast notwendig fragil. Dort, wo den Beschäftigten das Vertrauen in die eigenen Fähigkeiten oder Bewältigungsstrategien fehlt, dort, wo sie sich nicht individuell handlungsmächtig fühlen, geht auch der Zukunftsoptimismus verloren. Gerade vor dem Hintergrund des gestiegenen Leistungsdrucks stellt die Pflege und Optimierung der eigenen Leistungsfähigkeit umso mehr einen zentralen Faktor dar, in einer unsicher erlebten Welt Sicherheitszonen zu schaffen. Aber nicht nur das Vertrauen in die eigene Kraft stellt eine notwendige Basis für diese Sicherheitsprothese dar, sondern vor allem auch der Glaube daran, dass es überhaupt Leistungsprinzipien sind, die die jeweilige Position im gesellschaftlichen Gefüge bestimmen (können): der Glaube daran, dass es eben vor allem auf die eigene Anstrengung ankommt, um die Position zu halten[20] – und umgekehrt, die eigene Anstrengung die erreichte Position auch rechtfertigt. Allen soziologischen Unkenrufen zur Erosion des Leistungsprinzips (Neckel 1999) zum Trotz finden wir in unseren Studien nach wie vor Leistung als zentrales Begründungsprinzip für Forderungen und Ansprüche unserer Befragten, für Kritik an Unternehmen und Gesellschaft genauso wie zur Rechtfertigung von sozialen Ungleichheiten. Kurz: Hinter der Einschätzung unserer Befragten, sich durch Anpassung und Leistungsverausgabung den eigenen Arbeits- und Lebensstandard verdient zu haben, steht die enorme Persistenz des Leistungsprinzips als Basis der Legitimation von Ungleichheiten (Menz und Nies 2018; Menz 2017).

Unsere These, die wir vor diesem Hintergrund formulieren möchten, rekurriert auf ein „bewusstseinsinternes Dilemma", mit dem sich Arbeitnehmer_innen konfrontiert sehen: Mit der erlebten 'Abstiegsgesellschaft *um uns herum*', mit sinkenden Vergleichshorizonten im Zuge der globalen Wirtschaftskrise und erst recht in (zumindest

---

20 An dieser Stelle wäre auf eine Differenz zur These „Guter Betrieb – schlechte Gesellschaft" hinzuweisen (siehe Fußnote 19): Es ist unter unseren Befragten – mit Ausnahme derer, die in stabilen Großunternehmen arbeiten – nicht der Betrieb, der angesichts der Abstiegsgesellschaft Sicherheit verspricht, sondern vielmehr das eigene Leistungsvermögen.

medialer) Konfrontation mit der Situation von Geflüchteten wird ganz und gar offensichtlich, dass die Annahme unhaltbar ist, man hätte sich seine soziale Position allein durch eigene Anstrengungen erarbeitet. Der identitätsrelevante Versuch, die eigene Position im globalen sozialen Gefüge durch die eigene Leistung zu rechtfertigen und so die Vorstellung der eigenen Handlungsmächtigkeit zu wahren, droht somit zu scheitern, sofern man sich nicht massiver Ausblendungen und Abwertungen bedient. Genau hierin scheint uns eine plausible Deutung von Rechtspopulismus, Fremdenfeindlichkeit und Ausgrenzung unter Arbeiternehmer_innen zu liegen: Diese erklären sich u. E. (zumindest *auch*) aus der Abwehr des kaum noch zu leugnenden Gedankens, dass das Prinzip der Leistungsgerechtigkeit als wohlfeile Rechtfertigung für eigene – relative (!) – Privilegien dient; dass die eigene Position nicht durch erbrachte Leistung zu begründen[21] und im Umkehrschluss auch nicht durch diese zu halten ist. Sich einzugestehen, dass es mit der Gültigkeit des Leistungsprinzips nicht allzu weit her ist, kommt der Drohung gleich, die Anerkennung dafür abgesprochen zu bekommen, dass der eigene Lebensstandard 'verdient' und Lohn für die real erlebten und ertragenen Belastungen unter den sich verschärfenden Arbeits- und Leistungsbedingungen ist. Die Infragestellung des Leistungsprinzips bedeutet für die Arbeitnehmer_innen subjektiv so letztlich die Missachtung der eigenen Unsicherheits- und Belastungserfahrungen der Arbeit. Und es bedeutet im Umkehrschluss auch, dass die aus der Überzeugung gewonnene Sicherheit, man könne seine Position durch individuelle Leistungsverausgabung sichern, brüchig wird und das Vertrauen in die eigene Handlungsmacht erodiert. Rechtspopulist_innen reagieren – so unsere These – auf diese Einsicht, die sich mehr und mehr ins eigene Bewusstsein einschleicht, mit der Aggression gegenüber denjenigen, die diese Botschaft überbringen, gegenüber denen, die einem diesen Nachweis ständig vor Augen halten: Geflüchtete, aber auch sozial Schwächere. Die offen zu Tage tretende Sichtbarkeit ungerechtfertigter Ungleichheit erschüttert den Glauben an das Leistungsprinzip und wird daher mit Zuschreibungen quittiert, die dieses zu retten versuchen: Leiharbeiter_innen werden aus der Solidargemeinschaft herausdefiniert, geflüchteten Menschen die Schuld

---

21 Und man müsste anfügen: und dies, obwohl klar ist, dass ohne ständige Leistungssteigerung die eigene Position nicht zu halten gewesen wäre.

an ihrer Lage selbst zugeschrieben. Nicht zufällig, so meinen wir, wird dabei immer wieder auf einen vermeintlich fehlenden Leistungswillen geflüchteter und nach Deutschland eingereister Menschen verwiesen – eine Konstruktion, die die Leistungsgerechtigkeit und Gültigkeit des Leistungsprinzips wiederherstellt. Wir haben es mit einem Rassismus derjenigen zu tun, die sich einerseits nicht eingestehen wollen, in einer „Externalisierungsgesellschaft" (Lessenich 2016), also auf Kosten anderer, zu leben, und deren Sicherheitsempfinden andererseits empfindlich an die Konstruktion von Handlungsmächtigkeit gebunden ist.

Literatur

Balibar, Etienne/Wallerstein, Immanuel (1990): Rasse, Klasse, Nation – Ambivalente Identitäten. Hamburg/Berlin.

Bergmann, Knut/Diermeier, Matthias/Nieshus, Judith (2016): Die AfD – eine Partei der Besserverdiener? Köln: IW-Kurzberichte, 19/2016.

Brenke, Karl/Kritikos, Alexander S. (2017): Wählerstruktur im Wandel. DIW Wochenbericht 2017, Nr. 29. Berlin: DIW.

Bröckling, Ulrich (2007): Das unternehmerische Selbst. Soziologie einer Subjektivierungsform. Frankfurt a.M.: Suhrkamp.

Decker, Oliver (2015): Narzisstische Plombe und sekundärer Autoritarismus. In: Oliver Decker, Johannes Kiess und Elmar Brähler (Hg.): Rechtsextremismus der Mitte und sekundärer Autoritarismus. Gießen, Lahn: Psychosozial-Verlag (Forschung psychosozial), 21-33.

Decker, Oliver/Kiess, Johannes/Brähler, Elmar (Hg.) (2016): Die enthemmte Mitte. Autoritäre und rechtsextreme Einstellung in Deutschland/Die Leipziger Mitte-Studie 2016. Unter Mitarbeit von Elmar Brähler, Anna Brausam, Oliver Decker, Eva Eggers, Jörg M. Fegert, Alexander Häusler et al. Gießen: Psychosozial-Verlag (Forschung psychosozial).

Decker, Oliver/Weißmann, Marliese/Kiess, Johannes/Brähler, Elmar (2010): Die Mitte in der Krise. Rechtsextreme Einstellungen in Deutschland 2010. Berlin: Friedrich-Ebert-Stiftung.

Detje, Richard/Menz, Wolfgang/Nies, Sarah/Sauer, Dieter (2011): Krise ohne Konflikt? Interessen- und Handlungsorientierungen im Betrieb – die Sicht von Betroffenen. Hamburg: VSA.

Detje, Richard/Menz, Wolfgang/Nies, Sarah/Sauer, Dieter/Bischoff, Joachim (2013): Krisenerfahrungen und Politik. Der Blick von unten auf Betrieb, Gewerkschaft und Staat. Hamburg: VSA.

Dörre, Klaus (2003): Rechte Orientierungen in der Arbeitswelt: Marktsteuerung als Ursache des neuen Rechtspopulismus. In: *Journal für Konflikt- und Gewaltforschung* 5 (2), 103-120.

– (2007): Prekarisierung und Rechtspopulismus. Gibt es einen Zusammenhang? In: FES (Hg.): Rechte Orientierungen bei Arbeitnehmerinnen und Arbeitnehmern. WISO-Diskurs. Berlin: Friedrich-Ebert-Stiftung, 24-34.

– (2016): Die national-soziale Gefahr. PEGIDA, Neue Rechte und Verteilungskonflikt – sechs Thesen. In: Karl-Siegbert Rehberg, Franziska Kunz und Tino Schlinzig (Hg.): PEGIDA. Rechtspopulismus zwischen Fremdenangst und „Wende"-Enttäuschung? Analysen im Überblick. Bielefeld: transcript, 259-274.

Dörre, Klaus/Hänel, Anja/Holst, Hajo/Matuschek, Ingo (2011): Guter Betrieb, schlechte Gesellschaft? Arbeits- und Gesellschaftsbewusstsein im Prozess kapitalistischer Landnahme. In: Cornelia Koppetsch (Hg.): Nachrichten aus den Innenwelten des Kapitalismus. Zur Transformation moderner Subjektivität. Wiesbaden: VS-Verlag, 21-49.

Dörre, Klaus/Happ, Anja/Matuschek, Ingo (Hg.) (2013): Das Gesellschaftsbild der LohnarbeiterInnen. Soziologische Untersuchungen in ost- und westdeutschen Industriebetrieben. Hamburg: VSA-Verlag.

Dörre, Klaus/Matuschek, Ingo (2013): Kapitalistische Landnahme, ihre Subjekte und das Gesellschaftsbild der LohnarbeiterInnen. In: Klaus Dörre, Anja Happ und Ingo Matuschek (Hg.): Das Gesellschaftsbild der LohnarbeiterInnen. Soziologische Untersuchungen in ost- und westdeutschen Industriebetrieben. Hamburg: VSA-Verlag, 29-53.

Dubet, François (2008): Ungerechtigkeiten. Zum subjektiven Ungerechtigkeitsempfinden am Arbeitsplatz. Hamburg: Hamburger Edition.

Eribon, Didier (2016): Rückkehr nach Reims. Berlin: Suhrkamp.

Flecker, Jörg (2008): Die populistische Lücke. Umbrüche in der Arbeitswelt und ihre politische Verarbeitung. In: Christoph Butterwegge und Gudrun Hentges (Hg.): Rechtspopulismus, Arbeitswelt und Armut. Befunde aus Deutschland, Österreich und der Schweiz. Opladen: Budrich, 79-100.

Flecker, Jörg/Kirschenhofer, Sabine (2007): Die populistische Lücke. Umbrüche in der Arbeitswelt und Aufstieg des Rechtspopulismus am Beispiel Österreichs. Berlin: Sigma.

Geiges, Lars/Marg, Stine/Walter, Franz (2015): Pegida. Die schmutzige Seite der Zivilgesellschaft? Bielefeld: transcript.

Gomolla, Mechtild/Menk, Marlene/Kollender, Ellen (Hg.) (2018): Rassismus und Rechtsextremismus in Deutschland. Figurationen und Interventionen in Gesellschaft und staatlichen Institutionen. Weinheim: Beltz Juventa.

Groß, Eva/Hövermann, Andreas (2018): Marktförmiger Extremismus. Abwertung, Ausgrenzung und Rassismus vor dem Hintergrund einer Ökonomisierung der Gesellschaft. In: Mechtild Gomolla, Marlene Menk und Ellen Kollender (Hg.): Rassismus und Rechtsextremismus in Deutschland. Figurationen und Interventionen in Gesellschaft und staatlichen Institutionen. Weinheim: Beltz Juventa, 110-126.

Habermas, Jürgen (2016): Für eine demokratische Polarisierung. Wie man dem Rechtspopulismus den Boden entzieht. Interview. In: *Blätter für deutsche und internationale Politik* 61 (11), 35-42.

Heitmeyer, Wilhelm (2012): Deutsche Zustände. Folge 10. Berlin: Suhrkamp.

Hilmer, Richard/Kohlrausch, Bettina/Müller-Hilmer, Rita/Gagné, Jérémie (2017): Einstellung und soziale Lebenslage. Eine Spurensuche nach Gründen für rechtspopulistische Orientierung, auch unter Gewerkschaftsmitgliedern. Düsseldorf: Hans-Böckler-Stiftung, Working Paper Forschungsförderung Nummer 044.

Hövermann, Andreas/Groß, Eva (2016): Menschenfeindlicher und rechtsextremer – Die Veränderung der Einstellungen unter AfD-Sympathisanten zwischen 2014 und 2016. In: Andreas Zick, Beate Küpper und Daniela Krause (Hg.): Gespaltene Mitte – Feindselige Zustände. Rechtsextreme Einstellungen in Deutschland 2016. Bonn: Dietz, 167-183.

Hürtgen, Stefanie/Voswinkel, Stephan (2014): Nichtnormale Normalität? Anspruchslogiken aus der Arbeitnehmermitte. Berlin: Edition Sigma.

Köcher, Renate (2016): Die AfD – Außenseiter mit Rückhalt. In: *FAZ*, 20.10.2016, S. 8.

Kratzer, Nick/Menz, Wolfgang/Tullius, Knut/Wolf, Harald (2015): Legitimationsprobleme in der Erwerbsarbeit. Gerechtigkeitsansprüche und Handlungsorientierungen in Arbeit und Betrieb. Baden-Baden: edition sigma in der Nomos Verlagsgesellschaft.

Lengfeld, Holger (2017): Die „Alternative für Deutschland": eine Partei für Modernisierungsverlierer? In: *KZfSS* 69, 209-232.

Lessenich, Stephan (2016): Neben uns die Sintflut. Die Externalisierungsgesellschaft und ihr Preis. Berlin: Hanser.

Melter, Claus/Mecheril, Paul (Hg.) (2011): Rassismuskritik. Band 1: Rassismustheorie und Forschung. 2. Aufl. Schwalbach/Ts.: Wochenschau-Verl. (Reihe Politik und Bildung, 47).

Memmi, Albert (1992): Rassismus. Hamburg.

Menz, Wolfgang (2009): Die Legitimität des Marktregimes. Leistungs- und Gerechtigkeitsorientierungen in neuen Formen betrieblicher Leistungspolitik. Wiesbaden: VS.

– (2017): Das befremdliche Überleben der Leistungsgerechtigkeit. Zur Beharrlichkeit eines vielfach totgesagten normativen Prinzips. In: Brigitte Aulenbacher et al. (Hg.): Leistung und Gerechtigkeit. Das umstrittene Versprechen des Kapitalismus. Weinheim, Basel: Beltz Juventa (Arbeitsgesellschaft im Wandel), 191-209.

Menz, Wolfgang/Detje, Richard/Nies, Sarah/Sauer, Dieter (2013a): Die Ent-Legitimierung der Politik. In: *Luxemburg* (1), 20-27.

– (2013b): Verriegelte Verhältnisse – Solidarität und interessenpolitische Handlungsorientierungen unter Krisenbedingungen. In: Lucie Billmann und Josef Held (Hg.): Solidarität in der Krise. Gesellschaftliche, soziale und individuelle Voraussetzungen solidarischer Praxis. Wiesbaden: VS-Verlag für Sozialwissenschaften, 31-52.

Menz, Wolfgang/Dunkel, Wolfgang/Kratzer, Nick (2011): Leistung und Leiden. Neue Steuerungsformen von Leistung und ihre Belastungswirkungen. In: Nick Kratzer, Wolfgang Dunkel, Karina Becker und Stephan Hinrichs (Hg.): Arbeit und Gesundheit im Konflikt. Berlin: Sigma, 143-198.

Menz, Wolfgang/Nies, Sarah (2015): Wenn allein der Erfolg zählt. Belastungen und Work-Life-Balance in den Finanzdienstleistungen. In: Nick Kratzer, Wolfgang Menz und Barbara Pangert (Hg.): Work-Life-Balance – Eine Frage der Leistungspolitik. Analysen und Gestaltungsansätze. Wiesbaden: Springer VS, 233-274.

– (2016): Gerechtigkeit und Rationalität. Motive interessenpolitischer Aktivierung. In: *WSI-Mitteilungen* 68 (7), 530-539.

– (2018): Doing Inequality at Work. Zur Herstellung und Bewertung von Ungleichheiten in Arbeit und Betrieb. In: Laura Behrmann, Falk Eckert, Andreas Gefken und Peter A. Berger (Hg.): 'Doing Inequality' – Prozesse sozialer Ungleichheit im Blick qualitativer Sozialforschung. Wiesbaden: Springer VS, 123-147.

Nachtwey, Oliver (2015): Rechte Wutbürger. Pegida oder das autoritäre Syndrom. In: *Blätter für deutsche und internationale Politik 60* (3), 81-89.

– (2016a): Die Abstiegsgesellschaft. Berlin: Suhrkamp.

– (2016b): PEGIDA, politische Gelegenheitsstrukturen und der neue Autoritarismus. In: Karl-Siegbert Rehberg, Franziska Kunz und Tino Schlinzig (Hg.): PEGIDA. Rechtspopulismus zwischen Fremdenangst und „Wende"-Enttäuschung? Analysen im Überblick. Bielefeld: transcript, 299-312.

Neckel, Sighard (1999): Blanker Neid, blinde Wut? Sozialstruktur und kollektive Gefühle. In: *Leviathan* 27 (2), 145-165.

– (2016): „Die Scham wird in Wut verwandelt." Interview. In: *die tageszeitung*, 29.12.2016.

Nies, Sarah/Tullius, Knut (2017): Zwischen Übergang und Etablierung. Beteiligungsansprüche und Interessenorientierungen jüngerer Erwerbstätiger. Düsseldorf: Study der Hans-Böckler-Stiftung.

Opratko, Benjamin (2017): Rechtspopulismus als Krisenbearbeitung. Anmerkungen zum Aufstieg von AfD und FPÖ. In: *Prokla* 186 (1), 123-130.

Rommelspacher, Birgit (1995): Dominanzkultur. Texte zu Fremdheit und Macht. Berlin: Orlanda Frauenverlag.

Sauer, Dieter/Stöger, Ursula/Bischoff, Joachim/Detje, Richard/Müller, Bernhard (2018): Rechtspopulismus und Gewerkschaften: Eine arbeitsweltliche Spurensuche. Hamburg: VSA-Verlag.

Stark, Toralf/Wegscheider, Carsten/Brähler, Elmar/Decker, Oliver (2017): Sind Rechtsextremisten sozial ausgegrenzt? Eine Analyse der sozialen Lage und Einstellungen zum Rechtsextremismus. Papers der RLS, 2/2017. Berlin: Rosa-Luxemburg-Stiftung.

Zick, Andreas/Küpper, Beate/Krause, Daniela (Hg.) (2016): Gespaltene Mitte – Feindselige Zustände. Rechtsextreme Einstellungen in Deutschland 2016. Bonn: Dietz.

Ferdinand Stenglein

Jenseits der Grenzziehungen des Eigentums?
Begründungsaufforderung und die kommunitäre Ökonomie politischer Kommunen

> „In attempting to dispose and depropriate contemporary subjects of ownership who remain embedded in imperial circuits of accumulation the challenge before us becomes nothing less than a radical unsettling of a social contract based on appropriation and the desire to possess."
> *Brenna Bhandar* (2018b, #00:14:29#)

Grenzziehungen durch Privateigentum sind allgegenwärtig und in höchstem Maße – und zwar auf globalem Maßstab – normalisiert. Von materiellen Infrastrukturen wie Zäunen und Hecken, über soziale Techniken wie Karten und Konten, bis zu sprachlichen Vermittlungen wie den viel gebräuchlichen Possesivpronomina „meins" und „deins", die Idee des Privateigentums ist omnipräsent. Sie hat sich seit dem europäischen Mittelalter zu einem umfassenden gesellschaftlichen Dispositiv entwickelt, das alltägliche Praktiken, trans-, inter-, und intrapersonale Subjektverhältnisse, sowie materielle Infrastrukturen grundlegend durchdringt und kontinuierlich performativ-praktisch in diesen reproduziert wird (Bhandar 2018a; Blomley 2014; Loick 2016; Moreton-Robinson 2015). Konsequenterweise wird das Rechtsinstitut des Privateigentums von den meisten Menschen als Naturtatsache oder mindestens als absolut notwendige Einrichtung moderner gesellschaftlicher Organisation begriffen. Selbst die meisten Menschen, die kein (nennenswertes) Eigentum besitzen, mögen die Tatsache ihrer (Eigentums-)Armut zwar als ungerecht empfinden und in Bahnen des zivilgesellschaftlichen Gehorsams (z.B. auf Demonstrationen oder in der Parteienpolitik) und Ungehorsams (z.B. bei Besetzungen von Häusern oder Wäldern), eine Umverteilung von Eigentum fordern, Privateigentum als Institution wird dabei aber von den wenigsten in Frage gestellt. Dies steht in großem Kontrast dazu, dass durch die weltweite und gewaltsame Etablierung des europäischen (Privateigentums-)Modells eine massive globale Umverteilung von Verfügungsmöglichkeiten über Ressourcen eingeleitet und ermöglicht wurde (Bhandar 2018a; Loick 2016). Dieser Umverteilungsprozess hält bis heute an und begründet ganz maßgeblich den materiellen Reichtum der Weißen und des globalen Nordens.

In den letzten zwei Jahrzehnten wird die Hegemonie des Eigentumsdispositivs durch Praktiken des Commonings, d.h. Praktiken der nicht-staatlich organisierten praktischen Realisierung kollektiver Verfügung, zumindest mikropraktisch herausgefordert. Eigentumstheoretiker*innen sehen insbesondere in diesen Praktiken Ansatzpunkte, die über die bestehende hegemoniale Praxis des Privateigentums hinausweisen können (Bhandar 2018b: #00:14:40#; Loick 2016: 116 ff.). Auf Basis (auto-)ethnographischer Forschungsaufenthalte nehme ich in diesem Beitrag die Intentionalen Gemeinschaften des Kommuja-Netzwerks in den Blick. Einige dieser Gemeinschaften, die sich selbst als politische Kommunen bezeichnen, können als eine radikale, da personenzentrierte Praxis des Commonings verstanden werden. Individuelle Ökonomien werden in diesen Kommunen aufgelöst. Über die Frage danach, wie Verfügung über und Verhalten zur Ökonomie legitim begründet wird, wird hier eine analytische Perspektive entwickelt und entlang dieser die Selbst-Regulation der kommunitären Ökonomien dieser Kommunen diskutiert. Ich argumentiere dabei, dass der Modus der Begründungsaufforderung dieser mikrokommunistischen Praktiken tendenziell grenzziehungs- und identitätskritisch wirkt.

1. Grenzziehungen des Privateigentums

Dem Privateigentum liegt primär die Idee zu Grunde, dass individuelle oder juristische Personen über einen Teilbereich („Hoheitsbreich") der Welt frei von externen Interventionen verfügen können sollen. Idealiter ruht das Privateigentum also auf der Idee, dass Einzelne oder Gruppen exklusiv und nutzenunabhängig über lebende, tote, bewegliche und unbewegliche Dinge und Teile der Welt verfügen können. Dies schließt eine legitime Nicht-Nutzung oder Zerstörung von Teilen der Welt im eigenen Hoheitsbereich mit ein (Loick 2016: 17 ff.). Idealiter deshalb, weil rein praktisch Privateigentum an keinem Ort radikal entlang dieser Grundidee umgesetzt ist. Tatsächlich ist es auch gar nicht denkbar, dass dies möglich ist – auch wenn radikale Liberale und Anarchokapitalist*innen dies fordern und die Funktion von Staaten auf die minimale Kernaufgabe des Schutzes des Privateigentums reduzieren wollen. Es erscheint deshalb als nicht möglich, weil die Institution des Privateigentums als fundamental a-sozial verstanden werden muss. Mit a-sozial meine ich dabei, dass es ein Privateigentumstitel – idealiter gedacht – Einzelnen oder einzelnen Gruppen ermöglicht eine Grenze zu ziehen, die gleichgültig gegenüber den Effekten ist, die diese nach außen hin hat. Die Idee des Privateigentums schafft eine Institution, die relational blind ist. Stellen wir uns Privateigentum ohne weitere Interventionen in seine primäre Logik der individuell nicht begründungsbedürftigen exklusiven Verfügung vor, gäbe es nichts, dass der Allgemeinheit zur Verfügung stünde und keine Vermittlungsinstanz, die die Effekte des blinden Relationalismus des Privateigentums abfedern könnte. Freilich kann Gesellschaft so nicht funktionieren.

Vielmehr muss die Privateigentumsordnung immer schon koevolutionär mit der Entstehung von Nationalstaaten verstanden werden (Bhandar 2018a; Harris 1993). Über sie wird das relationale Verhältnis aller Privateigentümer*innen im Hoheitsbereich eines Staates und durch Interessenvertretung gegenüber anderen Staaten geregelt. Unter anderem schützen Staaten Privateigentum durch Gewaltmittel (Militär und Polizei), intervenieren in den Tausch und die Schenkung von Eigentum (durch Steuern) und konkrete Nutzungsmöglichkeiten (z.B. durch gesetzliche Nutzungsbestimmungen oder Qualifikationsanforderungen). Durch Umverteilung sorgen sie dafür, dass auch Menschen die formell zwar Privateigentümer*innen sind, tatsächlich praktisch aber fast keine Verfügungsmöglichkeiten beanspruchen können, zu einem Mindestmaß gesund und fähig zur Verfügung stehen, um ihre Arbeitskraft an andere verkaufen zu können. Die Institution des Nationalstaats dient der Ermöglichung der Privateigentumsordnung selbst, indem sie der fundamentalen A-Sozialität der Idee des Privateigentums entgegenwirkt. In der Privateigentumsökonomie fällt es also dem Staat, formell Vermittler der Allgemeinheit der formell gleichen Privateigentümer*innen, zu, Interventionen in Privateigentumsrechte legitim zu begründen.

Privateigentümer*innen können sich in diesem Verhältnis weiterhin passiv und desinteressiert bezüglich der relationalen Effekte ihrer Privateigentumszelle verhalten. Regulation, d.h. die Vermittlung von Verantwortlichkeit, ist einer vertretenden Allgemeinheit übertragen. Dies muss, gehen wir davon aus, dass die Idee des Privateigentums für sich a-sozial ist, notwendigerweise so sein. Die praktische Umsetzung der Idee des Privateigentums fußt insofern essenziell darauf, dass sich eine positive, handlungsfähige Allgemeinheit bildet, ein kollektives Aktivum, welches durch entsprechende Entscheidungs-, Handlungs- und Gewaltstrukturen in der Lage ist – im Zweifel autoritär – Interventionen sowie den Schutz des Privateigentums aller formell gleichen Privateigentümer*innen durchzusetzen.

Welche Arten der Regulation und Intervention nun im Namen der Allgemeinheit durchgesetzt werden, basiert dabei wesentlich darauf, welche partiellen Interessen von Privateigentümer*innen verallgemeinert und im Rahmen der bestehenden Strukturen einflussreich gemacht werden können (dazu gehören u.a. auch Medien-, Lobby- und Gewerkschaftsarbeit). In diesem Verhältnis, in dem eine aktive, regulierende Allgemeinheit benötigt wird, ist es auch notwendig Bedürftigkeit zu verallgemeinern. Dies ist aber nur möglich, wenn bestimmte Bedürftigkeitsgruppen entlang von identitären Zuschreibungen konstruiert werden können (also z.B. eine Bevölkerung und ihre Statistik existiert). Über Abgrenzung von Gruppen entlang bestimmter Kriterien können Interventionen in die Eigentumstitel anderer im Sinne von Umverteilung legitimiert und schließlich legitim eingesammeltes Eigentum entlang der Grenzziehungen identitärer Bedürfnisgruppen umverteilt werden. Ein kollektives, handlungsfähiges Aktivum, wie es notwendigerweise in der Privateigentumsordnung impliziert ist, basiert selbst auf identitärer Grenzziehung und macht weitere identitäre Grenzziehungen innerhalb seines Geltungsbereichs notwendig.

In einer Ökonomie, die der dem Privateigentum umgekehrten Grundidee, nämlich „alles ist von und für alle", folgt, dreht sich die, der Privateigentumsordnung zu Grunde liegende Richtung der Begründungsaufforderung um. Nun muss begründet werden warum und wie über etwas exklusiv verfügt werden kann. Politische Kommunen sind dabei ein Spezialfall einer solchen kommunitären Ökonomie. Sie entwickeln sich innerhalb der Privateigentumsordnung als Mikropraktiken in denen versucht wird diese Begründungsaufforderung ohne verallgemeinerte Instanz umzusetzen. Mit ihnen kann somit einerseits die Privateigentumsordnung und die

Pluralität gelebten Privateigentums selbst besser verstanden werden. Andererseits zeigen sich normativ gesehen an Kommunen möglicherweise auch Perspektiven die über das hegemoniale Regime des Privateigentums selbst hinaus weisen.

2. Politische Kommunen und Privateigentum

Im deutschsprachigen Raum etabliert sich seit rund 30 Jahren ein Netzwerk an Intentionalen Gemeinschaften, in denen Privateigentum praktisch und alltäglich anders gelebt wird. In einigen der rund 40 politischen Kommunen des Kommuja-Netzwerks, das sich explizit als anti-kapitalistisch und anti-autoritär verortet (Kommuja 2018), wird Privateigentum maximal umfassend kollektiviert. In diesen Kommunen, die aktuell maximal eine Größe von knapp 100 Personen erreichen, wird sowohl über die alltäglichen Einkünfte aus Kollektiv- oder Lohnarbeit, als auch über das Gesamtvermögen der beteiligten Kommunard*innen gemeinsam verfügt. Das besondere an diesen Kommunen gegenüber anderen Kommunen des Netzwerks (bspw. Genossenschaften) ist, dass dort jede*r Kommunard*in bei Eintritt in die Kommune ihren Anspruch auf eine individuelle Verfügung der während der Mitgliedschaft oder bei Eintritt eingebrachten ökonomischen Werte (materiell und immateriell) unwiederbringlich abtritt. Kommunard*innen können aus diesen Kommunen zwar wieder austreten, doch verbleibt das eingebrachte Positiv- oder Negativvermögen in der Kommune. Dabei hat es sich als „good practice" in diesen Kommunen erwiesen, individuell und bedürfnisorientiert informelle Ausstiegsverträge zwischen der Kommune und allen ihren Mitgliedern abzuschließen. In diesen Verträgen wird geregelt was eine Person im Falle ihres Austritts für den Neustart in der individualisierten Privateigentumsökonomie an materiellen und finanziellen Mitteln[1] benötigt und aus der Kommune mitnehmen kann (FN#1: 14)[1] (vgl. die Publikationen des Netzwerks: Kollektiv Kommunebuch 1996; Kommuja 2014).

Ideell gesehen und oft in Grundsatzprogrammen vereinbart (z.B. Kommune Niederkaufungen 1983), gehört in solchen Kommunen alles allen. Das heißt alle Kommunard*innen in solchen Kommu-

---

1 FN#: ethnographische Feldnotizen des Autors; INT#: Interviews mit Kommunard*innen, geführt vom Autor.

nen bekennen sich dazu über die Kommune-Ökonomie umfassend gemeinsam zu verfügen. Im Unterschied zu Besetzungen, bei denen mit der Privateigentumsordnung dadurch gebrochen wird, dass ein durch die Rechtsordnung gegebener Privateigentumstitel Dritter nicht anerkannt wird, wird in diesen Kommunen die Privateigentumsordnung gewissermaßen gegen sich selbst genutzt. Gerade der individuelle, nicht-begründungsbedürftige Freiheitsbereich des Privateigentums wird hier mit anderen geteilt und in kollektives Privateigentum überführt. Die Rechtsform dieser kollektiven Verfügung der Kommunen ist meist der Verein. Je nach Alter, Lage, und ökonomischer Strategie der Kommunen besitzen sie eigene Häuser und Grundstücke, mieten zum Teil aber auch Häuser und Wohnungen.

Das gemeinsame Bekenntnis zum kollektivierten Privateigentum ist im Rahmen der Einbettung in die Privateigentumsökonomie und der gegebenen rechtsstaatlichen Interventionen in Privateigentumstitel praktisch höchst kompliziert. Vereinsstrukturen und das Vertragswesen ziehen beispielsweise bestimmte individuelle Haftbarkeiten nach sich (FN#1: 16). Auch machen es die Anforderungen der nicht-kommunitären Privateigentumsökonomie und ihre staatliche Regulierung notwendig, juristisch-formell bestimmte ökonomische Trennungen zwischen den Mitgliedern aufrecht zu erhalten (FN#1: 30). Es wäre zum Beispiel mit sehr großen Einschränkungen der Handlungsfreiheit einzelner erwachsener Personen verbunden, wenn sie formell kein eigenes Konto besitzen würden.

Informell jedoch sehen Kommunard*innen umfassend von eben diesem individuellen Verfügungsrecht ab. Der Bruch der Kommunard*innen mit der Privateigentumsordnung in diesen Kommunen richtet sich insofern nicht gegen andere, sondern gegen sich selbst als privateigentumsförmige, individuelle Eigentumssubjekte. Dabei gibt es keine Möglichkeiten für Kommunemitglieder zu überprüfen, ob eine Person wirklich ihr gesamtes Vermögen einbringt. Sowohl der informelle (weiterhin formell individuelles Eigentum, das informell gemeinsam genutzt wird), als auch formelle Teil (Privateigentum einer juristischen Person) der gemeinsamen Ökonomie dieser Kommunen basiert damit wesentlich auf Vertrauen. Mit diesem Selbst-Commoning, das an der Institution des Privateigentums als Kerninstitution individueller Verfügung selbst ansetzt, geht auch eine Verschiebung der für die Privateigentumsökonomie charakteristischen Richtung der Begründungsaufforderung innerhalb dieser politischen Kommunen einher.

3. Begründungsaufforderung in politischen Kommunen

Die Idee „alles ist von allen und für alle", heißt umgekehrt, dass idealerweise nichts alleine für Einzelne oder partikuläre Gruppen ist. In der kommunitären Ökonomie ist es also umgekehrt zur Privateigentumsökonomie begründungsbedürftig, wenn Einzelne oder partikuläre Gruppen etwas auf legitime Weise exklusiv für sich beanspruchen oder beanspruchen wollen. Grundsätzlich sind sehr unterschiedliche Arten und Weisen vorstellbar (und haben historisch existiert), wie eine solche soziale Grundlogik praktisch umgesetzt werden kann. Es ist denkbar, dass eine kommunitäre Ökonomie durch zentrale Instanzen, d.h. wie auch in der Privateigentumsökonomie, durch ein regulatives Aktivum gesteuert wird. Dieses könnte sich entlang von Charisma (z.b. spirituelle Führung), identitärer Machtpositionen (z.b. patriarchal-autoritär) oder auch durch staatsähnliche oder -gleiche Zwangsinstitutionen und Planungskommissionen bilden. In einer zentral regulierten kommunitären Ökonomie würde dann durch autoritäre oder charismatische Instanzen entschieden und im Zweifel durch Zwang gesteuert, wer was bekommen und nutzen kann und wer was und wie viel zur kommunitären Ökonomie beitragen muss. Die Deutsche Demokratische Republik, in der Privateigentum auf einen sehr kleinen intimen Bereich beschränkt blieb und alles was darüber hinaus ging zentral geplant wurde, ist ein Beispiel für eine solche autoritär orientierte kommunitäre Ökonomie (vgl.: Roesler 2011).

Der ideelle Wunsch politischer Kommunen, eine kommunitäre Ökonomie anti-autoritär und in diesem Sinne ohne eine aktiv verallgemeinernde Verteilungsinstanz zu realisieren, sagt freilich über die konkreten praktischen, von Macht durchzogenen Verfügungsmechanismen in diesen Kommunen noch nichts aus. Allerdings hat dieses Bekenntnis zur anarchistischen Kommune durchaus praktische Relevanz und Wirksamkeit. Institutionen wie Konsensprinzip und starke, individuelle Vetorechte sind in diesen Kommunen aus eben diesem Grund als formelle Grundlagen der Regelung von Verfügung institutionalisiert. Auch ist die relativ geringe personelle Größe dieser Gemeinschaften wesentlich auf die Befürchtung von Kommunard*innen zurückzuführen, dass größere Kontexte aktiv regulative Instanzen mit politischen Eliten und Strukturen des Ein- und Ausschlusses nötig machen würden (FN#1: 39, FN#2: 15). Ob dies so sein *müsste*, bleibt spekulativ. Tatsache ist, dass alle Kommunard*innen auf die autoritären und rechtsstaatlichen Strukturen der Privateigentumsökonomie im Zweifel zurückgreifen (z.B. bei gewaltsamem oder starken deviantem Verhalten) und im Falle unlösbarer Konflikte auch ihre Kommunen wieder verlassen können. Die Exit-Option und die Stabilität an Erwartbarkeit, die aus den rechtsstaatlichen Strukturen der Privateigentumsökonomie resultiert, müssen insofern als eine elementare Bedingung dafür gesehen werden, dass die Entwicklung der alternativen Praxis von Kommunen überhaupt in dieser Art und Weise möglich ist. Sie ermöglichen Freiwilligkeit und schaffen eine Basis zum Experimentieren.

Entlang des gemeinsam geteilten Bekenntnisses zur anti-autoritären kommunitären Ökonomie ist es ein wesentlicher Aspekt dieses Experimentierens, dass versucht wird die Richtung der Begründungsaufforderung, nämlich, dass individuelle oder partikuläre Verfügung begründungsbedürftig ist, als Selbst-Regulativ umzusetzen. Das Aktivum der Begründung liegt in diesen Kommunen bei Einzelnen und einzelnen Gruppen innerhalb der Kommunen selbst. Sie müssen sich immer wieder aktiv zur Ökonomie, d.h. zu allen anderen und sich selbst als Teil der Ökonomie positionieren.

Aktivierung der Einzelnen

Angestoßen durch meine Fragen in einem Interview, kommt es beim Abendessen zu einer Diskussion darum, wer sich was wie in der Kommune leistet, leisten kann und leisten will. Die von mir nachmittags interviewte Kommunardin meint sie hätte eigentlich gerne einen neuen Wintermantel und nicht das alte Zeugs, das es hier gibt – und überhaupt einen schönen Urlaub hätte sie auch gerne schon lange mal wieder gemacht. Sie widerspricht mir, als ich einwerfe, dass sich Kommunard*innen, dadurch dass sie teilen, doch eigentlich recht viel leisten könnten. Ihr Empfinden ist ein ganz anderes (FN#5: 31).

Ein generelles Vorurteil von durch die Privateigentumsordnung geprägten Menschen gegenüber der Idee kollektiver Verfügung ist, dass sich dort alle gehen lassen und niemand arbeiten würde. Meine Erfahrung mit Kommunard*innen ist eine ganz andere. Kommunard*innen klagen ebenso über ein zu hohes Arbeitspensum wie Menschen, die eine individuelle Ökonomie leben. Insbesondere für Neukommunard*innen scheint es schwierig zu sein, sich individuell etwas raus zu nehmen, oder sich raus zu nehmen. Schon mir als Kommunegast ging es so, als ich ein paar Tage nur am Computer saß und mich darüber hinaus nicht am Kommuneleben beteiligte. Dies hat sich bei mir, so wie es auch bei Kommunard*innen immer wieder vorkommt, als ein Gefühl von Schuld gegenüber den anderen ausgedrückt (FN#2: 18; INT#9: Z. 160 ff., INT#12: Z. 274ff.). Der eigentliche Wortsinn von „privat", nämlich „geraubt" (von lat. privare), scheint in Kommune viel eher eine implizite Wirksamkeit der Selbststeuerung zu entfalten.

Denn die Grundposition „alles ist von allen" bei gleichzeitiger Ablehnung einer formell regulativen Instanz, fungiert als implizite und explizite Ansprache Einzelner oder einzelner Gruppen (z.B. Kleinfamilien oder WGs innerhalb von Kommunen), sich damit auseinanderzusetzen, was sie brauchen und beitragen können und wie, beziehungsweise wie und warum nicht. Will eine Kommunardin, wie hier angedeutet, einen teuren oder aufwändigen Urlaub machen, muss sie – gesetzt den Fall, dass es Einwände dagegen gibt – begründen warum dies für sie sinnvoll ist, warum es für sie also begründet ist, dass sie diesen Urlaub exklusiv verbrauchen will. Dabei zeigt das Beispiel des Urlaubswunschs den Doppelcharakter dieser Begründungsaufforderung. Die Begründungsaufforderung richtet sich nicht nur an das zunächst näher liegende Begründen des exklusiven Konsums (Gebrauch, Verbrauch) von Dingen, sondern auch an die Begründung des Sinns von Tätigkeiten die zur Ökonomie beitragen oder eben nicht. Fährt die Person nämlich in Urlaub gibt sie ja nicht nur (mehr) Ressourcen der gemeinsamen Kasse aus, sondern sie wird auch in dieser Zeit nicht zur Ökonomie beitragen. Und auch in Bezug auf das Beispiel des Wintermantels lässt sich dieser Doppelcharakter zeigen. Dieser muss irgendwie zur Verfügung stehen können, also entweder bezahlt, beschafft oder gemacht werden. Die generelle Dynamik der Aufforderung an Kommunard*innen ihr Verhalten zur gemeinsamen Ökonomie zu begründen, stellt damit nicht nur eine Ansprache dar, die Nutzung von Dingen und ökonomischen Ressourcen zu begründen, sondern muss allgemeiner verstanden werden. Sie entfaltet sich als Dynamik, die individuelles Verhalten und das Verhalten partikulärer Untergruppen in genereller Weise begründungsbedürftig macht.

Die Kommunardin hier in diesem Beispiel, hatte diese Ansprache zur Selbst-Begründung zunächst nur mit sich selbst verhandelt und damit wohl auch versucht den Gefühlen von Schuld oder einem möglichen Konflikt um die von ihr gewünschte Inanspruchnahme des Gemeinsamen vorzubeugen. Sie wollte sich verantwortlich gegenüber der Kommune verhalten und hatte ihrem Wunsch auf eine bestimme Art und Weise (Neukauf) zu individualisieren zunächst präventiv zurück gestellt. Die Begründungsaufforderung an alle Einzelnen war bei ihr in Bezug auf diese Frage insofern als ein inneres Regulativ aktiv. Dabei wurde dann erst durch die Kommunikation ihres Wunsches deutlich, dass ihr Urlaubswunsch gar nicht als unverantwortliches Verhalten interpretiert wird.

Nicht jedes Individualisierungsverhalten in Kommune muss konfliktreich sein. Tatsächlich, praktisch hängt es sehr von der Vermögens- und Geldsituation einer Kommune und den konkreten Personen ab, die eine Ökonomie miteinander teilen, welche Aspekte des Verhaltens in den Fokus rücken, was als legitimes „Privatisieren" begriffen wird und was nicht. Letztlich kann aber theoretisch jede Tätigkeit oder Veränderung der Gruppenzusammensetzung durch veränderte Anwesenheiten, Besuche, und natürlich neue Kommunard*innen als ökonomie- und damit für alle potenziell als diskussions-relevant gelten. Eher selten bis gar nicht drehen sich Konflikte um vermeintliche Lappalien – wie dies oft in WGs der Fall ist, z.B. ob teureres Essen im Supermarkt gekauft wird oder die Küche sauber ist. Zuspitzungen von Konflikten entspannen sich in größeren Kommunen vor allem um in der bürgerlichen Gesellschaft höchst intimisierte Bereiche, so zum Beispiel wer wie viel Lohnarbeit macht und machen kann (FN#1: 4, 14ff., 44ff.) oder gar ob ein Paar in der Kommune ein weiteres Kind bekommen kann (FN#2: 4). Indem Kommunard*innen von sich ausgehend ihre Position zur gemeinsamen Ökonomie bis in höchst intimisierte Bereiche hinein immer wieder zu- und miteinander begründen und im Falle eines Konflikts, d.h. dann, wenn sie eine Aktivität oder Nutzung legitim verfolgen wollen, andere dies aber nicht wollen, begründen müssen, wird allen Beteiligten in viel stärkerem Maße deutlich, welche gegenseitigen, relationalen Effekte individualisierendes Verhalten hat. In diesem Sinne kann auch gesagt werden, dass Kommune der mühevolle Versuch verantwortlichen Handelns gegenüber konkreten Anderen ist. Mühevoll deshalb, da es auch sein kann, dass Situationen entstehen, in denen keine Lösung für einen Konflikt gefunden wird. Oft verlassen Kommunard*innen dann die Kommune oder leben als stille Mit-Kommunard*innen in der Kommune weiter (FN#2: 14, 64).

Ressourcen und Strategien

Verglichen zu einer auf einer regulativen Instanz beruhenden Ökonomie, regeln in politischen Kommunen auch andere Ressourcen und Strategien die Möglichkeiten des individuellen Verfügens über eigene Aktivitäten und Dinge. Eine grundlegende Änderung ist, dass es Einzelnen nicht dauerhaft möglich ist, sich gar nicht an den Begründungsdebatten zu beteiligen. Individuelle soziale Passivität mag für eine Zeit möglich sein, doch langfristig ist ein gewisses Maß der aktiven kommunikativen Beteiligung an den Kommune-Debatten unerlässlich (z.B. FN#1: 42). Verfügung wird hier insbesondere auch über Beteiligungsmöglichkeiten und Beteiligungsverhalten reguliert. Formal ist zwar das Plenum der Ort der Vermittlung der jeweiligen Begründungen, informell aber wird eigentlich ständig über Kommune geredet. Beim Abendessen wie in obigem Beispiel, im Zug oder in der Raucher*innenecke. Insbesondere zwischen Kommunard*innen, die in der Kommune tätig sind und solchen, die außerhalb Lohnarbeiten gehen, gibt es um die konkreten Beteiligungsmöglichkeiten einzelner Kommunard*innen immer wieder Konflikte (vgl.: Kommuja 2014).

Qualitativ fußt die legitime Durchsetzung von partikulären Interessen in der Kommune dabei auf der individuellen Befähigung, Bedürfnisse und mögliche Strategien ihrer Erfüllung zu formulieren und diese begründet vor Anderen vertreten zu können. Verallgemeinerung von Interessen oder Bedürfnissen strukturiert hier also – wie auch in der Privateigentumsökonomie – die Möglichkeit zur Verfügung. Allerdings muss sie in diesen Kommunen von den Betroffenen selbst verallgemeinert werden. Dabei stellt die Fähigkeit zur Selbstreflexion und deren kommune-öffentliche Artikulation eine der wichtigsten Ressourcen dieses Verfügen-Könnens und der Realisierung von Interessen dar. Auch müssen Kommunard*innen bereit und befähigt sein, Konflikte die zum Teil sehr intimisierte Angelegenheiten betreffen, auszuhalten und trotz dieser weiterhin miteinander im Gespräch zu bleiben. Diese Ressourcen müssen dabei einerseits als individuelle Möglichkeiten der Erreichung individueller Wünsche und Ziele gesehen werden und strukturieren damit auch Privilegierung in der Kommune. Andererseits sind sie aber gleichzeitig auch eine der Ermöglichungsbedingungen, dass überhaupt ohne eine aktiv regulative Instanz Selbst-Regulation möglich ist.

Jenseits der Grenzziehungen des Eigentums? 239

Grenzziehungen

Die Ansprache zur Selbstreflexion und gegenseitigen Mitteilung durch diesen Modus der Begründungsaufforderung bleibt nicht ohne Wirkung auf die Selbstverständnisse von Kommunard*innen. Auch die Grenzziehungen entlang derer vereinzelt wird, werden tendenziell selbst zum Gegenstand von Begründungsnotwendigkeit. Das heißt die Notwendigkeit der Selbstreflexion, die im Zusammenspiel mit allen auch als eine permanente „Spiegelung" von Kommunard*innen empfunden wird, ermöglicht es einerseits und macht es nötig andererseits, dass Kommunard*innen sich immer wieder zu sich selbst distanzieren. Natürlich betrifft das immer nur ausgewählte Aspekte der eigenen Praktiken und Identität und hängt ganz entscheidend eben davon ab, wie Mitkommunard*innen das Verhalten der anderen in Frage stellen. So kann es sein, dass eine Kleinfamilie in einer Kommune begründen muss, warum sie einen eigenen Wohnbereich für sich beanspruchen möchte, in einer anderen nicht. Wird sie dazu aufgefordert dies zu tun, ist dabei aber auch ihr Status als Kleinfamilie selbst zu begründen. Die Personen dieser Familie müssen sich die Frage stellen was es heißt Familie zu sein und warum sie diesen eigenen Bereich benötigt. Im Durchlaufen von solchen Prozessen wird sich das Verständnis der Familie von sich selbst ändern – bis hin, ich habe es oben bereits einmal kurz erwähnt – zu dem Punkt, dass Entscheidungen für Kinder nicht mehr exklusiv getroffen werden. Kleinfamilie hört auf Kleinfamilie zu sein, ohne jedoch gar nicht mehr Familie sein zu können (vgl.: INT#7: Z. 65ff.).

Dabei liegt dieser Dynamik der individuellen Begründungsaufforderung auch zu Grunde, dass von Einzelnen kein genereller Anspruch auf Verallgemeinerung abgleitet werden kann. Es kommt also durchaus vor, dass einer Person das verwehrt wird, was anderen Personen erlaubt war (FN#2: 25). Das Aktivum bei den Einzelnen zu verorten heißt weder, dass alle den gleichen Zugriff auf das kollektivierte Privateigentum einer Kommune in Anspruch nehmen oder in Anspruch nehmen können, noch dass allen die gleichen Aktivitäten möglich wären. Es heißt weder, dass egalitäre Strukturen die Entscheidungsprozesse und die Bedeutung regeln, die den Begründungen von anderen zugemessen wird, noch, dass nicht auch längerfristige implizite Verallgemeinerungen hinter dem „Rücken" der Kommunard*innen Verfügung strukturieren. Der von mir hier beschriebene Modus muss vielmehr als eine zentrale Tendenz der praktischen Ansprache von Kommunard*innen, nicht aber als totale Perspektive der anti-autoritär orientierten, kommunitären Ökonomie verstanden werden. Die Situationalität der Bewertung, die dieser Tendenz der Begründungsaufforderung folgt, kann einerseits ein mögliches Einfallstor für Willkür und Gewalt sein. Andererseits stellt genau diese Ungleichwertigkeit der Bewertung eine grundlegend identitätskritische und grenzziehungskritische Positionierung dar. Grenzen und deren Identitätsstiftungen stehen in einer solchen Ökonomie zentral im Fokus und werden als Teil der Funktionsweise dieser Ökonomie immer wieder neu verhandelt.

4. Jenseits des Privateigentums?

Ein großer Widerspruch in der Praxis politischer Kommunen ist, dass sie sich selbst als Intentionale Gemeinschaften über den Einschluss in die kommunitäre Ökonomie und eine gewisse Kommune-Identität abgrenzen. Wenn ihre Idee ist, dass alles von allen sein solle, warum sollte dann eine Kommune kollektive Privateigentumsgemeinschaft sein? Müssten sich diese Kommunen konsequenterweise nicht über sich hinaus vergrößern?

Ob die von mir beschriebenen Begründungsdynamiken auch in einem größeren Kontext verwirklicht werden können, bleibt fraglich. Bisher jedenfalls ist die kommunitäre Ökonomie der Kommunen stark an persönliche, interpersonale Beziehungen geknüpft. Um eine Ökonomie ohne allgemeine regulative Instanz transpersonal zu verwirklichen, müsste es aus meiner Sicht darum gehen, das Kommune-Kollektiv, wie in den von mir hier beschrieben Mikrokommunismen, als ein passives Kollektiv zu bewahren. Es wäre dann nur die Struktur der Vermittlung von Begründungen Einzelner (Teile) und reduziert auf die Funktion einer Veto-Instanz. Selbst-Distanzierung und ein gewisser souveräner Umgang mit Grenzziehungen würden eine solche Kommune erst ermöglichen, dabei aber auch für die Strukturierung der Möglichkeiten Verfügung zu individualisieren eine zentrale Rolle spielen.

Wie Bhandar (2018a: 184) vermerkt, können solche marginalen Gemeinschaftspraktiken, durch die Privateigentum praktisch anders gelebt wird, als ein Ausdruck der gegebenen hegemonialen Verhältnisse gelesen werden. Die politischen Kommunen sind so gesehen nicht gegen-hegemoniale Praktiken, sondern nur ein Teil des

Jenseits der Grenzziehungen des Eigentums?

Möglichkeitsraums der Privateigentumsökonomie. Die Konformität der Kommunen mit der Privateigentumsordnung, ihre Größe und die Wichtigkeit, die die Option des Kommune-Ausstiegs für die konkrete Praxis der Kommunen hat, spricht für diese Sichtweise. Ob Teilelemente der Praxis der beschriebenen Kommunen mehr als nur interstitielle, minoritäre Praxis sein können, wird sich aber erst ex-post bewerten lassen.

Literatur

Bhandar, Brenna (2018a): Colonial Lives of Property: Law, Land, and Racial Regimes of Ownership, Durham.

– (2018b): Brenna Bhandar, Baidik Bhattacharya: Eigentum, Souveränität und Kolonialismus. Input, Diskussion, Berlin, verfügbar unter: https://www.hkw.de/de/app/mediathek/video/62774 (1. September 2018).

Blomley, Nicholas (2014): Disentangling Property, Performing Space, in: Glass, Michael R., Rose-Redwood, Reuben (Hg.): Performativity, Politics, and the Production of Social Space, Routledge.

Harris, Cheryl (1993): Whiteness as Property, in: Harvard Law Review, Jg. 106, Nr. 8, S. 1705-1791.

Kollektiv Kommunebuch (1996): Das Kommunebuch: Alltag zwischen Widerstand, Anpassung und gelebter Utopie, Göttingen.

Kommuja (2014): Das Kommunebuch. utopie. gemeinsam. leben, Berlin.

– (2018): Kommuja, verfügbar unter: http://www.kommuja.de/ (1. Februar 2018).

Kommune Niederkaufungen (1983). Grundsatzpapier Kommune Niederkaufungen, verfügbar unter: http://www.kommune-niederkaufungen.de/uber-uns/downloads/ (24. Juli 2018).

Loick, Daniel (2016): Der Missbrauch des Eigentums, Berlin.

Moreton-Robinson, Aileen (2015): The White Possessive, Minneapolis.

Roesler, Jörg (2011): Umkämpftes Eigentum in der DDR, in: LuXemburg. Gesellschaftsanalyse und linke Praxis, Jg. 9, Nr. 3, verfügbar unter: https://www.zeitschrift-luxemburg.de/umkaempftes-eigentum-in-der-ddr/ (10. Juli 2018).

Klaus Dörre

Imperiale Lebensweise – eine hoffentlich konstruktive Kritik*

Am 2. August 2017 haben wir den *Earth Overshoot Day* begangen. Es handelt sich um ein symbolisches Datum. Mit diesem Tag häuft die Menschheit im Jahresverlauf Ökoschulden an. Das heißt, die Erdbevölkerung verbraucht mehr Ressourcen als die Natur zur Verfügung stellt. Zur Ermittlung des Datums verrechnet das Global Footprint Network die Fähigkeit der Natur, Rohstoffe jeder Art zu (re)produzieren, mit dem ökologischen Fußabdruck des Konsums. Die biologische Kapazität der Erde zum Aufbau von Ressourcen sowie zur Aufnahme von Müll und Emissionen wird dem Bedarf an Wäldern, Flächen, Wasser, Ackerland und Lebewesen gegenübergestellt, den die Menschheit zur Aufrechterhaltung ihrer Wirtschafts- und Lebensweisen benötigt. Seit Mitte der 1980er Jahre ist belegt, dass der jährliche Ressourcenverbrauch größer ist als die Selbstregenerationsfähigkeit der Natur – die Menschheit lebt gegenüber der Natur und damit auch gegenüber künftigen Generationen auf Pump. Die Schulden werden allerdings niemals beglichen. Deshalb findet der *Earth Overshoot Day* in jedem Jahr früher statt. 1987 war das Stichdatum noch der 19. Dezember.

Wer den von Ulrich Brand und Markus Wissen verfassten Bestseller *Imperiale Lebensweise*[1] gründlich gelesen hat, wird davon ausgehen, dass es sich bei diesem Rechenspiel nicht um harte naturwissenschaftliche Fakten, sondern um eine symbolische Konstruktion mit politischer Absicht handelt /34/. Die Botschaft ist eindeutig:

---

* Der Text erschien zuerst im *Sozialismus*, H. 6 (45 Jg.) und H. 7 (2018); er wurde überarbeitet. Für die freundliche Erlaubnis zum Nachdruck bedanken wir uns bei den KollegInnen vom *Sozialismus*.

1 Brand, Ulrich/Wissen, Markus (2017): Imperiale Lebensweise. Zur Ausbeutung von Mensch und Natur im Globalen Kapitalismus. München. Soweit nicht anders ausgewiesen, beziehen sich die Seitenangaben im Text auf diesen Band.

Sie besagt, dass die ökologischen Schulden der Menschheit ständig wachsen. In der Einheit globaler Hektar (Gha) gerechnet, welche die Fläche angibt, die benötigt würde, um den globalen Verbrauch zu gewährleisten, müsste die Menschheit bereits weit mehr als eine Erde beanspruchen. Hauptverursacher dieser Problematik sind die reichen Gesellschaften des globalen Nordens, wenngleich große Schwellenländer – allen voran China – im ökologischen Übernutzungs- und Belastungswettlauf rasch aufholen. Für Deutschland lag der Vergleichswert des ökologischen Fußabdrucks 2016 etwa bei 3,7 Planeten, für die USA bei 4,8, im Falle von China bei 2,0 und in Indien bei dem Wert von 0,7 Erden. Anders gesagt, die Ökobilanzen vor allem der reichen OECD-Staaten vergrößern die ökologische Verwundbarkeit des großen Rests der Welt. Jede Gegentherapie verlangt weniger Fleisch zu essen, seltener zu fliegen, bescheidener zu wohnen und das Autofahren so oft wie möglich zu vermeiden. Hinzu kommen Forderungen an den Staat, ein verbindliches Regelwerk zu schaffen, das ein Umsteuern in Richtung ökologischer Nachhaltigkeit erleichtert.[2]

All das ist seit langem bekannt, doch global betrachtet geschieht viel zu wenig, um eine ökologische Trendwende zu erreichen. Der absolute Ressourcenverbrauch ist seit den frühen 1980er Jahren nicht mehr gesunken. Die klimaschädlichen Emissionen gingen letztmalig im Krisenjahr 2009 signifikant zurück. Hauptursache waren nicht etwa höhere Ressourceneffizienz oder beschleunigtes Umsteigen auf erneuerbare Energien, sondern Minuswachstum und der weltweite Einbruch industrieller Produktion. Als die Konjunktur 2010 anzog, war das Rekordniveau der Kohlenstoffemissionen von 2008 (31,5 Millionen Tonnen CO_2-Emissionen) rasch wieder erreicht und überschritten.

Warum ist das so? Wieso steuert die Menschheit sehenden Auges auf eine Situation zu, in welcher mit Klimawandel und Ressourcenübernutzung ökologische Gefahren außer Kontrolle geraten könnten? Und weshalb wird im reichen Norden so beharrlich ignoriert, was Dürren, Abschmelzen der Gletscher, Wassermangel, Anstieg des Meeresspiegels, Artensterben, Hunger, Armut, Fluchtmigration und dadurch bedingte Konflikte bis hin zu Kriegen schon jetzt in weiten Teilen der Welt anrichten?

---

2 https://www.br.de/themen/wissen/tag-oekoschulden-earth-overshoot-day-100.html [Letzter Download 21.5.2018].

Die Kernthese

An solchen Fragen setzen Ulrich Brand und Markus Wissen an. Ihre Kernthese lautet, dass die Attraktivität von Produktionsweisen und Konsummustern, die sie im Begriff der imperialen Lebensweise zusammenfassen, die Hegemonie eines globalen Kapitalismus sicherstellen, der sowohl sozial als auch ökologisch zerstörerisch wirkt. Trotz „multipler Krise"/21ff./ist die Ausstrahlung dieser Lebensweise ungebrochen. Im reichen Norden wird sie auch von den Subalternen verteidigt, im globalen Süden von Oberschichten und den rasch wachsenden Mittelschichten kleiner wie großer Schwellenländer kopiert. Selbst Fluchtmigranten streben danach, an dieser Lebensweise zu partizipieren, um endlich ein besseres Leben führen zu können. Insofern beruht die globale Lebensweise auf einem Paradoxon, „das im Epizentrum verschiedenster Krisenphänomene angeordnet ist"/13/: „Sie wirkt (...) in vielen Teilen der Welt verschärfend auf Krisenphänomene wie den Klimawandel, die Vernichtung von Ökosystemen, die soziale Polarisierung, die Verarmung vieler Menschen, die Zerstörung lokaler Ökonomien oder die geopolitischen Spannungen (ein, KD). Mehr noch: Sie bringt diese Krisenphänomene wesentlich mit hervor. Gleichzeitig trägt sie aber dort, wo sich ihr Nutzen konzentriert, zur Stabilisierung der gesellschaftlichen Verhältnisse bei."/13/

Anspruch der Autoren ist es dementsprechend, den zeitgenössischen Kapitalismus dort zu attackieren, wo er sich am stabilsten erweist. Analyse und Kritik zielen auf eine hegemoniale Lebensweise, die, entsprechende Produktionsweisen eingeschlossen, im globalen Maßstab nicht verallgemeinerbar ist, denn das „'Aufschließen' aller nationalen Ökonomien zu den Produktions- und Konsumptionsweisen der am stärksten entwickelten Industriegesellschaften würde den Planeten unbewohnbar machen".[3] Diese Erkenntnis, die mittlerweile zum common sense gesellschaftlicher Transformationsdebatten gehört, wird von Brand und Wissen nun allerdings in einer doppelten Frontstellung thematisiert. Einerseits kritisieren die Autoren den Mainstream dieser Debatten („kritische Orthodoxie"/31/), weil er die kapitalismus- und herrschaftskritische Dimension des nötigen Wandels, etwa die „Veränderung von

---

3 McCarthy, Thomas (2015): Rassismus, Imperialismus und die Idee menschlicher Entwicklung. Berlin, S. 375.

Eigentumsverhältnissen" und die „Reorganisation gesellschaftlicher Arbeitsteilung"/33/weitgehend ausblendet und sich letztlich auf eine ökologische Modernisierung bestehender Gesellschaften beschränkt. Andererseits leisten Brand/Wissen aber auch eine Kritik jenes Teils der politischen Linken, der sich – so jedenfalls die Wahrnehmung der Autoren – auf die soziale Frage beschränkt und Verteilungsgerechtigkeit einklagt, dabei aber die ökologischen Parameter der Transformation vernachlässigt.

Mit ihrem Bestreben, an der alltäglichen Normalität der imperialen Lebensweise anzusetzen, ist Uli Brand und Markus Wissen vor allem in politischer Hinsicht ein bedeutender Wurf gelungen. Der gesellschaftliche Trend zu neuen Konsummustern, zu vegetarischer oder veganer Ernährung erhält plötzlich eine hoch politische, ja eine kapitalismuskritische Ausrichtung. Ohnmachtserfahrungen und apokalyptische Visionen, wie sie häufig mit der Analyse ökologischer Gefahren verbunden sind, werden relativiert, um eine Emanzipationsperspektive offenzuhalten. Die befreiende Einsicht lautet: Jede und jeder Einzelne kann jederzeit etwas tun. Die Ethik ökologischen Verzichts lässt sich zuallererst auf das eigene Leben anwenden. „Es ist recht leicht und steht letztlich jedem Einzelnen offen, anders zu trinken und anders zu essen, bewusster zu kaufen und reflektierter zu konsumieren", spitzt Stephan Lessenich diesen Gedanken zu.[4] Brand/Wissen sind in diesem Punkt deutlich vorsichtiger. Zurecht verweisen sie auf geschlechter- und klassenspezifische Variationen der imperialen Lebensweise. Habitualisierung und Subjektivierung tragen dazu bei, den Herrschaftscharakter der hegemonialen Kultur zu verschleiern. Auch deshalb ist Selbstveränderung für die beiden Autoren nur ein – allerdings eminent wichtiger – Baustein der Gesellschaftsveränderung.

Die Problematik des vereinnahmenden „wir"

In diesem Zusammenhang ist wichtig, dass Brand/Wissen erfreulicherweise die Behauptung einer Superdependenz vermeiden, die unterstellt, dass jeder soziale Fortschritt im Norden qua Externa-

---

4 Lessenich, Stephan (2016): Neben uns die Sintflut. Die Externalisierungsgesellschaft und ihr Preis. Berlin, S. 110. Vgl. hierzu und zum Folgenden auch die Einwände im Nachwort zur 2. korr. Auflage von Thien, Hans-Günter (2018): Die verlorene Klasse. ArbeiterInnen in Deutschland. Münster, S. 217ff.

lisierung der Kosten zwangsläufig zu Rückschritten im beherrschten Süden führt. Für ein solches Nullsummenspiel, wie es Stephan Lessenich vielleicht in bewusster publizistischer Übertreibung behauptet hat,[5] gibt es keine tragfähigen wissenschaftlichen Belege. Im Grunde reproduziert die Nullsummen-Kritik eine Weltsicht, wie sie der Philosoph Peter Sloterdijk mit dem Bild der Kristallglocke, welche die „Komfortzone" des reichen Nordens von den Ausgeschlossenen des darbenden Südens trennt, plastisch beschrieben hat.[6] Der völkische Populismus übernimmt dieses Bild, um der fiktiv höherwertigen Kulturstufe samt imperialer Lebensweise das Recht zuzusprechen, die „Komfortzone" gegen fremde Eindringlinge vermeintlich niederer Zivilisationsstufen zu verteidigen. Die Nullsummen-These stellt das Bild als solches nicht in Frage, bewertet es jedoch mit umgekehrten Vorzeichen und wendet es gegen alle, die wohlfahrtsstaatliche Arrangements in der nationalen Arena zumindest ansatzweise verteidigen. Mit universalistischem Gestus vorgetragen, tendieren solche Interpretationen dazu, außerhalb der „Komfortzone" vornehmlich Opfer, in ihrem Inneren hingegen in erster Linie Täter zu verorten. Folgerichtig gilt die Kritik einer „großen Koalition der Wohlstandsbewahrer", deren Interesse vornehmlich darin bestehe, ihre „privilegierten Lebensverhältnisse" gegen die Ausgeschlossenen jenseits der Kristallglocke zu verteidigen.[7]

In einem solch bipolaren Schema werden auch noch die Elendsten im Inneren der Kristallglocke zu – dann eben subalternen – „Profiteuren" der herrschenden Weltordnung erklärt. Das ist fatal, weil die starke Relativierung von Ausbeutung, Entfremdung, Ungleichheit und Unsicherheit im Inneren der Kristallglocke mit einer Homogenisierung der vermeintlichen Opfer außerhalb derselben einhergeht. Wo Herrschende und Beherrschte der reichen Länder tendenziell zu einem ausbeuterischen Block verschmelzen, der dem armen Süden

---

5 Lessenich, Stephan (2017): Grenzen der Ausbeutung. Wie der globale Norden über die Verhältnisse des Südens lebt. In: ISW-Report 109, S. 56-64, hier insbesondere S. 57. Es gibt allerdings einen deutlichen Unterschied zwischen dem schriftlichen und dem mündlichen Lessenich, der mündliche ist deutlich differenzierter und auch in seiner Polemik moderater. Lieber Stephan, wir bleiben in der Diskussion!

6 Sloterdijk, Peter (2006): Zorn und Zeit. Politisch-psychologischer Versuch. Frankfurt a.M.

7 Lessenich, Stephan (2018): Der Klassenkampf der Mitte. Süddeutsche Zeitung vom 2.1.2018.

im wahrsten Sinne des Wortes die Luft zum Atmen nimmt, werden die herrschenden Eliten der (semi)peripheren Staaten von ihrer Verantwortung für soziale Verwerfungen und ökologische Destruktion in ihren Ländern de facto freigesprochen. An derartigen Vereinfachungen war bereits diverse Dependenz-Theorien gescheitert. Es gibt keinen Grund, dergleichen analytisch zu wiederholen, denn nichts fürchten progressive soziale Bewegungen im Süden mehr als den stereotypen und zugleich fatalistischen Verweis auf Abhängigkeiten, die angeblich allein der reiche Norden zu verantworten hat.[8]

Um Missverständnisse zu vermeiden: Brand/Wissen begehen einen solchen Fehler *nicht*. Sie lassen keinen Zweifel, dass die imperiale Lebensweise Geschlechterhierarchien, ethnische Diskriminierungen und Klassenspaltungen reproduziert: „Der Begriff der imperialen Lebensweise soll nicht die Tatsache übergehen, dass starke kapitalistische Akteure mit ihrer strukturellen Macht über die Reproduktion der Arbeitskraft und mit ihren immer subtileren Marketing-Maschinerien Menschen zu bestimmten Lebensweisen drängen. Er besagt nicht, dass alle Menschen gleich leben, sondern dass bestimmte geteilte Vorstellungen von 'gutem Leben' und gesellschaftlicher Entwicklung vorherrschen. Die gesellschaftlich hierarchisierenden Anteile der Lebensweise stehen in permanenter Spannung zu den hegemonial integrierenden Aspekten. Die imperiale Lebensweise basiert auf sozialer Ungleichheit und reproduziert diese. Gleichzeitig ermöglicht sie es, soziale Ungleichheit zu bearbeiten. Sie stabilisiert sozial ungleiche Gesellschaften insofern und so lange, als der Reichtum der oberen Klassen den Subalternen als ein zumindest in Ansätzen einlösbares Glücksversprechen erscheint."/62/

Eine Gegenthese

Ich komme auf diese Klarstellung zurück, denn ich bezweifle, dass sich „die" Subalternen in ihrem Begehren und ihrer Lebenspraxis in irgendeiner Weise am Reichtum der oberen Klassen orientieren. Die

---

8   Vgl. dazu: On Capital-Imperialism. An Interview with Virginia Fontes by Guilherme Leite Goncalves. In: Global Dialogue Volume 8.1, April 2018, pp. 6-9; vgl. dazu auch: Boris, Dieter (2017), Imperiale Lebensweise? Ein Kommentar (zum Buch von Uli Brand und Markus Wissen). In: Sozialismus 7/8 2017, S. 63-65. Siehe auch Beiträge in: Vishwas Satgar (ed.) (2018): The Climate Crisis. South African And Global Democratic Eco-Socialist Alternatives, Johannesburg.

Welt der Reichen ist, so meine Gegenthese, aus dem Erfahrungshorizont der lohnabhängigen Klassen auch des globalen Nordens so weit ausgelagert, dass sie für die Beherrschten nicht einmal als Glücksversprechen relevant ist. Zunächst mag jedoch der Hinweis genügen, dass Brand/Wissen ihre differenzierte Argumentation weder analytisch noch politisch durchhalten. Auch bei ihnen schleicht sich immer wieder ein vereinnahmendes „wir" ein, dessen Gebrauch auf theoretische wie politisch-praktische Schwachstellen der Argumentation verweist. Zumindest durch ein Glücksversprechen mit den Reichen verbunden, stimmen „wir" der Externalisierung von Kosten zu, die „unsere" Lebensweise an anderen Orten verursacht: „'Wir externalisieren, weil wir es *können*: weil gesellschaftliche Strukturen uns dazu in die Lage versetzen, weil soziale Mechanismen es uns erlauben, weil die allgemeine Praxis um uns herum uns darin bestätigt. In gewisser Weise externalisieren wir aber auch, weil wir *nicht anders können*: weil gesellschaftliche Strukturen uns dazu nötigen, weil soziale Mechanismen uns dazu treiben, weil die verallgemeinerten Praktiken unserer sozialen Umwelt uns dazu veranlassen'"/63/, wird Stephan Lessenich zustimmend zitiert.

Was mich stört, ist ebendieses vereinnahmende „wir". Wo eben noch von Klassen, Geschlechterhierarchien und ethnischen Spaltungen die Rede war, zieht dieses „wir" dann doch vieles zusammen, was so nicht zusammengehört. Selbstverständlich reproduzieren sich Hegemonie, Herrschaft und Ausbeutung im Handeln individueller Subjekte. Insofern sind tatsächlich „wir alle" an der Konservierung bestehender Verhältnisse beteiligt. Selbiges trifft in einem sehr allgemeinen Sinne immer zu. „Die Menschen", schreibt Marx, „machen ihre eigene Geschichte, aber sie machen sie nicht aus freien Stücken, nicht unter selbst gewählten, sondern unter unmittelbar vorgefundenen, gegebenen und überlieferten Umständen".[9] Sie machen diese Geschichte daher nicht als Gleiche, als Durchschnittsmenschen, sondern, wie Brand/Wissen immer wieder einräumen, abhängig von ihrer Klassenzugehörigkeit, ihrer Positionierung in der gesellschaftlichen Arbeitsteilung, ihrem Geschlecht, ihrer ethnischen Zugehörigkeit und, so lässt sich hinzufügen, ihrer Staatsbürgerschaft/51/.

Wenn dies so ist, kann jedoch mit Fug und Recht bezweifelt werden, dass die 45 reichsten Haushalte, die in der Bundesrepublik

---

9 Marx, Karl (1982 [1852]): Der achtzehnte Brumaire des Louis Bonaparte. In: MEW 8. Berlin, S. 11-207, hier S. 115.

über einen Vermögensanteil verfügen, der in etwa dem der ärmeren Bevölkerungshälfte entspricht,[10] mit jener Million Menschen, die seit Bestehen der Grundsicherung Hartz IV niemals aus dem Leistungsbezug herausgekommen sind, durch eine gemeinsame Lebensweise, ein hegemoniales Glücksversprechen verbunden sind.[11] Exakt das wird, allen differenzierenden Argumente zum Trotz, im Buch immer wieder behauptet: „Wer über ein niedriges Einkommen und Vermögen verfügt oder von der Arbeitslosenversicherung oder Sozialtransfers lebt, kann am gesellschaftlichen Wohlstand nur in dem Maße partizipieren, wie er oder sie – etwa beim Kauf eines T-Shirts oder von preiswerten Lebensmitteln – von den schlechten Arbeitsbedingungen und der Ausbeutung von Natur andernorts profitiert"./55/

Man liest diese Zeilen zweimal, dreimal und bleibt auch beim vierten Mal ratlos. Was ist damit gesagt? Sind die Leistungsbezieher im Hartz-IV-Regime etwa in besonderer Weise auf die Ausbeutung des globalen Südens angewiesen? Können sie am Wohlstand nur partizipieren, sofern sie vom „ungleichen Tausch" profitieren, den die Zentrums-Staaten zulasten der südlichen Peripherie betreiben? Ist es aus ihrer Sicht also rational, an der imperialen Lebensweise festzuhalten und deren zerstörerische Folgen zu verdrängen? Genau das klingt bei Brand/Wissen an, wenn sie schreiben, der für die Mehrheit der

---

10 Bach, S./Thiemann, A./Zucco, A. (2018): Looking for the Missing Rich: Tracing the Top Tail of the Wealth Distribution. DIW Discussion Papers, 1717. DIW, Berlin.

11 Insgesamt waren 2014 4,4 Mio. Menschen auf SGB-II-Leistungen angewiesen, bei 3,1 Mio. handelte es sich um sogenannte Langzeitleistungsbezieher*innen. Lediglich die Hälfte der Leistungsbezieher*innen war arbeitslos; nur für etwa 770.000 Personen traf zu, sowohl langzeitarbeitslos als auch Langzeitleistungsbezieher*in zu sein. Wer aus dem Niedriglohnsektor in den Leistungsbezug gerät, wird, sofern der Sprung in eine Erwerbstätigkeit überhaupt gelingt, mit hoher Wahrscheinlichkeit nur einen prekären Job finden. Hinter diesen Daten verbirgt sich die Verfestigung einer Soziallage an der Schwelle gesellschaftlicher Respektabilität, in der sich Personen befinden, die – häufig als Angehörige der Unterschicht, Unterklasse oder als ökonomisch vermeintlich Überzählige beschrieben – durch die Mehrheitsgesellschaft stigmatisiert und auf diese Weise abgewertet werden. Zu den Daten vgl.: Hofmann, Barbara/Stephan, Christoph (2016): Aktuelle Berichte 18/2016 – Arbeitslose Neuzugänge in den ALG-II-Bezug: Ausgewählte Befunde nach Herkunfts- und Zielbranchen, IAB Aktuelle Berichte 18/2016.

Menschen bestehende Zwang, ihre Arbeitskraft auf dem Markt zu verkaufen, um leben zu können, zwinge sie zugleich „in die imperiale Lebensweise und zwar in dem Maße, wie der Produktionsprozess, in dem sie ihre Einkommen erwirtschaften, und die Waren, die sie für ihre Reproduktion benötigen, auf der ungleichen Aneignung von Arbeitskraft und Natur andernorts beruhen"/55/.

Der Zwang, sich in Lohnarbeit ausbeuten zu lassen, erzeugt einen mit Zwang gepanzerten und deshalb hegemonialen Konsens, sich an der Ausbeutung der südlichen Peripherie zu beteiligen? Diese Ausbeutung erfolgt in der Zirkulationssphäre und über den Konsum? Und die stille Komplizenschaft, die Kapital und Arbeit in den Zentren bei der Ausbeutung des Südens verbindet, trägt entscheidend zur Stabilisierung des Kapitalismus in den nördlichen Zentren bei? Um es klar zu sagen: Aus meiner Sicht beruht die Anrufung des vereinnahmenden „wir" auf theoretischen und empirischen Defiziten, die – wahrscheinlich überwiegend unbeabsichtigt – Raum für politische Fehlorientierungen bieten.

Zur Begründung beschränke ich mich nachfolgend auf Argumente, die den Begriff der imperialen Lebensweise, die mit ihr verknüpften Kausalmechanismen, uneingelöste Ansprüche des Konzepts, das Verhältnis von natur- und sozialwissenschaftlichem Wissen, die Schwäche bei den Alternativen sowie den Raum für politische Fehldeutungen betreffen. Dabei bemühe ich mich um die „Arbeit der Zuspitzung". Das heißt, ich stilisiere Argumente, ohne jeder Differenzierung der Kritisierten Rechnung tragen zu können. Das geschieht durchaus mit der Absicht, Widerspruch auszulösen und Diskussionen anzuregen, aber mit größtem Respekt vor den Autoren, die mit ihrem Buch echte Pionierarbeit leisten. Diese Pionierarbeit hat eine intensive Debatte verdient, denn sie öffnet den Blick für globale Zusammenhänge, widersetzt sich dem Verdrängen des ökologischen Gesellschaftskonflikts und legt so den Finger in die Wunde eines in Defensive erstarrten Teils der Linken, der sich am liebsten hinter den porösen Mauern des nationalen Wohlfahrtsstaates verschanzen möchte.

Imperiale Lebensweise

Beginnen wir die kritische Inspektion mit dem Begriff der imperialen Lebensweise. Das Konzept, welches Brand/Wissen präsentieren, ist umfassend angelegt und bleibt gerade deshalb in wichtigen Punkten theoretisch diffus. Soll sie, wie die regulationstheoretisch informierten Autoren beanspruchen, das Zusammenspiel von Produktions- *und* Konsumnormen beinhalten, umfasst die imperiale Lebensweise de facto alles. Unklar bleibt, wer und was davon ausgeschlossen ist. Zwar weisen die Autoren darauf hin, dass der Begriff nicht geografisch zu verstehen sei. Auch konstatieren sie eine Verallgemeinerung der imperialen Lebensweise in den Ober- und Mittelklassen des globalen Südens/106/. Doch die Kriterien für Einschluss und Ausschluss bleiben ungeklärt. Produkte aus der industriellen Massenfertigung wie Smartphones, Notebooks oder billige Textilien haben längst Einzug in die hintersten Winkel der Welt gehalten. Selbst Nomaden oder Indigene des Amazonasgebiets werden vom Konsum entsprechender Produkte abhängig. Für erfolgreiches Gegensteuern wäre zu klären, welche strukturellen Zwänge die Abhängigkeit von dieser Lebensweise herbeiführen/55/. Das gelingt den beiden Autoren nur ansatzweise. Sie bemühen sich um eine durch Bourdieus Habituskonzept und modische Subjektivierungsformeln angereicherte hegemonietheoretische Erklärung, die mich nur teilweise überzeugt. Die theoretischen Schwierigkeiten beginnen mit dem „imperial", das dem Begriff der Lebensweise zu seiner Qualifizierung beigefügt wird. Es gehe ihnen um die hegemoniale Fundierung imperialistischer Politik/65/, argumentieren Brand/Wissen. Aber was ist mit „imperial" im Unterschied zu „imperialistisch" bezeichnet? Die Antwort der Autoren bleibt unklar. An der Begriffswahl überrascht sowohl das nicht näher begründete Festhalten an der Imperialismuskategorie als auch die Unterbestimmtheit des Imperialen.

Was ist imperialistisch ...

Schon ein flüchtiger Blick auf jene tektonischen Verschiebungen im internationalen Staatensystem, die dem frühen 21. Jahrhundert ihren Stempel aufdrücken, zeigt, dass sich diese Veränderungen nicht ins Raster alter Imperialismus- oder Dependenztheorien zwängen lassen. Weder ungleicher Tausch noch Externalisierung haben das sozioökonomische Aufholen kleiner, vor allem aber großer Schwellenländer blockieren können. Chinas Aufstieg verändert die Hegemonialstruktur des internationalen Staatensystems grundlegend.[12]

---

[12] Vgl. dazu: Schmalz, Stefan (2018): Machtverschiebungen im Weltsystem. Der Aufstieg Chinas und die große Krise. Frankfurt a.M.

Dass die Nichtglobalisierbarkeit der imperialen Lebensweise offen zutage tritt, hängt für Brand/Wissen eng mit der dynamischen Entwicklung der großen Schwellenländer und dem – nachholenden – Konsum der dort rasch expandierenden Mittelschichten zusammen/106ff./. Die Ausbreitung der imperialen Lebensweise in China/110ff./und Lateinamerika/115ff./wird von den Autoren ausführlich beschrieben. Ausgerechnet im Moment ihrer größten Expansion sei ein Punkt erreicht, an dem sich die imperiale Lebensweise „als *krisenverschärfend*"/122/erweise. Selbiges erzeuge „ökoimperiale Spannungen zwischen den Ländern des globalen Nordens sowie zwischen diesen und den aufstrebenden Mächten des globalen Südens"/ebd./und schaffe „die Möglichkeit zunehmend gewaltträchtiger und gewaltförmiger internationaler Beziehungen"/122f./. Diese Beobachtung ist zweifellos richtig. Unbeabsichtigt relativiert sie allerdings das Externalisierungsargument. Die Kosten ökologischer Zerstörung lassen sich auf Dauer nicht aus ökonomischen Kosten-Nutzen-Kalkülen ausblenden, wie schon Ulrich Beck wusste.[13] Werden sie zeitweilig verdrängt, machen sie sich in absehbarer Zukunft umso heftiger bemerkbar. Dieser Bumerangeffekt schließt aus, dass sich die Bevölkerungen des reichen Nordens vollständig von den Folgen destruktiven Wachstums abkoppeln können.

Brand/Wissen liefern selbst immer wieder Hinweise, die dafür sprechen, dass eine verflochtene Welt nicht mehr säuberlich nach Nord und Süd, Zentrum und Peripherie zu ordnen ist. Alte und neue kapitalistische Zentren bilden je eigene Peripherien aus. Die sozialen Mechanismen, die entsprechende Abhängigkeiten hervorbringen, lassen sich keineswegs auf Kostenexternalisierung und ungleichen Tausch reduzieren. China ist dabei, die Folgen kolonialer Unterwerfung allmählich hinter sich zu lassen, weil die herrschenden Klassenfraktionen des Landes gelernt haben, den Staat erfolgreich als industriepolitischen Akteur einzusetzen.[14] Anderen Ländern im glo-

---

13 Beck, Ulrich (1986): Risikogesellschaft. Auf dem Weg in eine andere Moderne. Frankfurt a.M.
14 Butollo, Florian (2014): The End of Cheap Labour. Industrial Transformation and „Social Uprgrading" in China. Frankfurt a.M./New York; Lüthje, Boy/Siqi Luo/Hao Zhang (2013): Beyond The Iron Rice Bowl. Regimes of Production and Industrial Relations in China. Frankfurt a.M./New York.

balen Süden gelingt das auch deshalb nicht, weil die Konzentration von Vermögen, Einkommen und Privilegien bei den herrschenden Klassen dieser Länder im Zusammenspiel mit einer Vielzahl zusätzlicher sozialer Mechanismen sozialökologischen Progress blockiert. Zu diesen Mechanismen gehören die Kontrollmacht transnationaler Konzerne und die von ihnen verantwortete Plünderung natürlicher Ressourcen im Süden ebenso wie ausufernde Verschuldung oder militärische Konflikte. Kaum weniger bedeutsam ist, dass sich Produktivitätsvorsprünge und höheres Wohlstandsniveau im reichen Norden nicht ausschließlich, ja häufig nicht einmal in erster Linie aus ungleichem Tausch und Externalisierung erklären lassen. So fällt China das gewünschte Upgrading seiner Produktionsverfahren und Produkte schwer, weil dem Land noch immer wesentliche soziale und kulturelle Voraussetzungen für einen Übergang zu industrieller Qualitätsproduktion fehlen. Ein leistungsfähiges duales Ausbildungssystem ist nicht vorhanden, es mangelt an Arbeitskräften auf Facharbeiterniveau; freie Gewerkschaften in organisierten Arbeitsbeziehungen, die für eine angemessene Beteiligung der Beschäftigten am Produktivitätsfortschritt sorgen könnten, existieren allenfalls regional und in embryonaler Gestalt. Dergleichen lässt sich mit Externalisierung und ungleichem Tausch allein nicht erklären. Es handelt sich um Folgen defizitärer politischer Entscheidungen nationaler Eliten, und es sind nicht selten große Konzerne wie VW, die sich um Abhilfe bemühen.

Auch deshalb ist es gänzlich unmöglich, den ökologischen Gesellschaftskonflikt in einer starren Nord-Süd-Dichotomie zu denken. Zwar trifft zu, dass der ökologische Fußabdruck pro Einwohner Chinas deutlich unter den Durchschnittswerten frühindustrialisierter Gesellschaften liegt. Die große Zahl an Menschen in den großen Schwellenländern mündet jedoch in ein Gerechtigkeitsproblem globaler Dimension. Ohne Umsteuern auch in China und anderen bevölkerungsreichen Schwellenländern könnten Klimawandel und Ressourcenproblematik schon bald außer Kontrolle geraten. Eine Verallgemeinerung sozialökologischer Standards für Produkte und Produktionsverfahren wird aus der Südperspektive jedoch häufig als Protektionismus zugunsten der reichen Länder interpretiert. Umgekehrt gilt, dass ökologisches Umsteuern, sofern es auf wenige Staaten im Norden beschränkt bleibt, global wenig bewirkt. Selbst wenn die industrielle Produktion der Bundesrepublik auf Null gefahren würde und die deutsche Bevölkerung industriell gefertigte Massenprodukte nicht mehr konsumierte, entspräche das einem Anteil von nicht einmal zwei Prozent der weltweiten Emissionen.[15]

Weil das so ist, müssen Problemlösungen auch im internationalen Staatensystem und in multilateralen Verhandlungen gefunden werden. Dafür sind gemeinsame Problemdefinitionen und Zielsetzungen nötig, die sich an Messpunkten orientieren. Brand/Wissen verwerfen diese Notwendigkeit m.E. allzu forsch als Vernaturwissenschaftlichung des ökologischen Gesellschaftskonflikts/34ff./. Normwerte, ökologische Belastungsgrenzen und Kipppunkte sind wissens- und definitionsabhängig; sie sind deshalb, worauf die Autoren zu Recht hinweisen, Gegenstand von Deutungskämpfen, politischen Aushandlungen und sozialen Konflikten. Aber sie sind doch unverzichtbar, weil sich der ökologische Gesellschaftskonflikt im internationalen Staatensystem nur mit ihrer Hilfe bearbeiten lässt.

… was imperial?

Alle genannten Argumente zeigen, wie schwer es ist, die sozioökonomische Annäherung von alten und neuen kapitalistischen Zentren, ihre Beziehungen zu alten und neuen Peripherien samt den daraus resultierenden Konflikten in das Raster von Externalisierung und ungleichem Tausch zu zwängen. Auch die klassischen Imperialismustheorien sind wenig geeignet, um die Welt(un)ordnung der Gegenwart zu erfassen. Umso mehr überrascht, dass Brand/Wissen darauf verzichten, das Imperiale in Abgrenzung zum klassischen Imperialismus begrifflich genauer zu bestimmen.

Im Unterschied zum Imperialismus mächtiger Nationalstaaten zeichnen sich Imperien durch unscharfe Außengrenzen aus. Sie beinhalten interne Differenzierungen und räumliche Aufteilungen

---

15 Selbstverständlich ist das kein Grund, den ökologischen Rückschritt fortzuführen, den die Bundesregierungen der jüngeren Vergangenheit und Gegenwart maßgeblich zu verantworten haben. 2020 wird die Bundesrepublik sämtliche vereinbarten Klimaziele wohl noch deutlicher reißen als bereits vermutet wird. Hauptverursacher sind u.a. Kohleverstromung und Verkehr. Das ist ein umweltpolitischer Skandal ersten Ranges, denn das noch immer realisierbare Ziel, die Erderwärmung auf 1,5 Grad seit dem ersten Messpunkt zu begrenzen, verlangt gerade von den reichen Staaten, alle Möglichkeiten zum Umsteuern auszuschöpfen.

Imperiale Lebensweise – eine hoffentlich konstruktive Kritik 255

in Zentrum und Peripherie. Anders als demokratische Nationalstaaten sind sie nicht auf Legitimation von unten angewiesen, sondern beschränken sich wesentlich auf Integration, die von den Spitzen der Entscheidungshierarchie ausgeht. Imperien kann man nicht als Bürgerin oder Bürger angehören, sie verleihen keine Citizenship, sondern hierarchisch abgestufte Berechtigungen. Stärker als Nationalstaaten beruhen sie auf geduldeter kultureller Pluralität.[16] Aus meiner Sicht spricht einiges dafür, dass in der neuen Weltordnung aufsteigende Imperien mit Imperien im Abstieg konkurrieren. Die Europäische Union mit ihrem hohen Verflechtungsniveau und einer noch wenig institutionalisierten, embryonalen Zivilgesellschaft ist eine Mischform aus Imperium und transnationalem Staat, die sich möglicherweise im Abstieg befindet. Für das angeschlagene und um Revitalisierung bemühte US-amerikanische und das neu entstehende chinesische Imperium gelten andere Parameter.

Geht man von einer Konkurrenz verschiedener Imperien in einer multipolaren Welt aus, ist dies für das Konzept der imperialen Lebensweise analytisch folgenreich, denn es kann weder das eine Imperium noch die eine imperiale Lebensweise geben. Vielmehr sind Produktions- und Konsumnormen Gegenstand globaler Rivalitäten, des Ringens um Einflusssphären und Hegemonie im internationalen Staatensystem. Nehmen wir als Beispiel die Automobilität.[17] Wenn der chinesische Automarkt gegenwärtig einen raschen Übergang zur E-Mobilität vollzieht, so hat das weniger mit umweltpolitischen Erwägungen und veränderten Konsumentenbedürfnissen als mit industriepolitischem Kalkül zu tun. Die dominanten Klassenfraktionen des chinesischen Staatskapitalismus hoffen, mit entsprechenden Produktions- und Konsumnormen im weltweit größten Absatzmarkt die Standards setzen zu können, an denen sich die globale Autoindustrie zu orientieren hat – und das zum Vorteil der heimischen Anbieter. Die Folgen für Rivalen in der imperialen Konkurrenz sind gravierend. Ebenfalls politisch getrieben, laufen die Abgasnormen im europäischen Markt de facto auf ein Verbot von Verbrennungsmotoren hinaus. In anderen Teilen

---

16 Vgl. Osterhammel, Jürgen (2013): Die Verwandlung der Welt. Eine Geschichte des 19. Jahrhunderts. München, S. 607-610.
17 Die nachfolgenden Ausführungen beruhen auf ersten Interviews im von mir geleiteten Projekt KonVat, das sich mit dem Strukturwandel der Auto- und automobilen Zulieferindustrie Thüringens beschäftigt.

der Welt (Süd-, Mittel- und Nordamerika, Teile Asiens) wird diese Technologie hingegen vermutlich noch lange Zeit Verwendung finden. In der Konsequenz bedeutet dies, dass Hersteller wie VW ihr gesamtes Produktionsmodell ändern müssen. Ein Weltauto, wie es der Konzernspitze lange Zeit vorschwebte, kann es auf absehbare Zeit nicht mehr geben. Stattdessen wird der globale Kampf um Technologieführerschaft mit harten Bandagen in unterschiedlichsten Marktsegmenten geführt. Die ökologische Dysfunktionalität von SUVs, auf die Brand/Wissen in ihrem Kapitel zur imperialen Automobilität ausführlich eingehen/126ff./, stellt in diesem Kontext eher ein kleineres Problem dar.

Produkt- und Produktionsentscheidungen, die in den imperialen Machtzentren fallen, lassen sich über das Konsumentenverhalten kaum oder gar nicht beeinflussen. „Citizenship through consumption"/118/mag ein Versprechen von Massenproduktion und -konsum sein. Doch in den rivalisierenden Imperien bestimmen in erster Linie die Repräsentanten von mächtigen Staaten und großen Unternehmen, wie die Weichen bei Produktion und Konsum gestellt werden. Zugespitzt formuliert: Das entscheidende Problem sind Produktionsnormen, die dazu führen, dass SUVs überhaupt gebaut werden. Kundenbedürfnisse und – sofern man sich auf die Begrifflichkeit einlassen möchte – automobile Subjektivitäten folgen inter- und transnational etablierten Produktionsnormen. Wie etwa die Forschungsgruppe um John Foster in zahlreichen Studien gezeigt hat, lässt sich diese Erkenntnis bis zu einem gewissen Grad verallgemeinern. So werden Abfall und Müll primär innerhalb des Wirtschaftssystems und nur in zweiter Linie über den Konsum erzeugt. Für den Energiebedarf und die Ressourcennutzung gilt Ähnliches. Auch drehen sich Welthandel und internationale Wirtschaftsverflechtungen weniger um Kundenbedürfnisse als um gewinnbringende Produktion und Absatz. Die großen inter- und transnationalen Konzerne üben Produzentensouveränität aus und beherrschen mit ihr – häufig im Bündnis auch mit Eliten aus Ländern des globalen Südens – sowohl die Produktion als auch den Konsum.[18]

---

18 Vgl. Foster, John Bellamy/Clark, Brett/York, Richard (2011): Der ökologische Bruch. Der Krieg des Kapitals gegen den Planeten. Hamburg, S. 363 f.

Imperiale Lebensweise – eine hoffentlich konstruktive Kritik 257

Globale Ungleichheiten und die Wiederkehr der Klassen

An dieser Problematik gemessen, sind Brand/Wissen trotz anders gelagerter Ansprüche doch allzu sehr auf Warenzirkulation und Konsum fixiert. Soweit sie sich auf den Produktionssektor beziehen, bleiben ihre Argumente blass. Positiv gewendet könnte man sagen, Brand/Wissen beschreiben ein groß angelegtes Forschungsprogramm. Weil das so ist, entsteht – sicher unbeabsichtigt – immer wieder der Eindruck, als sei die imperiale Lebensweise Konsum ohne Produktion. Ungewollt und mit einem explizit konträren Anliegen bewegen sich die Autoren in diesem Punkt dann näher an der „kritischen Orthodoxie" als ihnen selbst lieb sein mag. Ihren Begriff der imperialen Lebensweise verwenden sie letztlich doch so, als sei zu homogenisieren, was analytisch eigentlich auseinanderzuhalten ist. Dabei bleibt nicht nur das Außen der – so wäre im Plural zu argumentieren – imperialen Lebensweisen unscharf, auch ihr Innen wird nicht präzise genug analysiert.

In manchen Passagen des Buchs wirkt es so, als ähnelte die Beziehung von Produktions- und Konsumnormen noch immer dem Entsprechungsverhältnis des fordistischen Wohlfahrtskapitalismus, in welchem die Lohnabhängigen an den Produktivitätszuwächsen beteiligt waren. Von einer solchen Gleichgewichtung der Produktions- und Konsumnormen kann jedoch selbst in den alten kapitalistischen Zentren seit Jahrzehnten nicht mehr die Rede sein. Im Finanzmarktkapitalismus lautet die oberste Produktionsnorm, dass Arbeitsprozess und Unternehmensorganisation mit dem Markt atmen müssen. Präziser: Produktionsverfahren, Firmenorganisation, Arbeitsbeziehungen, Beschäftigungsverhältnisse, Löhne und Arbeitsbedingungen werden von Märkten und Kunden her konzipiert. An der Spitze der Markthierarchie etablieren verflochtene und mittels Informationstechnologie beschleunigte Finanzmarktsegmente Ausbeutungsformen, die in ihrer Funktionsweise der Abpressung einer Grundrente,[19] einer flüchtigen und deshalb in immer neuen Konkurrenzen zu realisierenden Flexibilisierungs- oder Prekarisierungsarbitrage entsprechen. Es handelt sich um eine

---

19 Vgl. Hudson, Michael (2016): Der Sektor. Warum die globale Finanzwirtschaft uns zerstört. Stuttgart.

Überausbeutung von Mensch und Natur, die sich deutlich von jener Aneignung unbezahlter Mehrarbeit abhebt, die nach Marx zumindest in der Zirkulationssphäre die vertragliche Gestalt eines Äquivalententauschs annimmt.

Mit der finanzkapitalistischen Landnahme kehrt sich eine Entwicklung allmählich um, die zum Ende der 1860er Jahre eingesetzt hatte. Seit dieser Zeit wurden Tempo und Wachstumsdynamik der Weltwirtschaft von kapitalistischen Kernstaaten vorgegeben, die den großen Rest sogenannter rückständiger Länder beherrschten. Das daraus resultierende Privileg, in einem reichen Land geboren zu sein, hat über Jahrzehnte hinweg und in wachsendem Maße die Komposition globaler Ungleichheit bestimmt. Seit etwa drei Jahrzehnten beginnt sich diese Komposition wieder zu verändern. Das vermeintliche Privileg, in einem reichen Land geboren zu sein, schützt nicht mehr vor sozialem Abstieg. Bei der Verteilung von Lebenschancen gewinnt die Klassenzugehörigkeit seit zwei Jahrzehnten in allen nationalen Gesellschaften des Südens wie des Nordens wieder an Bedeutung. Laut Global Wealth Report[20] besitzen gegenwärtig 0,7 % der erwachsenen Weltbevölkerung 45,6 % des Haushaltsgesamtvermögens, während 73,2 % lediglich über einen Vermögensanteil von 2,4 % verfügen. Parallel zu steigenden Einkommen aus Kapitalerträgen ist die durchschnittliche Lohnquote in den wichtigsten Industrieländern zwischen 1980 und 2013 nahezu kontinuierlich gesunken. Das einigermaßen rasche Wachstum in den großen und kleinen Schwellenländern, das dort Mittelklassen expandieren lässt, geht zulasten von beherrschten Klassen in den alten Metropolen. Hauptgewinner der Globalisierung sind Eliten, die überwiegend noch immer in den reichen Gesellschaften des globalen Nordens leben. 44 % des Einkommenszuwachses, der zwischen 1988 und 2008 erzielt wurde, entfallen auf die reichsten fünf Prozent, nahezu ein Fünftel auf das reichste eine Prozent; die aufstrebenden Mittelklassen in den Schwellenländern verfügten lediglich über zwei bis vier Prozent der absoluten Zuwächse.[21] Für die Verlierer,

---

20 Vgl. Credit Suisse Research Institute (2016): Global Wealth Report 2016, Crédit-Suisse-Report: http://publications.credit-suisse.com/tasks/render/file/index.cfm?fileid=AD783798-ED07-E8C24405996B5B02A32E zuletzt geprüft: 20.6.2018.

21 Vgl. Milanović, Branko (2016): Die Ungleiche Welt. Migration, das Eine Prozent und die Zukunft der Mittelschicht. Berlin; Milanović,

hauptsächlich die Industriearbeiterschaft und – eher vermittelt – das wachsende Dienstleistungsproletariat der alten Zentren, entfällt damit zunehmend, was der Ex-Weltbanker Branko Milanovic als „Ortsbonus" der Vermögensverteilung bezeichnet.

Auffällig ist, dass Brand/Wissen diese neuerliche Ausprägung von – in vielerlei Hinsicht demobilisierten, weil von einer strukturell geschwächten politischen Ökonomie der Arbeitskraft geprägten – Klassengesellschaften in den alten kapitalistischen Zentren eher am Rande behandeln. Bedeutsamer für die Autoren ist, dass Lohnabhängige im Norden von den billigen Produkten profitieren, die in transnationalen Wertschöpfungsketten arbeitsteilig erzeugt werden/98/. Diese einseitige Optik begründet die argumentative Nähe zu jenem vereinnahmenden „Wir", welche ich eingangs moniert habe. Jede Verbilligung von Produkten und Krediten bei gleichzeitiger Abschöpfung von Extraprofiten im globalen Süden kompensiert eben nur teilweise, was Arbeiter und Angestellte im Norden unter den Bedingungen internationaler Standortkonkurrenz und wettbewerbszentrierter Wirtschaftspolitiken real verloren haben und teilweise weiter verlieren.

Lebensweise ohne Lebensstile?

Selbst gut verdienende Facharbeiter und Ingenieure mit Festanstellung in der deutschen Exportindustrie sind keineswegs ausschließlich oder in erster Linie Profiteure von Globalisierung, „Werttransfer"/48/, „Sorgeextraktivismus"/64/, Ressourcenplünderung, ungleichem Tausch und vergleichsweise niedrigen Lebenshaltungskosten/99/. Im Zuge marktzentrierter Politiken haben sich ihre Arbeits- und Lebensbedingungen trotz des gewachsenen Mehrprodukts zumindest nicht verbessert. Wo die Konservierung des Lohnniveaus gelungen ist, muss das oft mit Leistungsdruck, Bereitschaft zu unterwertigen Tätigkeiten und gesundheitlichen Beeinträchtigungen bezahlt werden. Jenseits dieser noch einigermaßen gesicherten Gruppen haben die untersten vier Einkommensdezile in Deutschland über zwei Jahrzehnte hinweg Reallohnverluste hinnehmen müssen. Noch gravierender dürfte sich die Beschneidung von Sozialeigentum auswirken, die

---

Branko (2017): Haben und Nichthaben. Eine kurze Geschichte der Ungleichheit, Stuttgart.

mit dem Absinken des Rentenniveaus, der Schwächung kollektiver Sicherungssysteme, der Abwertung und Kommodifizierung von Sorgeleistungen, dem Niedergang gewerkschaftlicher Organisationsmacht, rückläufiger Tarifdeckung und der Ausweitung mitbestimmungsfreier Zonen verbunden ist.

Im Vergleich zu den Verwüstungen, die das von den EU-Institutionen verordnete Austeritätsdiktat in den Ländern vor allem der südeuropäischen Peripherie herbeigeführt hat, wirkt selbst diese Wiederkehr „grober" sozialer Unterschiede noch vergleichsweise harmlos. Vor allem Griechenland ist zum Versuchslabor eines Postwachstumskapitalismus geworden, dessen Basisregel lautet, dass es nicht mehr für alle und alles reicht. Stärker noch als andere Staaten des europäischen Südens ist das Land in einer modernen Form der Schuldknechtschaft gefangen, aus der es sich, auf sich allein gestellt, nicht mehr befreien kann. Griechenland ist zu einer Schrumpfungsgesellschaft geworden, die bei einer unrealistischen Wachstumsrate von 3,5 % jährlich bis Mitte der 2030er Jahre benötigen würde, um wirtschaftlich auch nur das Vorkrisenniveau zu erreichen. Großen Teilen der Bevölkerung ist deshalb das Bewusstsein einer gestaltbaren Zeit und Zukunft abhandengekommen.[22] Dergleichen kannte man bisher nur von Staaten aus Lateinamerika, Asien, Afrika und dem äußersten Osten Europas, die in den Strudel von Verschuldungskrisen geraten waren. Nun findet sich diese Problematik im kulturellen Herzen der Europäischen Union.

Mit Begriffen wie „Verallgemeinerung" und „Vertiefung" der imperialen Lebensweise kann diese Ausprägung vor allem klassenspezifischer Ungleichheiten nicht auf den Begriff gebracht werden. Zwar räumen Brand/Wissen ein, dass mit der Verallgemeinerung auch die Möglichkeit zur Kostenexternalisierung schwinde. Was das für die Klassenbeziehungen im Inneren der kapitalistischen Zentren heißt, bleibt jedoch – vorsichtig gesagt – unausgesprochen. Hier rächt sich, dass die Autoren zwar Anleihen beim Habituskonzept Pierre Bourdieus machen, auf den Begriff des Lebensstils aber nicht zurückgreifen wollen, um die „imperialen Voraussetzungen" habitualisierter Handlungsmuster zu betonen/47/. Dieser Verzicht ist analytisch aus mehreren Gründen fahrlässig. *Erstens* bleibt unklar, woraus die homogenen „imperialen Voraussetzungen" eigentlich bestehen sollen, die für

---

22 Dazu sehr eindrucksvoll: Schultheis, Franz u.a. (2015): MIRRORS 2010–2015. Drei Bände. Athen.

Imperiale Lebensweise – eine hoffentlich konstruktive Kritik 261

eine vermeintliche Habitualisierung *der* entsprechenden Lebensweise sorgen könnten. Damit geht *zweitens* verloren, worin die eigentliche Stärke der Bourdieuschen Kultursoziologie und Klassentheorie besteht.[23] Die Individuen internalisieren und habitualisieren von Geburt an die klassenspezifischen Lebensbedingungen ihrer unmittelbaren sozialen Umgebung. Zur zweiten Natur geworden, selektiert der Klassenhabitus Handlungsstrategien, der Geschmack fungiert als sein Operator. Auf diese Weise entsteht ein hierarchischer Raum der Lebensstile, der ein Eigenleben führt, in seinen Entstehungsbedingungen und Reproduktionsformen aber doch mit dem Raum sozialer Klassen korrespondiert. Symbolische Herrschaft entsteht, weil die feinen kulturellen Unterschiede in der sozialen Nachbarschaft zu Kämpfen um alles oder nichts aufgebauscht werden.

Es ist also *drittens* keineswegs so, dass – wie es beim eingangs zitierten Stephan Lessenich anklingt[24] – individuelle Subjekte bei der Aneignung ihres Lebensstils große Freiheiten besitzen. Ohne den Individuen „jegliche Wahlfreiheit abzusprechen"/47/, wenden sich Brand/Wissen denn auch explizit gegen einen Lebensstilbegriff, der von strukturellen Asymmetrien abstrahiert. Doch um herauszufinden, wie symbolische Kämpfe im Postwachstumskapitalismus funktionieren, kann und darf auf die Analyse von Lebensstilen nicht verzichtet werden. Im Gegenteil käme es darauf an, die Distinktion in und Polarisierungen durch klassenspezifische Lebensstile empirisch präzise zu rekonstruieren. Genau das leisten Brand/Wissen nicht einmal im Ansatz. Wo Differenzierung angebracht wäre, behaupten auch sie die Internalisierung einer Lebensweise, von der völlig unklar ist, worin ihre homogenisierende Wirkung eigentlich bestehen soll. Damit entgeht den Autoren *viertens*, woraus die hegemoniale Kraft der Distinktion eigentlich entsteht. Es ist keineswegs so, dass die unteren (Arbeiter-)Klassen dem Lebensstil herrschender Klassenfraktionen nacheifern. Wie die Angehörigen herrschender Klassen leben, ist ihnen genauso unbekannt wie die auf einen Überlebenshabitus gegründeten Lebensformen der neuen Unterklassen. Sofern sie sich nicht in Knappheitsverhältnissen einrichten, orientieren sie sich mit ihren Lebensentwürfen und Zukunftsvorstellungen am kleinen Aufstieg ihrer sozialen Nachbarn, den Angehörigen von

---

23 Vgl. Bourdieu, Pierre (1988): Die feinen Unterschiede. Kritik der gesellschaftlichen Urteilskraft. 2. Aufl. Frankfurt a.M.
24 Lessenich, Stephan (2016), siehe dieses Essay, Anm. 4.

Mittelklassen. Nur über zahlreiche Vermittlungen hinweg werden jene Lebensstile herrschender Klassenfraktionen hegemonial, die diverse Mittelklassenfraktionen zu kopieren suchen. Ließe man sich auf eine empirische Analyse von Veränderungen im Raum der Lebensstile ein, würde sich *fünftens* mit hoher Wahrscheinlichkeit zeigen, dass Bourdieus Klassentheorie selbst hochgradig überarbeitungsbedürftig ist. Für Bourdieu kommen die Innovationen im Raum der Lebensstile primär von oben. Das Aufholen von Mittelschichten zwingt herrschende Klassenfraktionen zu kultureller Erneuerung, um Distinktion wahren zu können. Doch diese Sicht auf symbolische Herrschaft ist zu einseitig. Das Leben der Arbeiterklassen wird auch von einer Schwelle gesellschaftlicher Respektabilität bestimmt, unterhalb der man zum Halbbürger oder zu Halbbürgerin wird.[25] Dies zur Kenntnis zu nehmen heißt, sich einzugestehen, dass die konsensstiftende Wirkung der vermeintlich *einen* imperialen Lebensweise selbst in den alten kapitalistischen Zentren erlahmt. Viele Menschen haben materiell wie kulturell weniger. Die Organisationen und Umverteilungsinstanzen, die dies in einem systemfunktionalen Sinne ändern könnten, sind geschwächt oder zerstört. Deshalb beruht Hegemoniefähigkeit im Inneren dieser Gesellschaften immer stärker auf Gefolgschaft, gepanzert mit Angst, Inhumanität und Gewalt. Brand/Wissen würden das kaum bestreiten, doch sie müssten sich fragen, ob sich all das *innerhalb* der *einen* imperialen Lebensweise abbilden lässt, über welche die Täter im Norden von den Opfern im globalen Süden deutlich zu unterscheiden sind.

Zum Schluss…

Das führt mich zu einer Schlussbemerkung. Kritische Analysen müssen sich auch daran messen lassen, ob sie den Blick für Alternativen öffnen. Das Bemühen darum kann man Brand/Wissen nicht absprechen. Was sie anbieten, teilt manche Stärken, aber auch zahlreiche Schwächen aktueller linker Debatten. Wir erfahren, dass ein grüner Kapitalismus keine Lösung, aber dennoch möglich ist. Gegenwärtig, so möchte man hinzufügen, sind wir weit von einer solchen Option entfernt, und sie wäre allemal besser als das, was

---

25 Vgl. Dörre, Klaus (2017): Die neuen Vagabunden. Prekarität in reichen Gesellschaften. In: Uwe Bittlingmayer/Alex Demirović/Tatjana Freytag (Hg.): Handbuch kritische Theorie. Wiesbaden, S. 1-23.

die rechtspopulistische Revolte der autoritären Klimaleugner uns anzubieten hat. Brand/Wissen plädieren überzeugend für radikale Alternativen und führen auf, was der linke Transformationskurs anzubieten hat. Die Liste der Vorschläge reicht von der Konversion des autoindustriellen Komplexes bis zur Care-Revolution. Vieles am Plädoyer für eine solidarische Lebensweise/177ff./ist gut gemeint, und man ist versucht zuzustimmen, ohne weiter nachzudenken. Damit würde man dem Ansinnen der Autoren aber nicht gerecht, das auf Debatte zielt. Diskussion ist nur möglich, wenn Kontroversen und Zielkonflikte offengelegt werden. Genau das vermisst man in den Schlusskapiteln des Buchs. Zwecks Beflügelung einer konstruktiven Kontroverse spitze ich abschließend noch einmal meinen Hauptkritikpunkt zu.

Um grundlegende gesellschaftliche Veränderungen, wie sie Brand/Wissen zu Recht anmahnen, überhaupt herbeiführen zu können, wird ein gesellschaftlicher Antagonist benötigt, der in der Lage ist, die kapitalistischen Eliten ernsthaft herauszufordern. Ohne einen solchen Antagonisten wird nicht einmal die Reformvariante eines grünen Kapitalismus zu einer ernsthaften politischen Option. Ein gesellschaftlicher Antagonist kann sich aber nur herausbilden, sofern die Kausalmechanismen auch politisch klar benannt werden, die Herrscher und Beherrschte, Ausbeuter und Ausgebeutete verbinden. Gelingen kann das – zumal mit Relevanz für den kollektiven Alltagsverstand – nur, wenn auf die vernebelnde Wirkung des vereinnahmenden „wir" gänzlich verzichtet wird. Aus diesem Grund sollte man auch mit rhetorischen Floskeln wie jener einer „Deprivilegierung der Privilegierten" sehr sorgsam umgehen. Das vereinnahmende „wir" führt zu ideologischer Entwaffnung der Beherrschten. Die unbestimmte Zuweisung eines privilegierten Status öffnet die Türen für politische Fehlorientierung. Auch wenn Brand/Wissen explizit anderes beabsichtigen, fehlt ihren Argumenten doch die Trennschärfe zu Debattenbeiträgen, in welchen Automobilarbeiter bevorzugt als Privilegienreiter und Bergleute in der Braunkohle als „strukturelle Rassisten" bezeichnet werden, denen die AfD als authentische Interessenvertretung dient.[26]

---

26 So gehört im Rahmen einer Diskussionsrunde mit Referent*innen der Rosa-Luxemburg-Stiftung. Vgl. zur Problematik: Sablowski, Thomas/ Thien, Hans-Günter (2018): Die AfD, die ArberInnenklasse und die Linke – kein Problem?, in: PROKLA 190, S. 55-71.

Die politische Wirkung solcher Fehlinterpretationen des sozialökologischen Gesellschaftskonflikts ist verheerend, denn sie wirkt spaltend, wo diskursive Verständigung unter den Beherrschten dringend geboten wäre. In diesem Zusammenhang kommt man um die Einsicht nicht herum, dass zunehmende klassenspezifische Ungleichheiten zu einem Haupthindernis für ökologischen Progress geworden sind. Das haben selbst einige Berichterstatter des ansonsten eher konservativen Club of Rome erkannt. Sie plädieren u.a. für radikale Umverteilung des gesellschaftlichen Reichtums, Arbeitszeitverkürzung, Stärkung der Gewerkschaften und eine weltweite Demokratiebewegung, deren Ziel es sein muss, die Macht der globalen Konzerne zu attackieren. Von Brand/Wissen hätte man ähnlich mutige Argumente erwartet. Mit ihrem Plädoyer für eine neue Wirtschaftsdemokratie und eine Umverteilung von wirtschaftlicher Entscheidungsmacht gebärdet sich in Sachen sozialer Frage und Neuverteilung von Entscheidungsmacht aber selbst die Sozialdemokratische Partei der Schweiz radikaler als die beiden Autoren. Das kann sich ändern, wie jüngste Beiträge von Brand und Wissen zeigen, in denen es um den Entwurf einer ökologischen Klassenpolitik geht. Daran lässt sich anknüpfen. Gesellschaft und politisches System leiden an einem Mangel an demokratischer Polarisierung. Um dergleichen zu erreichen, ist, das zeigen Brand/Wissen eindrucksvoll, eine Debatte um solidarische Lebensweisen sinnvoll und notwendig. Zur Herausforderung für die kapitalistischen Eliten wird sie aber nur, wenn sie eine entscheidende Erweiterung erfährt – als Diskussion um die Verwirklichung einer neo- oder ökosozialistischen Option.[27]

---

27 Vgl. Dörre, Klaus (2018): Neo-Sozialismus oder: Acht Thesen zu einer überfälligen Diskussion, in: Blätter für deutsche und internationale Politik 6/2018, S. 105-115. Dort weiterführende Literatur zum Club of Rome und zum Wirtschaftsdemokratie-Papier der Schweizer SP. Siehe auch: Dörre, Klaus/Schickert, Christine (Hrsg.) (2019). Neo-Sozialismus. München.

Autor_innen

Carina Book ist Politikwissenschaftlerin und Referentin in der politischen Bildung. Sie forscht und publiziert derzeit zur Entwicklung und Ideologie der „Neuen Rechten". Zudem beschäftigen sie die Ursachen für das globale Erstarken rechter Kräfte und die Auswirkungen dessen auf demokratische Gesellschaften.

Ulrich Brand arbeitet an der Universität Wien zu internationaler Politik, insbesondere zu Umwelt- und Ressourcenpolitik, gesellschaftspolitischen Alternativen und Lateinamerika und im Wintersemester 2018/2019 am Institut für Soziologie der Friedrich-Schiller-Universität Jena, DFG-Kolleg Postwachstumsgesellschaften. Neben Buchveröffentlichungen mit Markus Wissen auch „Zur Aktualität der Staatsform. Die materialistische Staatstheorie von Joachim Hirsch" (hrsg. mit Christoph Görg, Baden-Baden 2018), „Radikale Alternativen. Warum der Kapitalismus nur gemeinsam überwunden werden kann" (mit Alberto Acosta, München 2018).

Katherine Braun ist Soziologin und wissenschaftliche Mitarbeiterin am Institut für Migrationsforschung und Interkulturelle Studien an der Universität Osnabrück. Derzeit forscht sie zu Fürsorgeinfrastrukturen und geschlechtsspezifischer Gewalt im Kontext von Flucht und Migration. Zuletzt von ihr erschienen ist der Artikel „Genderpolitiken im karitativen Räumen des Willkommens" in: Binder' Beate/Bischoff' Christine/Endter' Cordula/Hess' Sabine/Kienitz' Sabine: Care Praktiken und Politiken der Fürsorge Ethnographische und geschlechtertheoretische Perspektiven. Leverkusen, S. 276-301, sowie das Buch „Die Emergenz von Petite Bolivie" (erscheint 2019).

Anne Lisa Carstensen ist Soziologin und arbeitet als wissenschaftliche Mitarbeiterin am IMIS an der Universität Osnabrück. Ihre Forschungsinteressen liegen auf den Themen Arbeit, Migration, postkoloniale Theorie und globale Produktionsnetzwerke. Derzeit forscht sie zu Migrantenorganisationen und Gewerkschaften in Westdeutschland in den 1970er und 80er Jahren. Kürzlich erschienen: Der Zwang zur Arbeit. Verwertungslogiken in den umkämpften Regimen der Anwerbe-, Flucht- und EU-Migration (in: Sozial. Geschichte Online, 2018, zus. mit Lisa-Marie Heimeshoff und Lisa Riedner); Modern Slave Labour in Brazil at the Intersections of Production, Migration and Resistance Networks. In: Linden, Marcel van der/Rodriguez, Magaly (Hg.): On Coerced Labor: Work and Compulsion after Chattel Slavery (Leiden/Boston, 2016).

Corinna Dengler, M.Sc. (WU), hat Volkswirtschaftslehre, Internationale Entwicklung und Socio-Ecological Economics and Policy in Wien, Moskau und Quito studiert. Seit März 2017 ist sie wissenschaftliche Mitarbeiterin im Fachbereich Wirtschaft und Ethik der Universität Vechta. Dort beschäftigt sie sich im Rahmen ihrer Promotion mit feministischen und dekolonialen Perspektiven auf den Degrowth-Diskurs und Fragen einer sozial-ökologischen Transformation. Ihre Forschungsschwerpunkte sind Ökologische Ökonomie, Feministische Ökonomie, kritische Entwicklungsforschung und Lateinamerikanistik. Aktuelle Publikationen beinhalten „The Monetized Economy Versus Care and the Environment: Degrowth Perspectives on Reconciling an Antagonism" (2018, gemeinsam mit Birte Strunk), „What about the Global South? Towards a Feminist Decolonial Degrowth Approach" (2018, gemeinsam mit Lisa Marie Seebacher, im Erscheinen), und „Feminism Meets Degrowth: Sorgearbeit in einer Postwachstumsgesellschaft" (2019, gemeinsam mit Miriam Lang, im Erscheinen).

Klaus Dörre ist Professor für Professor für Arbeits-, Industrie- und Wirtschaftssoziologie an der Friedrich-Schiller-Universität Jena; geschäftsführender Direktor des DFG-Kollegs Postwachstumsgesellschaften.

Fabian Georgi studierte Politikwissenschaft und Internationale Beziehungen an der Freien Universität Berlin und der University of Kent, Canterbury/GB. Promotion an der FU Berlin als Stipendiat der Hans-Böckler-Stiftung und wissenschaftlicher Mitarbeiter am Institut für Politikwissenschaft der Philipps-Universität Marburg. Er engagiert sich in der „Assoziation für kritische Gesellschaftsforschung" (AkG), im „Netzwerk für kritische Migrations- und Grenzregimeforschung" (kritnet) sowie als Redaktionsmitglied der Zeitschrift „movements. Journal für kritische Migrations- und Grenzregimeforschung". Gegenwärtig ist er als Postdoc am Institut für Politikwissenschaft der Universität Marburg und arbeitet an seiner Habilitation zur Stellung von Migrations- und Grenzregimen im Kapitalismus.

Nikolai Huke (http://nhuke.blogsport.eu) ist zzt. Mitarbeiter am Arbeitsbereich für Politik und Wirtschaft/Politische Ökonomie des Instituts für Politikwissenschaft der Eberhard Karls Universität Tübingen. Seine Forschungsschwerpunkte sind soziale Bewegungen, industrielle Beziehungen und gewerkschaftliche Erneuerung, Krisen der Demokratie, Rechtspopulismus, Migrationspolitik, europäische Integration sowie alltags- und bewegungszentrierte Theorien der kritischen Internationalen Politischen Ökonomie.

Stefanie Hürtgen lehrt und forscht zu den Veränderungsprozessen in Arbeit und Produktion. Sie hat in Berlin studiert und war mehrere Jahre in der Erwachsenen- und Gewerkschaftsbildung tätig, unter anderem an der Europäischen Akademie der Arbeit in Frankfurt a.M. Stefanie Hürtgen hat 1997 über Europäische Betriebsräte promoviert, und arbeitet heute als Assistenzprofessorin im Bereich Wirtschaftsgeographie der Uni Salzburg. Sie ist assoziiertes Mitglied des Frankfurter Instituts für Sozialforschung, Mitglied der Assoziation für kritische Gesellschaftsforschung und Mitglied im wissenschaftlichen Beirat der Rosa Luxemburg Stiftung sowie des Mattersburger Kreises für Entwicklungspolitik.

Alke Jenss forscht am Arnold-Bergstraesser-Institut Freiburg zur (räumlichen) Produktion von Unsicherheit, Staatlichkeit und dem Zusammenhang zwischen Austeritätspolitik und urbaner/ruraler Gewalt. 2016 erschien ihr Buch „Grauzonen staatlicher Gewalt. Staatlich produzierte Unsicherheit in Kolumbien und Mexiko". 2018 veröffentlichte sie den Artikel „Authoritarian neoliberal rescaling in Latin America: urban in/security and austerity in Oaxaca" in der Zeitschrift Globalizations.

Sebastian Klauke, lebt und arbeitet in Kiel und ist Mitglied der Assoziation für Kritische Gesellschaftsforschung. Seine Arbeitsschwerpunkte: materialistische Staatstheorie und Krisentheorien. Zuletzt Hrsg. v. Was ist der Stand des Marxismus? Soziale und epistemologische Bedingungen der kritischen Theorie heute, Münster 2015, zusammen mit Alex Demirović und Etienne Schneider.

Wolfgang Menz, Dr., Professor für Soziologie, insbesondere Arbeit, Organisation und Innovation am Fachbereich Sozialökonomie der Universität Hamburg. Arbeitsschwerpunkte: Arbeits- und Organisationssoziologie, Technik- und Wissenschaftsforschung, qualitative Methoden der Sozialforschung.

Johanna Neuhauser, Dr. rer. pol., arbeitet als wissenschaftliche Mitarbeitern am Institut für Migrationsforschung und Interkulturelle Studien (IMIS) der Universität Osnabrück. Sie promovierte in Soziologie am DFG-Graduiertenkolleg 'Dynamiken von Raum und Geschlecht' an der Universität Kassel und studierte davor Internationale Entwicklung und Höhere Lateinamerikastudien an der Universität Wien. Ihre Forschungsschwerpunkte liegen in den Bereichen Migrationsforschung, Gender Studies, Arbeitssoziologie und Nord-Süd-Beziehungen. Veröffentlichungen: „The crisis is over? – Maybe for the rich, but not for us!" Latin American migrants' responses to the (post-)crisis in Spain. In: Sociology 52 (3), Special Issue: 'Migration and Crisis in Europe', 448-463 (2018); Geschlecht als Handlung und Struktur. Perspektiven der Vermittlung aus der Forschungspraxis. In: M. Bereswill (Hg.): Die Kategorie Geschlecht als sensibilisierendes Konzept im Forschungsprozess. Weinheim, 17-31 (2018).

Sarah Nies, Dr., Soziologin und wissenschaftliche Mitarbeiterin am Institut für Sozialwissenschaftliche Forschung e.V. – ISF München. Arbeitsschwerpunkte: Arbeitssubjekt, Leistungssteuerung, Kapitalismustheorie. Veröffentlichungen: Verwertungszwang und Eigensinn – Inhaltliche Ansprüche an Arbeit als Perspektive für Nachhaltigkeit? In: WSI-Mitteilungen, Jg 72, Heft 1, S. 13-20 (2019); mit Wolfgang Menz Doing Inequality at Work. Zur Herstellung und Bewertung von Ungleichheiten in Arbeit und Betrieb. In: Laura Behrmann/Falk Eckert/Andreas Gefken/Peter Berger (Hrsg.): 'Doing Inequality'. Prozesse sozialer Ungleichheit im Blick qualitativer Sozialforschung, Springer VS, Wiesbaden, S. 123-147 (2017) und Nützlichkeit und Nutzung von Arbeit. Beschäftigte im Konflikt zwischen Unternehmenszielen und eigenen Ansprüchen, Nomos-Verlagsgesellschaft, Baden-Baden (2015).

Lukas Oberndorfer ist wissenschaftlicher Mitarbeiter der Abteilung EU und Internationales der Arbeiter_innenkammer Wien und forscht vor allem zur Hegemoniekrise in Europa und ihrer autoritären Bearbeitung. Letzte Veröffentlichungen: Demokratie in der Krise – Der autoritäre Wettbewerbsetatismus und das linke Regierungsprojekt in Griechenland. In: Tobias Boos/Hanna Lichtenberger/Armin Puller: Mit Poulantzas arbeiten ... um aktuelle Macht- und Herrschaftsverhältnisse zu verstehen, Hamburg 2017, 178-206; Europa und Frankreich im Ausnahmezustand? Die autoritäre Durchsetzung des Wettbewerbs. In: PROKLA. Verlag Westfälisches Dampfboot, H. 185, 46. Jg. 2016, Nr. 4, 561-581.

Clemens Reichhold ist Politikwissenschaftler und arbeitet am Hamburger Institut für Sozialforschung als Redakteur des Portals/Soziopolis/und der Zeitschrift/Mittelweg 36/. Seine Forschungsinteressen liegen im Feld der politischen Theorie und Ideengeschichte, insbesondere der Geschichte und Gegenwart des Neoliberalismus sowie der Hegemonie- und Ideologietheorie. Zuletzt erschienen ist von ihm: Foucault, die Linke und seine Kritik des Neoliberalismus, in: Oliver Marchart und Renate Martinsen (Hg.): Foucault und das Politische. Transdisziplinäre Impulse für die politische Theorie der Gegenwart (Wiesbaden, 2019).

Helge Schwiertz ist wissenschaftlicher Mitarbeiter am Fachgebiet Migration und Gesellschaft des Instituts für Migrationsforschung und Interkulturelle Studien (IMIS) der Universität Osnabrück. Aktuell arbeitet er im Forschungsprojekt „Von der Flüchtlingshilfe zur Fluchthilfe". Zudem ist er Redaktionsmitglied von movements. Journal für kritische Migrations- und Grenzregimeforschung und aktiv im kritnet. Zu seinen Arbeitsschwerpunkten zählen Migrations- und Grenzregime, (pro-)migrantische Organisierung, Soziale Bewegungen, Demokratietheorien und Citizenship Studies. Publikationen u.a.: Rassismus und anti-migrantische Bewegungen im deutsch-europäischen Migrationsregime, in: Hess, Sabine et al. (Hg.): Der lange Sommer der Migration. Grenzregime III (Hamburg, 2017, mit Philipp Ratfisch) und „Für und existiert kein Blatt im Gesetzbuch". Migrantische Kämpfe und der Einsatz der radikalen Demokratie, in: Rother, Stefan (Hg.): Migration und Demokratie (Wiesbaden, 2016).

Ferdinand Stenglein promoviert als Stipendiat der Rosa Luxemburg-Stiftung zum Zusammenhang von Ökonomie und Subjekten in politischen Kommunen am Institut für Soziologie der Universität Münster. Seine Forschungsinteressen liegen an der Schnittstelle von Subjektverhältnissen, Wert- und Eigentumskritik, Anarchismus und Sozialen Bewegungen. Zuletzt veröffentlichte er einen Buchbeitrag zur Philosophie des Mitseins von Jean-Luc Nancy und war Mitherausgeber der Feministischen Geo-Rund-Mail zum Thema Anarchofeminismus.

Olaf Tietje ist wissenschaftlicher Mitarbeiter an der Universität Kassel in der Soziologie der Diversität. Seine Forschungsschwerpunkte sind unter anderem kritische Migrations- und Grenzregimeforschung, Geschlecht sowie Arbeits- und Gewerkschaftsforschung.

Judith Vey ist promovierte Soziologin und leitet am Zentrum Technik und Gesellschaft der TU Berlin ein Forschungsprojekt zur Handlungsfähigkeit in der bundesdeutschen Flüchtlingsunterbringung. Ihre Arbeitsschwerpunkte sind soziale Bewegungen und Protest aus hegemonietheoretischer und poststrukturalistischer Perspektive sowie Flucht und Asyl in Deutschland. Aktuelle Publikationen sind Leben im Tempohome. Qualitiative Studie zur Unterbringungssituation von Flüchtenden in temporären Gemeinschaftsunterkünften in Berlin. ZTG Discussion Paper (2018) und Zwischen Empowerment, Lückenbüßerei und neoliberaler Aktivierung des Selbst. Ehrenamtliches Engagement und Regelversorgung in der bundesdeutschen Flüchtlingsversorgung. In: Sabrina Zajak/Ines Gottschalk (Hg.): Flüchtlingshilfe als neues Engagementfeld. Chancen und Herausforderungen des Engagements für Geflüchtete. Baden-Baden, 77-97 (2018).

Markus Wissen lehrt und forscht zu sozial-ökologischen Transformationsprozessen an der Hochschule für Wirtschaft und Recht Berlin (HWR) und im Sommersemester 2018 am Institut für Soziologie der Friedrich-Schiller-Universität Jena, DFG-Kolleg Postwachstumsgesellschaften. Jüngste Buchveröffentlichungen (beide mit Ulrich Brand): The Limits to Capitalist Nature. Theorizing and Overcoming the Imperial Mode of Living, London (2018); Imperiale Lebensweise. Zur Ausbeutung von Mensch und Natur im globalen Kapitalismus, München (2017).

Alex Demirović (Hrsg.)
Wirtschaftsdemokratie neu denken
2018 – 341 Seiten – 35,00 €
ISBN 978-3-89691-283-1

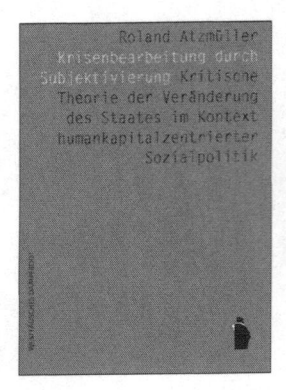

Roland Atzmüller
Krisenbearbeitung durch Subjektivierung
Kritische Theorie der Veränderung des Staates im Kontext humankapitalkonzentrierter Sozialpolitik
2019 – 381 Seiten – 35,00 €
ISBN 978-3-89691-280-0

3., erweiterte Auflage

Christin Jänicke /
Benjamin Paul-Siewert (Hrsg.)
30 Jahre Antifa in Ostdeutschland
Perspektiven auf eine eigenständige Bewegung
2019 – 213 Seiten – 20,00 €
ISBN 978-3-89691-102-5

WESTFÄLISCHES DAMPFBOOT
Hafenweg 26a · 48155 Münster · Tel. 0251-3900480 · Fax 0251-39004850
E-Mail: info@dampfboot-verlag.de · http://www.dampfboot-verlag.de